人文社科
高校学术研究论著丛刊

梁代玄学与文学

张明花 著

中国书籍出版社
China Book Press

图书在版编目(CIP)数据

梁代玄学与文学/张明花著. -- 北京：中国书籍出版社，2020.12

ISBN 978-7-5068-8283-5

Ⅰ.①梁… Ⅱ.①张… Ⅲ.①玄学-研究-中国-南北朝时代②中国文学-古典文学研究-南北朝时代 Ⅳ.①B235.05②I206.39

中国版本图书馆CIP数据核字（2021）第000269号

梁代玄学与文学

张明花 著

丛书策划	谭 鹏 武 斌
责任编辑	刘泽刚 成晓春
责任印制	孙马飞 马 芝
封面设计	东方美迪
出版发行	中国书籍出版社
地 址	北京市丰台区三路居路97号（邮编：100073）
电 话	（010）52257143（总编室） （010）52257140（发行部）
电子邮箱	eo@chinabp.com.cn
经 销	全国新华书店
印 厂	三河市德贤弘印务有限公司
开 本	710毫米×1000毫米 1/16
字 数	336千字
印 张	18.75
版 次	2021年10月第1版
印 次	2021年10月第1次印刷
书 号	ISBN 978-7-5068-8283-5
定 价	89.00元

版权所有　翻印必究

目 录

绪 论 …………………………………………………… 1

第一章 梁代的玄学接受与利用 …………………………… 29
第一节 梁代的玄学接受与理论溯源 ………………… 30
第二节 梁武帝接受玄学的背景与需求 ……………… 48
第三节 梁代文化政策与玄学利用 …………………… 56
第四节 梁代玄学的新形态 …………………………… 69

第二章 梁武帝重文与玄学文化 …………………………… 86
第一节 梁武帝对文学力量的利用 …………………… 86
第二节 梁代宫廷雅集与士族文化 …………………… 99
第三节 梁代文学家群体的玄学化 …………………… 111

第三章 玄学对梁代前期文论的影响 ……………………… 123
第一节 《文心雕龙》与贵无论玄学 ………………… 124
第二节 《诗品》与自然论玄学 ……………………… 135
第三节 萧子显文论与崇有论玄学 …………………… 151
第四节 文学自觉与玄学接受 ………………………… 159

第四章 玄学对梁代中后期文论的影响 …………………… 167
第一节 梁代文坛的文学共识 ………………………… 167
第二节 萧统的文学思想与玄学接受 ………………… 177
第三节 玄学对萧纲文学观的影响 …………………… 187
第四节 萧绎文学思想与玄学接受 …………………… 196

第五章 梁代玄学与文学创作 ……………………………… 210
第一节 理想政治与循顺无为 ………………………… 211
第二节 性命之道与穷通之数 ………………………… 224
第三节 隐逸情怀与出处之道 ………………………… 230

· 1 ·

第四节　关注自然与玄学"崇有" …………………………… 241
　　第五节　女性题材与玄学"肆情" …………………………… 257
结　语 ……………………………………………………………… 274
参考文献 …………………………………………………………… 282
致　谢 ……………………………………………………………… 291

绪　论

一、选题依据

魏晋南北朝三百多年间玄学思想盛行,对当时的社会政治、学术文化、文学艺术等诸多方面产生了深刻的影响,这已是学界共识。在这三百多年间,玄学自身在不同时期各具特点。魏晋时期,玄学著述丰富,理论新义纷呈,因之后世以魏晋玄学为研究对象的专著、论文层出不穷,成果丰硕。进入南朝,玄学在理论方面的发展几乎停滞,议题多为旧题,阐发亦少创见,故这一时期的玄学往往不被思想史所书写。其次,这一时期的玄学著述多已亡佚,亦为后世研究带来了不小的难度。再者,从玄学的社会影响来看,随着南朝皇族集权需求的增强,以玄学为主流思想的世家大族在政治上遭到了压制,而皇族与新兴家族皆为武人,他们出身寒贱,文化素养普遍低下,对玄学的接受度很低,这使得谈玄、习玄进入了一个短暂的低谷期。这种情形较之于东晋朝堂尽日清谈的盛况而言,确实容易让人产生一种玄学影响已然衰落的直观感受。这些原因共同导致了后世学者对南朝玄学影响关注不足,研究也就比较薄弱,具体到梁代而言同样如此。

然而,稽考《梁书》《陈书》仍可看到梁代产生过数量可观的玄学著述,散见于人物传记中的书目如下:梁武帝撰著《周易讲疏》《六十四卦》、二《系》《文言》《序卦》《老子讲疏》;萧纲撰著《老子义》二十卷,《庄子义》二十卷;萧绎著《周易讲疏》十卷;朱异撰著《周易讲疏》;伏曼容著《周易义》《老子义》《庄子义》;贺玚著《易讲疏》《老讲疏》《庄讲疏》;孔子祛续朱异《集注周易》一百卷;何胤注《周易》十卷;庾曼倩撰著《庄老义疏》;张讥《周易义》三十卷,《老子义》十一卷,《庄子内篇义》十二卷,《庄子外篇义》二十卷,《庄子杂篇义》十卷,《玄部通义》十二卷,《游玄桂林》二十四卷。较之于人物传记中的简略记录,史志目录对梁代人撰著玄学著述的著录则更加细致,也更为全面,综合《隋书·经籍志》、[①]清人王仁

[①] (唐)魏徵.隋书[M].北京:中华书局,1973:911-913.

俊《补梁书艺文志》、①徐仁甫《补陈书艺文志》，②详列目录如下：

《易》类：梁武帝《周易大义》二十一卷、《周易讲疏》三十五卷、《周易系辞义疏》一卷；梁元帝《周易讲疏》一卷；范述曾《易文言注》；梁临海令伏曼容注《周易》八卷，梁侍中朱异集注《周易》一百卷、又《周易集注》三十卷；梁处士何胤注《周易》十卷；梁太中大夫宋褰注《周易系辞》二卷；释法通《乾坤义》各一卷；梁南平王《周易几义》一卷；梁五经博士褚仲都《周易讲疏》十六卷、《易义》；梁都官尚书萧子政《周易义疏》十四卷、《周易系辞义疏》三卷、《周易系辞义疏》二卷；周弘正《周易义疏》十六卷；张讥《周易讲疏》二十卷；另有《国子讲易议》六卷。

《老子》类：梁武帝《老子讲疏》六卷；简文帝《老子私记》十卷、《老子义》二十卷；梁元帝《老子讲疏》四卷；韩壮《老子玄示》一卷；释慧观《老子义疏》；伏曼容《老子义》；梁旷《老子》四卷；孟智周《老子义疏》五卷；戴诜《老子讲疏》九卷。

《庄子》类：梁简文帝《庄子讲疏》二十卷、《简文谈疏》六卷；张讥《庄子讲疏》二卷；周弘正《庄子内篇讲疏》八卷；梁旷《南华论》二十五卷；戴诜《庄子讲疏》八卷；陶弘景《庄子注》四卷；伏曼容《庄子义》；庾曼倩《庄老义疏》。

这些著作虽已亡佚，却是梁代文人接受玄学文化的明证，同时它们也构成了梁代玄学文化的基本场域。尽管后人已无法通过梁代人撰著的玄学著述去考察当时玄学发展的具体情形，但我们仍可以从时人接受玄学的文献源头，来判断玄学为之提供的思想资源，如《隋志》著录了大量梁时仍在传播的"三玄"注本，其书目著录如下：

《周易》类：
《周易》十卷 魏尚书郎王弼注《六十四卦》六卷，韩康伯注《系辞》以下三卷，王弼又《易略例》一卷。梁有魏大司农卿董遇注《周易》十卷，魏散骑常侍荀辉注《周易》十卷，亡。
《周易》四卷 晋儒林从事黄颖注。梁有十卷，今残缺。

---

① （清）王仁俊．补梁书艺文志[M]．//见王承略，刘心明．二十五史艺文经籍志考补萃编：第十二卷[M]．北京：清华大学出版社，2012：171-172，191．
② 徐仁甫．补陈书艺文志[M]．//见王承略，刘心明．二十五史艺文经籍志考补萃编：第十二卷[M]．北京：清华大学出版社，2012：209，213．

《周易》十卷 晋散骑常侍干宝注。
《周易》三卷 晋骠骑将军王廙注，残缺。梁有十卷。
《周易》八卷 晋著作郎张璠注，残缺。梁有十卷。
《周易马、郑、二王四家集解》十卷。
《周易荀爽九家注》十卷。
《周易杨氏集二王注》五卷，梁有《集马、郑、二王解》十卷，亡。
《周易》十卷 蜀才注。梁有齐安参军费元珪注《周易》九卷，谢氏注《周易》八卷，尹涛注《周易》六卷，亡。
《周易》七卷 姚规注。
《周易》十三卷 崔觐注。
《周易》十三卷 傅氏注。
《周易》一帙十卷 卢氏注。
《周易系辞》二卷 晋桓玄注。
《周易系辞》二卷 晋西中郎将谢万等注。
《周易系辞》二卷 晋太常韩康伯注。梁又有宋东阳太守卞伯玉注《系辞》二卷，亡。
《周易系辞》二卷 荀柔之注。
《周易集注系辞》二卷，梁有宋太中大夫徐爰注《系辞》二卷，亡。
《周易尽神论》一卷，魏司空钟会撰。梁有《周易无互体论》三卷，钟会撰，亡。
《周易象论》三卷 晋尚书郎栾肇撰。
《周易卦序论》一卷 晋司徒右长史杨乂撰。
《周易统略》五卷 晋少府卿邹湛撰。
《周易论》二卷 晋冯翊太守阮咸撰。
《周易论》一卷 晋荆州刺史宋岱撰。梁有《拟周易说》八卷，范氏撰；《周易宗涂》四卷，干宝撰；《周易问难》二卷，王氏撰；《周易问答》一卷，扬州从事徐伯珍撰；《周易难王辅嗣义》一卷，晋扬州刺史顾夷等撰；《周易杂论》十四卷，亡。
《周易义》一卷 宋陈令范歆撰。
《周易玄品》二卷。
《周易论》十卷 齐中书郎周颙撰。梁有三十卷，亡。
《周易论》四卷 范氏撰。
《周易统例》十卷 崔觐撰。
《周易爻义》一卷 干宝撰。

《周易乾坤义》一卷 齐步兵校尉刘瓛撰。梁又有齐临沂令李玉之《乾坤义》各一卷，亡。

梁有《周易疑通》五卷，宋中散大夫何谭之撰；《周易四德例》一卷，刘瓛撰，亡。

《周易大义》一卷。

《周易释序义》三卷。

《周易开题义》十卷 梁蕃撰。

《周易问》二十卷。

《周易义疏》十九卷 宋明帝集群臣讲。梁又有《国子讲易议》六卷；《宋明帝集群臣讲易义疏》二十卷；《齐永明国学讲周易讲疏》二十六卷；又《周易义》三卷，沈林撰，亡。

《周易文句义》二十卷 梁有《拟周易义疏》十三卷。

《周易私记》二十卷。

《周易讲疏》十三卷 国子祭酒何妥撰。

《周易系辞义疏》二卷 刘瓛撰。梁有《周易乾坤三象》《周易新图》各一卷；又《周易普玄图》八卷，薛景和撰；《周易大演通统》一卷，颜氏撰。

《周易谱》一卷。

《老子》类：

《老子道德经》二卷 王弼注。

梁有《老子道德经》二卷，张嗣注；《老子道德经》二卷，蜀才注，亡。

《老子道德经》二卷 钟会注。

梁有《老子道德经》二卷，晋太傅羊祜解释；《老子经》二卷，东晋江州刺史王尚述注；《老子》二卷，晋郎中程韶集解；《老子》二卷，邯郸氏注；《老子》二卷，常氏传；《老子》二卷，孟氏注；《老子》二卷，盈氏注，亡。

《老子道德经》二卷、音一卷 晋尚书郎孙登注。

《老子道德经》二卷 刘仲融注。

梁有《老子道德经》二卷，巨生解；《老子道德经》二卷，晋西中郎将袁真注；《老子道德经》二卷，张凭注；《老子道德经》二卷，释惠琳注；《老子道德经》二卷，释惠严注；《老子道德经》二卷，王玄载注，亡。

《老子道德经》二卷 卢景裕撰。

《老子指归》十一卷 严遵注。
《老子指趣》三卷 蟜丘望之撰。
《老子义纲》一卷 顾欢撰。
梁有《老子道德论》二卷，何晏撰；《老子序决》一卷，葛仙公撰；《老子杂论》一卷，何、王等注；《老子玄谱》一卷，晋柴桑令刘遗民撰；《老子玄机》三卷，宗塞撰；《老子幽易》五卷，又《老子志》一卷，山琮撰，亡。
《老子义疏》一卷 顾欢撰。

《庄子》类：
《庄子》二十卷 梁漆园吏庄周撰，晋散骑常侍向秀注。本十二卷，今阙。梁有《庄子》十卷，东晋议郎崔撰注，亡。
《庄子》十六卷 司马彪注。本二十一卷，今阙。
《庄子》三十卷、目一卷 晋太傅主簿郭象注。梁《七录》三十三卷。
《集注庄子》六卷 梁有《庄子》三十卷，晋丞相参军李颐注；《庄子》十八卷，孟氏注，录一卷，亡。
《庄子文句义》二十八卷、本三十卷，今阙。梁有《庄子义疏》十卷，又《庄子义疏》三卷，宋处士王叔之撰，亡。

《列子》类：
《列子》八卷 郑之隐人列御寇撰，东晋光禄勋张湛注。

玄论类：
《养生论》三卷，嵇康撰。
《摄生论》二卷，晋河内太守阮侃撰。
《无宗论》四卷。
《圣人无情论》六卷。

除"三玄"与《列子注》外，竹林玄学家阮籍和嵇康的文集当时也在传播。《隋志》中著录："魏步兵校尉《阮籍集》十卷，梁十三卷，录一卷""魏中散大夫《嵇康集》十三卷，梁十五卷，录一卷"。这两部文集收录了阮、嵇二人的玄学论文。另外，《隋志》还著录何晏《集解论语》十卷、王弼《论语释疑》三卷，并指出"梁、陈之时，唯郑玄、何晏立于国学，而郑氏甚微"。① 众所周知,皇侃《论语义疏》作为唯一一部传世的义疏之作,乃以何晏《论语集解》为底本,同时采用江熙《论语集解》中所引孙绰、殷仲堪等多位东晋玄学家的注本,并在其基础上对《论语》的玄义进行了更加系统深入的阐发。概言之,这些梁时尚在流传的"三玄"旧注、玄学论文,与宋、齐出现的新注,共同构成了梁代文人接受玄学的文献载体。这些文献大多已经亡佚,但考察这些目录仍有其积极意义:它可以使我们不至于仅从传世文献来判断梁代玄学曾经的面貌,而是可以清晰地意识到,对于梁代玄学研究而言,这些亡佚的玄学文献永远是在场的。同时,我们也可以从这些目录所著录的传世文献,来考察究竟是哪些玄学思想构成了梁代文人玄学接受的理论来源。如此,我们才能够较为客观地认识玄学在梁代所呈现出的样貌,并进一步去研究它与文学之间存在的关联性。

目前,学界对梁代文学的样貌已经有了非常清晰的认识,概括来说主要有以下两大特点:其一,文学家群体构成了梁代政治领域的主体人群,但文学的政治实用性功能却被淡化了,文学创作转而注重对个体生活、情感的描述,审美范围进一步扩大,自然美和女性美成为独立的审美对象,进入文人创作视野;其二,文学理论著作大量涌现,文人群体对"文学是什么"有了深入的认识,形成了文学本体论思想,在此基础之上,还出现了观点各异的文学认识和创作主张,为文学作品重抒情性、重语言美寻找到了理论依据。如果要继续追问梁代文学出现这种现象的原因是什么,或者说影响梁代文学风貌的思想根源是什么,则需要我们进一步去考察梁代社会中存在的诸种思想,与这些文学现象之间的关联性。

众所周知,佛学在梁代极为兴盛,不少佛经被陆续引进,阐释佛法教义的佛学文献大量产生,这些都为后世学者研究佛教思想与梁代文学之间的关联性,提供了极大的便利。与此同时,玄学理论在当时发展则停滞,故学界对梁代玄学给予的关注甚少,对玄学在梁代文化领域的体现和地位,玄学与梁代文学理论、文学作品创作的关联性等问题进行的研究,也就显得相对薄弱。我们并不否认儒学、佛学为梁代文学面貌带来的重大影响,但同时也认为梁代文学呈现出的许多特点,不仅与佛学相关,也与玄学思想对梁代社会、文化等多方面、多层次的渗透和影响有着密切的关联。对此说法,以下略作说明。

首先,从文学创作的主体来看,梁代文学家群体的主体成员来自南朝新崛起的文学家族。这些家族,依靠家族中不断涌现的文学才俊,获得文化上的声誉,并借此进一步提升整个家族的政治地位。也就是说,这些家

---

① (唐)魏徵.隋书[M].北京:中华书局,1973:939.

族政治地位的上升是通过家族成员的文雅化来实现的。考察这些家族短暂的兴盛史,可以看到与这些家族文雅化过程伴随发生的是家族成员的玄学化。这些文学家族的出身较低,较之于魏晋以来靠儒学传家的一流士族而言,他们的家学较为薄弱,因此重积累、重传承的儒学思想,对其文雅化进程的推动作用也就相对较弱,而重自由、重个性,崇尚早慧、颖悟、才情的玄学思想对其家族成员文学才华的涵养则是更加直接的。

其次,从文学所承担的功能来看,以"宫体"文风为代表的宫廷文学成为主流,反映出当时文学的政治实用功能的减弱,文人转而注重对个体生活、情感、自然世界、闺阁情趣的描述。同时,文人对文学审美功能的重视,取代了儒家传统观念中对文学教化功能的重视。尽管我们并不否认儒学、佛学对文学创作中具体内容带来的影响,但从梁代文学的此种价值取向来看,这些文学现象的出现实际上很难用儒学的复兴或佛学的昌盛来解释,而更可能与玄学政治影响下,士人个体生活与社会政治的相对独立密切相关。众所周知,儒学政治要求将个体人生纳入社会政治之中,并依照礼法要求来规范个体生活,个体世界难以获得独立的空间,不利于个体生活在文学中的自由表达;同样,佛教思想亦有一套与之相匹配的实践途径,佛教教义要求接受者舍弃世俗生活中的种种欲念,而非专注于对俗世生活、个体情感欲念本身的感受与表达,故其无法解决文人在俗世生活中个体与群体对立时所形成的矛盾;玄学思想则不同,它能够满足文人不离俗世的同时,保持个体生活与社会群体秩序的相对独立,且玄学思想对个体"性情""自然"的深入认识,又为文人专注于生活日常、情感情趣提供了价值依据,故梁代文学的价值取向更可能接近于玄学。

再次,从文学理论的发展来看,魏晋至梁代,文人对文学的思考经历了层层深入的过程:晋宋至梁代一直存在的"文笔之辨"是对文学功能与特点的深入认识,关涉到文体的区分;"言意之辨"则是对文学创作中语言与表意之关系进行的辨析;到齐梁之际,文人以革除文坛弊病为目标,提出诸多评价文学作品的标准,为了论证这些标准的合理性,文人对文学是什么,进行了思考和论证,逐渐将本体观念引入文学思想,从根本上回答了文学之所以为文学的原因所在。实际上,文学理论的构成,涵盖了三个层面的认识:一是对文学本质的认识,用以确认文学存在的根本依据;二是对文学价值的评价,用以确定文学存在的目的和意义,往往表现为文学立场;三是对文学创作规范的确定,用以指导特定目的下的文学创作,偏重于技术层面训练。文学批评综合了这三个层面认识之后,对具体作品进行分析和评判。萧梁之时,因皇族之倡导利用,儒学、玄学、佛学渐成三足鼎立之势,这三种思想对文学理论不同层面的影响各有其深刻之处,如儒学复兴对梁初文人文学立场之偏向、创作规范之认识,佛学观念对文学意象之开拓,及文学表达对佛经描写的借鉴等,皆说明二者对文学影响之重要性是确凿无疑的。但若就当时文人对文学本质的认识而言,玄学思想的影响应当更胜一筹:文人群体对文学本体的思考和认识,实际构成了梁代文学评价、文学创作等一系列理论的哲学基础,使得"文学源于自然"成为了文人群体的共识,并以此为基础构建出了各有偏重的评价体系和创作理论。以"道""神""自然"为"文"的本体,以"性情"为创作发生的内在驱动,以"文采"为"言"的自然属性,构筑起了梁代文论的体系框架。对于文学本体的思考,探及文学理论构筑的根基,使得文人对文学单一化、碎片化的思考,呈现出全面化、系统化的趋势,而为这一发展趋向提供方法论依据和观念支持的主要是玄学思想。

此外,在考察梁代文学作品中蕴含的时代思想时,我们可以看到不少的作品中实际上杂糅了玄学思想、道家思想、儒家思想。梁武帝曾作《会三教诗》,简文帝萧纲作《和武帝三教诗》,其融通众学之意甚明。考察梁武帝、简文帝的佛教诗,亦可见其中有大量引文出典于"三玄",多有以玄释佛之倾向。凡此种种,皆反映出梁代文人的文学创作,实际受当时儒学、佛学、玄学、道家等多种思想混沌、杂糅的时代思潮所影响。而这种杂糅或是文人有意为之,或是对文化环境的无意识接受,无论何种,我们都可以据此认为,梁代文学作品中表现出的思想绝不是单一的,因此我们也就很难笼统地对其究竟受到了哪种思想的影响,做出整体性的判断。必须从具体作品入手,分析其主题思想、表达方式等各方面,与不同思想之间关联程度的强弱,才可得出令人信服的结论。目前,关于梁代文学与佛教思想关系的探讨已经相当深入,成果可谓丰硕,为我们认识梁代文学风貌提供了极大的助益。玄学与梁代文学之关联,论及者甚少,因之,本文试图从具体文学作品入手,对梁代文学中蕴含的玄学思想进行探讨和分析,或可为研究梁代文学风貌及其成因提供新的视角。

具体来看,梁代文学作品中的几大主题,与玄学思想有着较为紧密的关联。第一,梁代文学作品中对理想君王、理想社会的描述指向上古三代和当时的圣君形象,这些形象多来自《庄子》文本,如向广成子请问"至道之精"的黄帝、让天下于贤能的尧帝、舜帝。也就是说,圣君形象的树立不是植根于政治业绩,而是源自他们对"至道无为"的深刻体知,而引导他们体知"至道无为"的人,便是那些被庄子称为"至人"的悟"道"者。第二,对于理想人生的描述则充满了出世精神,但这种出世精神与佛教出世求解脱的宗教归宿并不全然相同。佛教的根本精神在于引导大众体悟物质世界虚空不实、暂存还灭的特征,换言之,佛教对于自然世界、个体人生的认识、观照,是以舍弃物质、止灭欲念为本的;玄学则与之相反,玄学对本体的追求,乃为现实世界寻找一个终极依据,一种应然状态,其目的不是要否认群有万象的存在,而是要回落到对现实人生的关注之上,故其首先承认了现实世界存在的合理性。在此前提下,人们所要做的不是抛弃欲念,而是使自身依照自然本性自然地存在,即追求一种符合自然的人生境界。第三,在梁代文学作品中,自然世界、女性体貌、闺阁情趣等成为独立的审美对象,"宫体"文学中存在大量缺乏寄寓的咏物题材,它有的只是对对象本性极尽全力的描摹。这种情形同样无法与儒家的文学传统发生关联,也无法全部用佛教思想中观色以悟空的追求去解释,而是与玄学思想中体知自然之"道",追求适性顺有、与道冥合的心理境界相关。具体而言,在玄学思想中,现实世界的一切都是"道"体的派生,不可言说的"道",体现在万事万物的具体形态之中,人要做的只是从其中感知和领悟"道"的真谛,做到适性顺应,符合于"道",故人生存在的应然状态不是佛教教义所倡导的观色悟空,而是玄学思想主张的与化同体,对自然世界、对人类本性的观察、感知、体悟则是达到与化同体的必要手段。

综上所述,以梁代玄学研究作为基础,以玄学与文学的关联性作为切入点,考察梁代玄学对梁代文学风貌带来的影响,为梁代文学研究提供新的视角是可行的。

二、研究现状

以下就梁代玄学、梁代文学风貌与思想文化的关系、梁代玄学与文学的关系三个方面,对学界已有的研究略作评述。

(一)梁代玄学研究

1. 梁代玄学与梁代文化的关系

章太炎先生《五朝学》论述了玄学思想对东晋南朝带来的社会影响,其中最能代表其观点的内容为:"夫驰说者,不务综始,苟以玄学为诟。其惟大雅,推见至隐,知风之自。玄学者固不与艺术文行悟,且翼扶之。……徐陵虽华,尤能草《陈律》非专为美言也。夫经莫穿乎礼乐,政莫要乎律令,技莫微乎算术,形莫急乎药石,五朝诸名士皆综之。其言循虚,其艺控实,故可贵也。凡为玄学,必要之以名,格之以分,而六艺方技者,亦要之以名,格之以分。治算,审形,度声则然矣。服有衰次,刑有加减。……故玄学常与礼律相扶。……栖山泽,厌韭葱葵蓼者,非有玄学不足以自尉荐。……五朝有玄学,知与恬交相养,而和理出其性,故骄淫息乎上,躁竞弭乎下。……世人见五朝在帝位日浅,国又削弱,因遗其学术行义弗道。五朝所以不竞,由任世贵,又以言貌举人,不在玄学。"① 章太炎先生的文章旨在重新评价玄学的社会价值,指出玄学对南朝艺文昌盛带来的积极作用,也指出了玄学对于文人品性的熏陶作用。文中虽没有详论玄学对梁代的影响,然其所言"五朝有玄学,知与恬交相养,而和理出其性,故骄淫息乎上,躁竞弭乎下"之论,揭示了玄学思想对五朝文人文化品格的形塑作用,也给我们理解玄学思想与梁代文人的文化归属,及文人群体的主流思想倾向,提供了一个非常有价值的信息。

对梁代玄学发展进行历时性研究的著作有田汉云先生的《六朝经学与玄学》。该书下编"六朝玄学"部分单章论述了梁代以来玄学发展的具体情形,文章指出:"梁朝官方对玄学开始有所贬抑,并得到了士人的积极响应。玄学在士大夫思想上的地位开始有所下降,但对他们的思想、行为依然有着显著影响。""梁朝玄学家关注的焦点是人生的意义,他们所持的生命观基本上来源于老子和庄子学说。从社会舆论方面看,则普遍地以清恬为高雅,重视玄学修养,欣赏风度之美,以文学艺术娱情,不拘世俗礼教,轻财货而淡权势。当然也有部分士大夫玄、儒兼修,而以经学统摄玄学;部分则兼修玄、佛,采取了以佛统玄的做法。文化格局走向儒学、佛学、玄学三足鼎立。"② 该书分析了梁代官方对玄学的贬抑态度和士人对官方态度的回应,并着重对梁代文人不同的玄学化表现进行了梳理和分析,总结了玄学发展在梁代社会出现的新情况。文章兼及对玄学与儒学、佛学、文学、艺术等内容关联性的讨论,但由于研究对象范围的限制,并没有具体深入分析。这些论述既为后学研究梁代玄学存在的具体形态构建了认识框架,也为继续挖掘其丰富内容留下了空间。

2. 梁代玄学与佛学、儒学的关系

因梁武帝崇佛,佛教在梁代成为国教,佛学思想被文人群体普遍接受。而玄学在东晋以后理论建树几无,欲论玄学思想之影响而无著作可寻,恰如葛兆光先生所言:"各种文献中我们也可以发掘出相当多的清谈玄言的言论与作品,这些也很精彩,不过这也不是具有原创性的思想,毋宁说它们常常是玄言的游戏或演练,玄理本身已经成了次要的东西,文士自然而然地接受了它,但把它当作是磨砺自己口才的论题,或当作表现自

---

① 章太炎.章太炎全集[M].上海:上海人民出版社,2014:73—77.
② 田汉云.六朝经学与玄学[M].南京:南京出版社,2003:390,392,396.

绪　论

己文学的游戏,因此它们也不会是思想史的中心。"① 故从哲学史、思想史层面来看,梁代玄学并无太多可论之新义,学界对其关注甚少亦是情理中事。然而,玄学经历魏晋两百多年的发展,积淀既深,影响亦广,尤其是东晋以来,佛学与之合流,玄佛之间的界限已甚是模糊。及至梁朝,玄学不单融通于佛学,又兼以儒学为资,故梁代玄学有异于前代者,特在其与众家思想之融合上,及其对文人文化品格的形塑上。吕思勉先生《两晋南北朝史》"儒玄诸子之学"节指出:"世称晋南北朝,为佛老盛行,儒学衰微之世,其实不然,是时之言玄者,率以《易》《老》并称(梁时《庄》《老》《周易》总谓三玄,见《颜氏家训·勉学》),即可知其兼通于儒,匪专于道。少后,佛家之说寖盛,儒道二家,多兼治之,佛家亦多兼通儒、道之学,三家之学,实渐以混同。"② 而统三家之学者,实为玄学。汤用彤先生在《汉魏两晋南北朝佛教史》第十三章"佛教之南统"中,详列史料,论证了"佛教南统偏尚义理,不脱玄学轨仪"。指出梁代佛学思想影响之光大,实与"梁陈二代,玄谈又盛"紧密关联,在论述"般若三论与玄学"之关系时又指出:"南朝重清谈雅论,剖析玄微,宾主往复,娱心悦耳。其在梁代,积习兹盛。""当时朝野以清谈为乐事,而其所谈资料已兼取儒经。然其学风,不出玄理。"③ 唐长孺先生《魏晋南北朝隋唐史三论》中沿用此说,指出:"南朝之所以重义解,也正是在玄学盛行的气氛中形成的。尽管随着佛学研究的深入,佛学义理日益显明,脱离佛经本义的玄学化倾向不再继续,但南朝佛教之重义解不仅出于玄学,而且继续受到玄学的影响,并最终在更高的基础上玄学化。"④ 这些论述对考察玄学在梁代的发展形态,同样有着非常重要的启发意义。

梁代玄学不唯与佛学相融合,同时也对经学有着深刻的影响,学界将这种情形称为经学的玄学化。清代学者赵翼在《廿二史札记》卷八"六朝清谈之习"条言曰:"至梁武帝始崇尚经学,儒术由之稍振,然谈义之习已成,所谓经学者,亦皆以为谈辩之资。……是当时虽从事于经义,亦皆口耳之学,开堂升座,以才辩相争胜,与晋人清谈无异,特所谈者不同耳。……则梁时五经之外,仍不废老庄。"⑤ 又列十三条梁代文人清谈讲论之事,以为明证。这是目前能够看到的较早关注梁代经学与玄学清谈关

---

① 葛兆光.中国思想史[M].上海:复旦大学出版社,2004:334.
② 吕思勉.两晋南北朝史[M].上海:上海古籍出版社,2005:1226-1227.
③ 汤用彤.汉魏两晋南北朝佛教史(增订本)[M].北京:北京大学出版社,2011:404.
④ 唐长孺.魏晋南北朝隋唐史三论[M].武汉:武汉大学出版社,2013:178.
⑤ 王重民.廿二史札记校正[M].北京:中华书局,1984:169.

系的论述,然其所论内容不涉及经学与玄学观念的具体关系,而特重经学讲论所采用的清谈形式,指出本重学问积累的经学,在梁代流为口舌争胜的清谈话头。清代学者皮锡瑞《经学历史》第六章"经学的分立时代"指出:"若唐人谓南人之约简得其精华,不过名言霏屑,骋挥麈之清谈,属辞尚腴,侈雕虫之余技。"[1]指出了玄学与南朝经学之间关系。唐长孺先生在《魏晋南北朝隋唐史三论》"东晋南朝学风"中,考察了梁代主流文人,如贺场、皇侃师徒,刘瓛、何胤师徒,周颙、周舍、周弘正一门,及其嫡传弟子张讥,以及梁武帝本人和简文帝等人的学术特点,指出"自刘瓛、何胤以来,南朝儒生多兼涉玄、释,而汝南周颙以下三世及其嫡传弟子张讥,实际上以玄学为主而兼及儒经。我们可以清楚地看到经学的玄学化和玄谈化,这种情形极盛于梁代"。文中以梁武帝与北朝大儒李兴业的对话为例,指出了南朝儒士以玄学解释经义的治学风格,他认为:"南朝思想学术上的儒玄兼综,儒玄通达,导致重义解的经学,并产生了玄学化的经注。这种经注继承王弼《周易注》的传统,重点不在名物训诂,疏通经义,而在发挥作者自己的理论见解,探寻玄学义理,由于这种玄学化的治经方法在南朝蔚为风尚,因此儒家经典也往往成为清言玄谈之资,说经亦玄谈化。"[2]

上述诸家对于梁代玄学与经学关联性的研究,都是从史学角度进行的外围研究。除此而外,还有部分学者从经注文本着手,对梁代经学玄学化的程度进行了研究。梁代学者撰著了大量玄学化的经注,多以"义解""义疏""大义"等冠名,但这些著作多已不存,留存至今的只有皇侃的《论语义疏》。清代学者皮锡瑞《经学历史》已经评价其"多以老庄之旨,发为骈俪之文,与汉人说经相去悬绝,此南朝经疏之仅存于今者,即此可见一时之风尚"。[3]姜广辉先生主编的《中国经学思想史》第二卷第四十三章"玄学为统领,汉学佛学为辅弼",[4]以皇侃《论语义疏》为研究对象,对《论语义疏》中的玄学思想进行了挖掘和分析,以下略举四条以明玄学思想对梁代经学阐释影响的重点所在:其一,用以"无"为本,取代儒家的以"仁"为本,来阐释儒家传统概念中的"明本";其二,以玄学"性情论"来解释"性相近,习相远",用"动""静""有""无"之关系来解释"善恶"观;其三,用玄学"得意忘言"的思维方式,略儒家思想中坚守理想、道义、伦理规范、学问等现实世界中的具体要求,而求本体空无之

---

[1] 皮锡瑞.经学历史[M].北京:中华书局,1959:176.
[2] 唐长孺.魏晋南北朝隋唐史三论[M].武汉:武汉大学出版社,2013:168-178.
[3] 王重民.廿二史札记校正[M].北京:中华书局,1984:176.
[4] 姜广辉.中国经学思想史:第二卷[M].北京:中国社会科学出版社,2003:713-723.

"道";其四,以"体无""圣人无心"的玄学观念,解释儒家圣人的行为、言论,赋予儒家圣人以玄学人格。其结论认为:"《论语义疏》中的玄学思想,其特征与何晏《论语集解》是一致的,即以充满道家色彩的'无'的概念为本,一以贯之,将本体论、认识论、实践论联系在一起。然而,随着玄学的发展,皇侃的玄学思想比何晏《集解》要丰富得多了,其中引用、保存了大量玄学名家的《论语》疏解。由于文本局限,何晏仅是在适于玄学发挥之处,画龙点睛地宣扬玄学思想;皇疏虽然也照顾了原典的特征,但相比之下更加频繁、更加详细地以玄学解经。""皇侃《论语集解义疏》中的玄学思想是非常丰富的……从根本上来说,皇疏认为魏晋至南朝的玄学是对孔子精神的继承和发扬……坚信玄学是儒家正宗的继承者。"该文还对皇侃《论语义疏》以玄学思想为统领,糅合佛教思想来阐释儒家经典的方式进行了评价,文章认为"玄学较好地阐发了思想的超越精神,但却弱化了孔子救世的执着性。正始玄学首创以'无'来阐释圣人境界时,其目的是为了应付现实的危境与排解精神中的苦难,而皇侃疏中所承继的这一思想,仅反映出了南朝玄学对精妙的理论思想的炫耀"。在对皇侃《论语义疏》在经学思想史上的位置进行评价时,指出"皇疏与何注一样,在某种程度上对经典的理解产生了偏差,这是玄佛合流的思想潮流所决定的。可以说皇疏中不乏对儒家仁爱思想的阐发,但当其以玄学的'无'来解经时,则必然强调了圣人空寂自得的超然境界,忽略了其济世救民的真挚炙热情怀"。结合对皇侃《论语义疏》分析,可以看出上述引文中的看法是十分精当的,同时也可以看到《中国经学思想史》对《论语义疏》的解读、评价,是以儒家思想为立足点来分析玄学对经学阐释形成的影响,故其评价中认为皇侃的《义疏》反映出的是"南朝玄学对精妙理论的炫耀"。实际上,《论语义疏》中确实蕴含了丰富的玄学思想,较何晏注本而言,不仅胜在内容丰富,也胜在阐释体系的系统和完善。皇侃运用玄学的方法论和思想观念,把本来立足于现实人生、伦理规范的儒家典籍,阐发出了"贵无崇本""执一统众"的新含义,较之于何晏注中零散的引申发挥而言,无疑是一种质的超越。加之玄学思想本身发展到梁代已经十分完善,皇侃综合前人之长,青出于蓝而胜于蓝,《论语义疏》便成为一部集大成式的玄学化注本。它所反映出的是整个梁代经学阐释严重玄学化的学术现状,也是梁代玄学存在的一种新形态。更进一步而言,梁代学术研究的玄学化与"义疏学"在梁代的兴盛以及与梁代皇族文化上醉心玄学义理、宫廷中清谈复盛以及士人接受的经学教育普遍玄学化密切相关。故《论语义疏》中彻底玄学化了经学阐释方式,反映出的绝不仅仅是"南朝玄学精妙理论的炫耀",而是玄学对整个学术领域的强力渗透和深刻影响。也可以说明,玄学在南朝的影响不但没有消退,实质上已经成为文人群体理解、接受、阐释经典时,普遍持有的认知方式,成为学术思考的底色。

3. 梁代玄学与士族门第关系研究

经过东晋百年门阀士族对玄学政治的推崇,玄学从一种抽象的思想理论和部分士人认同的理念,逐渐扩大成为士族社会的文化风尚,成为潮流所向,故进入南朝以后玄学理论发展虽然几乎停滞,但其影响范围却在继续扩大。究其原因,仍然在于士族社会须仰赖玄学文化之习得,来提升和维护家族门第的现实需求,这一需求在梁代皇族,以及齐、梁时期文化地位逐渐提升的寒门士族中尤为迫切。钱穆先生在《略论魏晋南北朝学术文化与当时门第之关系》中指出:"清谈捉麈,为门第中一种风流,陈显达自以门寒位重,每迁官,常以愧惧之色戒其子,勿以富贵凌人。曰:麈尾蝇拂,是王谢家物,汝不须捉此。取而烧之。此亦见清谈与当时门第背景之关系矣。""门第中人所以高自标置以示异于寒门庶姓之几项重要节目,内之如日常居家之风仪礼法,如对子女德性与学问方面之教养。外之如著作与文艺上之表现,如交际应酬场中之谈吐与情趣。门第中人凭其悠久之传统与丰厚之处境,在此诸方面,确亦有使人骤难企及处。于是门第遂确然自称一流品。"① 南朝寒门庶族政治地位上升,处境已然优越,然其所缺者恰是文化修养上的传承与累积,不单新为显贵者,即使手握皇权的皇族仍旧需要培养此种素养,以提升门第流品,萧梁皇族迅速玄学化的过程也说明了梁代士人仍崇玄学风尚。

王永平先生在《六朝家族》第三章"兰陵萧氏之家族文化"中指出,梁武帝和他的后继者受到门阀士族素重清谈的熏陶,"倡导玄学,躬自讲论,造成了玄学清谈的一度复兴"。"简文帝笃好玄学,引起士风的深刻变化,萧梁皇族子孙不少人不仅喜爱玄谈,而且在人生观念、生活方式上也受到了玄学影响。"② 对萧梁皇族玄学化表现进行细致考察的,是王永平先生的《萧梁皇族之倡导玄学文化风尚及其原因与影响》一文。该文对梁武帝本人、梁武帝的继承者简文帝、梁元帝,和其他皇族子弟玄学化的生活方式进行了细致的梳理,并对萧梁皇族沉湎玄谈的原因和影响进行了分析,指出:"梁武帝及其子孙在学术上重视玄谈,在生活情趣上倾向于玄化,造成了南朝时期玄风的一度复兴。如果说魏晋之际玄学已经达

---

① 钱穆.中国学术思想史论丛[M].合肥:安徽教育出版社,2004:175,178,179.
② 王永平.六朝家族[M].南京:南京出版社,2008:278,279.

到了高峰期的话,那萧梁则是玄学的一个复兴期。……魏晋以降,士族社会崇尚清谈,辨名析理,蔚然成风。此后,尽管对玄学义理的深入探究少有创新,但玄学对经学、佛学的渗透和结合,特别是玄风对士族社会精神品格的塑造,使得士族人物无不重视清谈玄学,这是一种普遍的社会风气,因此,从某种意义上似乎可以说,清谈玄理是当时高级士族名士的基本条件。……梁武帝及其子孙努力倡导玄学,身体力行,其根本目的在于提升其家族门第,使其家族由寒门勋贵转变为文化士族,这是当时士族社会占据文化优势的社会文化环境决定的。"[1] 该文对相关史料文献的搜集、排比极为细致全面,对梁朝玄学复盛的成因的论述十分精当,后学晚辈恐难出其右。但以此扎实的文献排比分析为基点,我们仍可以进一步提出疑问,在"以儒学为六朝家族家学根基、儒家思想为传家家风"的文化背景下,为什么萧梁皇族却经历了迅速玄学化,并直接促成了玄学清谈的复盛,以及经学研究的玄学化,这种文化现象是否可以反映出引领梁代士族社会,亦即上流社会文化风尚的主流仍然是玄学?同时,萧梁皇族成员玄学化的过程与他们文学成就的提升存在着什么样的相关性?这些问题仍需要我们继续去研究分析。

  以上所列众家观点,基本囊括了学界目前对于梁代玄学的多种认识。整体而言,史学界,尤其是文化史研究领域,对玄学在梁代的复盛有了较为充分的论述,研究范围也比较全面,但前期研究多为宏观论述,内容亦过于简略,梁代玄学虽包含其中,却面目不清,难观细节。如《五朝学》中梁代玄学只是包含于其中的一个部分,我们所能看到的只是宏观的概论;再如《汉魏两晋南北朝佛教史》中梁代玄学与佛学的关系,只是南朝佛学特点中一个小部分;《两晋南北朝史》论儒学、玄学、佛学之关系,则更为简略,如同纲要;《中国经学思想史》仅围绕《论语义疏》文本进行分析,而没有对此种学术现象的成因做进一步的分析。后期的研究,虽趋于细化,但这些研究在带给了我们诸多启发的同时,也带来了一些新的疑问,如《六朝经学与玄学》中指出梁代官方对玄学持贬抑态度,其论皆出实据,其理足以服人;《萧梁皇族之倡导玄学文化风尚及其原因与影响》一文则指出了皇族实则大力倡导玄学,史料确凿,亦无可疑之处;然二论并列,则似有矛盾之处。因此,要理解这看似矛盾之论得以并存之原因,就需对梁代官方接受玄学的动机、目的、方式进行深入分析和论证。这些问题,都为我们继续研究梁代玄学发展样貌留下了可开拓的空间。

---

[1] 王永平.萧梁皇族之倡导玄学文化风尚及其原因与影响[J].人文杂志,2009(4):154-163.

（二）梁代文学风貌研究

如前文所言，研究梁代文学风貌的成因必考察文学与当时诸种社会思想之间的关联。目前学界关注的焦点是佛教与梁代文学的关系，有大量的文章着力探讨了佛教对梁代文风带来的影响。最早指出佛教与六朝文学关联性的文章是刘永济先生《十四朝文学要略》，该文提出了佛教是影响六朝诗学流变的因素之一，其文云："六朝诗学，其流至繁。拱厥所由，莫非时一变，要而论之，得六端焉：……佛学西来，宗风大扇，则流及咏歌，四也……"然其论简要，并未深入。对二者关联性进行深入分析的是蒋述卓先生的《齐梁浮艳雕绘文风与佛教》，该文认为佛教对齐梁文风的影响有三：其一，佛教的加入助长了齐梁淫靡浮华的社会风气，从而影响了当时文学创作的大环境。其二，佛教的维摩诘生活方式和佛教翻译中的一些艳情描写，影响了齐梁文风的重情写艳。其三，佛经的唱导、辅读等影响了齐梁文风绘辞藻、雕声律的特征。另外一些从宏观上讨论佛教南朝文学的论文有：柏俊才先生《论佛教的世俗化对南朝文学的影响》[《广州大学学报（社会科学版）》2007年第7期]、孟秋华先生《佛教对南朝文学的影响》（《飞天》2010年第8期）。对佛教与六朝文学进行系统梳理的专著有：惠普先生《南朝佛教与文学》（北京：中华书局2002年版）、刘艳芬女士《佛教与六朝诗学》（中国社会科学出版社2009年版），将梁代文学与佛教的关系囊括其中。

除去这些概论梁代文风与佛教关系的文章，还有不少学者着力于探讨佛教与梁代宫体诗之间的关联，其中以汪春泓先生《论佛教与梁代宫体诗的产生》（《文学评论》1991年第5期）、张伯伟先生《禅与诗学》中"宫体诗与佛教"、许云和先生《欲色异象与梁代宫体诗》（《文学评论》1996年第5期）颇具代表性。以汪春泓先生的观点为例，他认为："佛教释空思想使刘宋以来固已颓靡的士风发展到梁代更走向变本加厉。士人社会责任感之丧失，必然伴随人本能属性的凸显。宫体诗在梁代的产生，实在是由于梁代士人情怀归趋艳情一途，具有水到渠成的必然性。""梁代文学新变思潮的形成与佛学遣荡思维方式的影响有极大的关联。佛学思维方式促发了梁代士人活跃思想追求新说，佛教影响推动了梁代尚丽、新变之抒情文学的发展。这为宫体诗产生打下了不拔之根基。""'嫉妒''淫欲''姿态'是佛教对于妇女的基本评价。由于佛教妇女观的影响，佛典在对女子'淫欲'心理的揣摩上，在对女子'姿态'的描写上给宫体诗人以启迪。""佛经中自有雏型的'宫体诗'在。佛教经典对于宫体诗之'声色大开'，起着重要的作用。"另有周金生先生《重新评价"宫体诗"》

(《喀什师范学院学报》1988年第5期)、周晓琳女士《论宫体诗》[《四川师范学院学报》(哲学社科版)1989年第2期]、孙书磊先生《论宫体诗产生的原因》[江西师范大学学报(哲学社会科学版)1995年第2期]、马振霖先生《重评南朝宫体诗》[《宁德师专学报(哲学社会科学版)》1996年第4期]、刘林魁先生《佛教一谛思想与宫体文学理论》(《咸阳师范学院学报》2007年第1期)、龚贤先生《齐梁宫体诗与〈维摩诘经〉》(《陇东学院学报》2008年第1期),这些论文从两个方面分析了佛教与宫体诗之间的关系:其一是从佛教对梁代文化环境的影响来讨论其与宫体诗之间的关系;其二是从佛教典籍中寻找与宫体诗相似的内容,对二者之间的关系加以论证。

尽管大量的论文、专著试图证明佛教与六朝文学、梁代宫体文学之间存在着十分紧密的因果关系,但仍有学者并不认同此观点。早在20世纪90年代,马积高先生《论宫体与佛教》(《求索》1990年第6期)一文就认为:"在当时,即使是笃信佛教的人(除出家的僧徒外),佛教也不过是最高层次精神生活的理想。其在日常生活中则还是过着世俗所允许的生活,享受着世俗所允许的生活乐趣(包括精神的和物质的)……从本质上来说,佛教对当时士大夫所起的作用,还是老、庄思想的作用,只是在理论上较深一层,在实践上加上某些短期的斋戒和布施之类的慈善行为而已……佛教从来没有干扰过(至少没有严重干扰过)中国言情文学的发展。魏晋南北朝志怪小说较多地受到道教、佛教的影响,抒情诗文则较少受到它们的影响,逐渐兴盛的艳情诗甚至同佛教尖锐对立。"十几年后,归青先生在《佛教与宫体诗关系新探》(《学术月刊》2008年第7期)一文中再次提出异议,他认为"佛教对宫体诗的形成有一定的影响,但对这个影响不宜估计太高,宫体诗的形成主要取决于内因,相对于社会环境而言,人性的需求是宫体诗产生的内因;相对于异质文化而言,中古诗歌自身发展的逻辑才是内因。……佛教作为一种外来文化和众多意识形态之一,对于宫体诗的形成还只是外因,宫体诗所表现的思想倾向不是佛教精神,常被学者作为例证的宫体诗作,流露的也不是佛教意识,相反却是对现世的留恋执着,是士族文人内心深处声色欲望的曲折流露。宫体诗'以佛法化俗'的说法牵强,缺乏依据。宫体诗人秉持的是玩赏、唯美的文学观,从中不能引导出由佛化俗的思想"。这些观点是对研究中关联性被泛化的反思,它促使后学在研究中更加精确地把握关联性研究的分寸。

在这些涉及佛教与梁代文学风貌的研究中,田晓菲女士《烽火与流星——论萧梁王朝的文化与文学》是一部观点独特的著作。该书第五章"幻与照:新的观看诗学"中,以一组咏叹蜡烛与烛光的宫廷诗歌为分析对象,阐释了宫体诗深受佛教影响——"远远不止于意象、主题等表面化的东西,而是在更深刻的层次上与宣传幻象、观照、聚精会神进行禅修冥想的佛教教义息息相关。""宫体诗的精髓,最清楚不过地展示了一种关于观看的新诗学。"[①]"宫体诗的定义,不应该是关于女性和艳情的诗歌,而应该是关于定力、关于注意力、关于凝神观看物质世界的新方式的诗歌。"该文将宫体诗与佛教思想的关联性指向佛教"专思寂想""冥想静修"的修行状态对宫体诗创作过程的影响,这种认识对我们全方位审视梁代文学创作无疑是极有启发的。但同时,我们也应当注意到在玄佛合流的语境中,佛教这种"专思静想"感知物质世界空幻不实的修行方式,与《庄子》中"坐忘""心宅"等认识自我与认识世界的方式是交缠着的。因此,我们只能通过诗歌文本本身,来领会诗人想要传达的言外之意、象外之旨究竟是什么,是要揭示"六识"的空幻、现象世界的不实,领悟"涅槃"的真谛,还是要在这种寂然沉静中体会到外部世界微妙精细的运化,超越自我、超越一切有待,达到"无己""与道冥合""与化同体"的境界,从而判断这些文学作品包含的思想蕴意及其渊源所在。

此外,在做出区分的同时,需要做出说明的是,不管我们将宫体诗置于佛教的文化语境还是玄学的文化语境,首先都认同这样一个前提观点:宫体文学不仅仅是对欲望的物质化的直接呈现,而是同时存在着超越表象世界的、更为根本的精神性诉求。目前的研究者普遍认为,宫体诗的特征之一是文本缺乏"寄寓"。在我们的文化语境中,"寄寓"的指向有二:其一是政治态度的隐喻,其二是个人情感(而非欲望)的寄托。而宫体诗极弱的政治解读性和绝少的主体情感流露,都使它极容易被看作仅仅是享乐欲望驱使下的文字游戏、无聊情绪的排遣、展现才华的技能炫耀,从而忽略掉它可能存在的更加根本性的意义,即对自然、生命、器物等一切存在感知、观察和呈现的背后,恰是对主体存在状态——"无己"的领悟和表达。事实上,如果说在那种对形上玄远之学近乎痴迷的文化语境下,一群接受了本体思辨哲学及宗教哲学影响的文化精英群体,其文学艺术作品中最缺乏的恰是超越了形下器用层面的精神性追求,这是不可思议且难以让人信服的。这种思考也是本文试图对梁代玄学与文学关联性进行探讨的基点之一。

纵观前文,学界对梁代文学风貌与佛教关联性的研究丰富而深入,其论从宏观到具体,既有从正面去穷尽证据,亦有质疑与反驳,这些研究对

[①] 田晓菲.烽火与流星——萧梁王朝的文化与文学[M].北京:中华书局,2010:157.

绪 论

于后学理解梁代文学风貌的成因裨益良多。但同时我们也当意识到,佛教作为一种异质文化,东晋时才因依附于玄学而逐渐兴盛,如果它能为梁代文学带来如此大的影响,那么玄学自曹魏至南齐传播积淀近三百年,其中更经历了作为门阀士族主流文化的东晋时期,又在梁代迎来了一次复盛,它对梁代文学的影响又何至于湮灭不闻?这种疑惑虽不能构成我们研究玄学对梁代文学影响的充分条件,但不失为一种反思的维度。

(三)梁代玄学与文学的关系

1. 梁代玄学与文学理论关系研究

对梁代玄学与文学关联性进行的研究,其焦点集中在文学理论产生与玄学思想的关系上。文学理论著述的大量出现是梁代文学史上非常重要的一个现象,对梁代文学理论与玄学思想之间关联性的探讨,主要有两种方式。

第一种方式是以某一种文学主张或文学理论著作为研究对象,探讨该主张或该著作受到的各种思想的影响,玄学与其关联在其中被论及。这种形式在《文心雕龙》的研究中比较多见。目前《文心雕龙》的研究成果蔚为大观,不过对于《文心雕龙》是否受到了玄学思想的影响、受到了多大程度的影响,依旧众说纷纭。如范文澜先生《中国通史》中指出"刘勰《文心雕龙》立论完全站在儒学古文学派的立场上……褒贬是非,确是依据经典作标准的"。[①] 周勋初先生《刘勰是站在汉代经学"古文派"立场上的信徒么?》(《文学遗产》2011年第2期)一文则认为范文澜先生的观点是对《文心雕龙》的"误读",该文指出刘勰撰著《文心雕龙》并无明确的立场,"他在宣讲儒经时实际上兼综今文与古文,而这种情形实属当时知识界的常态……刘勰生活的年代,正在经学趋于融通的南朝,刘勰与当时的文士一样,对此似乎并不固守,因而谈不上有什么'基本''立场'的问题"。曹道衡先生与沈玉成先生编著的《南北朝文学史》认为"《文心雕龙》中所表现出的贯穿于全书的指导思想是儒家的,当时流行于思想界的玄学对刘勰的影响似乎并不十分明显"。[②] 还有不同意见者,如严寿澂先生《道家、玄学与〈文心雕龙〉》[《重庆师范大学学报(哲学社会科学版)》1984年第3期]一文中认为:"《文心》一干众枝式的精密结构,当是受到佛教论藏的影响,这点前辈学者已经指出。此书的文学观和创

---

① 范文澜.中国通史:第2册[M].北京:人民出版社,1994:530.
② 曹道衡,沈玉成.南北朝文学史[M].北京:人民文学出版社,1991:306.

作思想,则明显源于道家及其支流玄学。"刘业超先生《文心雕龙通论》综合众家观点,他在探讨"《文心雕龙》的认识论根源"时提出,"所谓的认识论根源,是指认识事物时的最基本的哲学依据,《文心雕龙》认识客观事物最基本的哲学依据,来自三个方面:儒家学说,道家学说,佛家学说"。他认为"儒家学说是《文心雕龙》认识客观事物的首要依据"。并没有否认玄学思想《文心雕龙》带来的影响,但在影响的程度上有所区分。以上所引几家,代表性较强,余则不再赘引。

第二种方式是以玄学思想为主线,广泛考察众家文学认识、文学理论中存在的玄学影响。这种情形以汤用彤先生《魏晋玄学论稿》中"魏晋玄学与文学理论"一文,最具有代表性。指出了文学"受玄学影响不限于命意遣辞依傍老庄,而另有文学理论(或曰文学批评)固亦根源于玄谈"。"文学与思想之关系不仅在于文之内容,而亦在文学所据之理论。"并指出了语言在玄学思想中沟通天人,表现天地自然的媒介作用,文学恰是这种能够"充足地表达天地自然的媒介或语言"。这篇文章以《文心雕龙》中《原道》《情采》论述了文学源自自然本性的审美特征,指出文学是"美学"的,是"为感受生命和宇宙之价值,鉴赏和享受自然",是"情趣的,是从文艺活动中引出之自满自足,而非为达到某种目的之手段"。以《时序》为据,论述了文学本体"道",如何影响文学创作的变化;以《神思》《隐秀》为据,论述了南朝文学理论中的基础,实为"得意忘言",亦即"言"与"意"的关系。综合而言,这篇文章揭示给我们的问题有四:其一,从《文心雕龙》及其他文学理论作品中,可以看到当时文人对于文学本体的思考,而对文学本体的认识实则来源于玄学本体思想;其二,文学是"道"的体现,故文学本身是一种可充足于表达天地自然之道的媒介;其三,而"天道兴废","大化"不可违,则"文"以随之而变化,此变化如何表现,则在于怀抱之不同,文学创作之目的在于抒发怀抱,亦即表达性情,性情本易为自然体系,则此怀抱通于自然,文学便是外在之表现;其四,文学创作在于恰到好处地解决"言"与"意"之关系。[1] 后来学者,论玄学与文学理论的关系,皆在此范围之内。如卢盛江先生《魏晋玄学与中国文学》[2]之"玄学与古代文学理论"中,指出玄学对于文学本体论、缘情论、创作论所带来的影响,正是承汤用彤先生所论而来。其中,作为文学理论基础层的是对文学本体"道"的思考,建立其上的是对创作动机"情"的思考,最后一层则是如何使得情感动荡的精神活动沟通于神,并找到可以充足表达"道"

---

[1] 汤用彤.魏晋玄学论稿[M].北京:三联书店,2009:277-282.
[2] 卢盛江.魏晋玄学与中国文学[M].南昌:百花洲文艺出版社,2010:219-368.

的语言媒介。"玄学思维方式与古代文艺"一章,提出了两种玄学思维方式对文学理论的影响,其一是玄学思想以简驭繁、执一统众的思维方式,对《文心雕龙》的理论构架、文学问题的讨论以及文学创作带来的影响;其二便是言意之辩对文学理论的影响。文章对这些观点的论述,主要集中在《文心雕龙》之上,对《诗品》亦有小部分的论述,并十分简略地提及萧绎的《金楼子·立言篇》中的文学观点。其中,对《文心雕龙》各篇中蕴含的玄学思想进行了细致的挖掘,对后来者研究此问题提供了很好的视角。

除此之外,还有一些研究玄学与六朝诗学、文论等方面的论文,也涉及梁代玄学与文学的关系,诸如研究玄学与文学关系的张海明先生《玄学本体论与魏晋六朝诗学》(《文学评论》1997年第2期)与《玄学价值论与诗学》[《北京师范大学学报(社会科学版)》1997年第2期]。前文深入地探索了玄学本体论对六朝诗学的影响;后文则论证了玄学"以无为本"的价值取向决定了魏晋六朝诗学在审美取向上表现为重神贵虚、自然清丽和以悲为美。诸如此类的论文还有:黄应全先生《玄学影响文论的桥梁——清谈》《魏晋玄学与六朝文论》(首都师范大学出版社,2004年)、陈顺智先生《玄学本体论与文心雕龙》(《武汉大学学报》1990年第5期)、成颂先生《玄学语境下六朝诗学的审美建构》(温州大学硕士论文,2010年3月)等,这些论文多为宏观论述,探讨的多是玄学与六朝文论共性问题,缺少对梁代文论发展过程中玄学影响变化的具体研究。

综上所述,学界对梁代文学理论与玄学思想关联性的研究,主要集中在《文心雕龙》这部理论性较强的著作之上,对于以品评诗歌为基础、寄托文学主张的《诗品》已经很少提及,对那些散存于史料中的文学观点的关注则更为稀少。众所周知,刘勰的《文心雕龙》成书大约在天监初年,它反映出的是齐梁之际文人对文学的认识,并不能反映梁代文学理论发展的全貌。实际上,在梁代五十五年的历史中,文学家群体对文学现象的批评、文学认识的阐发从不曾停止,而那些在梁代成长起来的文学家们对文学的认识与刘勰已经有了较大的差异。可以说,成书于天监初年的《文心雕龙》只是梁代文人思考和解释文学的起点,其后如钟嵘《诗品》、萧子显《南齐书·文学传论》、萧统《文选序》《陶渊明集序》、刘孝绰《昭明太子集序》、萧纲《与湘东王书》、萧绎《金楼子·立言》等散碎的文学史料,构成了梁代文学理论发展变迁的历史,而它们与玄学之间的关联,还未得到细致的挖掘。

2. 梁代玄学与文学创作关系研究

在梁代玄学与文学关系的研究中，最不被人关注的是文学作品内部体现出的玄学影响，原因可从以下两个方面来解释：其一，与玄言诗那种充斥着玄学词汇的文学作品相较，梁代的文学作品中已经看不到玄学的影子，刘勰所谓"庄老告退，山水方滋"，正是就南朝以来文学作品中玄学意味的减弱、消失而言的。至于梁代，主流文学样式中，不唯老庄玄虚之语已不复多见，谢灵运、谢朓式的"以玄对山水"的作品同样不再是主流。以"宫体"为代表的梁代文学风尚，呈现出的是对宫廷生活细节的描摹、对闺闱美人的欣赏，对四季交替自然变化的细微感受，与玄言诗中缥缈太虚、太极、太素、大化、玄思、玄理……已是云泥之别。诗歌、文章中缺少了玄言诗式的语汇系统，我们已经难以从文本层面直接感受到玄学对文学作品带来的影响。其二，多数的研究者认为"传统学术、哲学思想影响文学，在于它们与文学有一些联结点，并且总是要通过一个中间途径，特别要通过影响士人心态，影响它们的人生态度、价值观念，进而影响到文学"。罗宗强先生正是这一思路的开创者，他在《魏晋南北朝文学思想史》中论述元嘉文学形成的文化环境时，强调了刘宋时期玄学对文学影响力的淡化。文中提到"玄学思想成为社会思想主潮的时代已经不知不觉地过去了，玄风的影响也不再成为左右一切的因素"，"玄风的影响当然还存在，两晋玄风，深深地融入士文化里，成为士人人生追求、生活情趣、生活方式不可分割的部分。作为士族阶层的文化生活传统，他有自己的继承性，在生活里遗存着。不过，它不再是士人生活的核心，更不是整个士阶层的普遍的共同的趣味"。"就玄学的影响而言，亦已大大消退。""宋齐两朝，思想领域中玄学思想已经不占主要地位，玄风在士人生活情趣、生活方式中影响亦已淡化""思想领域中的这种变化，对于士人心态的影响，是把他们从玄虚人生的思索中又带回到现实中来。"从社会思想变化对士人心态带来的影响来理解文学发生变化的原因，是该书研究南朝文学风貌的基本思路。总体而言，文章给我们呈现出了玄学思想影响从文学作品中逐渐隐退乃至消失的发展趋向，故在论及梁代文学时，该书没有谈到任何玄学对其影响的迹象。这也使得我们产生了一个直观的印象：玄学思想已经不再是士人文化的主流，因之士人们在心态上发生了变化，反映到文学创作上来便是玄学对梁代文学风貌影响已不复存在。

但是，上述研究思路至少有两处值得我们再去做分析：

其一，社会思想变化与士人心态变化之间的关系是什么？群体心态如何发生变化,又如何影响到群体选择的变化,属于社会心理学研究的范畴。这些学科的研究成果告诉我们,社会群体的思想和行为普遍受到社会需求的影响。把这些因素发生变化的关系简化地归纳出来,应当是这样的:社会政治结构、经济组织形式发生变化——社会需求发生变化——群体心态发生变化——群体思想、行为选择发生变化——形成新的社会思想潮流、文化趣味、价值观念。也就是说,士人心态并不是随着社会思想的改变而变化,恰恰相反,社会思想的主潮是随着士人心态的变化而形成的,而决定士人心态发生变化的根本因素则是社会政治结构、经济组织模式的变化,以及这些变化引起社会需求的变化。社会需求的变化刺激着士人心态发生转变,在众多可资利用的思想资源中,选取更加符合于自身需求的那种,是社会群体普遍的心理趋向,这种选择最后构成新社会模式中的思想主潮,进而反映到社会生活、文学创作等方方面面。

其二,玄学思想是否影响到了梁代文人群体,其影响的程度究竟如何?梁代文学家群体出身不同,既有旧时的高门士族子弟,也有新崛起的寒门新贵。如果不考虑寒门在崛起中经历的玄学化过程,则很容易将高门士族的政治主导地位的衰落与玄学的衰落等同,并进一步认为影响梁代文坛的主流思想已不再是玄学。但实际的情形却是,高门士族虽然在政治决策中影响力减弱,但政治特权带来的身份和地位并未有太大的动摇;同时,寒门新贵的崛起直接依靠的是其家族成员因文学才华出众而带来的声望,深入一层则是这些家族整体的玄学化趋向,亦即寒门积极向高门士族主流文化融入,并借之提升政治地位的过程。如此则很难说梁代玄学不再是士人的主流风尚,也不能认为其影响已大大消退,只能说梁代玄学的具体形态和受影响的主体人群较之于东晋发生了较大的变化。

综上所述,玄学思想不再是南朝社会主潮的观点仍有继续讨论的余地;社会思想变化引起士人心态变化的逻辑也存在着不能自洽之处;梁代玄学对文学的影响几乎不存在也不是全部事实。实际上,梁武帝初登帝位,其首要需求便是巩固皇权,削弱士人对权力的渴求,消除社会矛盾,提升皇族的门第流品。当时社会中存在的儒学、佛教、玄学、道教皆为其可利用之资源,同时,各种思想能够满足的需求又是不同的。历来皇族欲加强皇权必选择兴儒学,因为儒学思想强调礼法秩序,注重君臣伦理,最便于皇权利用;佛教则以劝善、戒恶为务,教人轻财、去欲,对于削弱人的权力欲望,消除社会矛盾是极有利的选择;而东晋南朝以来,家族门第流品如何,不唯以政治地位论,更加以文化修养、家学渊源、名士风流为标志,梁武帝欲提升皇族门第流品,迅速融入士族阶层的主流文化,完成玄学化进程,成为其最佳选择。故取得皇权之后的萧梁皇族,既大力发展儒学以消除玄学为朝政带来的弊病,且废除道教全力推广佛教;另一方面又积极在学术、文化领域推崇玄学、大肆讲论,形成了《颜氏家训》中所描述的情景——"兹风复扇,《庄》《老》《周易》总谓《三玄》。武皇、简文,躬自讲论,周弘正奉赞大猷,化行都邑,学徒千余,实为盛美。"①

对于士人群体而言,皇帝大力复兴儒学影响更大的是其对待政治实务的态度,佛学昌盛则主要影响到了他们的信仰选择;而玄学思想中所包含的政治诉求则在皇权巩固中被削弱,转向对内在心性的探索,成为一种修为功夫,促成了它与文学艺术的结合,故玄学的影响更多地集中到了士人人生态度、学术素养、文化艺术等方面。这些选择与梁代官方选择性利用各种思想资源的策略导向是一致的,这也说明在皇权专制的政治结构中,官方的需求是士人思想选择最有力、最直接的推动力。此外,在梁代后期的战乱及朝代变革中,士人们依旧选择了玄学思想来指导政治实践,他们以"顺应无为"为处世原则来理解和解释皇权禅让的合理性,究其原因同样出于社会需求和个体需求的驱动。南朝改朝换代频繁发生,许多士人曾身仕两朝,有些则历经三朝,更有一些由南朝入北朝出仕为官,在这种政治环境频繁更迭的人生经历中,也只有玄学思想能为其行为选择提供合理性和精神归属感。

概言之,玄学对梁代的影响并没有消退,而是在梁代社会需求中呈现出了特殊的形态,它对文学的影响也没有消失,而是更加深入和细微。目前学界并没有一部细致梳理二者关联性的著作,故本文试以梁代玄学作为切入点,详细考察玄学在梁代文学理论、文学创作中的实际体现,并揭示二者的关联性所在。此外,对于上述情形需要补充说明的问题是,在以文学理论、文学作品作为研究基础,探讨其与诸种思想之间的关联性时,学者很少以梁代为独立时段进行分期研究是有其合理之处的。梁朝历时五十五年,文学理论、文学创作发展兴盛,然其前期承接永明余绪,后期又以陈朝文学为延续,文学史上往往并称"齐梁""梁陈"。也就是说,南齐、梁、陈三代文学风貌的变化与朝代更迭的时序并不吻合,故此处若以朝代变化作为文学研究分期的依据,就不符合文学史研究的一般规律。本文之所以单独对梁代的玄学与文学进行研究,其原因有二:其一,本文研究的切入点是玄学,而梁朝的建立、梁武帝实行的文化政策,及其对待玄学的态度,又促成了玄学在梁代的复兴。换言之,玄学复盛与萧梁政权建立在时序上是完全吻合的,同时武帝在文化领域大力倡导玄学,又为玄学与文学的交互影响带来了契机,而这种影响可能正是永明文学向梁代独特

---

① (北齐)颜之推.颜氏家训[M].北京:中华书局,2011:117.

文学风貌过渡的主要原因,也是本文关注的焦点所在。其二,文化史研究领域对玄学在梁代的复盛已有相当丰富的论述,然文学研究领域对此成果似乎关注不足:一方面囿于"庄老告退,山水方滋"之定见,以及刘宋、南齐前期玄学清谈的衰落,玄学已经不再被视作影响梁代文学发展的一种因素;另一方面梁代佛学思想极为昌盛,文学思想研究多集中到了文学与佛学关系上,对玄学影响形成了遮蔽。本文以梁代为研究时段,选取玄学为研究切入点,对文学理论、文学创作中体现出的玄学影响进行研究,实因萧梁王朝建立这一政治性事件,乃是勾连梁代玄学与文学之中间环节。有梁一代玄学与文学之互渗,多与官方文化政策之导向、皇族成员之文化偏好紧密关联,故本文研究旨在为梁代文学理论研究、文学创作研究提供一个新的研究视角。

三、研究内容与思路

（一）研究内容

本文的主要研究内容由以下五个部分组成。

一是梁代的玄学接受与利用。玄学在梁代的发展特点,主要表现为文人在特定的政治需求、文化需求及人生境遇中,对玄学观念的选择、利用和再发挥。其思想源头是魏晋玄学对宇宙、社会、人生等问题阐发的思想理论。梁代文人对魏晋玄学的接受与东晋、宋、齐以来的玄学接受历史、梁代皇族和新贵族提升自身文化素养的文化需求,及其与高门旧族争夺文化主导权的政治需求紧密关联,这些内容构成了梁代文人接受玄学的社会动因,也成为梁代官方选择利用玄学的现实依据。梁代官方既要规避玄学务虚之风带来的政治风险,又要继续通过玄学化、文雅化来维护家族文化的地位,要实现这样的平衡只能通过整合现有的多种文化资源,因势利导,使之在不同的领域发挥其优势作用,遂形成了以玄学思想为主导的士人文化品格。在梁代官方与士人对玄学的积极接受与利用下,玄学也在梁代发展出了新的形态,具体而言,玄学在梁代完成了由"清谈"向"讲论"的演变,"讲论"内容囊括了玄学、儒学、佛学,使得玄学成为"和会三教"、融通儒佛的认知方式。同时,以玄学化的模式来研习儒家典籍,讲论圣人之说,并以帝王之尊引领学术、文化风尚,还促使"义疏学"形态在梁代的盛行,使之成为笼罩整个学术界的主流学术形态。

二是梁代重文与玄学文化之间的关联性。梁武帝得昔日文友支持取得了皇权,深知笼络文人群体之必要,以及利用文学对重塑皇权神圣性的重要，并且，巩固皇权的政治需求和提升文化、文学素养的文化需求，也为梁武帝区分利用文学带来了现实基础。同时，对高门士族文化精神和文化形式的心理认同，使得玄学化的文化活动形式成为梁武帝提升家族及整个王朝文化事业的蓝本，从而影响了梁武帝对非政治领域文学利用的策略，使得文学创作能够在皇权控制加强的同时，仍可以在文化生活领域获得相对自由的表达空间。这种影响直接表现在梁武帝本人对东晋高门士族文化活动中宴会雅集、登临唱和等文学活动形式的继承，他在宫廷中频繁组织宴会雅集，与文臣们赋诗联句，使得雅集成为梁代宫廷中主要的文化活动形式，并在梁代中后期的东宫文士群体中得到了进一步的发扬，使得梁代文学活动烙上了玄学文化的印记。此外，崛起于梁代的文学家族在齐梁之际，普遍经历了玄学化的过程，玄学在文化领域影响的扩张与梁武帝对非政治领域文学创作的宽容相结合，促成了玄学主体人群与文学主体人群的重合，这为玄学与文学交互影响的深入提供了可能。

三是玄学思想与梁代前期文学理论之间的关联性。这部分内容由四个子题组成：其一，刘勰《文心雕龙》与贵无论玄学的关系，主要研究《文心雕龙》中文学认识、理论架构中对王弼玄学方法论的移用，以及刘勰文学本体观念对贵无论玄学的运用。其二，钟嵘《诗品》与自然论玄学的关系，研究内容包括自然论玄学对钟嵘《诗品》关注点的影响，钟嵘崇尚"自然"、标举"清雅"的文学主张，对自然论玄学中"自然"含义的运用。其三，萧子显《南齐书·文学传论》与崇有论玄学的关系，主要研究萧子显的文学本体观念，对文学多样性的认识，对文学变化原因，及其倡导"新变"文学主张，与贵无论玄学及崇有论玄学的关系所在。其四，综论梁代文人对玄学接受与梁代文学批评兴盛之关系，以及玄学思想对文学自觉的推动作用。

四是梁代中后期文论与玄学思想的关联性。这一部分也由四个子题组成：其一，梁代文坛的文学共识，主要研究玄学思想影响下梁代文坛形成的文学共识，诸如"天文"是"人文"的依据、自然是文学创作的属性、文学表达应当追求节制均衡的自然美。其二，萧统的文学思想与其对玄学的接受，以萧统对陶渊明的诗歌和个人品德的推崇为基本内容，分析研究萧统对玄学审美风格、玄学精神品质的接受。其三，玄学思想接受对萧纲文学观念的影响，主要探讨崇有论玄学为萧纲文学现象批评、文学作品评价、文学典范确立带来的影响。其四，玄学对萧绎文学思想的影响，通过辨析萧绎"立言不朽"思想观念与其文学思想之不同，确定萧绎文学思想的内涵，并进一步探讨玄学思想对萧绎文学认识的影响。

五是玄学与梁代文学创作的关联性。这一部分主要探讨梁代文学创作中的五个主题与玄学思想之间的关系：其一，文学作品中的理想政治形态与玄学政治观的关系，以何逊、徐陵的文学作品为材料，通过比较不同政治环境中文人对理想君主和理想政治的描绘，来分析梁代文人政治思想与玄学政治观之间的关联性。其二，梁代文学作品中对"性命"的探讨与玄学思想的关系，以刘峻《辨命论》为主要材料，分析梁代文人在"性命之道"的分析和探讨中对玄学思想的开拓。其三，梁代文学作品中普遍存在的隐逸情怀与玄学接受之间的关系，首先探讨这种文化心理与玄学自由精神之间的关系，其次探讨不同身份地位、不同人生遭际的个体，选择的满足隐逸情怀的方式，与其接受的玄学思想之间的关系。其四，梁代文学作品中对自然世界的密切关注与玄学思想之间的关系，主要探讨诗歌对自然世界运化的关注、体知，对自然物特性的呈现、描摹，及诗人试图超越外部条件对感官的限制，用神思勾连万事万物自然而然、随大化流迁的状态等创作现象中蕴含的玄学认知方式。其五，玄学思想对梁代文学创作审美、抒情的影响，主要探讨玄学文化对女性美成为文学独立审美客体的促进，及玄学思想中"肆情"观念对文学创作、对情欲表达的影响。

（二）研究思路

本文对梁代玄学与文学展开研究的思路是，以梁代的玄学研究为基础，以梁代文学利用方式、文学活动形式、文学家群体与玄学文化的关系研究为背景，以梁代文学理论与玄学思想关系、梁代文学创作与玄学思想关系为主要研究对象。各部分的具体研究思路如下。

第一部分重点研究梁代玄学的具体形态。首先，通过史传资料、史志目录、补史志目录等，考察梁代时传播的"三玄"注本、《列子》注本、玄学论文和梁代人新撰著的"三玄"注本、玄学论文目录，考察梁代官方文化政策对玄学的利用、梁代文人涉及"三玄"的学术活动、文学作品中对玄学著述的引用情况，从文献传播的角度判断梁代文人接受玄学思想的理论源头，并进行溯源。其次，考察玄学在南朝传播和接受的历史背景，以及梁代人接受玄学的现实需求，接受中所受的实际制约，分析玄学在梁代得以传播和接受的历史动因和社会动因。再次，考察梁代官方文化政策，分析梁代官方文化整合策略中对玄学的定位及其利用玄学的方式。最后，考察在梁代官方对玄学的利用政策下，玄学的传播方式、影响范围等方面出现的新形态，描述此现象出现的渐进过程，并分析影响其出现的众多因素。概而言之，通过对梁代文人玄学接受的文献载体、理论源头、接受概况、接受原因、利用方式的逐步分析，最终呈现出梁代玄学的具体形态和特点。

第二部分重点分析梁代文学活动形式、文学家主体与玄学文化的关系。首先,以梁代官方的政治需求为基点,考察梁武帝重用文人、区分利用文学的历史原因和现实需求,通过对梁武帝文学利用的政治需求、文化需求、利用领域、利用方式考察,分析玄学文化对梁武帝文学利用策略的影响,以及其文学利用策略对玄学与文学交互作用深入的促进;其次,考察梁武帝支持文学活动的具体史实,分析梁代宫廷文学活动的组织形式与东晋士族文化活动形式之间的关系,揭示梁代文学活动形式、文学创作形式对东晋高门士族文化风尚的心理认同和积极继承;再次,考察梁代文学家族的形成过程,及其家族成员在此过程中出现的玄学化表现,揭示梁代文学家群体普遍经历玄学化的文化特点。

第三部分重点分析梁代文学理论与玄学思想之间的关联性。首先,对梁代产生的文论进行汇总、编年、分期,以萧纲及东宫文士主导文坛为区分线,将梁代文论的发展分为前后两期,前期以《文心雕龙》《诗品》《南齐书·文学传论》为研究对象,后期以萧统、刘孝绰、萧纲、萧绎的文学思想为主要研究对象。其次,对上述诸多文学批评家进行个案研究,具体分析其文学理论作品在文学认识、理论架构、创作主张、评价标准等方面对玄学理论的选择利用。最后,综合评价玄学接受对梁代文学批评兴盛的促进作用,对文学认识深入的推动作用,及其为梁代文坛带来的文学观念上深入而广泛的影响。

第四部分重点研究梁代文学创作与玄学思想的关联性。首先,广泛考察梁代文人的文学作品,重点考察梁代成长起来的文学家群体的文学创作,选取能够代表梁代独特文学风貌的萧纲、萧绎及围绕二人形成的东宫文士的文学创作为主要研究对象。其次,对选定的每个文学家个体的文学创作进行深入分析,以其作品中的引用"三玄"及《列子》的内容为基础,对其作品的主题、体裁、风貌特点等多方面进行分类比较,分析其与玄学思想之间可能存在的关系。再次,综合对文学家个体创作进行分析,选取具有代表性的文学创作主题、文学现象作为研究主线,将与此主线相关的文学创作纳入分析体系,进一步揭示一系列文学作品在内容、思想、风格等方面与玄学思想影响存在的关联性。

第一章 梁代的玄学接受与利用

公元502年，萧衍建立梁朝。此时，玄学思想的发展与传播已经历两百五十余年，理论已经相当成熟，产生了王弼的"贵无"论、竹林玄学家的"自然"论，郭象的"崇有"论，东晋张湛的"至虚"论，在本体论上兼容"贵无"与"崇有"，将"自然"与人的关系阐释得更加形象化，更以《庄子》思想之"逍遥"求佛教向往之解脱，提出了"达于生生之趋"的人生哲学。概言之，这些理论包含了三个方面：一是宇宙观；二政治观；三是人生观。新义纷呈的玄学理论，为梁代文人解决现实需求提供了丰富的思想资料，成为了梁代文人接受玄学的思想来源。同时，梁时尚在传播的玄学著述与玄学论文，为梁代文人接受玄学资源提供了文献资料，在梁代官方的文化政策、文人的学术活动，以及文人的文学作品中，都能看到这些玄学资源传播和接受的痕迹。梁代玄学的特点主要表现为，文人在特定的政治需求、文化需求以及面临的人生境遇中，对魏晋玄学观念的选择、利用和再发挥。理论思想的传承和发展，与社会群体对它的需求密切关联。东晋时期，因门阀政治的需求，玄学发展成为了士族社会的主流文化风尚，作为门第流品的象征，玄学在士族群体中的接受度达于顶峰。宋、齐两朝的皇族、新贵为了融入主流文化也曾积极接受玄学。与此同时，从两晋到宋齐对玄学的反思和批判也一直存在，这些内容构成了梁代玄学接受的历史背景。萧梁皇族在玄学接受上面临着与宋齐皇族同样的需求和限制，这使得梁代官方在立国之初，就明确地施行了一套政治意图明确的文化整合政策：在政治领域积极复兴儒学，以儒学思想来消除玄学遗留下的政治弊病；在社会群体中大力推广佛教，劝善诫恶，教化俗众，并借以弱化士人的权力欲望，消除社会矛盾；在文化领域倡导玄学，参与清谈讲论，宣讲"三玄"阐发玄义，促成了玄学的再次兴盛。在这种文化政策下，梁代玄学的接受也表现出了一些新的特征，宫廷"讲论"成为玄学研习和交流的新方式；玄学"讲论"融合了儒经讲习、佛教说法的形式，其内容不仅包含"三玄"、《列子》，同时兼容了佛学和儒经；与"讲论"相应，学术领域出现了以发挥义理为特征的"义疏学"。

第一节　梁代的玄学接受与理论溯源

魏晋玄学发展至南朝,其理论内容已把个体人生所思考的三大终极问题——现象世界为什么会存在、社会应当如何、个体应当怎样对待生死——全部囊括其中,从形上层面之追问到形下层面之运用,皆可从中寻得指导,它们构成了梁代文人接受玄学的思想源头。梁代官方的文化政策、学术活动,梁代文人的文学创作中,皆有玄学传播和接受的痕迹,其中王弼的《周易注》《老子注》,阮籍、嵇康的文集、文论,郭象的《庄子注》和张湛的《列子注》,构成了梁代玄学思想接受和传播的基本文化语境。

一、魏晋玄学发展概述

玄学发轫于曹魏太和年间(227—239),代表人物为夏侯玄、荀粲。二人的思想和言论中,已经表现出了"援道入儒"倾向,但没有形成系统的理论。正始玄学形成于曹魏正始时期,以何晏(约190—249)[①]、王弼(226—249)为宗师。何晏一生著述丰富,但其著作多已亡佚,后世考察其玄学思想,可依据的材料来源有三种:一是保存于张湛《列子·天瑞篇注》中的《道论》片段;二是保存于《列子·仲尼篇注》中的《无名论》;三是传世的《论语集解》。王弼的玄学著述有《周易注》《周易略例》《老子注》《老子指略》《论语释疑》,这些著作都被保存了下来,使得后世学者能见其思想全貌。今有楼宇烈先生的校释本《王弼集校释》汇集整理了以上内容,是现今流传较为完备的注本。

正始十年(249),王弼、何晏相继去世,玄学发展进入了第二个阶段——竹林玄学。竹林玄学形成的时期仍在正始年间,但玄学理论发生了较大的改变,代表人物为竹林七贤中的阮籍(210—263)和嵇康(223—262),故以"竹林"之名区别之。阮籍早年尚好儒学,其后改宗道家思想,并以之为基础,开拓出了新的玄学理论,能够反映其玄学思想的著作主要有《乐论》《达庄论》《通老论》《通易论》,这些文章皆录于其文集中传世。嵇康的玄学著作有《难自然好学论》《声无哀乐论》《养生论》《与山巨源绝交书》,这些著作在他的文集中都有收录。除阮籍、嵇康之外,七贤中的

---

① 田汉云.汉晋高平王氏家族文化研究[M].北京:中华书局,2013:126.

向秀撰有《庄子注》二十卷,但大部分内容都已经散佚。

西晋中期,玄学理论的发展进入了第三个阶段,以裴頠(267—300)和郭象(253—312)为宗。裴頠的玄学著作有《崇有论》,收录于《晋书·裴頠传》中,是西晋玄学由"贵无"向"崇有"转变的前奏。"崇有"论玄学,大成于郭象。郭象早年"慕道好学,托志老、庄,时人咸以为王弼之亚",他的玄学著作有《庄子注》三十三卷,书目一卷。其后,晋室南渡,玄风被于江左,玄学旧题在东晋文人中仍被广泛讨论,并产生了不少争论著作,如孙盛《论老子非大圣》《老子疑问反讯》,李充《学箴》,王坦之《废庄论》,范宁《论王弼、何晏》,戴逵《论放达》,对魏晋玄学理论及其带来的影响多有批驳。另有罗含所作《更生论》专论万物之生化,其文主旨袭《庄子》"齐同生死"之观念,然行文简略。对"生死"议题作详尽阐释的玄学家是张湛,他的《列子注》是东晋玄学最大的理论建树。刘宋至南齐,玄学理论的发展基本停滞,其中虽也有与玄学相关的论文出现,但已与佛学相融,界限不甚清晰,如宋谢灵运撰写的《辨宗论》、南齐周颙撰写的《三宗论》。

玄学思想最大的特点是构建了本体论宇宙观。正始玄学家突破了东汉以来生成论宇宙观的束缚,建立了"以无为本"的本体论宇宙观,形成了"贵无论"玄学。其后,竹林玄学家继承了"贵无"论观念,建立了以自然为本体的理论观念,但其理论水平较正始玄学有所下降。西晋玄学家郭象,在向秀、裴頠"崇有"思想的先导下,建立了较为完善的本体论体系,建构了"天地以万物为本"的宇宙观。东晋张湛玄学融"贵无"与"崇有"为一体,参之以佛教"空"观,建立了"万物以至虚为宗"宇宙观。玄学思想的产生,以本体论哲学的建构为其主要特点,但本体论宇宙观的建构并非出于哲学思辨的需要,而是源自解决社会现实问题的需求。玄学思想在不同时期探讨的社会主题,正是对现实问题做出的回应。正始玄学的论题是"名教本于自然",其目的是通过认识自然世界与社会群体的关系,来改造既定的群体秩序;竹林玄学的论题是"越名教而任自然",通过认识自然世界与个体的关系,来寻求个体与自然的和谐;西晋玄学的论题是"名教即自然",通过赋予名教制度合理性,来协调群体秩序与个体自由之间的冲突。东晋玄学关注的主题发生了转变,不再围绕群体与个体的关系展开,同时淡化了自然的本体地位,论证了个体即是自然,这样,个体的生死、人生就成为其探讨的主题。

概言之,魏晋玄学的主要议题,涉及形下和形上两个层面。形上层面即本体论哲学,反映为玄学家的宇宙观,是玄学思想的逻辑起点和理论根基,为玄学家的政治思想、人生态度提供合理性论证并赋予其价值意义。形下层面包含社会政治主张和个体的人生态度,反映为玄学家的政治思想和人生态度,用以指导现实社会的行为和实践,是本体论哲学建构的归宿。

二、梁代的玄学接受概况

梁时传播的魏晋玄学注本、玄学论文,以及宋齐产生的新注本,构成了梁代文人接受玄学思想的文献来源。本文绪论部分已详列了这些著述的目录,并列出了梁代新产生的"三玄"注本目录,故此处不再赘列。比照这两份书目,大致可以确定梁代文人仍在接受和传承着玄学思想。同时,从梁代"三玄"注本撰著者的身份来看,接受和传承玄学思想的文人群体,正是梁代政治、学术、文化领域的主体人群,诸如梁武帝、简文帝、梁元帝、伏曼容、何胤、朱异、贺玚、周弘正、张讥、孔子祛、庾曼倩等。除去考察文献存目和文献撰著者的身份,还可以从以下六个方面来考察玄学在梁代的接受与传播情况。

其一,王弼《易注》被列入官学。王弼的《周易注》《老子注》是玄学思想的开端,其中《周易注》因兼涉玄儒,在接受和传播上具有很大的优势,而对其接受和传播起到推动作用的,是梁代官方将王弼《周易注》列入官学。《南齐书·陆澄传》载陆澄与王俭书论,其言曰:"元嘉建学之始,玄、弼两立。逮颜延之为祭酒,黜郑置王,意在贵玄,事成败儒。今若不大弘儒风,则无所立学。众经皆儒,唯《易》独玄,玄不可弃,儒不可缺。谓宜并存,所以合无体之义。且弼于注经中已举《系辞》,故不复别注。今若专取弼《易》则《系》说无注。"①《隋书·经籍志》:"梁、陈郑玄、王弼二注,列于国学。……至隋,王注盛行,郑学浸微,今殆绝矣。"②

其二,何晏《论语集解》被列入官学。《隋书·经籍志》载:"梁、陈之时,唯郑玄、何晏立于国学,而郑氏甚微。"③何晏的《论语集解》虽不是一部纯粹发挥玄学思想的著述,但其中仍保留了他的部分玄学思想,并对梁代《论语》注疏的学术倾向带来了明显的影响。梁代唯一一部传世的义疏著作——皇侃《论语义疏》便是在何晏《论语集解》的基础上,以玄学思维引申发挥阐发大义的。

其三,皇族成员"躬自讲论"三玄。颜之推《颜氏家训》:"洎自梁世,兹风复阐,《庄》《老》《周易》总谓《三玄》。武皇、简文,躬自讲论。周弘正奉赞大猷,化行都邑,学徒千余,实为盛美。元帝在江、荆间,复所爱

---

① (南朝)萧子显.南齐书[M].北京:中华书局,1972:683-684.
② (唐)魏徵.隋书[M].北京:中华书局,1973:913.
③ (唐)魏徵.隋书[M].北京:中华书局,1973:39.

第一章 梁代的玄学接受与利用

习,召置学生,亲为教授,废寝忘食,以夜继朝,至乃倦剧愁愤,辄以讲自释。"[1]史籍中可考见的,皇族成员接受并推动"三玄"传播的史料甚众,在以后的论述中将有涉及,此处暂不引述。

其四,士人普遍兼修玄业。活跃于梁中后期的士人普遍兼治玄学,善谈义理,周弘正是较有代表性的一位经学家,《南史》本传称"弘正善清谈,梁末为玄宗之冠"。梁元帝《金楼子》中言曰:"余士大夫重汝南周弘正,其于义理,清转无穷,亦一时之名士也。"《陈书》本传称其"特善玄言,兼明释典,虽硕学名僧,莫不请质疑滞"。[2]此外,《梁书·儒林传》载:"(严植之)少善《庄》《老》能玄言,精解《丧服》《孝经》《论语》。及长,遍治郑氏《礼》《周易》《毛诗》《左氏春秋》。"[3]"(贺玚)所著《礼》《易》《老》《庄》讲疏……数百篇。"[4]"(卞华)通《周易》……博涉有机辩,说经析理,为当时之冠。江左以来,钟律绝学,至华乃通焉。"[5]"(太史叔明)少善《庄》《老》……其三玄尤精解,当世冠绝,每讲说,听者常五百余人。"[6]另外,《梁书》《南史》中记载:顾越"特善《老》《庄》,尤长论难"。[7]袁宪"好学,有雅量。……常招引诸生,与之谈论,每有新议,出人意表,同辈咸嗟服焉"。[8]张讥"笃好玄言,受学于汝南周弘正,每有新意,为先辈推伏。……梁武帝尝于文德殿释《乾》《坤》《文言》,讥与陈郡袁宪等预焉,敕令论议,诸儒莫敢先出,讥乃整容而进,谘审循环,辞令温雅。梁武帝甚异之,赐裙襦绢等,仍云'表卿稽古之力'。……简文在东宫,出士林馆发《孝经》题,讥论议往复,甚见嗟赏,自是每有讲集,必遣使召讥。及侯景寇逆,于围城之中,犹侍哀太子于武德后殿讲《老》《庄》"。[9]全缓"治《周易》《老》《庄》时人言玄者咸推之"。[10]

概而言之,《周易》《老子》《庄子》的玄学注本在梁代是极为流行的,其中梁时王弼的《周易注》应当传播最广,影响亦最盛,而《老子注》作为王弼玄学的理论根基,其传播影响亦不可能减弱;何晏的《论语集解》亦在梁代产生了明显的影响;其次,梁时流传《庄子》的注本家数不及《周易》《老子》至隋时除郭象《庄子注》的全本尚存,其余众家或有残缺,或

---

[1] (北齐)颜之推. 颜氏家训[M]. 北京:中华书局,2011:117.
[2] (唐)姚思廉. 陈书[M]. 北京:中华书局,1972:309.
[3] (唐)姚思廉. 梁书[M]. 北京:中华书局,1973:671.
[4] (唐)姚思廉. 梁书[M]. 北京:中华书局,1973:672.
[5] (唐)姚思廉. 梁书[M]. 北京:中华书局,1973:676.
[6] (唐)姚思廉. 梁书[M]. 北京:中华书局,1973:679.
[7] (唐)李延寿. 南史[M]. 北京:中华书局,1975:1753.
[8] (唐)姚思廉. 陈书[M]. 北京:中华书局,1972:311-312.
[9] (唐)姚思廉. 陈书[M]. 北京:中华书局,1972:443-444.
[10] (唐)姚思廉. 陈书[M]. 北京:中华书局,1972:443.

已亡轶,则说明郭象《庄子注》当为梁、陈之时流传最广的注本,梁时产生的众多《庄子》类的义疏、讲疏当多据郭象本而发挥,则其影响之深广当是毋庸置疑的。

其五,竹林玄学的接受偏向了文艺领域。竹林玄学思想传播与接受的途径,与"三玄"大有不同。竹林玄学家的思想阐发,一则借助于评论"三玄"而发,诸如《通老论》《通易论》《达庄论》等,这些内容皆不脱"三玄"范畴。二则借助于音乐、养生等主题而发,诸如《乐论》《声无哀乐论》《养生论》。三则存于诗赋作品之中,诸如《咏怀诗》《忧愤诗》《与山巨源绝交书》等。后两方面的内容,与士人对艺术的理解和个人心性修养的实践直接相关,故与梁代文化风尚有着紧密的关系。萧统编订《文选》时收录了嵇康《琴赋》《忧愤诗》《与山巨源绝交书》《养生论》,阮籍《咏怀诗十七首》。刘勰《文心雕龙》及钟嵘《诗品》对阮籍与嵇康的文学作品都有较高的评价。据此可知,梁时竹林玄学家的作品仍在传播之中,但其接受领域偏向了文艺方面。

其六,张湛《列子注》被梁代文学作品广泛引用。张湛《列子注》是梁时仅存的《列子》注本,尽管在史料中未见有文人研究《列子》,或对《列子》进行评论的记录,但却可以从梁代文人的作品中看到《列子》接受的痕迹。现以庾信文学作品中的出典为例。

《伤心赋(并序)》	"未达东门之意"	《列子·力命》:魏人有东门吴者,其子死而不忧……东门吴曰:"吾常无子,无子之时不忧。今子死,乃与向无子同,臣奚忧焉?"
《象戏赋》	"虽复成之于手,终须得之于心"	《列子·汤问》中泰豆曰:"得之于手,应之于心。"
《灯赋》	"楚妃留客,韩娥合声"	《列子·汤问》:韩娥东之齐,遗粮过雍门,鬻歌假食而去。余响绕梁,三日不绝,雍门人至今善歌,效韩娥之遗声也。
《和张侍中述怀》	"奔河绝地维,折柱倾天角"	《列子·汤问》:其后共工氏与颛顼争为帝,怒而触不周之山,折天柱,绝地维;故天倾西北,日月辰星就焉;地不满东南,故百川水潦归焉。
《道士步虚词十首之一》	"中天九龙馆"	《列子·周穆王》:穆王乃为之改筑。土木之功,赭垩之色,无遗巧焉。五府为虚,而台始成。其高千仞,临终南之上,号曰中天之台。
《变宫调》	"出豫奏钧天"	《列子·周穆王》:王实以为清都、紫微、钧天、广乐,帝之所居。张湛注:"清都、紫微,天地之所居也。"
《谢赵王赉白罗袍袴启》	"冒广乐之长风"	

· 34 ·

第一章　梁代的玄学接受与利用

续表

《进象经赋表》	"况乎日之远近，本非童子所问"	《列子·汤问》：孔子东游见二小儿辩斗，问其故，一小儿曰："我以日始出时去人近，而日中时远也。"……一小儿曰："日初出时沧沧凉凉，及其中如探汤，此不为近者热而远者凉乎？"孔子不能决。两小儿曰："孰为汝多知乎？"
《伤王司徒褒》	"童子即论天"	
《谢滕王集序启》	"愈唱愈高殆欲去天三尺"	《列子·汤问》：薛谭学讴于秦青，未穷青之技，自谓尽之，遂辞归，秦青弗止，饯于郊衢，抚节悲歌，声响遏行云。薛谭乃谢求还，终身不敢言归。
《奉和示内人》	"听歌云即断"	
《春日离合诗》	"秦青初变曲"	
《道士步虚词十首之三》	"回云随舞曲"	
《游山》	"唱歌云欲聚"	
《答赵王启》	"当乎此时，青云之上"	《列子·汤问》：蒲且子之弋也，弱弓纤缴，乘风振之，连双鸧于青云之际。
《拟连珠》	"市井营营"	《列子·天瑞》中林类曰："死之与生，一往一反。故死于是者，安知不生于彼？故吾知其不相若矣，吾又安知营营而求生非惑乎？亦又安知今之死不愈昔之生乎？"
《拟连珠》	"离家析里，凄恨抚膺"	《列子·说符》：有齐子亦欲学其道，闻言者之死，乃抚膺而恨。
《拟连珠》	"风神自勇，无待翘关"	《列子·说符》：孔子劲能拓国门之关，而不肯以力闻。
《拟连珠》	"是以愚公何德，遂荷锸而移山"	《列子·汤问》：太行、王屋二山，方七百里，高万仞，本在冀州之南，河阳之北。北山愚公者，年且九十，面山而居。惩山北之塞，出入之迂也，聚室而谋，曰："吾与汝毕力平险，指通豫南，达于汉阴，可乎？"杂然相许。……遂率子孙荷担者三夫，叩石垦壤，箕畚运于渤海之尾。
《和张侍中述怀》	"负锸遂移山"	
《哀江南赋（并序）》	"非愚叟之可移山"	
《荣启期三乐赞》	"荣期三乐，惟人与年。夫子相遇，即以为贤。性灵造化，风云自然。雅音虽古，独有鸣弦"	《列子·天瑞》：孔子游于泰山，见荣启期行乎郕之野，鹿裘带索，鼓琴而歌。孔子问曰："先生所以乐，何也？"对曰："吾乐甚多，天生万物，惟人为贵，而吾得为人，是一乐也；……贫者，士之常也。死者，人之终也。处常得终，当何忧哉？"孔子曰："善乎，能自宽者也。"

· 35 ·

续表

《思旧铭》	"海浅蓬莱"	《列子·汤问》"渤海之东,有大海焉。其中有五山,一曰蓬莱,随波上下往来,不得暂时。"
《周车骑大将军贺楼公神道碑》	"良工良治,有世业于家风"	《列子·汤问》:"良弓之子,必先为箕;良治之子,必先为裘。"
《周车骑大将军贺楼公神道碑》	"剑足身挺"	《列子·说符》:"宋有简子者,以技干宋元君。弄七剑迭曜,五剑常在空中。元君大惊,立赐金帛。"
《周大将军琅琊定公马裔墓志铭》	"国家追念功臣,更抚叔敖之子"	《列子·说符》:孙叔敖疾将死,戒其子曰:"王亟封我矣,吾不受。为我死,王必封汝。汝必无受利地。吴、越之间有寝丘者,此地不利,而名甚恶,楚人鬼而越人机,可长者唯此也。"

　　庾信生于天监十二年(513),中大通三年(531)萧纲被立为太子,庾信与徐陵并为东宫抄撰学士,其时二人文名已盛,以文辞绮艳,并称"徐庾体"。庾信是梁代文化环境中成长起来的著名文学家,从其文集中对玄学文献的引用来看,化引自《列子》的内容虽然在数量上明显低于《周易》与《庄子》,但与《老子》是相当的。据此可以推断,他对《列子》的接受度并不弱与"三玄"。其次,庾信对《列子》的接受并非孤例,在萧纲与徐陵的作品中,也可以看到取典于《列子》的内容,在后文的论述中这些引文内容会被详细分析,故此处暂不详列。众所周知,萧纲、庾信、徐陵是梁代后期的文坛主将,稽考他们对《列子》的引用可以说明《列子》在梁代文人中的接受是具有普遍性的,而张湛《列子注》作为《列子》内容传播的载体,其传播应当也是较为广泛的。

　　通过对梁代官学教材、士人学术活动,及文学作品的考察,可以确定玄学思想在梁代传播的文献来源,有王弼的《周易注》《老子注》,阮籍、嵇康的文集、文论,郭象的《庄子注》和张湛的《列子注》。其余众多与玄学思想有关的文论、文学作品,应当亦在传播和接受之中,这些内容构成了梁代玄学思想接受和传播的基本文化语境。

三、梁代玄学理论溯源

　　魏晋玄学为梁代文人解决现实需求提供了丰富的思想资源,而梁代玄学的特点表现为文人在特定的政治、文化需求中及其所面临的人生境遇中,对魏晋玄学观念的选择、利用和再阐释。其思想源头则是魏晋玄学所探讨的三大重要议题——宇宙观、政治观、人生观,梁代文人对玄学思

第一章　梁代的玄学接受与利用

想的选择、运用,几乎都可以在此三大主题下找到理论指导,故以下对此三大议题略做概述。

（一）玄学思想中的宇宙观

循"天道"以解决人事,是中国早期哲学思想的基本思维方式,玄学思想亦不例外。然而,玄学思想之独特在于,它对"道"的解释脱离了对物质实在世界的凭依,从对宇宙生成的物质性的描述中,抽象出了"道"的"本体"性,并将"本体"视为宇宙世界存在的终极依据,这是玄学思想会通儒、道而成,又别于儒、道之所在。换言之,对宇宙世界的认识正是玄学思想建构本体理论的场所,完成这一理论建构的首先是王弼玄学,其后竹林玄学家阮籍、嵇康,西晋玄学家郭象在本体理论上又各有发挥。目前的玄学研究中,对这些问题已经有了丰富而成熟的论述,以下借鉴前人之论,略表浅见,以便行文。

其一,王弼玄学的宇宙观:"万物之始,以无为本。"王弼玄学对宇宙的认识,可以从以下三句话来概括:"道者,无之称也。无不通也,无不由也,况之曰道。寂然无体,不可为象。"（《论语释疑》）"天下之物,皆以有为生。有之所始,以无为本。"（《老子》四十章注）"物无妄然,必由其理。统之有宗,会之有元,故繁而不乱,众而不惑。"（《周易略例·明象》）在第一句话中,王弼认为《老子》所论的"道"就是"无",因为一切事物无不经由它而成,而它本身却不可闻见、难以定名,所以勉强用"道"来形容它。第二句话指出,天下万物都产生于有形的事物,而有形世界之所以能够存在,是因为它有一个无形无象的本体,这个本体就是"无",也就是"道"。王弼还在注文中进一步解释了"无"作为本体的意义和特征,他说"物之所以生,功之所以成",强调了"物"与"功"生成或者存在的原因、依据。而这一依据就是"无形无名者",亦即"无",它是万物的"宗主",亦即支持者和统御者。这是"无"的本体意义,它的特征是"不温不凉……味之不可得而尝",汤一介先生解释其为"无任何规定性,无分别状,无法给以规定性"。[1] 第三句是王弼对物质世界存在和变化的总体看法,他认为万事万物都有致使其存在的本原,和统御其运行的宗本,也就是"道",是本体之"无",所以宇宙世界的现象复杂繁多,却不会令人纷乱迷惑。余敦康先生解释"以无为本",言其意谓"无形无象的本体乃是有形有象的现象产生的根由、存在的依据以及最后的归宿"。[2] 这是王弼玄学思想对于宇

---

[1] 汤一介. 郭象与魏晋玄学[M]. 北京：北京大学出版社, 2009：121.
[2] 余敦康. 魏晋玄学史[M]. 北京：北京大学出版社, 2004：173.

宙世界的总体认识。

其二,阮籍、嵇康的宇宙观:"天地生于自然。"阮籍与嵇康对宇宙的认识,主要体现在《达庄论》《通老论》《太师箴》《明胆论》中。其认识可以用以下三条内容来概括:"道者,法自然而化之。"(《通老论》)"天地生于自然,万物生于天地。……自然一体,则万物经其常。入谓之幽,出谓之章。一气盛衰,变化而不伤。"(《达庄论》)"夫元气陶铄,众生禀焉。"(《明胆论》)阮籍认为宇宙就是"自然",天地万物都在"自然"中产生。宇宙本身由浑然一体的元气构成,万事万物的产生和变化是元气的盛衰聚散的反映,所谓"元气陶铄""一气变化"。宇宙世界存在的形态就是"自然","道"便是不违"自然",使万物依其本来的样子存在、变化。"道"亦被称为"太极""太素"。以上是竹林玄学对宇宙世界的基本认识。对于"自然"在竹林玄学思想中的含义,汤用彤先生有较为详细的论述,此处不再赘引。关于竹林玄学是否为本体论哲学,学界存在着不同的看法。汤用彤先生认为"阮籍把汉人之思想与其浪漫之趣味混成一片,并无作形上学精密之思考,只是把元气说给以浪漫之外装。他们所讲的宇宙偏重于物理的地方多,而尚未达到本体论之地步"。[①] 余敦康先生则认为"阮籍、嵇康没有讨论有与无的关系问题,而是以名教与自然作为基本范畴。他们以自然为本,以名教为末,实际上和贵无论玄学一样,也是一种本体论哲学"。[②] 从理论架构的层面上来看,竹林玄学确实算不上纯粹的本体论体系,他们对宇宙的认识是建立在宇宙实体物质性的猜测上的,也就是汤用彤先生所说的形而下学层面的。但同时,在阮籍和嵇康的思想中,对宇宙的认识又是其用以理解和指导实现存在的终极依据,具有本体的意义,故余敦康先生认为它可以被视作本体论哲学,称之为"自然论"玄学。

其三,郭象玄学的宇宙观:"天地以万物为本。"郭象说:"天地者,万物之总名也,天地以万物为本,而万物必以自然为正。自然者,不为而自然者也。"(《逍遥游》注)"物皆自然,无物使然。"(《齐物论》注)第一段话的意思是说,天地是万物的总称,而天地以万物为本体。也就是说,天地间万物的存在都是以其自身为依据的,而万物的存在便是自然。换言之,凡存在皆为物,故万物为宇宙中全部存在,万物之外皆不存在,"自然"就是万物自身存在变化着,没有什么事物使其如此。这是郭象本体论思想的基本观点,也是他对宇宙世界的整体认识。此外,郭象还提出了对个体存在的认识,他说"自然耳,故曰性"。(《山木注》)"性之所得,不得不

[①] 汤用彤.魏晋玄学论稿[M].北京:三联书店,2009:214.
[②] 余敦康.魏晋玄学史[M].北京:北京大学出版社,2004:03.

为也；性所不能，不得强为。"(《外物注》)这是说"自然"就是万物的天性，是天生如此的，不可强加亦不可剥夺、不可逃避的固有属性，这种固有属性也就是使某物成为某物的一种规定性，它既不因外力而改变，亦不会因事物的自主意识而改变，是万物之所以如此的唯一依据。那么天地万物又是如何产生的呢？他说"生生者谁哉？块然而自生耳"。(《齐物论注》)他认为一切存在都是偶尔的、都是"自生"，并没有一个使之必然如此、必然产生的主宰，所以其"上不资于无，下不待与知，突然而自得此生焉"。(《天地注》)"皆不知其所以然而然，不知所以知而知"，"寻其以至乎极，则无故而自尔"。也就是说，每一个具体事物都依照其"自性"，无条件、无原因、无目的地"自生""自足"。但宇宙世界的组成并不是孤立个体的杂乱排列，而是一个相互协调运行的整体存在，因为"天下莫不相与为彼我，而彼我皆欲自为，斯东西之相反也。然彼我相与为唇齿，唇齿者未尝相为，而唇亡则齿寒。故彼此之自为，济我之功宏矣，斯相反而不可以相无者也"。(《秋水注》)个体独立、无待、自为的特征，恰恰成就万物之间"相为""相与""相因"的状态。郭象把万物之间这种既相对独立又彼此关联的状态称之为"卓尔独化"，他说："卓者，独化之谓也。夫相因之功，莫若独化之至也。"郭象通过阐明"自性""自生""独化"的含义，论证了宇宙中万事万物的存在都是无条件、无原因、无目的的，每一种事物仅以自身的性分为其存在的根本，这是郭象对宇宙本体论的基本观点。

其四，张湛玄学的宇宙观："以至虚为宗。"张湛的宇宙观集中体现于《列子·天瑞篇注》中，其基本观点为"巨细舛错，修短殊性，虽天地之大，群品之众，涉于有生之分，关于动用之域者，存亡变化，自然之符。夫唯寂然至虚，凝一而不变者"。(《天瑞篇注》)张湛认为宇宙世界中的群有万物，其特征是有形有象、存亡变化，是"有"；同时有一个使得群有万物如此存在的宗极——"至虚"，"至虚"的特征是不生不化、无形无象，是"无"。在张湛的体系中，此"同于无而非无"者，即"至虚"。其自身无形无象、不生不化，故能生化万物，赋予其形象。这一观点与王弼"贵无论"思想甚为契合。另外，有形世界的形成，经历了从"太易"至"太初"至"太始"至"太素"，"自微至著变化相因"的过程。"太初"之时，"气之始也"，有形之物萌生，但其时"阴阳为判"，仍是"浑沌"之态；"太始"之时，"阴阳既判，品物流形"，也就是说有形之物开始显出形态；"太素"之时，有形物禀赋其性，初有形质，而未分离，也就是说，群有万物已经生成，但其面目尚未清晰。在这个过程中作为原处的、不可感知的"同于无而非无"的实有是"浑然一气"，亦即"元气"，它也是万物形质的材料，张湛说："聚则成形，散则为终，此世之所谓始终也。然则聚者以形实为始，以离散为终；

散者以虚漠为始,以形实为终。""生不常存,死不永灭,一气之变,所适万形,万形万化,而不化者存。"这一观点又是与汉人宇宙观众元气生成论相吻合的。再次,张湛认为万事万物包罗广大、形态各异,然"凡在有方之域,皆巨细相形,多少相悬"。(《汤问篇注》)也就是说,事物存在所呈现出的特性都是具有相对性的,是相形而见的。最后,事物的变化是循环相对的,"今之所谓终者,或为物始,所谓始者,或是相终,始终循环,竟不可分"。(《汤问篇注》)张湛这种相对主义的认识论,又与《庄子》中的齐物论思想一脉相承。

(二)玄学思想中的政治观

魏晋玄学所要解决的现实问题,实质上是"名教"秩序的合理性问题。换言之,玄学思想的基本诉求,是以"自然"为依据来改造和规范"名教"秩序。"自然"是玄学思想构筑本体论的场所,"名教"则是玄学思想建构社会政治理想的场所,这一部分内容构成了玄学思想中的政治观念。不同时期的玄学思想派别,共享着同样的终极政治理想——"无为而治",但对于"无为而治"的阐释却各有不同。

其一,王弼的政治思想——"因而不为,崇本息末"。王弼认为,理想的"名教"秩序是本于"自然"的,首先要依照自然秩序建立社会制度,社会群体中的成员要依照尊卑之别各居其位。《老子》三十二章注中说"始制,谓朴散始为官长之时也。始制官长,不可不立名分以定尊卑,故始制有名也"。为什么要定名分,因为无定名的道分化出了有定名的阴阳,而有定名的阴阳是有尊卑之分的。《老子》二十八章注中说:"真散则百行出,殊类生,若器也。圣人因其分散,故为之立官长。以善为师,以不善为资,移风易俗,复使归于一。"在王弼的理论中,君王、圣人,体备中和,与"道"合德,无名无为;百官分散,各有定名,有定名则其德才各有所偏,故君王、圣人能够"因"自然之变化,分职任官,使百官各居其所,依德才而各司其职,以无名无为统御社会群体。这种认识,既强调了圣人、君王在社会群体中的宗统地位,又强调了其统御作用对群体存在的重要性。其次,社会制度的运行需要符合"道"的要求,万物以"无"为本,于自然则为"贵无",于君王便要"崇本","崇本"然后"息末"。《老子指略》言曰:"《老子》之书,其几乎可一言而蔽之。噫!崇本息末而已矣。……故闲邪在乎存诚,不在善察;息淫在乎去华,不在滋章;绝盗在乎去欲,不在严刑;止讼在乎不尚,不在善听。故不攻其为也,使其无心于为也,不害其欲也,使其无心于欲也。"这是从本末之关系出发,对统治者欲消除社会现象中的诸多弊端,有必要"崇本贵无"进行的论述。其根本要求,是要

第一章　梁代的玄学接受与利用

统治者自身做到"无心""无欲"。再次，要"因"而无为，顺应民心，使民自化。《老子》四十九章："圣人无常心，以百姓心为心。"王弼注曰："动常因也。各因其用，则善不失也。""是以圣人之于天下歙歙焉，心无所主也。为天下浑心焉，意无所适莫也。无所察焉，百姓何避；无所求焉，百姓何应，则莫不用其情也。"所谓"动常因也""各因其用"，意谓君王要顺应物之天性，以适其用，一切施政举措，皆非私心而用，而是要顺乎自然。田汉云先生指出，"《老子》论君主行政，推崇顺民与化民的统一。王弼《注》释之，条分缕析，从正反两个方面论述唯有顺民性情之自然而化导之，才是治平之道。"[①] 此外，"因"亦有顺变之意。汤用彤先生对此有精到之论，此处引而从之："因非不变。《革卦注》言曰：'凡不合而后变乃生，变之所生，生于不合者也。'民不喜欢变革，但圣王知宇宙间本有变。不合则变，变须得当。《鼎卦注》言曰：'革既变矣，则制器立法以成之焉。变而无制，乱可待也。法制应时，然后乃吉。贤愚有别，尊卑有序，然后而乃亨。'"[②] 所谓天道有兴废，时运有否泰，无论从人类历史来看，还是从自然运化而言，世界万物本在变化之中，政权更迭不可避免，与自然不合，变化乃生。圣人、君王要顺时势而变，才能合于自然。

概而言之，王弼认为"无"的本体世界和"有"的现象世界之间是体与用的关系，所以他的政治理想是要通过"崇本"以达到"举末"，而"举末"实质上是要改造现象世界。具体到政治上而言，就是要变更制度和权力结构，建立一种"君无为而臣有为""圣王垂拱而治"的政治模式。

其二，竹林玄学家的政治观念——"君无文于上，民无竞于下"。阮籍与嵇康的政治思想与正始玄学不同，正始玄学肯定了依据"道"来建立理想社会秩序的可能，且这种社会秩序是由圣王与贤臣合力完成的。阮籍和嵇康亦要"崇本"，但却要通过否定现象世界来达到对本体的认识，所以它不但批判名教制度的不合理，更进一步认为社会的不合理根源于制度本身，源自有圣人。换言之，竹林玄学既否定名教秩序，也否定圣人，这种认识与《老子》思想是一致的。《老子》十八章说："大道废，有仁义；智能出，有大伪；六亲不和，有孝慈；国家昏乱，有忠臣。"三十八章又说："故失道而后德，失德而后仁，失仁而后义，失义而礼。"其意谓，人类社会的发展是一个朴散真离、背"道"而驰的过程，圣人与制度本身就是大"道"丧失与衰落的结果。所以"崇本"就要"反本"，而"反本"必要否定人为之事物，要顺应"自然"和"道"，即《老子》所谓"损之又损，至于

---

① 田汉云.汉晋高平王氏家族文化研究[M].北京：中华书局，2013：250.
② 汤用彤.魏晋玄学论稿[M].北京：三联书店，2009：208.

无为"。要否定违反"道"的任意妄作,而君臣之制正是人为造作的产物,所以"崇本""贵无"必要破除名教之制度,这是竹林玄学"越名教而任自然"产生的理论逻辑。竹林玄学认为"崇本"就是要追求"道"的元初状态,回归到大"道"未废的上古无君时代。阮籍《达庄论》中以"自然"为宇宙本体,以"法自然而化"为基本思想,描绘了一种符合于自然的理想社会形态,其言曰:"故至道之极,混一不分,同为一体,得失无闻。伏羲氏结绳,神农教耕,逆之者死,顺之者生,又安知贪夸之为罚,而贞白之为名乎?使至德之要,无外而已。大均淳固,不贰其纪。清净寂寞,空豁以俟。善恶莫之分,是非无所争。故万物反其所而得其情也。"[①]嵇康在《难自然好学论》中说:"洪荒之世,大朴未亏,君无文于上,民无竞于下,物全理顺,莫不自得。饱则安寝,饥则求食,怡然鼓腹,不知至德之世也。若此,则安知仁义之端,礼律之文?"[②]在阮籍和嵇康看来,真正和谐美好的社会乃是上古时期,那个时代"大朴未亏",人类社会还未分化出刑名之用,无善恶亦无是非,更没有圣人,一切人为强加的名、位都不存在,社会群体中的每一个个体作为"道"体派生的产物,与"道"天然地保持着和谐性与一致性,依照其本性,自然地存在于世间,并不需要帝王、圣贤以及人为造作的制度来规范个体的行为,维持社会群体的运行。社会运行乃依照自然之"道"自行自化,故万物存于其间能够称情顺性,展现其自然之态。概言之,竹林玄学家所描述的理想社会,并非如正始玄学家所认为的那样——君无为而臣有为、圣王垂拱而治——整体形态,而应该是一个无君无臣、人人养生顺性、与"道"冥合的自然形态。

其三,郭象的政治思想——"贵其无为,任物自为"。郭象仍然以"无为而治"为其理想政治,但他与竹林玄学家的主张又有不同。他不赞同人类向上古时代回归,《天道注》:"当古之事,已灭于古矣。虽或传之,岂能使古在今哉!古不在今,今事已变,故绝学任性,与时变化而后至焉。"认为那些仰慕先王圣人的人,只是看到了圣人之"迹",而不知其"所以迹",故欲效仿之事,不过是先王"陈迹",因之郭象立足现实,故赋予了"无为"新的内容。首先,"无为"是"出处同归""率性而动"。道家思想推崇清静无为,在《老子》思想中"无为"是一种政治理想。在以道家思想为政治指导的社会实践中,"无为"是约法省刑、与民休息的政治策略。而在《庄子》思想中,"无为"是一种体悟至道的精神状态,其代表人物是拒绝尧让天下的隐士许由,换言之,"无为"在社会实践中,指向远离政治的隐遁行

---

① 陈伯君.阮籍集校注[M].北京:中华书局,1987:151.
② 戴明扬.嵇康集校注[M].北京:中华书局,2014:446-447.

为。魏晋时期玄学家们所主张"无为而治",其思想源头来自《老子》,他们深刻地认识到,皇权专制对社会群体带来的巨大影响,鼓吹"无为"是要求统治者去除私欲、节制权力。然而,尽管玄学家们从理论上阐明了君主"无为"能够带来的好处,但就社会现实而言,要求高度集权的皇帝"无为",几乎等同于悖论,正始、竹林那些主张君主"无为"的玄学家,几乎全部死在权力打压之下。竹林之后,玄学家主张的"无为"渐渐演变为一种旷达之风,成为士人放浪形骸、对抗礼教的依据。郭象注解《庄子》则重新解释了"无为"之意,《在宥注》云:"无为者,非拱默之谓也。直各任其自为,则性命安矣。"《大宗师注》云:"所谓无为之业,非拱默而已;所为尘垢之外,非伏于山林之外。"《逍遥游注》云:"圣人虽在庙堂之上,然其心无异于山林之中。"他进一步阐释了"无为"的内涵,《天道》注云:"无为之言,不可不察也。夫用天下者,亦有用之为耳。然自得此为,率性而动,故谓之无为也。"所以"无为"也非无所作为,"无为"与"有为"的区别不在于"为"与"不为",而在于是否"顺性"。以"出处同归""率性而动"来阐释"无为"的含义,是郭象沟通玄学理论与现实人生的桥梁,而这一观念也为后世士人的政治观念带来了极大的影响。其次,"无为"是"虚己待物""任物因众"。从君王角度而言,"无为"的第一层要求是"虚己以待物"。《在宥注》云:"不能虚己以待物,则事事失会""君位无为而委百官,百官有所司而君不与焉",君主高居尊位,要审察臣下的才能大小,依其不同,委而任之,使之各司其职。对于百姓而言,则要"任之自为"。《在宥注》云:"所贵圣王者,非贵其能治也,贵其无为而任物之自为也。""夫任自然而居当,则贤愚袭情而贵贱履位,君臣上下,莫非尔极,而天下无患也。""任物之自为"也就是要顺应物之"自性","因其性而任之则治,反其性而凌之则乱。夫民物之所以卑而贱者,不能因任故也。是以任贱者贵,因卑者尊,此必然之符也"。概言之,郭象的政治主张一方面要求君主节制私欲,约束自身的行为,塑造与天地合德的圣人人格,另一方面也要求民众"安于性分",在既定的社会秩序内,追求内在的超越。他试图通过两个阶层的相互妥协,达成个体与制度的和谐,实现现实政局与理想社会的统一。但是对于权力阶层而言,这种抛开阶层利益的超越性,只能作为君主的理想人格在理论中存在,而很难为权力持有者真正地接受并践行,于是此理念演化为君主单方面约束民众的思想依据。

总体来看,上述三个玄学发展阶段,玄学家所持的不同政治主张,基本囊括了魏晋玄学对社会政治理想形态的全部认识。此后,东晋玄学家张湛的思想中也涉及了一些政治观念,但多沿袭前人,并无多少创见,并且张湛玄学关注的重点是人生问题,其理论阐释更偏重于人生哲学,故此处不再赘论。

(三)玄学思想中的人生观

玄学在产生之初,并未过多关注个体人生。正始玄学旨在寻找一种沟通"天道"与"人道"的理论,以革除既定社会秩序中存在的种种弊端,它所考量的是社会群体共同的生存状态,对个体人生则关注不足。这种情况在竹林时期发生了变化,促使其发生变化的,是当时高压的政治环境。在曹魏政权的最后十年,是司马氏擅权专政、排斥异己的政治高压时期,竹林玄学家对限制君主权欲,改造社会现实,怀抱着近乎绝望的态度,因之他们彻底否定皇权制度,提出了"越名教任自然"的人生主张,目的是要打破群体社会对个体人生的限制,直接以个体自主意识与自然对话,从自然中寻找到安放个体存在的依据。故其对后世带来重大影响的内容既不在哲学本体思想,亦不在其政治现实层面,而恰恰在于其摆脱群体束缚的人生态度,以及此种态度中所蕴含的个体自主精神。

其一,竹林玄学家的人生观——"循顺自然"。竹林玄学家在人生态度上,多受《庄子》思想影响,其根本要求是保持个体与自然的协调冥合,大类于庄子追求之"逍遥",故竹林玄学家反对礼教秩序对人性的束缚,倡导顺应自然、保神养生。同时,在竹林玄学中,"自然"又不是人性需求的放纵,而是通过节制、协调,使人达到"德全而神不亏"的、真正的"自然"。因此,他们首先反对礼教束缚,史书记载阮籍"倜傥放荡,行己寡欲,以庄周为模则""旷达不羁,不拘礼俗""不率常检";"时率意独驾,不由径路,车迹所穷,辄恸哭而反"。[1] 这些非常行为,十分明显地反映出阮籍本人对礼法规矩的无视。他的行为、语言,以及情感的表达方式,要在率意、真实,而不以群体共识的礼俗观念为依据,更不愿被世俗礼教观念所拘系。同时这种不拘,又非毫无节制,他"行己寡欲",因为欲望往往使人性扭曲,名教礼法的虚伪,正源自对人性欲望的扭曲,"率意"与"寡欲"则是挣脱外物束缚,对自然本性的回归。嵇康与阮籍相类,史籍言其"旷迈不群,高亮任性,不修名誉,宽简有大量。学不师授,博洽多闻,长而好老、庄之业,恬静无欲。……自足于怀抱之中。以为神仙者,禀之自然,非积学所致。至于导养得理,以尽性命,若安期、彭祖之伦,可以善求而得也;著养生篇。知自厚者所以丧其所生,其求益者必失其性,超然独达,遂放世事,纵意于尘埃之表"。[2] 这段描述反映出了嵇康与阮籍在人生态

---

[1] (西晋)陈寿.三国志:魏书[M].北京:中华书局,1982:604.
[2] (西晋)陈寿.三国志:魏书[M].北京:中华书局,1982:605.

第一章 梁代的玄学接受与利用

度与行为方式上的相似之处,"不群""任性""不修名誉",俱是离俗之表现;"恬静无欲"、以"文论""弹琴""咏诗"而"自足",皆为务虚之追求;临刑时安然自若,却叹息雅音将绝,是一种慕道而不惜身的超然之姿,也是对群体世俗观念的彻底颠覆。

其次,主张顺应自然,保神养生。阮籍的人生哲学是"法自然而化之",他在《达庄论》中言曰:"人生天地中,体自然之形。身者,阴阳之精气也;性者,五行之正性也;情者,游魂之欲变也;神者,天地之所以驭者也。……循自然,性天地者,寥廓之谈也。"① 这段话意谓,人的形体、性情、神明皆自然之产物,受到自然规律的支配,所以只有遵循自然之道,才算得到人生之真谛。嵇康则推崇养生,他著《养生论》以明养生顺性即为得自然之理,其文曰:"导养得理,以尽性命,上获千余岁,下可数百年,可有之耳。"② 而"养生"必以"养神"为主,"君子知形恃神以立,神须形以存,悟生理之易失,知一过之害生。故修性以保神,安心以全身,爱憎不栖于情,忧喜不留于意,泊然无感,而体气和平"。"精神之于形骸,犹国之有君也。神躁于中,而形丧于外,犹君昏于上,国乱于下也。""外物以累心不存,神气以醇白独著,旷然无忧患,寂然无思虑。又守之以一,养之以和,和理日济,同乎大顺。"而"自厚者""求益者",则因为背离了自然之道而终"失其性"以致"丧其生"。

概而言之,竹林玄学家试图从群体秩序的束缚中摆脱出来,以独立的个体意识直接与自然世界相联系,以自然之道引导和规范个体人生,以求达到"超然独达""纵意尘表"的人生境界。以阮籍、嵇康为代表的竹林玄学,正是以此种方式,使得"贵无"论主张,不仅以抽象的思辨哲学形式存在,还成为了一个时代士人共同的行为趋向,从而树立了一种迥异于儒家传统价值观的行为范式,使得务虚去俗成为玄学风尚,"林下之风"亦作为玄学精神一种外在表现形式垂范后世。

其二,郭象玄学思想中的人生观——"适性自足"。郭象从本体论角度论证了"名教"本身就是"自然"存在,亦即肯定了既定社会秩序存在的绝对合理性。在此前提之下,生存于此秩序中的人们,一切苦闷和不满的根源不在"名教"秩序,而在于个体的与此秩序之不协调,因此人们要做的不是改造秩序,也不是批判和否定秩序,而是调整自身,以期与既定秩序达到和谐,如此则"名教"与"自然"的对立就消失了。同时,个体与自然的关系,被个体与"名教"的关系所取代。"名教"既然是"自然"的

---

① 陈伯君. 阮籍集校注[M]. 北京:中华书局,1987:141.
② 戴明扬. 嵇康集校注[M]. 北京:中华书局,2014:253.

体现,那么"名教"制度就成为了个体改造自己的标准,因之郭象玄学的关注点就回落到了个体心性问题上。将玄学关注的重心,由本体论引向心性论和对人生哲学的探讨之上,这是郭象人生哲学的逻辑基础。

郭象认为,宇宙中的万物都是无待、无因、无为的独立个体,其存在的依据是其"自性"。《逍遥注》曰:"物各有性,性各有极","物任其性,事称其能,各当其分。""大物必自生于大处,大处亦必自生大物。""举小大之殊,各有定分,非羡欲所及,则羡欲之累可以绝矣。夫悲生于累,累绝则悲去,悲去而性命不安者,未之有也。"也就是说,小大之物的区别并没有优劣,大者无须自贵于小者,小者亦无须羡欲于大者,小大之别只是性分之不同,只要各安其性,则悲与累皆可去除,性命自得所安,则无论小大皆可以合于自然,而达于逍遥。郭象的主张意谓,个体人生的追求不能违背其"自性",必在其"自性"的范围内寻求"自足",才是真正的"无为",一切刻意为之的举动都是"有为","有为"便是"逐欲而动",必将使个体陷入身心交困之境。郭象认为:"患难生于有为,有为亦生于患难"(《刻意注》),"灾生于违天""累生于逆物",皆因失其性也,只有恬淡无为才能养其真性,"恬静而后知不荡,知不荡而性不失也"(《庄子·缮性注》)、"休乎恬淡寂寞,息乎虚无无为,则历乎险阻之变,常平易而无难"(《刻意注》)。由此我们可以看到,郭象主张的是一种安分守己、恬淡无为的人生哲学。

其三,张湛玄学思想中的人生观——"达于生生之趣"。张湛本体理论构筑的归宿在于对现实人生的指导,所要解决的问题是如何看待生死、力命、穷通,以及人们要如何从现实人生的苦难中解脱出来。它与正始、竹林、西晋玄学最大的不同点在于,关注主题由"名教"与"自然"关系,转变为对待生死解脱的态度。张湛的人生观共包含了三个方面,一是如何认识生命,二是如何看待生死,三是如何度过人生。首先,张湛认为生命存在是偶然的,同时又是自然界的一种映射。《周穆王注》曰:"造物者岂有心哉?自然似妙耳。夫气质愦薄,结而成形,随化而往,故未即消灭也。"张湛认为生命的存在是偶尔的,是自然世界无意识、无目的,自然生成的结果。同时,人的形体、生理结构、生命活动的现象与自然世界是异体同构的,《仲尼篇注》认为:"人虽七尺之形,而天地之理备矣。故首圆足方,取象二仪,鼻隆口㓉,比象山谷;肌肉连于土壤,血脉属于川渎,温蒸同乎炎火,气息不异风云。内观诸色,靡有一物不备;岂需仰观俯察,履凌朝野,然后备所见。"张湛对人体与自然的直接比附,实际上是要强调生命的自然属性,为如何对待生命建立绝对依据。

其次,张湛认为生死变化是不可知、不可测的。《天瑞篇注》认为:

第一章 梁代的玄学接受与利用

"夫生死变化,胡可测哉?生于此者,或死于彼,死于彼者,或生于此。而形生之生,未尝暂无。是以圣人知生不常存,死不永灭。一气之变,所适万形。""生者不生而自生,故虽生而不知所以生。不知所以生,则生不可绝;不知所以死,则死不可御也。"这两段话是说,生与死的奥秘非人力可以探知,生死变化非人力可以预测。同时,张湛还认为,生命的本质是从生到死,从有形归于虚无的过程。《周穆王篇注》云:"夫禀生受有谓之形,俯仰变异谓之化。神之所交谓之梦,形之所接谓之觉。原其所极,同归虚伪。何者?生质根滞,百年乃终;化情枝浅,视瞬而灭。……故至生灭之理均,觉梦之途一,虽万变交陈,未关神虑。……孰识生化之本归之于无物哉?"这段话融合了《庄子》中的齐物思想,与佛教中的"空"观。齐同生死、梦觉,皆因其终归于虚空,所以他说"生者反终,形者反虚,自然之数也"。这与他说的"天地无所从生,自然而生"是相通的。天地万物是自然生成的,从"浑然一气"到具有神形的具体存在,都是一个自然发生的过程。《天瑞篇注》云:"先有其生,然后之于死灭,先有其形,然后之于离散",而这个从生到死的过程是"理之必然"的结果,所以有生必有死,有始必有终,这种过程是人为所不能控制的。他注释"生者,理之必终者也。终者不得不终也,亦如生者不得不生"。曰:"生者不生而自生,故虽生而不知所以生。不知所以生,则生不可绝,不知所以死,则死不可御。"那么生死是由谁决定的呢?那就是"命",《力命篇注》曰:"命者,必然之期,素定之分也。虽此事未验,而此理然已。若以夭寿存于御养,穷达系于智力,此惑于天理也。"张湛认为寿命的长短,取决于"天理"而不取决于人为的努力,穷达的际遇也同样依赖于"天理",而非智力。

最后,张湛认为人生的真谛在于"达乎生生之趣"。《杨朱篇注》云:"夫生者,一气之暂聚,一物之暂灵。暂聚者终散,暂灵者归虚。而好逸恶劳,物之常性。故当生之所乐者,厚味、美服、好色、音声而已耳。而复不能肆性情之所安,耳目之所娱,以仁义为关键,用礼教为衿带,自枯槁于当年,求余名于后世者,是不达乎生生之趣。"既然生命禀受于自然,是自然的分化,既然生命暂存还灭,终归于虚无,那么对待生命就应该顺乎生命的本性,对口腹之欲、声色之娱的向往,是生命的本性,如果不能使性情得以安适,那就不算领悟了生命的真谛。可见,"达生"的前提是要了解人之常性、眼、鼻、口、体、意之所欲,既然是人之常性,那么这些欲望就是与生俱来、自然存在的。万物之生,莫不由于自然,人之生而为人,这些欲望就伴随存在,是自然的体现,因之欲望本身也就是合理的,无论是目之好色、耳之好音,还是情欲需求也同样具有正当性,并且应当得到满足。

张湛主张的肆情纵性的人生观,不仅是对儒家传统价值观的颠覆,同时也是对前代玄学家价值体系的颠覆。郭象说"人之逐欲无节,则天理灭也",故其反对人们恣情纵欲。阮籍反抗名教礼法束缚,但"行己寡欲",嵇康则认为节制欲望是符合于自然的养生方式。这说明即便是在对抗儒家传统价值观的竹林玄学家心中,人性的欲望也同样带有原罪意味,肆情纵性是不具有任何合理性的,节制欲望才是社会群体普遍认同的价值观。只有张湛的《列子注》第一次全面论证了人性欲望的合理性,赋予了其价值意义,这为其被社会群体广泛地接受带来了可能。

第二节 梁武帝接受玄学的背景与需求

经过二百多年的传承和积累,玄学思想发展至梁时,不仅理论形态多样,理论主张丰富,而且理论涵盖范围也非常广泛。这些内容构成了梁代文人接受玄学的源头,为梁代社会带来了丰富的文化资源。思想文化的传承有其内在动力,但传承和发展的走向却与它的接受历史以及社会群体对它的需求密切相关,东晋、宋、齐三代的玄学接受史,及萧梁皇族提升家族门第的文化需求,共同构成了梁代官方接受玄学的社会动因。

一、梁武帝接受玄学的历史背景

(一)玄学在东晋成为文化主流

玄学思想产生、发展于曹魏、西晋时期,在东晋时期实现了从思想理论领域向政治实践领域的过渡,同时完成了从抽象理论向士族文化风尚的转变。促成这种转变的首要条件,是东晋高门士族与皇族共治的政治模式。玄学思想从产生开始就是指向人事问题的,本体论的哲学构筑是要寻找一种绝对价值体系,用来解决统治阶层权力来源及其行为合法性的问题。社会政治思想虽然不是玄学思想的全部内容,但社会政治问题却是玄学要解决的根本问题,为此各个时期的玄学家描绘出了不同的理想社会,但其根本诉求都是实现社会群体的"无为而治",基本政治主张则是"君主无为"。从理论上来看,"君主无为"是要求君主去除私欲、不造作妄为。然而,客观而言,"君主无为"的理想不可能依靠君主的自我节制来实现,因为在政治实践中"君主无为"的本质就是限制皇权,在没有政治力量做保障的条件下,要通过思想理论实现皇权的自我约束,就如

第一章 梁代的玄学接受与利用

同一个人要提着自己的头发升天一样,无论如何都不可能实现。这也是玄学家们的政治理想在曹魏、西晋时期无法实现的根本原因。

永嘉南渡之后,琅琊王司马睿依靠琅琊王氏的扶植,与南渡诸族及江左世家大族的拥戴,共同建立了东晋政权。士族名士取代宗室诸王成为权臣,秉持军政,形成了可与皇权抗衡、制约皇权的政治集团,出现了"王与马,共天下"的政治局面。司马氏作为皇族,"没有天子的权威,他的存在,靠若干家士族的支撑。每家士族为了门户利益,都力图挟制天子,使其他士族屈从于己"。①而其时"宰辅执政,政出多门,权去公家",②"朝权国命,递归台辅"。③在此情形下,司马氏只得"和光同尘""贵柔守雌",奉行"无为"之治。这样,酝酿于八王之乱、永嘉之乱、五胡乱华等军事动荡的东晋政权,因历史之风云际会而形成了中国皇权历史上一个特殊的虚君时代。因门阀制约,皇权不振,当时的皇族实际上已无可为之境地,接受玄学思想就成了不得不为的选择。这使得玄学思想中"君主无为"的政治主张具有了实现的现实可能,同时门阀士族也需要这样一套政治理论为其行为提供合理性依据。如此,玄学思想中的政治主张,便从理论形态进入政治实践,成为士族群体普遍接受的政治文化。

与这种政治变化伴随发生的,是提高玄学素养、培养名士风度,成为士族社会普遍追求的文化风尚。士族成员无不以名士风度作为一流的人物品格,日常生活中重视容止、雅量、学识、智慧、谈吐、音声、文学、艺术、情趣;以研习玄学为务,尽日清谈,终夜论难,风流相尚,标榜为高,往往一语惊人,便成名誉;又特重艺术修养,艺术方面皆有所长,永和名士琴、棋、书、画、啸、咏皆能独树一帜,尤其以书法最为卓著,而这些技艺成为士人文化生活的一部分,无不因玄学之浸染。除此之外,士族子弟受职居官,往往崇尚虚无旷达,鄙薄俗务,孙绰所谓"居官无官官之事,处事无事事之心",唯以饮酒谈玄、诗文唱和为务。总体来说,玄学的影响不唯在清谈玄理一途,而是渗透了士人生活的方方面面,成为了一种文化风尚,被士人群体广泛地接受。形成这种局面的首要原因,是玄学修养成为了高门士族的文化标志。士族门第的高低不唯与其政治地位有关,更与其家族文化影响力的大小有关。王、谢家族在东晋南朝成为门第一流的士族,不仅因王导、谢安曾主导朝局,更因为这两个家族人物风流、名士辈出;桓温虽然权倾天下、炙手可热,但当时桓氏却算不得一流士族,究其原因仍在于桓温本人玄学修养不足,在文化领域的影响力无法与王、谢家族相比

---

① 田余庆.东晋门阀政治[M].北京:北京大学出版社,2009:37.
② (唐)房玄龄.晋书[M].北京:中华书局,1974:2980.
③ (南朝梁)沈约.宋书[M].北京:中华书局,1974:60.

拟。这种情形足见玄学化是士族子弟获得文化声誉、维护门第流品的必要条件,玄学修养已经成为了高门士族的文化标志。另外,东晋的政治模式使士族成员无须仰仗皇权,仅依其门第便可平流进退,加之士族社会皆以离俗为清高之举,这便给士人远离政治,保持相对独立的个体生活提供了可能,使得他们能够在艺术领域无限追求。

概而言之,玄学在东晋时期从思想理论走向了社会实践,"无为而治"的政治理想支持了门阀政治;抽象的"贵无"思想演变成了离俗务虚的时代精神;"任性自足"的内在超越演变成了无限的艺术追求;"出处同归"的人生态度带给士人个体生活的高度自由。可以说,东晋是玄学思想重塑士族风貌的一个时代,使得玄学修养成为了士族社会的基本文化品格。

(二)宋、齐两朝对玄学的接受

东晋后期,高门士族人才凋落,在与皇权的斗争中逐渐处于下风,刘宋皇权的建立标志着旧士族在政治领域的进一步衰退。与此同时,改朝换代中得势的寒门和武力强宗,为了融入士族社会,开启了新一轮的玄学化进程。东晋时期,军事、经济、文化等多种社会力量,集中掌控在高门士族阶层,军事和经济是物质性的政治力量,在权力斗争中具有决定性作用,东晋门阀之间以武力相互牵制、相互利用,达到利益的均衡;政治文化对应的则是意识形态领域,它为统治阶层的权力来源、权力结构提供合理性论证,为社会群体提供价值参照体系,在维护社会稳定性中发挥着更加重要的作用。晋宋寒门武人依靠武力重组了权力结构,然而权力格局可以依靠武力在短时间内打破重组,文化的影响力却具有稳固性和延续性,故宋、齐皇族实则不得不积极倡导玄学以求融入士族主流,获得士族社会的文化认同,为武力得来的皇权正名。

宋、齐两代历时八十余年,皇族和将门都经历了不同程度的玄学化过程。刘宋皇族崇尚玄风,延揽名士见诸史籍者甚众,其中以宋明帝时期此风尤盛。《南齐书》载:"渊美仪貌,善容止,俯仰进退,咸有风则。每朝会,百僚远国使莫不延首目送之。宋明帝尝叹曰:'褚渊能迟行缓步,便持此得宰相矣。'"[①] "宋明帝每见绪,辄叹其清谈。……吏部尚书袁粲言于帝曰:'臣观张绪有正始遗风,宜为宫职。'"[②] "宋明帝颇好言理,以颙有辞义,引入殿内,亲近宿直。"[③] "宋明帝好《周易》集朝臣于清暑殿讲,诏曼容执经。曼容素美风采,帝恒以方嵇叔夜,使吴人陆探微画叔夜像以赐

---

① (南朝)萧子显.南齐书[M].北京:中华书局,1972:429.
② (南朝)萧子显.南齐书[M].北京:中华书局,1972:600-602.
③ (南朝)萧子显.南齐书[M].北京:中华书局,1972:730.

第一章　梁代的玄学接受与利用

之。"① 褚渊、张绪、周颙皆为宋、齐时期著名的玄学名士,伏曼容则是当时著名的大儒,兼治《老》《庄》,宋明帝将他比作嵇康,以夸赞他的风采,足见明帝对竹林玄学家的仰慕,亦说明他对名士风度的推崇。刘宋皇帝不仅仰慕名士,还把名士风度当作了选官任职的一项条件。宋明帝因褚渊能"迟行缓步",张绪有"正始遗风",便"能得宰相""宜为官职"。"宋孝武帝选侍中四人,并以风貌。王彧、谢庄为一双,韬与何偃为一双。"② 王彧、谢庄、阮韬、何偃都是东晋时期高门士族子弟,在当时以名士风度称名。选取官员不以政务实干为必要,仍以仪貌、容止、气度、谈吐为先决条件,可见名士风度在当时人心目中是为相的必要条件,也反映出刘宋皇族积极向士族主流文化靠近的姿态。实际上,不唯皇族,刘宋士人皆企慕玄风,以得"正始之风"、被称为"正始中人"为士林美誉,《日知录》卷十三"正始"条下言曰:

> 《宋书》言:"羊玄保二子,太祖赐名,曰咸曰粲,谓玄保曰:'欲令卿二子有林下正始余风。'"王微《与何偃书》曰:"卿少陶玄风,淹雅修畅,自是正始中人。"《南齐书》言:"袁粲言于帝曰:'臣观张绪有正始遗风。'"《南史》言:"何尚之谓王球,正始之风尚在。"③

南齐时皇族崇尚玄风的程度更盛于刘宋,这一点在国子教育问题上反映得最为明显。《南齐书·虞㤭之传》载:

> 虞㤭之少而贞立,学涉文义。……㤭之风范和润,善音吐。世祖令对虏使,兼侍中。上每叹其风器之美,王俭在座,曰:"㤭之为蝉冕所照,更生风采。陛下故当与其即真。"永明中,诸王年少,不得妄与人接,敕㤭之与济阳江淹五日一诣诸王,使申游好。④

虞㤭之是南齐名士,他文学才华出众,善谈义理、以"风器"之美获得齐武帝萧赜的赞赏。他风度和谐温润,谈论义理时,善发音吐字。王俭为当时名士,亦叹其风采,足见虞㤭之品格之出众。国子教育是为王朝培养储

---

① (唐)姚思廉.梁书[M].北京:中华书局,1973:663.
② (唐)姚思廉.梁书[M].北京:中华书局,1973:586.
③ (清)顾炎武.日知录[M].上海:上海古籍出版社,2006:755.
④ (南朝)萧子显.南齐书[M].北京:中华书局,1972:615.

君、藩王,他们接受什么样的教育直接反映的是整个王朝的文化取向。刘宋南齐两朝国子学皆设玄、儒、文、史四科,虽然国子学时停时复,但国子接受教育的内容不外如是。除去正规课业,国子们的交游是影响其文化修养的另一种途径,齐武帝禁止年幼的皇子们随意与人结交,特命虞昊之和江淹与皇子们相交游,从这点上我们可以看到南齐皇族对玄学风度的高度认同。

更具有典型意义的是将门子弟对玄学的接受情况,《南齐书·柳世隆传》载:

> 世隆少立功名,晚专以谈义自业。善弹琴,世称柳公双璅,为士品第一。常自云马矟第一,清谈第二,弹琴第三。在朝不干世务,垂帘鼓琴,风韵清远,甚获世誉。①

柳世隆出身将门,他的伯父柳元景是刘宋时崛起的雍州豪族之首,位至三公,故《南史》称之为"门势子弟"。柳世隆在萧道成谋取皇权的过程中颇有军功,《南齐书》本传言其"少立功名"。同时,他在少年时已经涉猎文史、修习琴艺,并注重发声谈吐等练习,晚年醉心清谈义理,在朝而不干世务,弹琴自娱,以风韵清远而获得了较高的社会声望。实际上,柳世隆的行为作风已与东晋玄学名臣相去不远,全然名士风度,几乎完全摆脱了武人之风。当时与柳世隆结为"君子之交"的有张绪、王延之,二人都是当时颇负盛名的名士。王延之出身琅琊王氏,门第一流,张绪的出身虽不及王延之,但作为江东望族的吴郡张氏,在刘宋时已经经历了完全玄学化的过程,张氏一门,人物风流,名士辈出,张绪本人声名尤盛。在极重门第出身的士族社会,士人视出身将门为耻,往往不屑与"门势子弟"交好,将门子弟亦不被允许有名士做派,②而柳世隆的玄化,以及士族名士与之交游,都可以从一个侧面反映出将门豪族向士族主流文化融合的趋向。

总体来说,玄学在东晋门阀政治的驱动下,成为了高门士族的主流文化风尚,这种风尚并没有随着门阀政治打破而消退,而是牢固地维护着高门士族文化上的等级结构。南朝的政权皆由寒门武人建立,他们得势之后成为了玄学文化风尚的新受众,通过积极接受玄学,努力使自身融入士族主流文化之中。

---

① (南朝)萧子显.南齐书[M].北京:中华书局,1972:452.
② (南朝)萧子显.南齐书[M].北京:中华书局,1972:882.

第一章 梁代的玄学接受与利用

(三)士人对玄学接受的反思

东晋、宋、齐时期,玄学影响范围逐渐扩大,与玄学接受主体增加始终相伴的是文人对玄学思想的批判与反思。西晋时期,玄学思想对社会群体带来的影响已经非常明显,但是思想上崇尚虚无,行为上放浪形骸、任情悖礼,甚至秽行频出,只是玄学影响下的一个小众群体,而非士人主流,并且他们的行为实际上受到主流士人的非议和谴责。《世说新语·任诞篇》载:"是时竹林诸贤之风虽高,而礼教尚峻,迨元康中,遂至放荡越礼。乐广讥之曰:'名教中自有乐地,何至于此?'乐令之言有旨哉!谓彼非玄心,徒利其纵恣而已。"① 乐广虽未批判玄学本身,但对于一些名士借"贵无"思想行恣意放荡之事,甚为不满。如果说西晋士人所批判的只是"贵无"论玄学影响下,士人对礼法秩序的破坏,那么西晋覆亡之际,王衍感叹:"向若不祖尚浮虚,勠力而共匡天下,犹可不至今日",则将亡国之责归到了士人的虚浮清谈之上。

两晋之际,士人南渡,玄学中心随之南移,西晋名士那种放荡越礼、矜高浮诞的作风仍有流播。但是,当时东晋政权基础薄弱,加之北方军事压力强大,内外交困的局势下,浮诞之风实已有所收敛,士人们立身处世趋于内敛。苏峻乱平,东晋进入承平时代,玄学思想的影响再度显现。玄学在东晋的盛行,培养了大批居官不务实政的士人,他们鄙夷俗务,轻事功、轻武力。《晋书·卞壸传》中所载:"阮孚每谓之曰:'卿恒无闲泰,常如含瓦石,不亦劳乎?'壸曰:'诸君以道德恢弘,风流相尚,执鄙吝者,非壸而谁!'"② 阮孚是士族名士,他对卞壸务实作风的鄙夷,反映出玄学"贵无"思想对士族群体政治态度带来的深刻影响。这种士风在东晋同样受到了批判,如《晋书·王坦之传》载:"坦之有风格,尤非时俗放荡,不敦儒教,颇尚刑名学,著《废庄论》。"③《晋书·李充传》:"圣教救其末,老庄明其本,本末之涂殊而为教一也。人之迷也,其日久矣!……逐迹逾笃,离本逾远,遂使华端与薄俗俱兴,妙绪与淳风并绝。"④《晋书·戴逵传》:"性高洁,常以礼度自处,深以放达为非道,乃著论。"⑤ 这些批判都指向士人行为放荡、"不敦儒业"。实际上,士族成员之所以能够如此,根本原因还在于,高门士族作为权力的实际掌控者,既无须仰仗皇权行事,又有寒门小

---

① 余嘉锡.世说新语笺疏[M].北京:中华书局,2011:635.
② (唐)房玄龄.晋书[M].北京:中华书局,1974:1871.
③ (唐)房玄龄.晋书[M].北京:中华书局,1974:1965.
④ (唐)房玄龄.晋书[M].北京:中华书局,1974:2389.
⑤ (唐)房玄龄.晋书[M].北京:中华书局,1974:2457.

吏可供驱使,来维持朝政的正常运行。而这种"居官无官官之事,处事无事事之心"的态度,实际上又是利弊共存的,有利的一面是它可以削弱士人权力欲望,使门阀权力格局保持平衡,不利的一面则是可能为社会朝政的正常运行带来较大的风险。

  士人群体这种消极的政治态度,对于皇权专制而言则只有弊端。首先,这意味着士人对皇权控制的抵触和对抗,其次,还意味着可能使朝政日常实务荒废,从而带来政治风险。故消除玄学对士人政治态度的影响,成为了南朝皇权统治必须解决的问题。宋、齐皇族在建政之后,为消除玄学对士人政治态度的影响,进一步巩固皇权,首先采取的措施便是复兴儒学,试图以儒学规范重塑士人政治态度。儒学是皇权政治最契合的盟友,东晋皇族每欲制衡高门士族,便会重用礼法士族或者寒门儒生,同时大兴儒学,包括恢复国学、太学。田余庆先生指出:"振兴皇权必与振兴儒学相辅而行,这两者的诸多事迹,都见之于孝武帝一朝。虽然成效不多,但却为南朝开通风气,铺陈道路。"[1] 皇权专制的根本需求是皇帝的高度集权,儒家政治主张的君臣伦理关系和礼法制度,都可以直接用来对抗以限制皇权为基本诉求的玄学政治。南朝皇族对儒学的纲领性作用,有着十分清醒的认识,故提振儒学,把以高门士族为主体的文人群体,纳入以儒学政治构建的社会框架之中,是皇权政治的必然选择。从刘宋到萧齐,皇族扶持儒学的态度是一以贯之的,尽管其效果并非立竿见影,但是通过政治力量而推行儒学、制约玄学的趋势依旧是十分明显的。概言之,提振儒学既可以消除士人鄙夷俗务的浮华作风,以维持朝政的有效运行,又可以用儒家君臣伦理纲常约束士人行为,削弱士族与皇权的对抗,加强皇权对士人的掌控力。

二、梁武帝接受玄学的现实需求

  梁代皇族与宋齐两朝同样,既有削弱玄学影响的政治需求,同时也有接受玄学的文化需求,就其接受玄学的动力来看,大致有以下三个方面。

  首先,萧梁皇族出身寒门,接受玄学是其融入高门士族主流文化的必然途径。萧梁皇族与萧齐皇族本是同宗,在兰陵萧氏家族中,齐梁皇族这一支系被称为"齐梁房",萧氏家族的另外一支本是刘宋外戚,被称为"皇舅房"。刘宋时期,在"皇舅房"的提携下,"齐梁房"依靠其军事才能获得皇族重用,最终拥兵篡位,取代刘宋建立了南齐。梁武帝萧衍的父亲

---

[1] 田余庆.东晋门阀政治[M].北京:北京大学出版社,2009:244.

第一章　梁代的玄学接受与利用

萧顺之,是南齐高帝萧道成的族弟,因帮助萧道成建立南齐有功而身居要职,但也因此受到萧道成猜忌,其后又因卷入皇子斗争,而得罪齐武帝,因此忧惧感病而亡。萧顺之死时,萧衍与他的兄长萧懿手中已经握有兵权。在永明之后的宫廷斗争中,二人又与萧鸾合作,帮助他登上了帝位,因之权势陡增,后萧衍据守雍州,拥兵自重,齐明帝死后,他最终代齐而立。从家族出身来看,齐梁皇族的出身不高,萧道成在诏书中自称"布衣素族","素族"之称在南朝亦指那些别于皇族宗室的异姓高门,但萧氏"齐梁房"支靠武力崛起,在南朝重门第、轻武人的社会环境中,地位应当较低。由此可知,这里的"素族"指的是士族中地位低下的寒门。在以文化素养、家学传承为高门象征的士族社会来说,出身寒门的萧衍,尽管在政治上达到了至高无上的地位,但在文化上仍旧无法与高门士族相提并论。因此,提升家族门第、取得文化上的主导权,应当是梁武帝接受玄学的动力之一。

其次,从文化接受上看,梁武帝本人勤奋好学,早年接受了儒学和玄学教育,史载其"少而笃学,洞达儒玄",[①]他曾受学于大儒雷次宗,并以明经入选诸生。其后,曾供职于竟陵王萧子良的府中,为"竟陵八友"之一。竟陵王萧子良是南齐皇族子弟中最热衷于学术文化建设的一位皇子,他开西邸,召集文学名士、玄学名士,讲论文章、清谈玄义,《南齐书》载:

> 永明末,京邑人士盛为文章谈义,皆凑竟陵王西邸。绘为后进领袖,机悟多能。时张融、周颙并有言工,融音旨缓韵,颙辞致绮捷,绘之言吐,又顿挫有风气。时人为之语曰:"刘绘贴宅,别开一门。"言在二家之中也。[②]

萧衍虽辗转藩王府邸,但与萧子良一直保持着良好的互动往来。永明末年,萧子良与王融谋立之事,萧衍亦曾参与其中,据此可知,二人关系当十分密切。萧子良府邸的学术文化活动,萧衍应当十分熟悉,引文中所列诸人,如刘绘、张融、周颙等,皆为当时颇负盛名的玄学名士,萧衍身处其中,所接受的玄学熏陶是可想而知的。此外,当时以萧子良为中心的学术文化团体,约有百人之众,[③]萧衍能在其中脱颖而出,跻身"八友"之列,可见他本人的玄学、儒学、文学造诣并不低。由此亦可知,接受玄学、儒学思想也是梁武帝自身的文化需求所致。

---

① (南朝)姚思廉.梁书[M].北京: 中华书局,1973: 96.
② (南朝)萧子显.南齐书[M].北京: 中华书局,1972: 841.
③ 刘跃进.门阀士族与永明文学[M].北京: 三联书店,1996: 57-58.

再次，如上文所言，梁武帝曾与萧子良为中心的文人集团有着密切的互动往来，这个群体的文学交流、学术活动都比较频繁，《南齐书》载：

> （子良）移居鸡笼山邸，集学士抄《五经》百家，依《皇览》例为《四部要略》千卷。招致名僧，讲语佛法，造经呗新声。道俗之盛，江左未有也。①

以萧子良为中心的文人集团，既是永明文学的缔造者，也是儒学、佛学、玄学学术活动和交流的主体人群，他们所创造的文化盛况，是永明时期政通人和、文化繁盛的具体表现。对于特重文化建设的梁武帝而言，永明时期经历的文化盛况所包含着的意义是多重的：其一，皇族成员成为了文化活动的引领者，这是得势寒门对主流文化融入的结果，也反映出皇族正在逐渐取得文化话语权；其二，学术、文化、文学活动的繁盛，象征着政权的稳固和繁荣；其三，文化繁盛赋予了政权一种合法性，使其能够以正统文化继承者和守护者的姿态面对北方少数民族政权。我们可以据此推测，梁武帝始终致力于梁朝学术文化建设的政治目的或者也与此有关系，同时这种政治目的应当构成了他积极接受玄学的又一个动力。

对于萧梁皇族而言，在政治上排斥以分权为基本诉求的玄学政治，加强皇族集权，进一步掌控士人行为，消除玄学虚浮不务实事带来的政治风险，是其稳固政权的必然选择；在文化上积极接受玄学，以融入高门士族的主流文化圈，并取得可与高门士族对话的文化地位，本身亦是其维护统治稳固的必要手段。因此，如何实现二者的平衡，是梁代文化政策必须要解决的问题。

第三节　梁代文化政策与玄学利用

梁武帝在立国之初施行了一套文化整合政策，他在政治领域积极复兴儒学，以儒学思想来消除玄学遗留下的政治弊病；在社会群体中大力推广佛教，劝善诫恶，教化俗众，并借以弱化士人的权力欲望，消除社会矛盾；在文化领域倡导玄学，使得萧梁皇族迅速完成了玄学化，皇族成员成为王朝文化的引导者，他们醉心清谈讲论，促成了玄学的再次兴盛。

---

① （南朝）萧子显.南齐书[M].北京：中华书局，1972：698.

第一章　梁代的玄学接受与利用

一、梁代的文化政策

初登帝位的梁武帝,为巩固皇权施行了两项文化政策:一是复兴儒学,二是舍道崇佛。前者与王朝的选官制度紧密关联,后者对整个社会的风俗改良意义重大,两者又皆与梁武帝对待高门士族及士族文化的态度相关。

(一)梁武帝的"兴儒"政策

梁武帝本人曾为诸生,南齐时曾从大儒刘瓛学习儒学。《南史·刘瓛传》载:"(刘瓛)儒业冠于当时,都下士子贵游,莫不下席受业,当世推其大儒,以比古之曹、郑。……梁武帝少时尝经伏膺,及天监元年下诏为瓛立碑,谥曰贞简先生。"① 《金楼子·兴王篇》:"沛国刘瓛,当时马郑,上每析疑义,雅相推挹。"② 《梁书·武帝纪》中记载:

> (武帝)少而笃学,洞达儒玄。虽万机多务,犹卷不辍手,燃烛侧光,常至戍夜。造《制旨孝经义》《周易讲疏》及六十四卦、"二《系》"《文言》《序卦》等义,《乐社义》《毛诗答问》《春秋答问》《尚书大义》《中庸讲疏》《孔子正言》《老子讲疏》凡二百余卷,并正先儒之迷,开古圣之旨。王侯朝臣皆奉表质疑,高祖皆为解释。修饰国学,增广生员,立五馆,置《五经》博士。天监初,则何佟之、贺玚、严植之、明山宾等覆述制旨,并撰吉、凶、军、宾、嘉五礼,凡一千余卷,高祖称制断疑。于是穆穆恂恂,家知礼节。大同中,于台西立士林馆,领军朱异、太府卿贺琛、舍人孔子祛等递相讲述。皇太子、宣城王亦于东宫宣猷堂及扬州廨开讲,于是四方郡国,趋学向风,云集于京师矣。③

这段史料记载梁武帝本人在儒学上的成就,他亲自校注五经、撰写义疏,为王侯、朝臣讲解疑问,并组织学者撰定五礼,同时广置生员、开设学馆,宣讲儒经。

梁武帝本人的受学经历是他重视儒学的根源,而政治需求则是推动其"兴儒"的直接目的,《梁书·儒林传》载:

---

① (唐)李延寿.南史[M].北京:中华书局,1975:1238.
② (唐)许逸民.金楼子校笺[M].北京:中华书局,2011:207.
③ (唐)姚思廉.梁书[M].北京:中华书局,1973:96.

高祖有天下,深愍之,诏求硕学,治五礼,定六律,改斗历,正权衡。天监四年,诏曰:"二汉登贤,莫非经术,服膺雅道,名立行成。魏、晋浮荡,儒教沦歇,风节罔树,抑此之由。朕日昃罢朝,思闻俊异,收士得人,实惟酬奖。可置《五经》博士各一人,广开馆宇,招内后进。"于是以平原明山宾、吴兴沈峻、建平严植之、会稽贺玚补博士,各主一馆。馆有数百生,给其饩廪。其射策通明者,即除为吏。十数月间,怀经负笈者云会京师。又选遣学生如会稽云门山,受业于庐江何胤。分遣博士祭酒,到州郡立学。七年,又诏曰:"建国君民,立教为首,砥身砺行,由乎经术。朕肇基明命,光宅区宇,虽耕耘雅业,傍阐艺文,而成器未广,志本犹阙。非以熔范贵游,纳诸轨度;思欲式敦让齿,自家刑国。今声训所渐,戎夏同风。宜大启庠斅,博延胄子,务彼十伦,弘此三德,使陶钧远被,微言载表。"于是皇太子、皇子、宗室、王侯始就业焉。高祖亲屈舆驾,释奠于先师先圣,申之以宴语,劳之以束帛,济济焉,洋洋焉,大道之行也如是。[1]

上文中引天监四年、天监七年颁布的兴学诏书,说明了梁武帝对复兴儒学的重视。文中简略叙述了兴儒的具体举措,如奖酬儒生,置《五经》博士,允其开馆讲学,重开国子学,州郡各设学校。这些举措受到了梁武帝极大的重视,他下令太子皇子、宗室子弟,公卿子弟皆入学受教。此外,在这道诏书下达之后没多久,他又下诏"于州郡县置州望、郡宗、乡豪各一人,专掌搜荐"。[2]天监九年三月,梁武帝亲自到国子学视察,并赏赐了国子祭酒以下的官员,其后又再次颁布诏书,敦促达到入学年龄的皇子及王侯子弟入国子学。[3]梁武帝的立学、兴儒政策,得到了藩王们的积极响应,萧绎就曾上《请于州立学校表》,[4]请求在州府建立学校讲授儒学。

振兴儒学是与教育制度直接关联的,它们的共同目的是服务于王朝的选官制度,梁武帝在天监四年正月癸卯朔,下诏曰:

今九流常选,年未三十,不通一经,不得解褐。若有才同甘、

---

[1] (唐)姚思廉.梁书[M].北京:中华书局,1973:661-662.
[2] (唐)姚思廉.梁书[M].北京:中华书局,1973:47.
[3] (唐)姚思廉.梁书[M].北京:中华书局,1973:49-50.
[4] (清)严可均.全梁文[M].北京:商务印书馆,1999:173.

第一章　梁代的玄学接受与利用

颜,勿限年次。①

这道诏书说明当时的常选制度仍是九品中正制,但附加了年龄限制与学术要求:考生必须年过三十,并精通一经,否则不能出仕,特殊才能者则不在此例之中。天监八年五月,又下《叙录寒儒诏》曰:

> 学以从政,殷勤往哲,禄在其中,抑亦前事。朕思阐治纲,每敦儒术,轼闾辟馆,造次以之。故负帙成风,甲科间出,方当置诸周行,饰以青紫。其有能通一经,始末无倦者,策实之后,选官可量加叙录。虽复牛监羊肆,寒品后门,并随才试吏,勿有遗隔。②

这一前一后两道诏书,明确地反映出武帝以复兴儒学的方式为"寒品后门"进入仕途打开了一条通路。这一策略与刘宋南齐皇族招纳有文学才华的寒士目的相同,即分化高门士族的政治影响力,不同则在于这种打破纯粹门第选官的方式成为了官方恒制。作为平衡,天监五年正月丁卯,武帝颁发了一道《均选诏》,令"凡诸郡国旧族,邦内无在朝位者,选官搜括,使郡有一人"。③作为对高门士族子弟的优容政策。

(二)梁武帝的"崇佛"政策

与复兴儒学同时施行的是推行佛教。天监三年四月,梁武帝下《敕舍道崇佛诏》:④

> 大经中说道有九十六种,唯佛一道,是于正道,其余九十五种,皆是外道。朕舍外道以事如来,若有公卿能入此誓者,各可发菩提心。老子、周公、孔子等,虽是如来弟子,而为化既邪,止是世间之善,不能革凡成圣。公卿百官,侯王宗室,宜反伪就真,舍邪入正。

---

① (唐)姚思廉.梁书[M].北京:中华书局,1973:41.
② (清)严可均.全梁文[M].北京:商务印书馆,1999:21.
③ (唐)姚思廉.梁书[M].北京:中华书局,1973:18.
④ (唐)姚思廉.梁书[M].北京:中华书局,1973:41.按:《敕舍道崇佛诏》的真伪、颁布时间问题学界存在争议,见熊清元.梁武帝天监三年"舍事李老道法"事证伪[J].黄冈师院学报,1998(2);赵以武.关于梁武帝舍佛事道的时间及其原因[J].嘉应大学学报,1999(5).

梁武帝推崇佛教,以佛为唯一正道,并鼓励公卿百官、侯王宗室皆信仰佛教,这是将佛教信仰作为文化政策推行的一种方式。宋齐之际,佛教与儒家、道教纷争竞起,孔、老与如来,孰为圣人,成为了争议的中心话题。诏书中谓"老子、周公、孔子等,虽是如来弟子,而为化既邪,止是世间之善,不能革凡成圣",正是为儒、释、道三家地位高下做出了一个结论。与这道诏书同时写成的还有一道《舍道事佛疏文》,其文结尾处曰:

> 弟子经迟迷荒,耽事老子,历叶相承,染此邪法,习因善发,弃迷知返,今舍旧医,归凭正觉,愿使未来世中,童男出家,广弘经教,化度众生,共取成佛,入诸地狱,普济群萌。宁可在正法中,长沦恶道,不乐依老子教,暂得生天,涉大乘心,离二乘念,正愿诸佛菩萨摄受。萧衍和南。①

较之于前引的诏书,这篇疏文贬斥道教和推崇佛教的情感,无疑是更加明显也更加强烈的,其言"入诸地狱,普济群萌,宁可在正法中,长沦恶道,不乐依老子教,暂得生天",与其说是其救度众生的宏愿,不如说是他向百官群僚、天下百姓发出的一个宗教取舍的信号。天监十六年,梁武帝发誓永弃道教,废天下道观,令道士皆还俗。②完成了自上而下废弃道教、独尊佛教的宗教变革,佛教遂成萧梁王朝的国教。在这个过程中,武帝以身为范,践行佛门戒律,并欲自为僧正,规范天下僧尼,这是其欲使政教合一的进一步举措。《续高僧传》卷五《义解篇第一·释智藏传》中记录了梁武帝当时意欲亲自出任僧官,但因受到佛门高僧释智藏的反对而未得实行。此事虽未实行,但仍可说明梁武帝校注佛典、阐释经义,创设戒,并不仅仅是佛教徒对宗教的狂热崇拜,同时也包含着政治目的考虑。如果武帝自任僧官,那他既是俗世的帝王,又是宗教的领袖,同时还是佛门戒律的实际维护者,这对于树立其在佛门教众中的至高地位,有着很大的帮助,同时也对争取佛教势力支持其政权有着积极作用。

天监十八年,梁武帝受菩萨戒,③其后断肉、断房室,谨慎持戒,过午不食,不饮酒、不听音声,其形象类于苦修的僧侣。在对佛教事业的推动上,梁武帝同样居功至伟,他铸造佛像,大修佛寺,据释道世的《法苑珠林》记载,梁代时共有寺庙两千八百四十六所,④史籍中可考的建于武帝时期

---

① (清)严可均.全梁文[M].北京:商务印书馆,1999:71.
② 刘汝霖.东晋南北朝学术编年[M].上海:华东师范大学出版社,2010:336.
③ (唐)李延寿.南史[M].北京:中华书局,1975:197.
④ 释道世.法苑珠林[M].周叔迦,苏晋仁,校注,北京:中华书局,2003:543.

第一章 梁代的玄学接受与利用

的寺庙共有四十四所之多,而实际建造数当不止于此。此外,武帝还亲自撰写和注解了部分佛教著作,他组织法会,参与经文讲说,《梁书》言其"兼笃信正法,尤长释典,制《涅盘》《大品》《净名》《三慧》诸经义记,复数百卷。听览余闲,即于重云殿及同泰寺讲说,名僧硕学,四部听众,常万余人"。① 在大通元年(527)三月、中大通元年(529)九月、太清元年(547)三月,三次舍身同泰寺,② 这些举动无疑对扩大佛教在世俗社会的影响力,提供了极大的支持。

关于梁武帝崇佛的具体事迹,已有不少学者梳理史料进行了整理,如柏俊才《梁武帝萧衍考略》中"梁武帝佞佛事迹考"一章③,谭洁《兰陵萧氏家族文化研究》中"萧衍的系列奉佛活动"④ 等文可做参考,此不赘述。对梁武帝天监三年突然"舍道事佛"的原因,学界亦有诸多讨论。曹道衡先生指出:"从梁武帝即位后的表现来看,他在天监三年四月就作《舍道归佛文》声明自己皈依佛门,这时距他攻入建康,抢得萧宝卷妃子余氏,'颇妨政事'之际,不过两年时间,却发生了如此变化。这显然很难说完全出于真心。他开始接触佛教,最迟是永明初年在萧子良'西邸'时,下距他登上帝位有十几年时间。在这十几年中,他的行为显然完全与佛教的教义背道而驰。他当上皇帝不久,就宣称奉佛,应当主要是出于政治上的考虑。因为早在宋文帝时,大臣何尚之就把佛教看作巩固统治的有力武器。……梁武帝和历代帝王一样,也提倡儒学、尊奉孔子……但他又深知儒学的影响,主要限于某些士人,而且还往往不能付诸实践。因此他认为佛教的'因果报应'说对巩固统治更有用。"⑤ 梁武帝信仰佛教的真正原因仍可继续探讨,但他将宣扬佛教作为移风易俗的手段应当是无疑的,以佛教出世思想削弱公卿百官的权力欲望,利用因果报应之说约束百姓黔首不敢作恶犯禁的政治目的也是十分明显的。

二、政治领域贬抑玄学

从皇权政治对社会思想控制的要求来看,梁武帝复兴儒学、舍道事佛,实际上也包含着贬抑玄学政治的要求。天监四年颁布的《兴学诏》中,对于复兴儒学的原因进行了简略的描述,文中所谓"魏、晋浮荡,儒教沦

---

① (唐)姚思廉.梁书[M].北京:中华书局,1973:96.
② 柏俊才.梁武帝萧衍考略[M].上海:上海古籍出版社,2008:71,72,92.
③ 柏俊才.梁武帝萧衍考略[M].上海:上海古籍出版社,2008:41-45.
④ 谭洁.兰陵萧氏家族文化研究[M].北京:中华书局,2013:231-245.
⑤ 曹道衡,傅刚.萧统评传[M].南京:南京大学出版社,2011:44,45.

歇,风节罔树,抑此之由",这种常见于诏书中的官方说法,应当并非无关痛痒的套话,而是出于对南朝政权频繁更迭的忧虑和反思。西晋覆亡之后,"清谈误国"之论一直是玄学思想背负的政治诅咒,但玄学思想却在欲"勠力王室"的东晋士人那里,成为了政治文化的主流。玄学政治影响之下,士人以离俗务虚为风尚,不屑于政治实务,对于维系官僚组织的有序运转确实存在着不良影响。士人居官而不勤政,不以报效朝廷为务、忠于皇帝为责,唯以保全门第为计,王鸣盛谓:"刘裕篡晋,王弘为佐命,萧道成篡宋,弘弟昙首之孙俭首倡逆谋","约历事齐朝,年至六十余,乃为梁武画篡夺之策,又力劝帝杀其故主"。① 士人不顾君臣之义,更无忠君之念,包括武帝本人,篡位而立,诛杀齐明帝诸子,皆是所谓之"风节罔树",对于初夺皇权的梁武帝而言,这种情形可谓殷鉴不远。《梁书·儒林传》言:"魏正始以后,仍尚玄虚之学,为儒者盖寡。时荀顗、挚虞之徒,虽删定新礼,改官职,未能易俗移风。自是中原横溃,衣冠殄尽;江左草创,日不暇给,以迄于宋、齐。"将"玄虚之学""魏晋浮荡"视作"中原横溃、衣冠殄尽""风节罔树"等国家、社会问题的根源,则复兴儒学必包含着贬抑玄学政治的要求。

玄学清谈是否为亡国之因,此处不去评论,笔者仅就梁武帝对待玄学的态度略作分析。《全梁文》收录了梁武帝《答皇太子请御讲敕》三条,《答晋安王请开讲启敕》一条,拒绝诸皇子请其于重云寺开讲事,拒绝理由如下:

> 数术多事,未获垂拱,兼国务靡寄,岂得坐谈。须道行民安,乃当议耳。
>
> 方今信非谈日,汝等必欲尔者,自可令诸僧于重云中讲道义也。
>
> 庸主少君,所以继踵颠覆,皆由安不思危,况复未安者邪? 殷鉴不远,在于前代。吾今所行,虽异曩日,但知讲说,不忧国事,则与彼人,异术同亡。《易》言:"其亡,系于苞桑。"斯则乾乾夕惕,谨而后免。
>
> 吾内外众缘,忧劳纷总。食息无暇,废事论道,是所未遑,汝便为未体国。②

---

① 王鸣盛.十七史商榷[M].南京:凤凰出版社,2008:319,363.
② (清)严可均.全梁文[M].北京:商务印书馆,1999:46.

第一章 梁代的玄学接受与利用

这四条敕文,皆收录于《广弘明集》卷十九,前三条署名为"皇太子"、后一条署名为"晋安王";另《广弘明集》中收录了三条请武帝于重云寺开讲的启奏,虽录于萧纲名下,但文为萧纲、萧纶、萧纪三人联名启奏,由此可知前文所言的"皇太子"当为萧纲,故请讲的时间当在中大同三年之后,亦即萧纲被立为太子之后,后一条则在此之前。[1] 梁武帝四次拒绝皇子们的开讲请求,四次列出的理由亦大同小异,皆以国务、国事,甚至亡国之虑为出发点,细究则有四层意思:其一,国务繁忙,不可忽略实务,座谈讲论;其二,国家尚未达到"垂拱而治",尚未到可坐而论道的时候;其三,如果只知道讲论清谈,而不忧虑国事,则可能招致亡国之祸;其四,如果皇子们实有此意,可以请高僧讲说"道义"。一方面他认为清谈妨碍朝政事务,甚至可以导致亡国;另一方面又认为"道行民安"之后才是可以讲论之时,并宽纵子弟与高僧往来讲谈。从萧纲等皇子的启奏中可知,其请讲内容当为佛法教义,以武帝推崇佛教之积极,其拒绝理由就显得颇有些矛盾和费解。然而,若考虑到佛法讲论实属清谈玄义之一种,萧纲等人重视佛法或有疏离世务之可能,则开讲佛法与清谈玄学确有"异术同亡"之嫌。如此,梁武帝以"废事论道"作为拒绝讲论的理由,也就在情理之中了。实际上,梁武帝的这种认识应当是皇族成员的共识,孝元帝萧绎在《金楼子序》中以"屡事玄言,亟登讲肆"为"三废学"之一,又在《金楼子·立言篇》中言曰:"道家虚无为本,因循为务,中原丧乱,实为此风。何、邓诛于前,裴、王灭于后,盖为此也。"[2] 萧绎将中原丧乱,何晏、邓飏、王衍、裴颜等名士的身死名灭,皆归因于玄学,对玄学政治崇尚虚无的批评是十分尖锐的。在这样的历史教训之下,梁武帝大兴儒学以矫正玄学在政治上形成的流弊,其目的就十分明朗了。

南朝皇族往往倡导玄学,其首要目的在于积极融入士族主流文化之中,缩小自身与高门士族在文化上的差距,掌握文化力量的主导权,其次便是改造玄学,使其服务于皇权需要。玄学服务政治的方式不外于以避世思想削弱士人权力欲望,规训士人与庶民恬淡不争的品格,根本上都是要完成皇权对民众的思想控制。如此,大力倡导儒学,贬抑"废事论道"之风,就是规避政治风险的最佳途径;同时,从移风易俗的角度,辅之以佛教"因果报应"论,用以约束民众,使其不敢作恶犯禁,同样可以起到消解士庶权力欲望的作用。故梁武帝大力推行儒学和佛教,实有削弱玄学

---

[1] 按,周一良《论梁武帝及其时代》中对此有详细论述,见《周一良集》,辽宁教育出版社,1998年,第424页。柏俊才"梁武帝佞佛事迹考"中认为此三条敕文应在大同六年,见《梁武帝萧衍考略》,上海古籍出版社,2008年12月版,第69页。
[2] 许逸民.金楼子校笺[M].北京:中华书局,2011:1,2,806.

· 63 ·

政治、重塑士人政治态度的目的。

普通六年,梁武帝下《褒异周舍诏》,其文如下:

> 故侍中、护军将军简子舍,义该玄儒,博穷文史,奉亲能孝,事君尽忠,历掌机密,清贞自居,食不重味,身靡兼衣。终亡之日,内无妻妾,外无田宅,两儿单贫,有过古烈。往者,南司白涡之劾,恐外议谓朕有私,致此黜免,追愧若人一介之善,外可量加褒异,以旌善人。①

这是一道恤亡褒奖诏书,梁武帝在周舍去世的次年颁诏褒扬他,赞其玄儒文史之义兼通,孝亲忠君之德俱备,身无私欲,家无私财,可称之为"善人",有为官员树立榜样之意。周舍其人的实际情况如何且不去论,这道褒奖诏书所述却描绘出了符合梁武帝需求的官员形象:既要有过人的学识才华、忠君孝亲的德行,还要有淡泊寡欲的品行。普通中,梁武帝下《征庾诜庾承先诏》,其文云:

> 新野庾诜,止足栖退,自事却扫,经史文艺,多所贯习。颍川庾承先,学通黄老,该涉释教,并不竞不营,安兹枯槁,可以镇躁敦俗。……②

这是一道征贤诏书,赞扬庾诜恬淡自足、学识广博,庾承先无欲无求,可以敦化风俗。上引两道诏书都褒扬了事主才学广博,及无欲无求、自足无争的处世态度;所不同之处在于,前者在朝,需有忠君之念,后者隐居,于此不论。文中所谓"学通黄老,该涉释教",所看重的是玄学思想和佛门教义,能够引导士俗放弃利益欲求、达到随遇而安的化俗功能。田汉云先生在《六朝经学与玄学》中指出:"(梁代)士大夫兼修玄学、儒学,在若干思想上对于两者进行了有效整合。一是在生命观上确立了重'神'(灵魂)轻'形'(躯体)的观念;二是在财富观上贯通玄学的'外物'与佛教的'布施';三是在生活方式上贯通玄学的'返璞归真'与佛教的'慈忍'。"③士大夫这种融通玄学思想与佛门教义的方式,与梁武帝"舍道事佛"的态度是相对应的。于皇权统治而言,玄学自有其可取之处,然而佛教于其所长之处,更胜一筹,故以佛教思想为主,融合玄学思想之长,成为辅助儒学政

---

① (清)严可均.全梁文[M].北京:商务印书馆,1999:29.
② 柏俊才.梁武帝萧衍考略[M].上海:上海古籍出版社,2008:31.
③ 田汉云.六朝经学与玄学[M]南京:南京出版社,2003:394-396.

治、消解社会争端的怀柔手段,这或者也正是梁武帝在政治上,始终将儒学与佛教置于玄学之上的原因。

三、文化领域倡导玄学

与政治策略上复兴儒学、推崇佛学,意图规避玄学相左的,是梁武帝在文化领域对玄学的大力倡导。他一方面告诫皇子"废事论道"对朝政造成的不良后果,表现出高度的政治警惕性,一方面又是清谈讲论的积极倡导者,对阐发义理表现出了极大的偏好和热情。《金楼子·兴王篇》记载:"(武帝)登于晚年,探赜索隐,穷理尽性,究览坟籍,神悟知机……备该内外,辨解联环,论精坚白。"[①]事实上,梁武帝在萧梁立国之后的文化活动中,已经明确表现出对玄谈义理的偏好,《梁书·王份传》载:

> 高祖常于宴席问群臣曰:"朕为有为无?"份对曰:"陛下应万物为有,体至理为无。"高祖称善。[②]

"有""无"之辨是玄学的基本论题,梁武帝与朝臣辨析"有""无",可知他本人确有清谈义理的爱好。梁武帝对"三玄"中的《老子》《周易》都有较深入的研究,《梁书·武帝纪》记载他曾撰写了《老子讲疏》《周易讲疏》及六十四卦、《系辞》《文言》《序卦》等义。《南史·顾越传》记载:"武帝尝于重云殿自讲《老子》仆射徐勉举越论义。"[③]《陈书·张讥传》也有相类的记载:"梁武帝尝于文德殿释《乾》《坤》《文言》,讥与陈郡、袁宪等预焉。"[④]这两条史料,仅是梁武帝主持玄学讲论活动中的冰山一角,检讨史籍,还可以发现大量此类记载。王永平先生在《萧梁皇族人物之崇尚玄学及其相关文化风尚》一文中广引史料,条分缕析,详细论述了梁武帝对玄学活动的大力提倡和积极参与,可作为参考,此处不再赘引。

梁武帝的后继者同样精通玄学。《梁书·简文帝纪》称萧纲"博综儒书,善言玄理",著有《老子义》《庄子义》各二十卷;孝元帝萧绎,亦不例外,二人皆好清谈讲论,颇有乃父之风。皇族成员对玄学的偏好,与其文化生活和学习方式是紧密相关的,昭明太子萧统在与隐士何胤的书信中言道:

---

① 许逸民.金楼子校笺[M].北京:中华书局,2011:207.
② (唐)姚思廉.梁书[M].北京:中华书局,1973:325.
③ (唐)李延寿.南史[M].北京:中华书局,1975:1753.
④ (唐)姚思廉.陈书[M].北京:中华书局,1972:443.

> 方今朱明在谢,清风戒寒,想摄养得宜,兴时休适,耽精义,味玄理,息嚣尘,习泉石,激扬硕学,诱接后进,志与秋天竞高,理与春泉争溢。乐可言乎!……每钻阅六经,泛滥百氏;研寻物理,顾略清言。①

书信中描述了其日常生活中"耽精义,味玄理""研寻物理,顾略清言",可知研习玄理不仅是萧统的日常课业,也是他的爱好所在。萧纲在《劝医论》亦有同样的描述:

> 至如研精玄理,考核儒宗,尽日清谈,终夜讲习。始学则负墟尚谀,积功则为师乃著,日就月将,方称硕学,专经之后,犹须剧谈。网罗愈广,钩深理见,厌饫不窹,惟日不足。②

在这篇以"劝医"为主题的文章中,萧纲以学术修养的过程来说明广泛学习和专注思考的重要性。从他对提高学术修养方式的描述中,我们可以看到两点:其一,在萧纲的认识中,学术修养包含了"玄理"和"儒学";其二,增强学术修养的基本方式是"清谈"和"讲习",这个过程中需要投入大量的时间和精力,故言"尽日""终夜";当个人学识达到一定的积累之后,则须"剧谈",并通过这种方式完成学术认识的提升。综合而言,通过这些描述,我们又可以得到两方面的信息:其一,皇子们学习儒家典籍的方式是玄学化的,是以"清谈""讲习"来认识的;其二,学习儒家典籍的直接目的是要从典籍中探赜寻幽,勾稽玄理。

此外,文中所言"尽日清谈""终夜讲习""犹须剧谈",很容易让我们联想到东晋高门士族的文化生活,《世说新语·文学》载:

> 殷中军为庾公长史,下都,王丞相为之集,桓公、王长史、王蓝田、谢镇西并在。丞相自起解帐带麈尾,语殷曰:"身今日当与君共谈析理。"既共清言,遂达三更。丞相与殷共相往反,其余诸贤,略无所关。既彼我相尽,丞相乃叹曰:"向来语,乃竟未知理源所归。至于辞喻不相负,正始之音,正当尔耳!"明旦,桓宣武语人曰:"昨夜听殷、王清言,甚佳,仁祖亦不寂寞,我亦时复造心……"③

---

① (清)严可均.全梁文[M].北京:商务印书馆,1999:215.
② 柏俊才.梁武帝萧衍考略[M].上海:上海古籍出版社,2008:120.
③ 余嘉锡.世说新语笺疏[M].北京:中华书局,2011:185.

第一章　梁代的玄学接受与利用

东晋名士终夜清谈,讲谈的内容止于"声无哀乐论""养生""言尽意"等玄学旧题,萧梁皇族成员则将"清谈""讲论"作为学习典籍的基本方式,并以勾稽玄理为其要义,不仅针对三玄,同时兼及儒家典籍,并运用于对佛经的学习中,这是玄学在梁代发展的新形态,关于此点后文中将有详细论述,此处暂略。

"清谈讲论""研精玄理"在梁代皇族内部,应当是一种普遍共享的学习方式。检讨史籍,我们可以发现,皇族成员如哀太子萧大器、邵陵王萧纶、鄱阳王萧恢、南平王萧伟,萧绎的诸子,不仅其自身"明《老》《易》而善谈玄理",① "美风仪""性通恕""美容质,善谈笑,爱文酒,有士大夫风则",② 并且经常主持清谈、讲论,《陈书·马枢传》载:

> (马枢)博极经史,尤善佛经及《周易》《老子》义。梁邵陵王纶为南徐州刺史,素闻其名,引为学士。纶时自讲《大品经》令枢讲《维摩》《老子》《周易》同日发题,道俗听者二千人。王欲极观优劣,乃谓众曰:"与马学士论义,必使屈伏,不得空立主客。"于是数家学者各起问端,枢乃依次剖判,开其宗旨,然后枝分流别,转变无穷,论者拱默听受而已。纶甚嘉之,将引荐于朝廷。③

综合前引诸条史料,可以得出这样的结论:以武帝为首的梁代皇室成员,皆视清谈讲论、研习玄理为提升学术文化水平的必要条件,并常以主客论难的形式,与学者进行学术上的交流,皇族成员在这种玄学化的生活和学习方式之下,则逐渐养成了以玄学为主导的文化人格。

稽考梁代史料,并试图描述玄学在梁代的存在形态时,很容易看到这种似乎矛盾的情形:官方发布的文化政策中贬抑玄学的意图是明显的,而大量的史料又告诉我们梁代皇族成员及主流文人,都曾积极参与了玄学性质的清谈讲论。同时,也有很多的比较研究告诉我们,玄学清谈在经历了宋、齐两代的低谷期后,又在梁代迎来了一次兴盛。④ 实际上,在这看似矛盾的行为背后,都有支持其存在的合理原因,它所反映出的是萧梁皇族在政治选择与文化选择上的冲突。深究这种冲突发生的原因,还在于士族文化与皇权政治之间,存在着权力要求上的对立。玄学中包含的

---

① (唐)姚思廉.梁书[M].北京:中华书局,1973:620.
② (唐)李延寿.南史[M].北京:中华书局,1975:1295.
③ (唐)姚思廉.陈书[M].北京:中华书局,1972:264.
④ 汤用彤.魏晋南北朝佛教史[M].武汉:武汉大学出版社,2008:289-291,330.

政治思想,从根本上来说,是与皇族分权的权力要求。虽然这种要求因为南朝士族丧失了军事实力而被皇权完全压制,但玄学思想仍然是士人保持独立性,不完全依附于皇权的思想依据,是对儒家政治中忠君思想的一种抵制。同时,玄学思想又确实无法提供一套有效维护社会秩序的法则,不及儒家礼法制度,所以即便是东晋门阀政治之下,秉持政局的高门士族,依旧需要利用儒学来维护朝政事务及官僚体系的常态运转,这也是梁武帝不得不在政治上贬抑玄学的原因。与此同时,梁武帝又不得不在文化上接纳并亲近它。梁武帝本是将门出身,他的父亲萧顺之曾佐助萧道成建立南齐,齐武帝永明三年时他官至领军将军,相当于"九卿",但在被称将门为辱的社会环境之中,[①]文化修养才是士人的进身之资。与竟陵王西邸的多数文人相同,梁武帝本人是通过其学术修养、文学才华得到皇子赏识,进而进入权力阶层的。后因为襄助齐明帝萧鸾而官至雍州刺史,有了起兵代齐的军事实力,又在立朝的过程中受到了其旧日文友的支持,取得皇权之后,重用文人,从而占据了文化力量的主导权,其家族则通过迅速的玄学化、文雅化跻身文化精英阶层,可以说玄学与文学上的造诣是助其得益的两翼,为了维护家族门第在文化上的优势地位,继续玄学化和文雅化是其不可避免的趋势。

  需要补充说明的是,这种由政治利益驱动而做出的策略性选择,最终因倾心属意、浸淫日久,逐步成为了整个皇族的文化偏好,进而超越了对政治利益的考虑。梁武帝暮年,不以政事为意,唯以讲论佛经、清谈玄义为务;简文帝在侯景围攻建康时,仍然于玄圃园频繁讲论《老子》《庄子》《南史》,称其"虽在蒙尘,尚引诸儒论道说义,披寻坟史,未尝暂释";[②]哀太子萧大器则在侯景围城之际于武德后殿讲《老子》《庄子》。大宝二年,侯景加害其时,依旧在讲论《老子》;[③]梁元帝亦不例外,承圣三年秋九月开讲《老子》,十月丁卯因魏军来犯停讲,丙子日即续讲,其时百僚尚在戎装备战之中。[④] 以上情形,或在生死关头,或有大敌当前,身为帝王,而讲论不辍,就不仅是功利前提下的文化选择,而成为一种不得不为之的精神需求。清谈讲论是否为亡国之由,或可另作分析,然亡国之际尚不舍清谈讲论,则足以说明醉心玄学对于萧梁皇族而言,是一种真正的精神需求。当后人标举名士风流时,对谢安"围棋赌墅""小儿破贼"语甚为仰慕,试

---

① (南朝)萧子显.南齐书[M].北京: 中华书局,1972: 776. 按,《沈文季传》载曰:"(褚)渊曰:'陈显达、沈文季当今将略,足委以边事。'文季讳称将门,因是发怒。"
② (唐)李延寿.南史[M].北京: 中华书局,1975: 233.
③ (唐)姚思廉.梁书[M].北京: 中华书局,1973: 172.
④ (唐)姚思廉.梁书[M].北京: 中华书局,1973: 241.

想如果当日梁朝台城未破,侯景被克,萧纲与哀太子危乱之中尚能安讲《老子》,其风流处或不在谢安之下。然而武帝身死、简文被困,祸及《老子》《庄子》清谈,思武帝、简文、哀太子临死时之冷静、尊严,不复令人忆及竹林名士嵇康当日之风?王夫之评价简文退位被幽禁时的诗文曰:"当此殊哀,音节不乱。沉郁慷慨,动人千年之下。"[1]这正是兰陵萧氏家族在作为皇族的五十五年中,不断与玄学交融而获得的文化品格。

概言之,对于梁朝的政权,既要规避玄学务虚之风带来的政治风险,又要继续通过玄学化、文雅化来维护家族文化的地位,要实现这样的平衡只能通过整合现有的多种文化资源,因势利导,使之在不同的领域发挥其优势作用。如此要求之下,梁武帝便在玄学、儒学、佛教、道教观念纷争交缠的局面下,随用去取,扬长避短:在朝政实务、选官制度上用儒学之长,树立士人的务实精神和忠君思想;在社会群体中推行佛教信仰,用"因果报应"之教劝善抑恶;在学术文化上采取了十分宽容的态度,兼容众家,尚玄、重文。有学者总结认为,梁代士风存在着崇尚进取与崇尚谦退并存,崇尚实干与崇尚遗务共举,注重交游与崇尚简素同在特点。[2]此特点或者也可以从侧面反映出梁代官方对多种思想资源整合利用的策略。在这种策略之下,我们可以看到梁代官方倡导的政治精神是儒家的,它要求士人务实与进取;宣扬的社会意识形态则以佛教为主导,以因果报应论劝善、戒恶;而对皇族成员及士人的文化品格则以玄学思想为主导。

第四节 梁代玄学的新形态

在梁武帝的文化整合政策之下,梁代玄学接受和传播,出现了一些新的特征:其一,宫廷内部玄学"讲论"之风盛行;其二,"讲论"之风是玄学的清谈与儒家经学讲习、佛教说法辩难相互融合之后出现的新形式,同时"讲论"的内容除去"三玄"《列子》、佛学思想之外,又兼容了儒家经典;其三,学术领域出现了"义疏学"这种新的阐释学术的研究形态。

一、宫廷"讲论"盛行

本章第一节中已经提到,在文化领域,梁武帝对玄学表现出了极大的

---

[1] (清)王夫之.古诗评选[M].上海:上海古籍出版社,2011:303.
[2] 李磊.六朝士风研究[M].武汉:武汉出版社,2008:266.

偏好和热情,他积极倡导并参与宫廷内部的玄学活动,这种学术风气成为梁代宫廷独有的文化现象。颜之推《颜氏家训·勉学篇》中记载:

> 洎自梁世,兹风复阐,《庄》《老》《周易》总谓《三玄》。武皇、简文,躬自讲论。周弘正奉赞大猷,化行都邑,学徒千余,实为盛美。元帝在江、荆间,复所爱习,召置学生,亲为教授,废寝忘食,以夜继朝,至乃倦剧愁愤,辄以讲自释。①

颜之推在梁元帝筵席间"亲承音旨",以亲历者的身份记录了梁代皇族,以及文人群体中盛行的"讲论"风气。对此情形,《梁书》《陈书》《南史》中有更为具体详细的记载:

> 武帝尝于重云殿自讲《老子》,仆射徐勉举越论义,越抗首而请,音响若钟,容止可观,帝深赞美之。②

> 大同中,召补国子《正言》生,梁武帝尝于文德殿释《乾》《坤》《文言》,(张)讥与陈郡、袁宪等预焉,敕令议论,诸儒莫敢先出,讥乃整容而进,咨审循环,辞令温雅。③

梁武帝本人的玄学修养较高,《梁书》称其"洞达玄儒",沈约在《武帝集序》中亦言其"善发谈端,精于持论,置垒难逾,摧锋莫拟"。④他长于《老子》《周易》,并注有《老子讲疏》《周易讲疏》六十四卦、"二《系》"《文言》《序卦》等义,这些玄学著述在梁代被列入官学,成为了国子及太学生研习的科目。中大通中,周弘正为太学生张讥等三百多人表奏武帝,请其讲解《周易》,武帝诏答周弘正,其文曰:

> 设《卦》观象,事远文高,作《系》表言,辞深理奥。……各尽玄言之趣,说或去取,意有详略,近缙绅之学,咸有稽疑,随答所问,已具别解,知与张讥等三百一十二人,须释《乾坤》《文言》及"二《系》"万机小暇,试当讨论。⑤

---

① (北齐)颜之推.颜氏家训[M].北京:中华书局,2011:117.
② (唐)李延寿.南史[M].北京:中华书局,1975:1753.
③ (唐)姚思廉.陈书[M].北京:中华书局,1972:443.
④ (清)严可均.全梁文[M].北京:商务印书馆,1999:323.
⑤ (唐)姚思廉.陈书[M].北京:中华书局,1972:33.

第一章　梁代的玄学接受与利用

上文言"万机小暇,试当讨论",实际上梁代宫廷内部的这种"讲论"是频繁进行的,也是作为一种普遍的学术交流方式,被皇族成员及臣子们广泛接受的。

检讨史籍,能够看到大量史料记录了皇子、朝臣、太学生之间以"讲论"为学术交流的方式。以下几条,皆为简文帝萧纲支持和参与的"讲论"活动:

> 梁简文在东宫,召袠讲论。又尝置宴集玄儒之士,先命道学互相质难,次令中庶子徐摛驰骋大义,间以剧谈。摛辞辩纵横,难以答抗,诸人慑气,皆失次序。袠时骋义,摛与往复,袠精采自若,对答如流,简文深加叹赏。①

> 简文在东宫,出士林馆发《孝经》题,讥论议往复,甚见嗟赏,自是每有讲集,必遣使召讥。②

> 简文之在东宫,引(王元规)为宾客,每令讲论,甚见优礼。③

> 是年(太清二年),太宗频与玄圃自讲《老》《庄》二书,学士吴孜时寄詹事府,每日入听。④

> 简文雅尚学业,每自升座说经,正见尝预讲筵,请决疑义,吐纳和顺,进退详雅,四座咸属目焉。⑤

> 简文即位之后,景周卫转严,外人莫得见,唯谘及王克、殷不害并以文弱得出入卧内,晨昏左右,天子与之讲论六艺,不辍于时。⑥

简文帝玄学修养很高,《梁书》言其"博综儒术,善言玄理",他偏好《老子》《庄子》,讲论的内容不仅止于《老子》《庄子》,也包含了儒家经典。本章第一节中已引萧纲《劝医论》中对典籍学习方式的认识,所谓"研精

---

① (唐)姚思廉.陈书[M].北京:中华书局,1972:440.
② (唐)李延寿.南史[M].北京:中华书局,1975:444.
③ (唐)姚思廉.陈书[M].北京:中华书局,1972:449.
④ (唐)姚思廉.梁书[M].北京:中华书局,1973:533.
⑤ (唐)姚思廉.陈书[M].北京:中华书局,1972:469.
⑥ (唐)李延寿.南史[M].北京:中华书局,1975:1298.

玄理,考核儒宗,尽日清谈,终夜讲习""专一经后,犹须剧谈",反映出他本人将"清谈讲论"视作典籍学习的必然方式。

萧纲的儿子哀太子萧大器,颇有乃父之风,同善《老子》《庄子》并醉心讲论,《陈书》《梁书》载:

> 及侯景寇逆,于围城之中,犹哀太子于武德后殿讲《老》《庄》。①

> 大宝二年八月,贼景废太宗,将害太子,时贼党称景命召太子,太子方讲《老子》将欲下床,而刑人掩至。太子颜色不变,徐曰:"久知此事,嗟其晚耳。"②

哀太子临危而能安讲《老子》,足见当时"讲论"之风已是皇族子弟日常生活中的一个部分。孝元帝萧绎,善发议论,喜好《老子》《易经》,注有《周易讲疏》十卷、《老子讲疏》四卷。与其父兄相同,他积极组织、参与各种"讲论"活动,并延揽才学之士,"躬事师焉"。《北齐书·颜之推传》记载:"(颜之推)年十二,值绎自讲《老》《庄》便预门徒。"③《南史·梁元帝本纪》记载:"(承圣三年)秋九月辛卯,帝于龙光殿述老子义。……冬十月丙寅,魏军至襄阳,梁王萧察率众会之。丁卯,停讲,内外戒严,舆驾出行城栅,大风拔木。丙子,续讲,百僚戎服以听。"④

前文已言及,"讲论"作为梁代宫廷中普遍的学习方式,不仅用于研习"三玄",同时也用于研习儒家典籍。梁武帝在儒学方面的著作有《制旨孝经义》《乐社义》《毛诗答问》《春秋答问》《尚书大义》《中庸讲疏》《孔子正言》《梁书》,赞其"正先儒之迷,开古圣之旨",虽有溢美之嫌,但从这份书单来看,《梁书》,称其"少而笃学,洞达儒玄",⑤当非虚誉,魏徵称其"鼓扇玄风,阐扬儒业"⑥亦是实情。梁简文帝萧纲、孝元帝萧绎同样兼治玄儒,萧纲著有《礼大义》二十卷,⑦萧绎著有《周易讲疏》十卷。⑧其中,梁武帝的经学义疏,是梁代宫廷讲论的主要内容,《梁书·朱异传》载:

---

① (唐)姚思廉.陈书[M].北京:中华书局,1972:444.
② (唐)姚思廉.梁书[M].北京:中华书局,1973:172.
③ (唐)李百药.北齐书[M].北京:中华书局,1972:617.
④ (唐)李延寿.南史[M].北京:中华书局,1975:241-242.
⑤ (唐)姚思廉.梁书[M].北京:中华书局,1973:96.
⑥ (唐)姚思廉.梁书[M].北京:中华书局,1973:151.
⑦ (唐)姚思廉.梁书[M].北京:中华书局,1973:109.
⑧ (唐)姚思廉.梁书[M].北京:中华书局,1973:135-136.

第一章　梁代的玄学接受与利用

　　（大同）六年，异启于仪贤堂奉述高祖《老子义》敕许之。及就讲，朝士及道俗听者千余人，为一时之盛。时城西又开士林馆以延学士，异与左丞贺琛，递日述高祖《礼记中庸义》，皇太子又召异于玄圃讲《易》。①

　　朱异在仪贤堂宣讲梁武帝《老子义》，听讲者达千人之多，广及朝士道俗。同时，他又与贺琛于士林馆轮流讲授梁武帝撰著的《礼记义疏》与《中庸义疏》。从这段史料中可以看到，梁武帝的经学义疏具有官方教材的性质。此外，《陈书·周弘正传》载：

　　时于城西立士林馆，弘正居以讲授，听者倾朝野焉。弘正启梁武帝《周易》疑义五十条，又请释《乾》《坤》《二系》曰："……自制旨降谈，栽成《易》道，析至微于秋毫，涣曾冰于幽谷。臣亲承音旨，职司宣授，后进迷迷，不无传业。……"②

　　周弘正时为国子博士，《陈书》本传称其"年十岁，通《老子》《周易》"，"十五，召补国子生，于国学讲《周易》诸生传习其义"。国子博士到洽言其："年未弱冠，便自讲一经，虽曰诸生，实堪师表，无俟策试。"因之，起家梁太学博士。周弘正的《易》学造诣在当时可谓高超，梁元帝《金楼子》曰："士大夫重汝南周弘正，其于义理，清转无穷，亦一时名士。"史家论其曰"雅量标举，尤善玄言，一代之国师"。③周弘正以一代玄宗，为国子、士林亲授《易经》所用的内容，正是梁武帝造作的《周易讲疏》。

二、从"清谈"到"讲论"

　　梁代宫廷内的"讲论"风气十分兴盛，"讲论"作为一种被普遍认同的学习方式和学术交流方式，不仅用于玄学，同时也包含了儒学和佛学。赵翼《廿二史札记》"六朝清谈之习"条云：

　　至梁武帝，儒术由之稍振，然谈义之习已成，所谓经学者，亦皆以为谈辩之资……是当时虽从事于经义，亦皆口耳之学，开堂升座，以才辩相争胜，与晋人清谈无异，特所谈者不同耳。况梁

---

① （唐）姚思廉．梁书[M]．北京：中华书局，1973：538．
② （唐）姚思廉．陈书[M]．北京：中华书局，1972：307．
③ （唐）姚思廉．陈书[M]．北京：中华书局，1972：315．

时所谈,亦不转讲五经。……则梁时五经之外,仍不废老庄,且又增佛义,晋人虚伪之习,风依然未改,且又甚焉。①

赵翼的评价指出,梁代宫廷中经学、佛学"讲论",与魏晋"清谈"有着密切的关系。实际上,"讲论"能够在梁代盛行,首先与玄学"清谈"之风紧密相关;其次与儒学的兴盛和宫廷中的经筵讲习相关;再次与佛教成为梁代的国教,梁武帝亲自讲解佛经相关。玄学特有的"清谈"方式与儒学经筵讲习、佛教宣说佛经、讲解经义相杂糅,便形成了梁代宫廷独有的"讲论"之风。

"清谈"是玄学特有的方式,"清谈"之"清"与"浊"相对,指的是忽略具体的人事,而指向天道、心性等抽象的形上观念进行的谈论,诸如"有无之辨""言意之辩""才性四本""声无哀乐"以及"指"与"至"等论辩命题,皆为魏晋"清谈"之旧题。这些题目多出自《老子》《庄子》,故以言《老子》《庄子》为"清言"。"清谈"有一定的形式,往往设置主客,主者发表见解,抛出"谈端",客者提出质疑或发表不同见解,旁人亦可即题发挥,作为"谈助",如此则双方或者多方往复谈辩、相互论难。在这一过程中要"见人之所未见,言人之所未言,探求义理之精微而达于妙处",如果拾人牙慧或见解不够精妙则落入下风。魏晋以来,"清谈"之风一直兴盛不衰。但在东晋时,"清谈"活动在理论上的阐发已经少有建树,田余庆先生描述永和名士时这样写道:

> 他们不知疲倦地谈有无,谈言意,谈才性,谈出处,虽然鸿篇巨著不多,但一语惊人,便成名誉。考其思想内容,核心之处仍是名教与自然的关系,而这还是洛阳"三语掾"的心声。永和名士多服膺郭象《庄子·逍遥游》注之说,身在庙堂之上,心无异于山林之中。……永和名士的清言谈吐,颇有遗文,但学理上无多建树,不但不能比踪正始、林下,与元康相比亦有逊色。②

玄学清谈之根本,在于阐发义理,东晋玄学思想理论的创见已经不多,谈习的内容多重复旧题。但是,玄谈作为学术修养、思维训练及个体对自然、对人生中抽象事理领悟的手段,以及一种高雅的文化习惯,成为了士人品格的一种表现,被视作士人必须具备的文化修养,而一直受到重

---
① 王树民.廿二史札记校证[M].北京:中华书局,1984:169.
② 田余庆.东晋门阀政治[M].北京:北京大学出版社,2009:155.

第一章 梁代的玄学接受与利用

视。与此同时,"清谈"的起点也越来越高,庞大的玄学资源成为玄学研习者必须掌握的内容,虚浮不实的谈论风气在刘宋时期开始发生变化。

王僧虔在他的《诫子书》中描述了他对"清谈"活动的看法:

> 曼倩有云:"谈何容易。"见诸玄,志为之逸,肠为之抽,专一书,转诵数十家注,自少至老,手不释卷,尚未敢轻言。汝开《老子》卷头五尺许,未知辅嗣何所道,平叔何所说,马、郑何所异,《指》《例》何所明,而便盛於麈尾,自呼谈士,此最险事。设令袁令命汝言《易》,谢中书挑汝言《庄》,张吴兴叩汝言《老》,端可复言未尝看邪? 谈故如射,前人得破,后人应解,不解即输赌矣。且论注百氏,荆州《八帙》又《才性四本》《声无哀乐》皆言家口实,如客至之有设也。汝皆未经拂耳瞥目。岂有庖厨不修,而欲延大宾者哉? 就如张衡思侔造化,郭象言类悬河,不自劳苦,何由至此? 汝曾未窥其题目,未辨其指归;六十四卦,未知何名;《庄子》众篇,何者内外;《八帙》所载,凡有几家;《四本》之称,以何为长。而终日欺人,人亦不受汝欺也。①

王僧虔此文大约作于宋明帝泰始二年(466),② 从此文中我们可以知晓,要做一名合格的"谈士",基本素养是要对《周易》《老子》《庄子》的众家注本及其旨意有清晰明确的认识。文中所谓"辅嗣何所道,平叔何所说,马、郑何所异,《指》《例》何所明",即是针对《老子》与《周易》的注本及说解而言的。王弼曾注《老子》并撰有《老子指略》;何晏也曾注解过《老子》,见王弼注成,便依据自己的旧注撰成了《道德论》一文。何晏对《易》亦有研究,称其于《易》之疑处有九,其所疑之处,后世治《易》者对此亦有提及。王弼的《周易注》和《周易略例》在刘宋时列入了官学,与郑玄的注本并行于世。永明元年(483),陆澄在国学中用郑玄《易》还是王弼《易》的问题上,与王俭发生了争论。他在文中指出,东晋玄学虽然兴盛,但官学中仍用郑玄而舍王弼;太元年间开始用王肃《易》;元嘉兴学时,郑玄注与王弼注同时被列入了官学,直到颜延之担任国子祭酒,弃郑玄《易》注而用王弼《易》注。③ 由此可见,当时的"谈士"不单需要知晓王弼、何晏之说,还需要对马融、郑玄、王肃等人的《易》学主张有足够的了解,即文中所谓"马、郑何所异"。正始玄学的产生与汉末荆州之

---

① (南朝)萧子显.南齐书[M].北京:中华书局,1972:598-599.
② 刘汝霖.东晋南北朝学术编年[M].上海:华东师范大学出版社,2010:221.
③ (南朝)萧子显.南齐书[M].北京:中华书局,1972:684.

学有着密切的关联,文中所谓"论注百氏""荆州八帙"正是对玄学渊源的梳理和了解;《才性四本》《声无哀乐》则是玄谈中的基本论题,在正始时期已为谈士们广泛论辩;东晋、刘宋、南齐时期,仍为常谈不辍的论题,文中称之为"言家口实",正因为这些仍是当时谈玄之士必须研习的内容。

通过王僧虔《诫子书》可以知晓,熟悉《易经》《老子》《庄子》的众家注本及其各家的理论渊源、思想宗旨,并精通正始以来玄学的诸多论题,诸如才性论、圣人观等,是"清谈"活动中最基本的学术要求。田汉云先生将"清谈"活动的这种倾向称为玄学的"经院化"倾向。① 这种以经学研究方式来对待"清谈"的方式之所以会出现,首要的原因是刘宋时期玄学的理论发展停滞,无法提供更多可供思考、谈辩的论题,谈玄内容只能在旧题上不断挖掘演练,因之开始重视玄学知识的积累。梁代时,"清谈"之风复盛,同时也出现了新的特征。

首先,"清谈"的形式与儒学的经筵讲习整合,形成了"讲论"风尚。经筵讲习是皇帝及国子学习儒家典籍的一种方式,与"清谈"有很大的不同。东晋时桓温听儒生讲习《礼记》,慨叹曰"时有入心处,便觉咫尺玄门",玄学名士刘惔因之讥笑他,称此不过"金华殿之语",② 这里所说的"金华殿语"指代的正是宫廷中的儒经讲习。于此可知,东晋时玄学"清谈"与儒学讲习之间的区别,还是十分明显的。二者之间发生融合,在南齐时事始有端倪,《南齐书·文惠太子传》载:

> 俭又咨太子曰:"《孝经》'仲尼居,曾子侍'。夫孝理弘深,大贤方尽其致,何故不授颜子,而寄曾生?"……临川王萧映咨曰:"孝为德本,常是所疑。德施万善,孝由天性,自然之理,岂因积习?"太子曰:"不因积习而至,所以可为德本。"映曰:"率由斯至,不俟明德,大孝荣亲,众德光备,以此而言,岂得为本?"太子曰:"孝有深浅,德有小大,因其分而为本,何所稍疑?"③

这段史料记载了文惠太子临国学,与王俭讨论《孝经》之事。南齐的官方教学中,虽然开设了玄、儒、文、史四科,但《孝经》无论如何是不能归入玄学的,所以从内容上来看,这并非一次玄学"清谈",而是一次儒学讲议。王俭以《孝经》中"仲尼居,曾子侍"为题,向文惠太子问如何弘扬"孝道",预席听讲的临川王萧映表达了他对"孝为德本"的疑惑。他认为孝

---

① 田汉云.六朝经学与玄学[M].南京:南京出版社,2003:349.
② 余嘉锡.世说新语笺疏[M].中华书局,2011:110.
③ (南朝)萧子显.南齐书[M].北京:中华书局,1972:400.

第一章　梁代的玄学接受与利用

源自天性,这是自然之理,并非积习而至,并对"孝"是否为"德"之"本"的问题展开了讨论。我们可以看到,在二人讨论时,其立论的角度和思维的方式都已经玄学化,皆用本末体用、积习反本的认识方式来分析儒家观念。这种情形在《南齐书》中记录并不多,但是我们有理由相信这并非偶发,而是具有普遍性的。在王僧虔的《诫子书》中,我们可以明确地得知"清谈"作为基本的文化素养,已经被士人普遍地接受并研习,南齐时与经学的修习方式相结合,把尚清通简要的"清谈",推向了兼重知识积累的"经院化"形态,同时也将儒家经典的研习,推向了阐发义理的路径上。

至梁代时,宫廷与国子学中的儒学讲习已经完全玄学化,几与"清谈"无二,《陈书·袁宪传》载:

> 大同八年,武帝《孔子正言章句》诏下国学,宣制旨义。……会弘正将登讲坐,弟子毕集,乃延宪入室,授以麈尾,令宪树义。时谢岐、何妥在坐,弘正谓曰:"二贤虽穷奥赜,得无惮此后生耶!"何、谢于是递起义端,深极理致,宪与往复数番,酬对闲敏。弘正谓妥曰:"恣卿所问,勿以童稚相期。"时学众满堂,观者重沓,而宪神色自若,辩论有余。弘正请起数难,终不能屈,因告文豪曰:"卿还咨袁吴郡,此郎已堪见代为博士矣。"①

从上引史料可以看出,当时国子学中的儒学讲习不仅在内容上要"穷究奥赜""深极理致"阐发经典玄义,就连讲习的形式也已经与清谈无异,发表见解时要"授麈尾""树义端",提问者则要"起义端",要分设宾主,往复论难,经过数位经学家诘难,国子生仍能谈辩自若,对答如流,则可称"博士"。于此可知,当时国子学中"讲论"与"清谈"已经完全融合。

其次,学习方式的相互影响,也引发了学习内容的兼容,儒学成为"清谈"中新的"谈助"。兴儒学是南朝皇族一以贯之的文化策略,也是梁代政治文化的首要选择,皇族积极参与经学讲习,对于儒学讲习的热潮无疑是十分有利的。经过刘宋、南齐两朝的兴儒策略,儒学研究缓慢地回温,到梁朝时无论是皇族还是新得势的豪族,实际上都已经具备了一定水平的儒学修养。加之官方的积极倡导,诸如奖励儒生开馆授徒、皇帝及皇族成员的积极参与、将儒学修养作为官员录用的考察条件、提拔经学家,使得经学研究在梁代有了复兴之势。②研习儒学的方式则是玄学化的,前文

---
① (唐)姚思廉.陈书[M].北京:中华书局,1972:312.
② 田汉云.六朝经学与玄学[M].南京:南京出版社,2003:183-188.

已引萧纲《劝医论》所言："研精玄理,考核儒宗,尽日清谈,终夜讲习""专经之后,犹须剧谈",可见当时是以同样的学习方式来对待玄学和儒学的。同时,值得注意的是研习儒学的目的也发生了变化,除去宫廷生活中实用性非常强的礼乐制度问题外,研习其他经典的主要意义已经从指导治国的实用性层面转向了对经典义理的阐发。同时,在经学义理阐发上,也表现出了明显的玄学化倾向。

最能使这种渐变清晰地呈现的方式,莫过于比较当时南北经学之间普遍存在的差异,《魏书·李业兴传》中恰好记载了李业兴在梁大同三年(537)出使梁朝,与朱异、梁武帝进行学术交流的情形。李业兴是魏朝的儒学宗师,他的治学方式沿袭了汉儒传统,本传称其"博涉百家,图纬、风角、天文、占候无不详练,尤长算历"。[①]他与朱异就"郊礼""凶礼"及明堂规制等方面进行了讨论,北朝礼学以郑玄为宗,南朝礼学则兼用王肃、裴頠、王俭之论。以下略述王肃、裴頠、王俭的礼学倾向,以明南、北朝礼学差异之所在。《南齐书》中记载,陆澄与王俭讨论《易》注时指出王肃之学在郑玄与王弼之间。田汉云先生认为,王肃是站在儒家的立场上吸纳道家学说,与以道统儒的玄学思想划开了界限。[②]由此可见,王肃虽未受到玄学影响,但他已经不再固守汉儒传统,兼容了道家之学;裴頠的思想则明显玄学化,他反对"时俗浮荡,不尊儒术",但他用以批判玄学名士的《崇有论》却仍是以玄学本末体用之思维方式阐发"贵无"论的虚妄,实际上并未脱玄学影响;王俭的儒学思想已经玄学化,他与陆澄在礼学上形成论争,正是因为陆澄的礼学思想尊从东汉传统,具有明显贬抑玄学和魏晋经学的特点,王俭的经学研究则以义理发挥为主要特征,是玄学家的礼学。故南朝在礼学上用王肃、王俭、裴頠等人的注解,从思想倾向上来看,已经与尊从郑玄的北朝经学形成了明显的学术差异。

尤其能反映出南朝儒学研究玄学化倾向的是梁武帝与李业兴的以下对话:

> 萧衍亲问业兴曰:"闻卿善于经义,儒、玄之中何所通达?"业兴曰:"少为书生,止读五典,至于深义,不辨通释。"……衍又问:"《易》曰太极,是有无?"业兴对:"所传太极是有,素不玄学,何敢辄酬。"[③]

[①] (北齐)魏收.魏书[M].北京:中华书局,1974:1863.
[②] 田汉云.六朝经学与玄学[M].南京:南京出版社,2003:84-85.
[③] 田汉云.六朝经学与玄学[M].南京:南京出版社,2003:1863-1865.

第一章　梁代的玄学接受与利用

　　这段对话的原文较长,是梁武帝与李业兴就《诗》《书》《礼》《易》等典籍之间的问答交流。首尾两处的问答很能反映出梁武帝经学研究的倾向性,他听闻李业兴精通经义,故进一步询问对方,哪些内容能够做到在儒学与玄学中"通达"。李业兴答其曰"止读五经",不可辨通"深义",正言其学,与武帝不同。《梁书》中称梁武帝"洞达玄儒","洞达"亦即"通达",唐长孺先生解释"通达",意谓"如何会通儒玄,简洁地说,就是问李业兴能否从玄学角度来解释经义。……至于太极有无,乃纯粹的玄学命题,笃守汉学的李业兴当然不能酬答"。① 在二人的问答中,梁武帝仅就《易经》提出了"有无"问题,其余诸经并没有过多涉及抽象的玄学命题,可能也是为了顾及李业兴学术研究倾向的不同,至于问《易》中"太极"为"有"为"无"意,则可能因为王弼《易注》入官学已久,已然成为了理解《易经》的思维定式。此外,陆澄称颜延之为国子祭酒时,官学中"黜郑置王,意在贵玄,事成败儒",或可从侧面来证明南朝对《周易》的认知方式已经完全玄学化。

　　再次,"清谈"还与佛教宣说佛经、讲解经义的方式相结合,实际上是把"清谈"方式引入了佛教仪式。佛学早在东晋时期就已经成为了玄学清谈的资料,士人在"清谈"中援引佛学思想已经十分常见。同时,僧人解释佛经含义也会运用玄学的思维,汤用彤先生评价僧肇《肇论》曰:

　　　　盖用纯粹中国文体,则命意遣词,自然多袭取《老》《庄》玄学之书。因此《肇论》仍属玄学之系统。概括言之,《肇论》之重要理论,如齐是非,一动静,或多由读《庄子》而有所了悟。惟僧肇特点在能取庄生之说,独有会心,而纯粹运用于本体论。其对流行之玄谈认识极精,对体用之问题领会尤切……②

　　同时,本土士人理解佛经多借助于玄学思想,对佛经的理解实与玄义无二。梁武帝在天监四年颁布的《舍道事佛疏文》云:"伏见经文玄义,理必须诠……入无为之胜路,标空察理,渊玄微妙,就义立谈,因用致显。"③《金刚般若忏文》中言:"以有取之,既为殊失,就无求也,弥见深乖。义异去求,道非内外,遣之又遣之,不能得其真,空之以空之,未足明其妙。真俗同弃,本迹俱冥,得之于心,然后为法。是以无言童子,妙得不言之妙,

---

① 唐长孺.魏晋南北朝隋唐史三论[M].武汉：武汉大学出版社,1993：223.
② 汤用彤.汉魏两晋南北朝佛教史(增订本)[M].北京：北京大学出版社,2011：187.
③ (清)严可均.全梁文[M].北京：商务印书馆,1999：70.

不说菩萨,深见无说之深。"①《宝亮法师涅槃义疏序》开篇云:"非言无以寄言,言即无言之累,累言则可以息言,言息则诸见竞起。"②这些文章中对于经义的理解和阐发,皆从本末、有无、言意而发,于此可知,梁武帝频繁开讲佛经,其论说内容确有"清谈"之实。对佛经义理的辨析也完全采取了"清谈"的形式,如武帝在《敕答臣下神灭论》中言曰:"位现致论,要当有体,欲谈无佛,应设宾主,标其宗旨,辩其短长。"③实际上,也就是对清谈论难的形式进行争辩。关于当时梁武帝讲论佛经的性质,汤用彤先生《魏晋南北朝佛教史》中已多有论述,兹引论如下:

> 魏晋玄学以《老》《庄》为大宗。圣人本无,故《般若》谈空,与二篇虚无之旨,并行不悖,均视为得本探源之学。……本末之分,内学外学所共许。而本之无二,又诸教之所共认。此无二之本,又其时人士之所共同模拟追求,模拟未必是,追求未必得。但五朝之学,无论玄佛,共以此为骨干。一切问题,均系于此。因此玄学佛教固为同气。其精神上可谓契合无间。其时之佛玄合一,而士大夫所以与义学僧人交游,亦为玄理上之结合。④

> 梁武帝虽为宗教实行家,但究本文人……实然清谈之风,又自讲《老子》《庄子》《周易》,故其佛学之性质仍不脱玄学。⑤

这种情形与东晋以来并无太多相异之处,唯梁武帝以皇帝之尊,践行佛教仪式,常常举行法会宣说佛经、讲解经义,使得"清谈"的形式又在某种程度上杂糅于佛教仪式,扩大了其影响范围。佛教的法会是聚集净食、庄严法物以供养诸佛菩萨、设斋、施食、宣说佛经和解讲佛法、赞叹佛德,而举行的僧众集会。大德高僧在法会上宣说佛经、解讲经义,虽亦有对经义的辩难,但与"清谈"本无直接关系。而梁武帝首开先河,以"清谈"与法会讲解相结合,则法会、讲论兼具"清谈"的形式。《梁书·武帝本纪》:"闲览余闲,即于重云殿及同泰寺讲说。名僧硕学,四部听众,常万余人。"《梁书》及《南史》中记录,梁武帝从天监十六年(517)始共举办过二十一次法会,其中有八次开讲,其记录如下:

---

① (清)严可均.全梁文[M].北京:商务印书馆,1999:71.
② (清)严可均.全梁文[M].北京:商务印书馆,1999:66.
③ (清)严可均.全梁文[M].北京:商务印书馆,1999:47.
④ 汤用彤.汉魏两晋南北朝佛教史(增订本)[M].北京:北京大学出版社,2011:261.
⑤ 汤用彤.汉魏两晋南北朝佛教史(增订本)[M].北京:北京大学出版社,2011:265.

第一章 梁代的玄学接受与利用

（中大通元年）秋九月……甲午，升讲堂法坐，为四部大众开《涅槃经》题。①

（中大通三年）冬十月己酉，上幸同泰寺，升法坐，为四部众说《涅槃经》迄于乙卯。②

（中大通三年）十一月乙未，上幸同泰寺，升法坐，为四部众说《般若经》迄于十二月辛丑。③

（中大通五年）二月癸未，上幸同泰寺，设四部大会，升法坐，发《金字般若经》题，迄于己丑。④

（大同七年）三月十二日讲《金字般若波罗蜜三慧经》于华林园之重云殿。⑤

（中大同元年）三月庚戌，法驾出同泰寺大会，停寺省，讲《金字三慧经》。⑥

（中大同元年）夏四月丙戌，皇太子以下奉赎，仍于同泰寺解讲，设法会，大赦。⑦

（太清元年）三月乙巳，帝升光严殿讲堂，坐师子座，讲《金字三慧经》。⑧

除梁武帝之外，昭明太子亦有数次讲论佛经的记录，《全梁文》收录了萧纲为皇太子萧统在玄圃园开讲而进献颂的启奏一条，称其"体高玄赜，养道春禁，牢笼文囿，渔猎义河"，"云聚生什之才，并命应王之匹，探机

---

① （唐）李延寿.南史[M].北京：中华书局，1975：206.
② （唐）李延寿.南史[M].北京：中华书局，1975：208.
③ （唐）李延寿.南史[M].北京：中华书局，1975：208.
④ （唐）李延寿.南史[M].北京：中华书局，1975：210.
⑤ （清）严可均.全梁文[M].北京：商务印书馆，1999：570.
⑥ （唐）姚思廉.梁书[M].北京：中华书局，1973：90.
⑦ （唐）李延寿.南史[M].北京：中华书局，1975：218.
⑧ （唐）李延寿.南史[M].北京：中华书局，1975：218.

析理,怡然不倦"。"从容雅论,实会神衷。"① 萧绎撰有《皇太子讲学碑》,②《全梁文》中收录的《令旨解二谛义》《令解法身义》皆为萧统在玄圃园讲论之作。另,萧统有两封书信《答云法师请开讲书》《又答云法师书》皆为婉拒对方请求开讲的回信,其文曰:"自非深达玄宗,精解妙义,若斯之处,岂易轻办。……弟子之于内义,诚自好之乐之,然钩深致远,多所未悉。"据此我们可以得知,佛学典籍不仅是皇族成员日常学习和"讲论"的内容,同时也属于玄宗妙义之范畴。《全梁文》收录昭明太子所作《令旨解二谛议》,以其中招提寺慧琰与太子之论说为例,略作说明:

招提寺慧琰谘曰:凡夫见俗,以生法为体;圣人见真,以不生为体。未审生与不生,但见其异?复依何义,而得辨一?令旨答曰:凡夫于无称有,圣人即有辨无。有无相即,此谈一体。又谘:未审此得谈一,一何所名?令旨答曰,正以有不异无,无不异有,故名为一,更无异名。又谘:若无不异有,有不异无,但见其一,云何为二?令旨答:凡夫见有,圣人见无,两见既分,所以成二。又谘:圣人见无,无可称谛;凡夫见有,何得称谛?令旨答:圣人见无,在圣为谛;凡夫审谓为有,故于凡为谛。③

萧统讲解"真谛"与"俗谛"的关系,所用仍然是"有无体用","无"即为"体"、为"真";"有"即为"用"、为"俗","圣人见无"与"圣人体无"实为同义,而"有"与"无"相即而存,亦即体用一如,圣、凡所见不同,故立二名。从形式上来看,这种问答与"清谈"中论难已经存在着一些相似处。邵陵王萧纶亦自讲佛经,《陈书·马枢传》中言:"纶自讲《大品经》,令枢讲《维摩》《老子》《周易》同日发题,道俗听者二千人。"④ 邵陵王"讲论"佛经的方式,较之于武帝的"升法坐"开讲,更近于一般的玄学"清谈",并与《老》《易》同讲,其玄谈的意味也更加浓厚。总体而言,"清谈"的内容和方式都产生了新的变化,表现出了新的特点,并成为众家普遍共享的一种学术交流方式。

---

① (清)严可均.全梁文[M].北京:商务印书馆,1999:102,107-108.
② (唐)李延寿.南史[M].北京:中华书局,1975:199.
③ (唐)李延寿.南史[M].北京:中华书局,1975:227.
④ (唐)姚思廉.陈书[M].北京:中华书局,1972:264.

三、"义疏学"的兴盛

梁代的"讲论"虽重口谈,但对玄学著述、儒学著述以及佛教著述的形态,都有着深刻的影响。汤用彤先生对此现象评价曰:

> 刘宋以后,儒学渐昌,且受朝廷之奖励。士大夫玄谈所资亦不仅濑乡,兼及洙泗。然时人研读之材料虽不同,然其谈儒术仍沿玄学之观点,与王弼注《周易》、何晏解《论语》固为一系。梁世皇侃作《论语集解义疏》。其行文编制,颇似当世佛经注疏。……总之,此仍为本末有无之辨,而以虚无为本,则仍是玄学。①

"义疏"是梁代出现的一种新型学术著述形态,对经典所蕴含的"玄义"进行讲解和疏证,目的是使经典中幽隐的"玄义"得以展现出来。这种"玄义"实际上是用玄学的思维方式,从本末、体用、有无、动静、言意等角度,对经典进行分析之后阐发的新见解和新观点。"义疏"这种著述形式脱胎于玄学"清谈讲论",以下参之于皇侃《论语义疏》略做分析。有学者认为,"义疏学"形态是融经学传统中"训解"与玄学思维中"义解"为一体的诠释方式,前者是两汉经学的传统方式,即通过训诂、串讲、考释名物、辨析典章等方式解释经典的含义;后者则是以玄学的"得意忘言""寄言出意"的思维方式,从玄学理论中的"本末、体用"角度进行诠释,阐发新义。②从学术研究方法的角度看,"义学"对经学诠释的全面渗透,与正始玄学通过"援道入儒"的方式来阐释儒家典籍是一脉相承的。从文本形制上来看,它也结合了佛经注疏的形态,呈现出对经文注解的细密烦琐化。

"义疏"学的兴盛与"讲论"相同,都是由皇族自上而下推动的。详考各类相关文献我们可以看到,仅梁武帝一人的"义疏"著述就兼及三类文献,其中子部道家类义疏有《老子讲疏》、经部义疏有《乐社大义》十卷、《周易大义》二十一卷、《周易讲疏》三十五卷、《周易系辞义疏》一卷、《孝经义疏》十八卷、《尚书大义》二十卷、《中庸讲疏》等。佛经类义疏有《制旨大涅槃经讲疏》一百零一卷,《全梁文》中收录了萧统撰写的《谢敕赍制

---

① 汤用彤.汉魏两晋南北朝佛教史(增订本)[M].北京:北京大学出版社,2011:261.
② 闫春新.魏晋南北朝"论语学"研究[M].北京:中国社会科学出版社,2012:316-340.

旨大涅槃经讲疏启》,①文中记录了这部佛学讲疏的大致情况;《注解大品经》《全梁文》中收录了梁武帝本人撰写的《注解大品经序》;②《制旨大集经讲疏》十六卷,见萧统《谢敕赉制旨大集经讲疏启》;③《金字般若经题论义并问答》见于《广弘明集》卷十九所录萧子显《金字般若经题论义并问答》;④《制旨金光明经讲疏》见于《南史·梁本纪》:"敕付像并制旨涅槃、般若、金光明经讲疏。"⑤另有《制旨三慧经讲疏》《制旨胜鬘经义疏》《制旨净名义记》,这些佛经讲疏多与梁武帝"升法坐"为四部众进行的"讲论"有关。此外,梁武帝还敕令僧人编撰佛经义疏,如敕令光宅寺成实师法云撰写《成实义疏》四十二卷;敕命灵味寺青州沙门释宝亮,撰写《涅槃义疏》,梁武亲为之撰写序文《宝亮法师涅槃义疏序》。⑥

从《隋书·经籍志》《补梁书艺文志》的记载来看,萧梁时代经部、子部道家类、佛典类涌现出了大量的义疏之作。经部中所录的六经及《论语》《孝经》诸种典籍中,其余诸类如《周易》《尚书》《诗经》《周官礼》《礼记》《春秋》《孝经》《论语》皆有为数不少的注本,以"义""大义""义疏""讲疏"命名。《隋志》中收录的撰成于梁代的《孝经》《论语》著作,也几乎皆以"讲疏""义疏"定名,梁有皇太子讲《孝经义》三卷,天监八年皇太子讲《孝经义》一卷,梁简文《孝经义疏》五卷,萧子显《孝经义疏》一卷等;范昺《论语别义》十卷,褚仲都《论语义疏》十卷。皇侃《论语义疏》十卷,徐孝克《论语义疏》八卷、《论语讲疏文句义》五卷,张冲《论语义疏》二卷。此外尚有皇侃《礼记讲疏》九十九卷、《礼记义疏》四十八卷,沈重《礼记义疏》四十卷,贺玚《礼记新义疏》二十卷;梁武帝《中庸讲疏》一卷;国子助教巢猗《尚书义》三卷,梁国子助教费魁《尚书义疏》十卷,其余《毛诗》《春秋》亦有诸多"义疏"之作。"义疏学"作为一种普遍著述形态,与梁代的"讲论"之风是密切相关的。

梁武帝笔耕不辍,讲论经义,注疏经书,与他复兴儒学维护皇权的政治目的是相一致的,其主观意愿是要廓清"魏晋浮荡"之风,以儒家伦理价值观来维系社会政治的秩序。然而,通过迅速玄学化、文雅化,成为文化精英阶层的萧梁皇族,在心理上已经完全认同了清谈玄义的文化研习方式,以玄学化的模式来研习儒家典籍,讲论圣人之说,并以帝王之尊引

---

① (清)严可均.全梁文[M].北京:商务印书馆,1999:211.
② (清)严可均.全梁文[M].北京:商务印书馆,1999:64.
③ (清)严可均.全梁文[M].北京:商务印书馆,1999:211.
④ (南朝梁)僧祐.广弘明集:卷十九[M].//大正藏:第52册[M].239.
⑤ (唐)李延寿.南史[M].北京:中华书局,1975:215.
⑥ (清)严可均.全梁文[M].北京:商务印书馆,1999:67.

第一章　梁代的玄学接受与利用

领学术、文化风尚,遂促使了"义疏学"形态在梁代的盛行。可以说经学的玄学化倾向,是梁代皇族提振儒学的外在政治要求,和倾慕玄学的内在文化需求合力之下产生的学术影响。"义疏学"广泛地存在于儒、释、道三家的学术著作之中,成为了笼罩整个学术界的主流学术形态,玄学与儒学本就是时人获得文化修养的两大源泉,加之官方大力推崇佛学,这种玄、儒、佛交融的义疏学形态,也就形成了滋养梁代文学文化的土壤。

第二章　梁武帝重文与玄学文化

　　宋、齐两朝,皆重文学。南齐中期,文学家群体作为一股新势力在政坛崛起,梁武帝利用这支力量取得了皇权,故其深知笼络文人群体之必要,以及利用文学重塑皇权神圣性之重要。他重用文人,严格区分文学的应用领域,试图纯化政治实用性文学的话语系统,维护政治文学的严肃性,以满足皇权政治的需求,对非政治领域的文学创作,则持较为宽容的态度,给予了纯文学创作相对自由的空间,其目的是满足玄学化士族的文化生活需求。文学能够在创作实践中实现这种区分,有赖于玄学思想对文人观念的长期影响,和东晋门阀政治形态下,士人对玄学思想的选择利用。与文学区分利用相对应的,是梁武帝对宫廷文学活动的大力支持。梁武帝继承了东晋高门士族文化活动中宴会雅集、登临唱和等文学活动形式,在宫廷中频繁组织宴会雅集,与文臣们赋诗联句,使得雅集成为了梁代宫廷中主要的文化活动形式,并使之在梁代中后期的东宫文士文学活动中得到了继承和发扬。宫廷雅集活动推动了梁代文学的群体性创作,这种由帝王皇族引导、自上而下运用的文学活动形式和文学创作形式,无疑为梁代文学兴盛提供了强大的助力。此外,梁武帝的重文举措,促成了江东本土士族和北来低等士族在文学领域的崛起,使得梁代出现了以文学才华提升政治地位的文学贵族。这些新贵族能够在政治和文化上的迅速崛起,依赖的正是其家族在南朝所经历的文雅化、玄学化过程。这一过程,使得玄学家的主体人群与文学家主体人群在梁代产生了高度重合,为玄学与文学交互影响的深入提供了可能。

第一节　梁武帝对文学力量的利用

　　文学力量包含两个内容:一是文学家群体,二是文学活动本身。文学活动可分为两个方面:其一,承担着王朝行政、文教功能的文学活动,亦即文人所谓之"经国大道",指的是政治实用性文体的创作;其二,满足

第二章　梁武帝重文与玄学文化

士族群体文化生活需求的文学创作活动,这个部分虽被称为"雕虫小艺",它却反映的是士族的主流文化风尚。梁武帝本人通过文学才华跻身于南齐最著名的文学团体之中,并因之得到了政治地位的提升,通过参与南齐宗室的权力斗争,获得了取代南齐的军事实力,并在文人群体的佐助下获得了皇权,他对文人群体的重用既是对文学力量的顺势利用,也是对文学力量崛起的继续推动。梁武帝对文学活动本身的利用,依据文学在政治领域与非政治领域承担的不同功能而有所区分。具体而言,在政治领域,梁武帝致力于纯化政治实用性文体的话语系统,把儒家典籍视为其语言来源,并以典雅肃穆作为其风格要求。梁武帝的这一要求,与其维护皇权神圣性与严肃性的政治需求相对应。在非政治领域则采取了宽纵的态度,使得文学创作能够顺着宋齐以来重视语言美、抒情性的发展趋向继续向前,并与文化领域推进的玄学化进程相结合,使皇族成员和文学家族成为了梁代玄学思潮与文学活动的共同主体。

一、梁朝建立与武帝重用文人

公元 502 年 4 月 25 日,三十八岁的萧衍受禅称帝,建国号为梁,改元天监,南朝政权进入了萧梁时代。在萧梁王朝五十六年短暂的统治历史中,梁武帝的统治时期占据了四十八年,武帝死后,梁朝政权迅速衰落,短短七年之后,被陈朝取代。可以说,萧梁王朝的兴衰,几乎系于武帝一人之手,他对待文人、文化的态度,很大程度上决定了整个萧梁王朝的文化走向。梁武帝能够登上帝位,除凭借他手中的兵权外,亦有赖于文人群体的支持,尤以与他同预竟陵王府邸的文友沈约、范云、任昉、刘绘等人为主。《南齐书》卷七《东昏侯本纪》记载,南齐永元三年十二月丙寅,东昏侯被张稷的心腹张齐诛杀,首级被送给了正在围城的梁王萧衍。《梁书·范云传》记录了其后的情形:"东昏既诛,侍中张稷使云衔命出城,高祖因留之,便参帷幄,仍拜黄门侍郎,与沈约同心翊赞。"[1]《梁书》的记载文辞略有隐晦,《南史》则明确记载刘绘、范云在这场宫廷斗争中的具体行为,其文曰:"及东昏见杀,城内遣绘及国子博士范云等赍其首诣梁武帝于石头。"[2] 范云与刘绘把东昏侯的首级送于萧衍,完成了这次政变中最重要的信息传递,也为他们自己赢得了新的政治资本。东昏侯死后,萧衍成为南齐政权的真正把持者,权势达于巅峰,与皇帝宝座之间,只隔着

---

[1] （唐）姚思廉.梁书[M].北京：中华书局,1973：230.
[2] （唐）李延寿.南史[M].北京：中华书局,1975：1010.

一条可以堵住悠悠众口的理由。《梁书·沈约传》详细地记载了萧衍称帝之前,沈约、范云与其密谋,为其草拟诏书之事。这一时期,萧衍曾纳东昏侯的妃子余氏为妾,范云以汉高祖刘邦事谏之,暗示萧衍应当修德并尽早登基。萧衍在获得了沈、范二人的全力支持之后,曾感慨曰:"我起兵于今三年矣,功臣诸将,实有其劳,成帝业者,乃卿二人!"① 当时为萧衍所用的著名文学家还有任昉,史称其"雅善属文,尤长载笔,才思无穷,当世王公表奏,莫不请焉。昉起草即成,不加点窜。沈约一代词宗,深所推挹"。早在竟陵王府邸之时,武帝便"从容谓昉曰:'我登三府,当以卿为记室。'昉亦戏高祖曰:'我若登三事,当以卿为骑兵'"。《梁书》本传言"梁台建,禅让文诰,多昉所具"。② 可以说,在萧梁政权建立的过程中,出身中下层的文学家群体起到了非常重要的作用。

在萧梁取代南齐的政治变革中,出身不高的文学家群体能够进入政治活动中心并左右政治时局,并不是一件偶尔发生的历史事件,而是以文学家群体政治地位的提升为前提的。帮助梁武帝取得政权的文人,都是"竟陵八友"中的成员,在南齐二十四年的短暂统治中,已经发生过一次由皇族成员主导,由"竟陵八友"成员推动的宫廷政变。《南史》卷六《梁本纪》载:

> 及齐武帝不豫,竟陵王子良以帝及兄懿、王融、刘绘、王思远、顾暠之、范云等为帐内军主。融欲因帝晏驾立子良,帝曰:"夫立非常之事,必待非常之人,融才非负图,视其败也。"范云曰:"忧国家者,惟有王中书。"帝曰:"忧国欲为周、召?欲为竖、刁邪?"懿曰:"直哉史鱼,何其木强也!"③

齐武帝晏驾之际,王融欲拥立萧子良,事败而为郁林王所杀。上引史料中,可以看出此次事件的参与者,并非只有萧子良与王融,而是竟陵王与他府邸的文士们共同谋划,参与者至少包括了萧衍、萧懿、王融、刘绘、王思远、顾暠之、范云七人。其中,除去萧懿手握兵权,萧衍善于骑射具有武将的才能,其余诸人都是文学之士。而萧子良能够与郁林王相抗衡的政治资本,来自士林的声望,为他带来这种政治声望的恰是围绕着他而形成的文学家群体"竟陵八友"。"竟陵八友"是永明文学的主导力量,其中尤其以王融、谢朓文名最盛。王融文辞藻丽,以《三月三曰曲水诗序》驰誉

---

① (唐)姚思廉.梁书[M].北京:中华书局,1973:234.
② (唐)姚思廉.梁书[M].北京:中华书局,1973:253.
③ (唐)李延寿.南史[M].北京:中华书局,1975:169.

第二章　梁武帝重文与玄学文化

南北,称名天下,且谈吐不凡,甚有辩才,因之为齐武帝所用,同时也得到萧子良的重用。[①]"竟陵八友"能够在南齐文化和政治上形成较大的影响力,正因为这个文学家群体主导了永明文学的发展,成为了能够佐助政治动向的社会力量。这里需要做出说明的是,萧子良与"竟陵八友"的联合并非皇族与高门士族的合作,而是与文学家力量的政治结盟。"竟陵八友"之中,除去王融、谢朓二人身出高门士族,其余文人出身皆不高,吴兴沈氏为依靠武力崛起的豪族,兰陵萧氏、南乡范氏、乐安任氏亦皆为寒门士族。王、谢虽为高门,但王融的祖父王僧达被宋孝武帝诛杀,家道已然中落,故王融急于建功重振家门而习武事功;谢朓之父谢纬,因参与范晔谋反为宋明帝所诛,谢朓出身甲族,才学出众,而与出身寒贱的武人王敬则联姻,可知其境况与低等士族并无太大差别,需要靠自身的文学才华,来取得与皇族势力合作的机会,同时也利用这种合作,重新提升家族政治地位。换言之,早在南齐中期,已有大批的底层文人试图借助文学才华,来争取政治地位的提升。这种文化资源与政治资源互通的局面,在梁武帝获取政权后得到了进一步推动,并在整个梁代达到了巅峰。

梁武帝登基之后,支持他获得皇权的文士都受到了礼遇,尤以范云、沈约、任昉等文友为最,《梁书·范云传》载:

> 天监元年,高祖受禅,柴燎于南郊,云以侍中参乘。礼毕,高祖升辇,谓云曰:"朕之今日,所谓懔乎若朽索之驭六马。"云对曰:"亦愿陛下日慎一日。"高祖善之。是日,迁散骑常侍、吏部尚书;以佐命功封霄城县侯,邑千户。云以旧恩见拔,超居佐命,尽诚翊亮,知无不为。高祖亦推心任之,所奏多允。尝侍宴,高祖谓临川王宏、鄱阳王恢曰:"我与范尚书少亲善,申四海之敬;今为天下主,此礼既革,汝宜代我呼范为兄。"二王下席拜,与云同车还尚书下省,时人荣之。[②]

武帝以范云为散骑常侍、吏部尚书,封沈约"为尚书仆射,封建昌县侯,邑千户,常侍如故。又拜约母谢氏为建昌国太夫人。奉策之日,右仆射范云等二十余人咸来致拜,朝野以为荣"。拜任昉为黄门侍郎、吏部郎中,并以本官掌著作。吏部尚书、尚书仆射、吏部郎中皆为管理官员选拔、考核和任免的重要官职。天监二年,范云卒,任昉外放为义兴太守,其后

[①] (南朝)萧子显.南齐书[M].北京:中华书局,1972:822.
[②] (唐)姚思廉.梁书[M].北京:中华书局,1973:231.

又再次为吏部郎中,参掌大选,但因不称职被免,转为御史中丞、秘书监;沈约则一直参与或掌管尚书事,天监二年至九年,屡迁尚书左仆射、尚书令、大中正等职务,[1]成为奖掖后进文学才俊的直接推手,把文学之士与梁朝政治更加紧密地结合在了一起。校检齐、梁史籍,活跃于梁代的文学之士几乎全部受到过沈约、任昉的赞扬激赏,有的则因受到了他们的举荐而进入仕途。《南史》卷二十五载:

> 梁天监初,昉出守义兴,要溉、洽之郡,为山泽之游。昉还为御史中丞,后进皆宗之。时有彭城刘孝绰、刘苞、刘孺,吴郡陆倕、张率,陈郡殷芸,沛国刘显及溉、洽,车轨日至,号曰"兰台聚"。陆倕赠昉诗云:"和风杂美气,下有真人游,壮矣荀文若,贤哉陈太丘。今则兰台聚,方古信为俦。任君本达识,张子复清修,既有绝尘到,复见黄中刘。"时谓昉为任君,比汉之三君,则到溉兄弟也。[2]

文中提到的"兰台聚",在《南史·陆倕传》中给出了另外一个流传版本:

> 梁天监初,为右军安成王主簿,与乐安任昉友,为《感知己赋》以赠昉,昉因此名以报之。及昉为中丞,簪裾辐凑,预其宴者,殷芸、到溉、刘苞、刘孺、刘显、刘孝绰及倕而已,号曰"龙门之游"。虽贵公子孙不得预也。[3]

"兰台聚"与"龙门之游",事在天监二年任昉迁御史中丞时,《梁书》称任昉"好交结,奖进士友,得其延誉者,率多升擢,故衣冠贵游,莫不争与交好,坐上宾客,恒有数十"。[4]上引史料可以提供以下信息:其一,沈约与任昉这两位武帝的昔日文友,一人在朝内参掌选官事务,一人于士林结交当时俊彦,成为了梁代前期真正的士林领袖。"衣冠贵游"争与交好的局面,则说明二人成为了文学之士与进身政治领域的桥梁。其二,文中提到的后进,如彭城刘氏、彭城到氏、吴郡张氏、陆氏,都是崛起于宋齐之时的文学家族,从这点可以看出寒门士族与江东本土士族文化水平的提

---

[1] (唐)姚思廉.梁书[M].北京:中华书局,1973:232,235,253.
[2] (唐)李延寿.南史[M].北京:中华书局,1975:678.
[3] (唐)李延寿.南史[M].北京:中华书局,1975:1193.
[4] (唐)姚思廉.梁书[M].北京:中华书局,1973:254.

第二章　梁武帝重文与玄学文化

升。梁代中后期,这些文化上的后进者,既凭借着文学才能进入了社会政治领域,同时也成为了文坛风尚的引领者。

二、梁武帝对文学的区分利用

重用文学家群体的同时,梁武帝对文学的政治功能有着明确的认识,他严格区分文学应用的领域,对不同领域的文学创作有着不同的文学态度。政治实用性文学作为"经国大道",是社会政治的重要组成部分,隶属于政治教化体系,以严肃性和神圣性为其特征,故其话语系统是儒家经典;非政治领域的文学创作则是"雕虫小艺",是个人生活的组成部分,群体文化活动的方式,不承担政教功能,以娱乐性、世俗性为其特征,故其话语系统更加自由,而不受经典拘束。其具体表现有二。

（一）纯化政治文学的话语系统

《梁书·萧子云传》中收录了一条这样的材料:

> 梁初,郊庙未革牲牷,乐辞皆沈约撰,至是承用,子云始建言宜改。启曰:"伏惟圣敬率由,尊严郊庙,得西邻之心,知周、孔之迹,载革牢俎,德通神明,黍稷苹藻,竭诚严配,经国制度,方悬日月,垂训百王,于是乎在。臣比兼职斋官,见伶人所歌,犹用未革牲前曲。……臣职司儒训,意以为疑,未审应改定乐辞以不?"……敕答曰:"此是主者守株,宜急改也。"仍使子云撰定。敕曰:"郊庙歌辞,应诰大语,不得杂用子史文章浅言;而沈约所撰,亦多舛谬。"子云答敕曰:"殷荐朝飨,乐以雅名,理应正采《五经》圣人成教。而汉来此制,不全用经典;约之所撰,弥复浅杂。……谨依成旨,悉改约制。惟用《五经》为本,其次《尔雅》《周易》《尚书》《大戴礼》即是经诰之流,愚意亦取兼用。……"敕并施用。[①]

大同二年(536),萧子云上奏梁武帝,建议改定郊庙所用的部分乐辞。当时,郊庙祭祀中已经革除牲牷,但是乐辞仍然沿用旧作,其中多有言及牲牷处,与仪式事实并不相符,萧子云职责所在,于是有此建言。梁武帝对此建议深表赞同,并对乐辞修改提出了具体要求,他认为郊庙歌辞

---

① （唐）姚思廉. 梁书[M]. 北京: 中华书局, 1973: 513-514.

应当使用经书典籍中典雅古奥的言辞,不应该杂用子书、史书及文章中的浅俗之语。郊庙是天子祭天、地、祖先的仪式之地,是最高权力的象征,同时也表达了权力来源的合法性,在儒家的正统观念上具有无上的神圣性,所谓"圣敬率由,尊严郊庙"。礼乐制度源自周公,修订于孔子,被视为经国安邦的恒制,高诱所谓:"礼所以经国家,定社稷,利人民;乐所以移风易俗,荡人之邪,存人之正性。"郊庙仪式作为权力尊严的外在体现,所用的乐辞既要体现出仪式的神圣庄严,同时也被赋予了教化民众的作用。《尧典》《汤诰》等典籍在儒家政治话语体系中,不仅是帝王的语言,也是来自圣人的垂训,同时,古奥典雅的语词体现出肃穆的仪式氛围。而子书、史书、文章语是世俗性的语言,它浅白直接,而缺少节制与含蓄,构成了对仪式神圣性的冒犯。梁武帝敕命郊庙乐辞须用"典诰大语"的用意是十分明显的,即维护政治教化的权威性和神圣性。沈约才华出众,长于史传,精于诗歌、声律,从其本传中所收录的著作来看,他的精力应当更多地倾注到了史学和文学方面,并不是一位以经学见长的学者,所以武帝虽然欣赏他的文学才华,但同时认为他撰写的郊庙乐辞含义浅白、用语驳杂。很显然,对于象征权力尊严的神圣仪式而言,杂用子史文章并不合适,如果再考虑到沈约作为永明文学的主将,以及永明以来渐趋绮丽的文学风格,那么沈约的乐辞显然不够典雅也不够庄严,并不符合"典诰大语"的古奥肃穆。梁武帝对待郊庙乐辞的态度,至少可以给我们一些启示:作为一名爱好文学并大力支持文学创作的皇帝,他对文学的功能性区分有着明确的认识——宴会游集中的诗文创作,与担负政教功能的文章,应当存在于不同的领域,使用不同的话语体系,并且不可逾界。简言之,在社会政治领域,文学活动的话语系统源自儒家典籍,郊庙乐辞承担着社会教化功能的文教形式,它的严肃性不会让步于诗歌语言的文学性、艺术性、世俗性。

梁武帝对裴子野的重用,同样能反映出他本人对诏令、符檄等政治应用文体有着明确的文风要求。裴子野是南朝著名的史学家,入梁时他已经撰写成了《宋略》二十卷,受到许多文人的赏识,天监二年(503)以后,裴子野受到吏部尚书徐勉的举荐,官拜著作郎,负责国史及起居注的撰写,并兼职中书通事舍人,其后又被任命为通直正员郎,中书舍人之职如故,开始掌管中书诏诰的草拟工作。《梁书》中载:

> 普通七年,王师北伐,敕子野为喻魏文,受诏立成,高祖以其事体大,召尚书仆射徐勉、太子詹事周舍、鸿胪卿刘之遴、中书侍郎朱异,集寿光殿以观之,时并叹服。高祖目子野而言曰:"其

第二章 梁武帝重文与玄学文化

形虽弱,其文甚壮。"俄又敕为书喻魏相元义,其夜受旨,子野谓可待旦方奏,未之为也,及五鼓,敕催令开斋速上,子野徐起操笔,昧爽便就。既奏,高祖深嘉焉。自是凡诸符檄,皆令草创。子野为文典而速,不尚丽靡之词。其制作多法古,与今文体异,当时或有诋诃者,及其末皆翕然重之。或问其为文速者,子野答云:"人皆成于手,我独成于心,虽有见否之异,其于刊改一也。"①

这则史料一则突出了裴子野为文神速、令人叹服,同时也反映出裴子野撰写的诏令符檄深得武帝之心。那么什么样的文章能让武帝属意呢?文中言曰:"子野为文典而速,不尚丽靡之词,其制作多法古,与今文体异。"抛开写作速度不论,为文"典雅""不尚丽靡""法古",三个特点构成了裴子野文风的主要特征。裴子野在他的文章《雕虫论》中,表达过对宋末文章丽靡、藻饰过盛的不满和批评,可以反证他本人的文章与宋时文风相异,而正是这异于当时风尚的文章特征,受到了梁武帝的赞赏。由此可以清晰地看出,梁武帝对于诏令文书的文风要求,与当时狭义文学求新求变、重辞采的风尚,是完全不同的,文辞典雅、有古文之风,才是武帝心中政治应用文体的上佳之选。

(二)给予纯文学创作自由空间

《梁书·徐摛传》中记录了另外一条史料:

> 摛文体既别,春坊尽学之,"宫体"之号,自斯而起。高祖闻之怒,召摛加让,及见,应对明敏,辞义可观,高祖意释。因问《五经》大义,次问历代史及百家杂说,末论释教。摛商较纵横,应答如响,高祖甚加叹异,更被亲狎,宠遇日隆。②

这段史料记载了一起很有戏剧性的政治事件。"宫体"之号兴起后,武帝闻之而怒,召见徐摛欲加以责备,但事件的发展却急转直下,武帝的情绪从"怒"到"意释",再到"叹异",结局更是与起因背道而驰,徐摛竟"更被亲狎,宠遇日隆",以至于武帝的另一位宠臣朱异感觉到自己地位不稳。《梁书》徐摛本传称:"摛幼而好学,及长,遍览经史。属文好为新变,不拘旧体。"天监八年(509),萧纲被封为云麾大将军,将要出镇石头,武

---

① (唐)姚思廉.梁书[M].北京:中华书局,1973:443.
② (唐)姚思廉.梁书[M].北京:中华书局,1973:447.

帝欲为年仅七岁的晋安王,寻找一位"文学俱长兼有行者"为侍读,徐摛得周舍举荐,成为萧纲的侍读,当时徐摛三十六岁。在之后四十二年的人生中,除去为母丁忧,和出任新安太守离开过萧纲之外,几乎一直都在萧纲手下供职。大通初年(527),萧纲总领北伐事宜,徐摛参与了军政事务,政务公文及军事文书多出其手。中大通三年(531),萧纲入主东宫,徐摛转做太子家令,兼掌管记,仍然负责萧纲的谕令、文书工作,而当时他已经五十八岁,跟随萧纲二十二年。这是武帝"怒召徐摛"事件的背景。关注这个背景,或可帮助我们分析武帝在这一事件中先怒后喜的原因所在。

据史料所言,因"春坊"尽学徐摛文体,于是有"宫体"之号兴起,武帝闻之而怒。"春坊"即太子东宫,《周书·庾信传》中称"时肩吾为梁太子中庶子,掌管记。东海徐摛为左卫率。摛子陵及信,并为抄撰学士。父子在东宫,出入禁闼,恩礼莫与比隆。既有盛才,文并绮艳,故世号为徐、庾体焉。"① 当时东宫文士尽学徐摛文体,东宫中又以徐摛、庾肩吾父子文才为冠,则"宫体"有文辞绮艳之风是确实的。徐摛的作品今存较少,除去存诗五首之外,尚有三条描写"病痈"的片段,收录在《太平广记》中:

> 梁侍中东海徐摛,散骑常侍超之子也。博学多才,好为新变,不拘旧体。常体一人病痈曰:"朱血夜流,黄脓昼泄。斜看紫肺,正视红肝。"又曰:"户上悬帘,明知是箔;鱼游畏网,判是见罾。"又曰:"状非快马,蹋脚相连;席异儒生,带经常卧。"②

徐摛的三条文字被《太平广记》收入"诙谐"条下,用"诙谐"来归类徐摛的小文,很容易让人想到西汉辞赋家东方朔,《汉书·东方朔传》言其文"指意放荡,颇复诙谐"。③ 所谓"指意放荡",意谓不以常规视角、言辞来观察和描述所指物,或者言辞与所指物之间的关联不受常规的约束,"诙谐"感的产生正源自言辞与所指物之间打破了常规关联,又能巧妙地达意传神的效果。徐摛对病痈的描述符合这种"放荡""诙谐"的评价,他用艳丽绚烂的色彩朱、黄、紫、红来描绘因疾病产生的血、脓,"紫肺""红肝"不是直接观看到的,而是带着对这种疾病破坏内脏的想象,这种色彩与疾病之间的关联打破了常规的想象;第三句是对病患体态的描述,运用了两组巧妙的比喻,用"不是什么却似什么"句法将病患弯曲身体、蜷

---

① (唐)令狐德棻.周书[M].北京:中华书局,1971:733,734.
② (宋)李昉.太平广记:卷二百四十六[M].北京:中华书局,1961:1909.
③ (东汉)班固.汉书[M].北京:中华书局,1962:2874.

第二章 梁武帝重文与玄学文化

缩四肢、身带脓血、卧床不起的姿态,与飞奔的快马和卧读经书的儒生关联到了一起,前者是对形态的直接比喻,后者同时包含了言语上的联想暗示。这种联想暗示带来的视觉想象是双向的,不仅指向病患的体态,同时也会对他的喻体"带经常卧"的儒生,产生戏谑的效果。较之于徐摛现存的五首诗歌而言,这三个片段更能让人感觉"不拘旧体""好为新变"的含义。

我们无法确知徐摛是否在他负责撰写的教命、文书中,表现出了这样的行文风格,但东宫中的文士尽学其体,则可确知这种风格受到了很多人的欣赏。《全梁文》中系于萧纲名下的教命、文书,共有九条,其中四条作于萧纲为雍州刺史之时,一条作于萧纲为扬州刺史之时,其余四条作于何时不能确考,是否出自徐摛之手,亦不能确考。但总体来看,这九条教命、文书,较之于武帝名下的一百五十多条诏书而言,更加富有文学色彩。可以想象,如果教命、文书等官方文件"文辞绮艳""不拘旧体"并多有"新变",便与武帝对政教类文作要求典雅古奥的语言风格完全不相符合,而这可能正是武帝发怒的原因。然而,在与武帝的对答中,徐摛表现出了多方面的才能,文中称其"应对明敏,辞义可观,高祖意释",其后又对经史、杂说、佛教义进行了品评,得到武帝极高的赞赏。据此可以推测,这次召见具有策问的性质,后言经史百家义,则前称"辞义可观"者,所问应当是政事,这当与徐摛掌管教命文书的行政职责相关。武帝见其"辞义可观",打消了对"宫体"绮艳、新变等特征可能妨害政务文书的疑虑,故而言其"意释",这种推测或者可以解释武帝对待徐摛态度的突然转变。

通过对以上两条史料的分析,可以看出武帝在政教类文章和对文学作品之间划分了一条明显的界限:政教类文书必须符合儒家政教的传统,其话语体系源自儒家经典(也有部分是与佛教相关的),并要自觉维护这种话语体系的单纯性,避免其他浅俗语言的渗透而破坏政治教化肃穆庄严的神圣性。文学自由表达的空间被限制在了非政治领域,纯文学创作进入个人琐碎的或者细致的生活中,也进入群体性的娱乐活动——宴集、游集中,也进入文人的社会交往——唱和与酬答中。在这些空间中,文学创作是自由的,梁武帝本人诗作不乏绮艳之句,说明他在文学创作中并不排斥这种文风。

三、玄学文化对文学利用的影响

梁武帝依照应用领域对文学区分利用,首先促进了政治实用性文体与非政治性文学创作之间的分离,使非政治领域的文学创作更加接近于狭义的文学或者纯文学。政教体系中,文学是服务于政治的,文学作品作为文学的那部分特质并没有得到重视,而是突出了它的工具性价值。狭义的文学,或者说以审美为目的的文学创作,从其本质上来说是一切情感、情绪、经验、觉悟的承载和表达,它指向的是对个体本身的心灵抚慰。尽管,优秀的文学作品能够引起共鸣,从而获得传播的价值和社会属性,但从根本上而言这种创作本身并不是社会性的,不是指向认识功能和实用性,这是它与应用性文体的本质区别。当然,这并非说狭义文学创作不能反映政治,创作发生的原因不能是政治的,而是说服务于政教系统的文学是有诸多限制的,这种限制便是儒家政治观念中偏重德行、政事、具体人事的文学教化观念。狭义的文学也并不排斥政治教育功能、对社会自然的认识功能以及对理性思想的实践功能,这其中唯一需要注意的,只是文学创作的目的与文本表达形式之间的相互匹配,以及政治需求对文学话语系统的限制。文学创作不为了满足政教需求,同时又不会与教化作用发生抵牾时,就可以获得相对自由的表达空间。

同时,文学创作能够在实践活动中实现这种区分,前提是文人的社会政治生活与个体文化生活之间保持着相对独立的空间,这一前提在东晋文坛第一次成为现实。刘勰在《文心雕龙·时序》中称:"自中朝贵玄,江左称盛,因谈余气,流成文体,是以世极迍邅,而辞意夷泰。"[1] "世极迍邅,辞意夷泰"是针对永嘉以降,至东晋义熙时期的文风而做出的描述,这个描述十分精当且能给人以启迪:如果说文学风貌是时代现实和时代精神的反映,那么文学内容与社会现实之间的错位,就必然是一种值得关注的现象,当然如果这种"错位"确实存在的话。我们的确可以看到,两晋之际接连的战乱并没有如建安时期那样,为文坛带来慷慨悲凉的情感基调,却形成了远离社会政治,一心企慕玄远之道的平淡闲静的文风。据此,有学者指出,刘勰的评价说明当时"诗歌与现实生活相脱离,二者之间形成了疏离和对立,一面是严酷的现实,另一面却是恬淡的吟咏"。[2] 但是,如果细究却可发现"诗歌与现实生活相脱离"这一说法并不准确,相反,"辞意夷泰"的情形正是两晋之际现实生活的直接反映,这种现实便是东晋以来个体文化生活与社会政治生活之间相对的独立。

文人的社会政治生活与个体文化生活之间,之所以能够保持相对的独立,实有赖于玄学思想对文人观念的长期影响,和东晋门阀政治形态下士人对玄学思想的选择利用。在政治实践中,儒家的礼法观念往往被统

---

[1] 杨明照.增订文心雕龙校注[M].北京:中华书局,2012:547.
[2] 杨合林.玄言诗研究[M].上海:上海古籍出版社,2011:5.

第二章 梁武帝重文与玄学文化

治者利用,作为其维护自上而下政治等级的理论依据。在这个体系中,士人之立身行事、言语操守、事生事死,皆为王道政治之基础,被纳入礼法规范之中。礼法旧门中,常有高行之人,恪守礼教,于无人处,私行亦检点如在人前,任情背礼、诞节无检是不可接受的,因为一切个体的人生问题、生死问题都是社会伦理秩序中的一个环节,是社会责任的具体表现,士人的个体生活与社会政治之间是全然的从属关系,并不具有相对的独立性。换言之,在此严重同质化的社会价值体系中,个体生活是无法脱离社会伦理秩序而单独获得意义的。这种情形的改变肇始于玄学思想对"名教"与"自然"关系的思考,促成于东晋玄学政治下玄学自身的分化。

东晋门阀政治下,把持政局的高门士族崇尚"循顺无为"的玄学政治观,修养上则推崇玄学化的人格,因此玄学化人物品格成为了士族抬高门第、士族子弟谋求官职的政治资本,这就必然驱使士族子弟以利益为计,对玄学趋之若鹜,以之博名或争利。但同时,玄学思想对个体与自然关系的探索,又要求实践者摒弃人为造作,不因私欲而劳心钻营,抛开嗜欲,安心顺性,追求内心的自由与超越,与道合一。这两种截然相反的要求,使得士人在理解个人与社会之间、个人与自然之间的各自关系时,往往无法获得自洽的认识逻辑:如果个体人生乃至整个社会的应然状态是与自然相合,而个体又可以越过社会,独立地与自然发生联系,那么个人又为什么要桎梏于社会秩序之中,不忘名利,有所造作呢?这种疑惑并非根源于东晋的玄学政治,而是玄学本身在思考个体、社会、自然之间的关系时,就始终存在着的问题,也是玄学思想在其演进过程中不断试图解决的问题。

如果我们去梳理曹魏至东晋玄学思想发展的脉络,就可以看到玄学从正始时期发轫到东晋时期主题的转移中,自然、社会、个体之间存在着一种简明的关系变化:正始时期依照自然改造秩序的愿望,凸显出了名教与自然的分离和对立,玄学在洞悉了这种对立之后,追求一种使社会与自然合一的新方式;本体论哲学是对自在世界的一种反思,促使着人们去思考社会存在的应然状态是什么,同时也触发了人们去反观自身:人自身存在的应然状态又是什么?竹林玄学对这一问题反思的结果,是否定了既定社会秩序,亦即名教源于自然的看法,将名教秩序视为违背自然的妄作,故其要求个体越过名教,独立地与自然发生联系,并力图寻找一条可以使个体与自然合一的实践方式;郭象的玄学立足于无法规避的社会现实,试图论证既定社会秩序本就是"自然"的具体表现,个体存在想要达到的应然状态,恰可以通过追求个体与名教秩序的和谐来实现;张湛的玄学思想建立在"自然"与"名教"矛盾缓和的政治局势之下,名教作为一个虚化的群体集合,被分散成了社会中一个一个的独立个体,名教的存在是自然的,亦即每个个体的存在都是自然的。如此,个体既取代了群体的地位,同时也虚化了自然的作为终极依据的地位,突出了个体生命的价值。在这种关系的变化中,自然(本体)一直是居于终极依据地位的,既作为改造社会秩序的依据,也作为个体修养的依据,"崇本举末""越名教任自然""安于自性"的方式都是对自然秩序或自然状态的回归,亦即被描述为"反本""归真""复命""通玄""履道""体极""存神"等指称不同而所指相同的过程。[①] 当然,玄学自身发展的过程,对群体社会认知带来的影响,并非线性的、连贯的,不同时期的玄学观念,既可能是交互影响的接受者,也可能独立产生影响。回归到前文提出的,对个体与自然、个体与社会两种关系的认识中,在现实世界里,前者便演变成了如何对待个体人生的问题,后者则转化成了如何对待社会政治的问题。而被东晋士人广泛接受的"出处同归"之说,巧妙地统一了二者之间的对立,即在政治领域以儒家礼法维护朝政的常态运行,在非政治领域则放松礼法对个体生活的逐级管控,为个体人生的自主选择留出了相对自由的空间,从而保证士人个体生活与社会政治之间的相对独立。

具体到梁代而言,因巩固皇权之需求,皇族在政治领域对儒家礼法的维护大大加强;在个体生活范围之内,士人任情背礼的行为亦因儒家礼法管制的增强而多有收敛。同时,士人那些无伤大雅的怪诞之举,则被视作名士风度而被皇权所宽容,不拘小节则被视作士人展现个性、风度的方式。玄学文化风尚中注重容止、雅量、学识、智慧、操守、谈吐、音声、文学、艺术、情趣等玄学化的修养,仍旧作为个人优秀品格的外在表现,为梁代士人所推崇和追求。对于群体而言,清谈论辩、诗文雅集、交游宴会等文化活动,成为了文化生活和社会交往的主要方式。在这些活动中展现个人才华、学识,阐发对自然世界的观察、对道的领悟,对个人情感、私密生活的描写等,皆成为了文学创作的主题,它们既是个体现实人生的真实反映,又不会带来任何政治风险,因之也就获得自由表达的空间。换言之,梁武帝对政治领域文学话语系统的严格要求,及对非政治领域文学创作的宽纵,其目的是在皇权制度需求与士族文化风尚之间求得平衡,而这一点又与他对待玄学的态度是相通的。皇权制度要求意识形态的统一,以文学教化为主要手段是其基本策略,故涉及政教问题时,其文学立场一定是以儒家教化思想为主导的;同时,东晋以来高门士族的主流文化是以玄学思想为主导的,是崇尚自由的,宋齐文学在此自由风尚影响下或重辞

---

① 汤用彤.魏晋南北朝佛教史[M].武汉:武汉大学出版社,2008:151.

采,或重抒情,或尚声律,或重隶事,凡此种种共同处皆在于对文学特性的回归,和对个体精神领域的开拓,及精神需求的回应,故其创作立场必是以文学为主体的。如此,梁武帝区分利用文学来满足皇族在政治与文化上的不同需求,其目的就是十分明显的,而这种区分又为文学发展带来了四个方面的影响:其一,梁武帝在推动文学事业的发展时,继承东晋形成的文化风尚和文学活动形式;其二,梁武帝对非政治领域文学创作的宽容,与其在文化领域大力倡导玄学相结合,使得文学家群体在文雅化的同时完成了玄学化的过程,促成了玄学主体人群与文学主体人群的重合;其三,为玄学对文学的深层影响带来了空间,促成了文人对文学特性的深入认识,为文学理论进一步深化带来了可能;其四,促进了文学创作在文化生活领域的长足发展,为文学表现主题的扩大带来了可能。关于此四点,本文接下来的内容中将进行专门的论述,此处暂不做分析。

概而言之,巩固皇权的政治需求与提升文化、文学素养的文化需求,构成了梁武帝区分利用文学的现实基础。对高门士族文化精神和文化形式的心理认同,使得东晋文化风尚和文化活动形式,成为了梁武帝提升家族及整个王朝文化事业的蓝本,从而影响了梁武帝对非政治领域文学利用的策略,使得文学创作能够在皇权控制加强的同时,仍可以在文化生活领域获得相对自由的表达空间。可以说,这种文化形态的形成,是玄学思想浸润两百多年的结果,而梁武帝对这种文化形态的融入和维护,则为孕育梁代文学的新风貌提供了土壤。

第二节 梁代宫廷雅集与士族文化

南朝重文之风自刘宋时代已始,到齐、梁尤盛。梁代文学兴盛,一则承宋、齐以来重文之风,二则与梁武帝的组织倡导,以及皇族成员的积极参与直接关联。梁武帝继承了东晋高门士族文化活动中宴会雅集、登临唱和等文学活动形式,在宫廷中频繁组织宴会雅集,与文臣们赋诗联句,使得雅集成为了梁代宫廷中主要的文化活动形式,这种形式在梁代中后期的东宫文士文学活动中得到了继承和发扬,推动了梁代文学的群体性创作,为梁代文学兴盛提供了强大助力。

一、奖励文士进献赋颂

梁武帝登上帝位不久便在华光殿设宴,召集了文臣到洽、到沆、萧琛,还有文笔冠绝一时的任昉,并令这四位文士即席赋诗二十韵,到洽因文辞工整而拔得头筹,获赐绢二十匹。与到洽同被武帝赏识的到氏子弟,还有到沆与到溉,武帝赞曰:"诸到可谓才子!"预宴的任昉回应了梁武帝的评价,他说:"臣常窃议,宋得其武,梁得其文。"[①]任昉所言"梁得其文",大约是对梁代文化最简练,也最恰当的评价。《梁书·文学传》对梁代的文学盛况做出过如下描述:

> 高祖聪明文思,光宅区宇,旁求儒雅,诏采异人,文章之盛,焕乎俱集。每所御幸,辄命群臣赋诗,其文善者,赐以金帛,诣阙庭而献赋颂者,或引见焉。其在位者,则沈约、江淹、任昉,并以文采,妙绝当时。至若彭城到沆、吴兴丘迟、东海王僧孺、吴郡张率等,或入直文德,通宴寿光,皆后来之选也。[②]

《文学传序》中提到的这些文士,多活跃在梁代前期,他们以文学才华见称,是梁代文学事业发达的奠基者,而梁武帝本人对文学活动的支持及对文士创作的奖励,则成为了梁代文学兴盛的推动力。梁武帝效仿两汉宫廷文学之风,奖励文士进献赋、颂,颂扬王朝的文治武功。以下略举数条:

> 率又为《待诏赋》奏之,甚见称赏。手敕答曰:"省赋殊佳。相如工而不敏,枚皋速而不工,卿可谓兼二子于金马矣。"……四年三月,禊饮华光殿。其日,河南国献舞马,诏率赋之……时与到洽、周兴嗣同奉诏为赋,高祖以率及兴嗣为工。[③]

> 天监十二年,改构太极殿,功毕,(王)规献《新殿赋》,其辞甚工。拜秘书丞。[④]

---

① (唐)姚思廉.梁书[M].北京:中华书局,1973:403.
② (唐)姚思廉.梁书[M].北京:中华书局,1973:685.
③ (唐)姚思廉.梁书[M].北京:中华书局,1973:476-478.
④ (唐)姚思廉.梁书[M].北京:中华书局,1973:581.

第二章 梁武帝重文与玄学文化

高祖革命,兴嗣奏《休平赋》,其文甚美,高祖嘉之。……是时,高祖以三桥旧宅为光宅寺,敕兴嗣与陆倕各制寺碑。及成俱奏,高祖用兴嗣所制者。自是《铜表铭》《栅塘碣》《北伐檄》《次韵王羲之书千字》并使兴嗣为文;每奏,高祖辄称善,加赐金帛。[1]

是时礼乐制度,多所创革,高祖雅爱倕才,乃敕《新漏刻铭》,其文甚美。迁太子中舍人,管东宫书记。又诏为《石阙铭记》。奏之。敕曰:"太子中舍人陆倕所制《石阙铭》辞义典雅,足为佳作。昔虞丘辨物,邯郸献赋,赏以金帛,前史美谈,可赐绢三十四。"迁太子庶子,国子博士。[2]

上述引文提到的《待诏赋》《修平赋》《新殿赋》《舞马赋》以歌颂王朝升平之景为主;《栅塘碣》《北伐檄》等碑、碣,则以记录王朝兴盛伟业为主;《铜表铭》《新漏刻铭》《石阙铭记》则多记录礼乐制度的创革。这些作品介于文学与政教之间,需要有不俗的文采,又要符合政教文雍容典雅的要求,梁武帝称赞陆倕所制铭文"辞义典雅",正是基于这种政治文教的要求。

二、组织文臣雅集赋诗

为促进王朝文化事业的发展,满足文人群体文化生活的需求,梁武帝频繁组织文臣进行宴会雅集,前文所举任昉言"梁得其文"之事,正发生在华光殿举行的一次宴集活动中。武帝本人雅好文学,《梁书》中记载了大量他与文士在宴会、游览等雅集活动中赋诗联句的事迹,以下略举数条:

高祖因宴为诗以贻(柳)惔曰:"尔寔冠群后,惟余实念功。"[3]

(谢)览为人美风神,善辞令,高祖深器之。尝侍座,受敕与侍中王暕为诗答赠。其文甚工。高祖善之,仍使重作,复合旨。乃赐诗云:"双文既后进,二少实名家;岂伊止栋隆,信乃俱国华。"[4]

---

[1] (唐)姚思廉. 梁书[M]. 北京:中华书局,1973:697-698.
[2] (唐)姚思廉. 梁书[M]. 北京:中华书局,1973:402.
[3] (唐)姚思廉. 梁书[M]. 北京:中华书局,1973:217.
[4] (唐)姚思廉. 梁书[M]. 北京:中华书局,1973:265.

又侍宴赋诗,高祖乃别赐率诗曰:"东南有才子,故能服官政。余虽惭古昔,得人今为盛。"率奉诏往返数首。其年,迁秘书丞,引见玉衡殿。高祖曰:"秘书丞天下清官,东南胄望未有为之者,今以相处,足为卿誉。"①

高祖雅好虫篆,时因宴幸,命沈约、任昉等言志赋诗,孝绰亦见引。尝侍宴,于坐为诗七首,高祖览其文,篇篇嗟赏,由是朝野改观焉。②

(普通)六年,高祖于文德殿饯广州刺史元景隆,诏群臣赋诗,同用五十韵,(王)规援笔立奏,其文又美。高祖嘉焉,即日诏为侍中。③

初,高祖招延后进二十余人,置酒赋诗,臧盾以诗不成,罚酒一斗,盾饮尽,颜色不变,言笑自若;介染翰便成,文无加点。高祖两美之曰:"臧盾之饮,萧介之文,即席之美也。"④

中大通五年,高祖宴群臣乐游苑,别诏(褚)翔与王训为二十韵诗,限三刻成。翔于坐立奏,高祖异焉,即日转宣城王文学,俄迁为友。⑤

孺少好文章,性又敏速,尝于御坐为《李赋》受诏便成,文不加点,高祖甚称赏之。后侍宴寿光殿,诏群臣赋诗,时孺与张率并醉,未及成,高祖取孺手板题戏之曰:"张率东南美,刘孺洛阳才。揽笔便应就,何事久迟回?"⑥

时高祖宴华光殿,命群臣赋诗,独诏沆为二百字,二刻便成。沆于坐立奏,其文甚美。俄以洗马管东宫书记、散骑省优策文。⑦

---

① (唐)姚思廉.梁书[M].北京:中华书局,1973:476.
② (唐)姚思廉.梁书[M].北京:中华书局,1973:480.
③ (唐)姚思廉.梁书[M].北京:中华书局,1973:582.
④ (唐)姚思廉.梁书[M].北京:中华书局,1973:588.
⑤ (唐)姚思廉.梁书[M].北京:中华书局,1973:586.
⑥ (唐)姚思廉.梁书[M].北京:中华书局,1973:591.
⑦ (唐)姚思廉.梁书[M].北京:中华书局,1973:686.

第二章　梁武帝重文与玄学文化

　　时魏中山王元略还北,高祖饯于武德殿,赋诗三十韵,限三刻成。(谢)征二刻便就,其辞甚美,高祖再览焉。[1]

　　(王泰)转黄门侍郎,每预朝宴,刻烛赋诗,文不加点,帝深赏叹。[2]

　　(到溉)尝从高祖幸京口,登北顾楼赋诗,溉受诏便就,上览以示溉曰:"溉定是才子,翻恐卿从来文章假手于溉。"[3]

以上所引,前十条皆为武帝与群臣宴集赋诗之事,末一条为君臣登临赋诗。此外,录于梁武帝名下的《清暑殿联句柏梁体》《五字叠韵诗》都是武帝与朝臣游宴时联句而作的诗歌。通过大量的史料我们可以看到,梁武帝统治时期,由其组织并主持的宴会雅集是频繁进行的,是宫廷文化生活的主要形式。

宴会雅集能够成为梁代宫廷文化生活的主要形式,其深层原因是主流文人群体对东晋时期高门士族群体文化活动形式的认同和继承。宴会雅集、登临唱和的文学活动形式成熟于东晋,苏峻之乱平息以后,东晋进入七十年的承平时期,文人玄士之间的文义互动更加频繁,永和年间出现了著名的文化集会活动——兰亭雅集。当时参与集会者,共有四十二人,王羲之、孙绰、谢安俱在其列,赋诗者有二十六人,王氏、谢氏、庾氏、郗氏等高门士族子弟尽在其中,创作的诗歌留存至今的共计三十七首,成为文化史和文学史上最富盛名的文化活动。这种文化活动形式出现的前提,是东晋士族已然玄学化了的文化风尚,亦即清谈论辩、雅集赋诗、交游宴会、诗文赠答唱和等形式,成为文人群体文化互动的主要手段。这种文化风尚的源头,是魏晋玄学名士的聚会品谈。早期玄学家的聚会品谈,内容仅限于品评人物、清谈玄理、相互论难等,并不以文学创作为务。而开集会赋诗先河的是金谷文士,石崇《金谷诗序》中记载了金谷文士在宴会游赏中进行文学创作的情形,其文曰:"昼夜游宴,屡迁其坐。或登高临下,或列坐水滨。时琴瑟笙筑,合载车中,道路并作。及住,令与鼓吹递奏。遂各赋诗,以叙中怀。或不能者,罚酒三斗,感性命之不永,惧凋落之无期。……"[4] 金谷之会所赋的诗作中,已经包含了"远慕老庄之齐物,近嘉

---
[1] (唐)姚思廉.梁书[M].北京:中华书局,1973:718.
[2] (唐)李延寿.南史[M].北京:中华书局,1975:607.
[3] (唐)姚思廉.梁书[M].北京:中华书局,1973:569.
[4] 余嘉锡.世说新语笺疏[M].北京:中华书局,2011:463.

阮生之放旷"的玄学化倾向。东晋时,士人的集会更加频繁,形式内容亦趋于多样,有以皇帝为主导的宫廷内集会,王公宅邸为活动场所的王公、君臣集会,还有王公贵门僚属、宾客的集会,士人集团的集会、一般性的友人之间的集会,以及家族成员内部的集会……各种目的、形式、地点不同的集会时有发生,集会参与者的范围十分广泛。除集会之外还有行游,热爱山水自然的士人,引三五知音,驱车悠游于山水之间,佛寺道观之中。①从早期玄学名士集会以论辩玄理、品谈人物为主题,到后期雅集活动中赋诗成为活动的主要内容,这个变化的过程正是士族生活玄学化的过程,诗歌、文赋正是文人玄士对其自身玄学化生活状态的描绘:当《老子》《庄子》成为必读之典籍,清谈玄理成为生活之常态,文学就成为了玄学名士雅集活动中表达此种状态、亲近自然、体悟玄理最契合的方式。

到兰亭雅集之时,活动的焦点不再是手持麈尾、谈玄析理的思想交锋,而是吟咏自然,用诗歌创作来阐发玄理、玄思的文学盛宴。可以说,对玄理的探索和阐发,催生了文人群体性文化活动的形式,分设宾主的清谈玄理偏重于文人群体之间的思想交锋,而同赋诗文的宴会雅集则促进了文学创作与玄学思想的交融,也塑造了群体性文学活动的新形式。宴会雅集成为一种文化符号,象征了文人玄士格调高雅的文化追求,同时也成为了群体性文学活动的一个典范,得到了后世文人的追慕和效仿。并且,参与者皆为王、谢、桓、郗、庾、殷等高门士族子弟,故宴会雅集、赋诗连句成为了高门士族的文化风尚,文学才能就必然成为高门士族子弟文化修养中的必修科目,同时成为家族门第流品的一种标志。这种文化风尚被南朝皇族所企慕,但至梁代皇族始能跻身其中,成为文化、文学领域的主导者,齐梁之际崛起的文学新贵则迎合于皇族的这种引导,极其重视家族成员的玄学修养和文学才华。这些都使得梁代的主流文人,能够在社会群体与个体生活之间重新建立相对独立的均衡体制,并在文化生活上继承了东晋贵族文人的文化方式:一是多种艺术形式的普遍繁荣,尤以文学艺术的发展最为瞩目;二是沿袭了东晋玄学家与文学家之间宴会雅集的文化活动方式,并将其发展成为宫廷文学活动的主要形式。把东晋文学的创作形式、精神内核,从高门士族移至出身寒门的皇族与文学贵族之间。

梁代中后期,"宫体"文风盛行,东宫文士们正是以此种方式进行文学创作,沈玉成先生称之为"一种贵族化的沙龙文学",所谓"沙龙"实则突出了群体创作的活动特点。实际上,"宫体"盛行是宫廷文学成为梁代

---

① 邵春驹.魏晋南北朝游集文化研究[D].扬州:扬州大学,2012.

第二章　梁武帝重文与玄学文化

文学主流形式的直观表现,而这种文学精神的内核,正是来自对东晋高门士族文化活动的直接继承。也可以说,萧梁皇族对自身文化乃至整个王朝文化的建设,是以东晋高门士族贵族化的文化品格为典范的,这也是梁代文人文化认同的源头。萧纲《三月三日曲水诗序》中言:"窃以周成洛邑,自流水以禊除。晋集华林,同文轨而高宴。莫不礼具义举,沓规重矩,昭动神明,雍熙钟石者也。"[①] 上巳节修禊之俗,古来已有,然而至晋时才有文士于宴会上雅集赋诗,进行群体性文学创作,萧纲在诗序中以此为宗,既是对历史事实的陈述,也是对文化精神的认同和继承。而梁代宫廷常态化的宴会雅集,实则已经淡化了节日习俗的意味,凸显出了雅集已成为宫廷文化生活的固定形式。

三、鼓励参与群体创作

与梁武帝亲自组织宫廷宴会雅集相对应的,是群体创作成为梁代宫廷文学主要创作形式,其分为应制、赋韵或赋题、联句、同题唱和等。其中奉皇帝、太子、藩王之命而进行的创作称为应制诗;在雅集活动中,组织者也会事先规定好韵字或诗题,供诗人们随机抽取进行创作,以这种形式创作而成的作品题名中往往冠以"赋得"二字;联句则是群体围绕同一主题,共同完成的一首或一组诗作;同题唱和,有的为宴会中奉命而作,有的则为日常文学活动中的自发酬答之作。首先,梁代的宫廷宴会雅集中产生了大量的侍宴应制诗,其中应皇帝命者,称为应诏诗;应太子命而作者称为应令诗;应教诗则指应藩王之命而作的诗歌。以梁代宫廷中的主要作家为例:

沈约	《三日侍林光殿曲水宴应制诗》《侍宴乐游苑饯吕僧珍应诏诗》《侍游方山应诏诗》《乐将殚恩未已应诏诗》《庭雨应诏诗》《咏新荷应诏诗》《听蝉鸣应诏诗》《咏梨应诏诗》《侍宴乐游苑饯徐州刺史应诏诗》《为临川王九日侍太子宴诗》《九日侍宴乐游苑诗》《咏雪应令诗》《侍宴咏反舌诗》《大言应令诗》《细言应令诗》
萧琛	《别萧谘议前夜以醉乖例今昼由醒敬应教诗》《咏应诏》
丘迟	《九日侍宴乐游苑诗》《侍宴乐游苑送张徐州应诏诗》
刘孝绰	《侍宴诗》《三日侍华光殿曲水宴诗》《三日侍安成王曲水宴诗》《春日从驾新亭应制诗》《侍宴集贤堂应令诗》《侍宴饯庾於陵应诏诗》《侍宴饯张惠绍应诏诗》《饯张惠绍应令诗》《侍宴离亭应令诗》《侍宴同刘公干应令诗》《于座应令咏梨花诗》《奉和湘东王应令诗二首》《咏日应令诗》

[①] (清)严可均. 全梁文[M]. 北京:商务印书馆,1999:124.

续表

王筠	《侍宴饯临川王北伐应诏诗》《奉和皇太子忏悔应诏诗》
萧纲	《和赠逸民应诏诗》《三日侍皇太子曲水宴诗》《九日侍皇太子乐游苑诗》《上巳侍宴林光殿曲水诗》《饯庐陵内史王修应令诗》《侍游新亭应令诗》《游光宅寺诗应令诗》《和林下妓应令诗》《应令诗（四言）》《应令诗（七言）》
庾肩吾	《侍宴应令诗》《侍宴宣猷堂应令诗》《侍宣猷堂宴湘东王应令诗》《侍宴饯湘州刺史张续诗》《侍宴饯张孝总应令诗》《侍宴饯湘东王应令诗》《侍宴饯东阳太守范子云诗》《侍宴诗》（《侍宴景阳楼应令》）《从驾喜雨诗》《三日侍兰亭曲水宴诗》《三日侍宴咏曲水中烛影诗》《九日侍宴乐游苑应令诗》《从皇太子出玄圃应令诗》《奉和泛舟汉水往万山应教诗》《奉和春夜应令诗》《奉和太子纳凉梧下应令诗》《奉和湘东王应令诗二首》《暮游山水应赋得碛字诗》《山池应令诗》《岁尽应令诗》《咏舞曲应令诗》《咏胡床应教诗》《咏主人少姬应教诗》
刘遵	《繁华应令诗》《从顿还城应令诗》《应令咏舞诗》
刘孝威	《侍宴乐游林光殿曲水诗》《侍宴赋得龙沙宵月明诗》《三日侍皇太子曲水宴诗》《禊饮嘉乐殿咏曲水中烛影诗》《奉和简文帝太子应令诗》《奉和湘东王应令诗二首》《奉和六月壬年应令诗》
徐陵	《走笔戏书应令》《山池应令》《登古城南应令》《新亭送别应令》

　　这些作家中，刘孝绰、庾肩吾、刘孝威的诗歌创作都十分典型，《梁诗》共录刘孝绰 62 首（乐府不计），其中侍宴、应令之作共计 14 首。再以庾肩吾为例，《梁诗》中共收录他的诗歌 77 首，除去其中一首出使河朔的诗，可能为庾信所作，余下的 76 首中，纯粹为抒怀的个人创作仅有 11 首，而标注为侍宴、应令的作品共计 26 首，占存诗总量的三分之一。此外，刘孝威的诗作中，有侍宴诗 4 首、应令诗 4 首；刘遵存诗共 5 首，其中 3 首为应令诗；徐陵的文集中，共录诗作 24 首，其中应令之作 4 首。于此可知，侍宴应令诗作在梁代诗歌中占据了不小的比例。

　　第二种形式是赋韵、赋题，即参加宴集的文人随机选取事先确定好的韵字或诗题进行创作的文学活动形式。《南史》中载："景宗振凯旋入，帝于华光殿宴饮连句，令左仆射沈约赋韵，景宗不得韵，意色不平，启求赋诗。帝曰：'卿伎能甚多，人才英拔，何必止在一诗。'景宗已醉，求作不已，诏令约赋韵。时韵已尽，惟余'竞''病'二字。景宗便操笔，须斯而成。……帝叹不已，约及朝臣惊嗟竟日。"[①]《梁诗》中收录了这首以"竞"和"病"为韵的《华光殿侍宴赋竞病韵诗》。通过此段记载亦可知，宴会中选择预

[①] （唐）李延寿. 南史[M]. 北京：中华书局，1975：356.

第二章 梁武帝重文与玄学文化

先准备的韵字或诗题进行创作,是梁代宫廷文学活动中常见的方式,如刘孝绰曾作《夜听妓赋得乌夜啼》《赋得照棋烛诗刻五分成》《赋得遗所思诗》《赋得始归雁诗》等,这些诗歌都是在宫廷宴集上写成的。这种情形在"宫体"文人群体中出现得更加频繁:

萧 纲	《九日赋韵诗》《赋得桥诗》《赋得舞鹤诗》《赋乐器名得箜篌诗》《赋得入阶雨诗》《赋得蔷薇诗》《赋得白羽扇诗》《赋得陇坻雁初飞诗》《赋得疏枫诗》
庾肩吾	《赋得嵇叔夜诗》《赋得山诗》《暮游山水应令赋得碛字诗》《赋得转歌扇诗》《赋得池萍诗》《赋得横吹曲长安道》《赋得有所思》
刘孝威	《侍宴赋得龙沙宵月明诗》《赋得曲涧诗》《赋得鸣棁应令诗》《赋得香出衣诗》
徐 摛	《赋得帘尘诗》
徐 防	《赋得观涛诗》《赋得蝶依草应令诗》
萧 绎	《赋得蒲生我池中诗》《赋得兰泽多芳草诗》《赋得春荻诗》《赋得竹诗》《赋得登山马诗》

第三种形式是联句,系于梁武帝名下的联句诗作有 2 首,分别是《清暑殿联句柏梁体》和《五字叠韵诗》:

> 居中负扆寄缨绂。(梁武帝)言惭辐凑政无术。(新安太守任昉)至德无垠愧违弼。(侍中徐勉)燮赞京河岂微物。(丹阳丞刘泛)窃侍两宫惭枢密。(黄门侍郎柳憕)清通简要臣岂汨。(吏部郎中谢览)出入帷扆滥荣秩。(侍中张卷)复道龙楼歌茂实。(太子中庶子王峻)空班独坐惭羊质。(御史中丞陆杲)嗣以书记臣敢匹。(右军主簿陆倕)谬参和鼎讲画一。(司徒主簿刘洽)鼎味参和臣多匮。(司徒左西属江葺)(《清暑殿联句柏梁体》)
>
> 后牖有榴柳。(梁武帝)梁王长康强。(刘孝绰)偏眠船舷边。(沈约)载匕每碍隑。(庾肩吾)六斛熟鹿肉。(徐摛)莫苏姑枯卢。(何逊)(《五字叠韵诗》)

参与《清暑殿联句》创作的文人包括梁武帝、新安太守任昉、侍中徐勉、丹阳丞刘泛、黄门侍郎柳憕、吏部郎中谢览、侍中张卷、太子中庶子王峻、御史中丞陆杲、右军主簿陆倕、司徒主簿刘洽、司徒左西属江葺,这些人都是来自世家大族的才学之士;《五字叠韵诗》的创作者刘孝绰、沈约、庾肩吾、徐摛、何逊,也都是梁代文名最盛的文人。"宫体"文人的联句作品中有《曲水联句诗》：

　　春色明上巳，桃花落绕沟。波回卮不进，纶下钩时留。（臣导）
　　绛水时回岸，花舫转更周。陈肴渡玉俎，垂饵下银钩。（王台卿）
　　回川入帐殿，列俎间芳洲。汉艾凌波出，江枫拂岸游。（庾肩吾）
　　王生回水碓，蔡姬荡轻舟。岸烛斜临水，波光上映楼。（殿下）

这一组联句诗与之前两首形式不同，每人作五言四句，联成一诗。除去在曲水宴会时宫廷文人的联句赋诗，《梁诗》中还收录了萧纲、庾肩吾、徐防、孔焘、诸葛屺、王台卿、李镜远联句创作的《八关斋夜赋四城门更作四首》四韵共计十六首诗歌。

第四类是同题唱和，其中部分奉和诗是应令而作，也有一些是文人互动时自发之作。这一类型的群体创作，不局限于宴会雅集之中，也出现在皇帝与太子、藩王与文臣们的日常文学互动中，梁武帝就常常将自己创作的诗文昭示群臣，命众臣作同题诗，如：

　　及高祖为《籍田诗》又使勉先示孝绰。时奉诏作者数十人，高祖以孝绰尤工，即日有敕，起为西中郎湘东王咨议。[1]

　　时高祖制《春景明志诗》五百字，敕在朝之人沈约已下同作。[2]

　　时高祖著《连珠》诏群臣继作者数十人，迟文最美。[3]

　　悰立行贞素……少工篇什。……至是预曲宴，必被诏赋诗。尝奉和高祖《登景阳楼》中篇云："太液沧波起，长杨高树秋。翠华承汉远，雕辇逐风游。"深为高祖所美。当时咸共称传。[4]

同题唱和在梁代文人的诗歌互动中十分普遍，既有比较诗歌技艺、展

---

① （唐）姚思廉.梁书[M].北京：中华书局，1973：482.
② （唐）姚思廉.梁书[M].北京：中华书局，1973：470.
③ （唐）姚思廉.梁书[M].北京：中华书局，1973：687.
④ （唐）姚思廉.梁书[M].北京：中华书局，1973：331-332.

第二章 梁武帝重文与玄学文化

示才华的目的,亦作为文人之间思想、感情交流的方式,同时也是臣下与皇帝、皇子、藩王保持认同感的一种有效手段,也包含了超越文学创作本身的政治意义。

同题唱和不仅在武帝与群臣的互动中十分多见,在东宫文士的诗作中所占的比例也非常大,仍以萧纲、庾肩吾、刘孝威等人为例:

萧 纲	《和武帝宴二首》《奉和登北顾楼二首(和武帝)》《和籍田诗》《和林下妓应令诗(和昭明)》《和湘东王名士悦倾城诗》《和湘东王首夏诗》《和湘东王三韵诗二首》《和湘东王阳云檐柳诗》《和湘东王后园回文诗》《和湘东王古意咏烛诗》《和徐录事见内人作卧具诗》《和萧侍中子显春别诗四首》
庾肩吾	《奉和武帝苦旱诗》《和太子受戒诗》《奉和太子纳凉梧下应令诗》《奉和药名诗》《奉和泛舟汉水往万山应教诗》《奉和春夜应令诗》《奉和湘东王应令诗二首》《咏同泰寺浮图诗(和简文)》《和晋安王咏燕诗》《赛汉高庙诗(和简文)》《和竹斋诗》《和望月诗》《和刘明府观湘东王诗》《和徐主簿望月诗》
刘孝威	《和皇太子春林晚雨诗》《奉和简文帝太子应令诗》《奉和晚日诗》《奉和逐凉诗》《奉和湘东王应令诗二首》《奉和六月壬年应令诗》《七夕穿针诗(和简文)》《和定襄侯初笄诗》《和帘里烛诗》
徐 陵	《奉和山池》《奉和咏舞》《奉和山斋》《和简文帝赛汉高帝庙》《内院逐凉》
庾 信	《奉和山池诗》《奉和同泰寺浮屠》《奉和初秋诗》《和咏舞》《和湘东王后园回文诗》

以上述几位引领文坛风尚的东宫文士的存诗作为样本,我们可以看到以下情形:(1)系于庾肩吾名下的诗歌,《梁诗》共计有 77 首,标注为侍宴、应令的作品共计 26 首。其中 4 首是应令奉和之作,与萧纲、萧绎及同僚唱和的诗合计有 14 首。另外,标明是同题诗的 1 首,分韵赋诗的有 5 首。群体文学活动中创作的诗歌数量超过存诗总量的一半。(2)刘孝威的诗作中,有侍宴诗 4 首、应令诗 4 首、奉和诗 10 首(其中 3 首是应令而作)、另有分韵赋诗 5 首。(3)刘遵存诗共 5 首,3 首应令作,1 首是与简文帝的同题诗,1 首奉和简文帝诗。(4)徐摛存诗较少,只有 5 首,其中 3 首是与简文帝诗的同题诗。(5)徐陵的文集中,共录诗作 24 首,其中应令之作 4 首、奉和简文帝诗作有 5 首,有 1 首为和王筠之作,与萧纲、庾信的同主题的诗作有 5 首,占到了存诗的一半以上。(6)庾信的文集中共收录他的诗作 166 首(不计乐府),标注为"奉和"诗的有 19 首,其中可确考为和简文帝之作者有 4 首,还有 1 首《和咏舞》可以确定是梁时与简文帝的唱和之作;另有 1 首为和湘东王的诗。此外《奉和示内人》《奉和夏

日应令》《奉和浚池初成清晨临泛》不能确考为何人诗作,然浚池在玄圃园内,疑此诗亦为在梁时奉和简文帝所作;另有与萧纲、徐摛的同题诗4首;诗集中收录的12首铭文,有8首是与萧纲同题之作。实际上,庾信在东宫时的作品多已散佚,确切的比例已经无法确定。由此可以推定,在梁代中后期,同题唱和成为了宫廷文学的主要创作形式,以下仍以东宫文士与简文帝的同题唱和为例,对此情形做具体说明。

在《梁诗》《徐陵集》《庾子山集》中,可确定与简文帝进行唱和的诗人有萧绎、王囿、王训、刘遵、王台卿、刘缓、刘孝威、刘孝仪、庾肩吾、庾信、徐摛、徐陵、鲍至等人,创作诗歌共计四十余首(同题诗未记入)。由萧纲首唱,其他文士奉和的诗题中,高频出现的有《简文帝赛汉高祖庙诗》(亦作《简文帝赛汉高庙诗》《简文帝赛汉高帝庙诗》)《往虎窟山寺诗》《望同泰寺浮图诗》《纳凉诗》《咏舞诗》《山池诗》《山斋诗》等。此处以《山池诗》《山斋诗》《咏舞诗》为例,具体分析这个文人群体中诗歌创作的群体性特征。《徐陵集》中收录《山池应令》一首、《奉和山池》一首,两首诗表现的主题皆为"山池",而创作发生的方式却不尽相同。前一首是应萧纲之令而作,与萧纲《山池诗》为同题诗,后一首则是对萧纲《山池诗》的奉和之作。《梁诗》另外还收录了庾肩吾《山池应令》1首、鲍至《山池应令》1首,王台卿《山池应令》1首,庾信的文集中也收录了《奉和山池》1首。概言之,东宫文士以"山池"为主题,至少创作了7首诗歌。同时可以推知,《山池》系列诗歌的创作,可能发生在一次萧纲与东宫文士的游览雅集中,萧纲以《山池》为题,令众人同题竞作,并自作一首。萧纲的诗作完成后,随从文士又作诗与之唱和,参与这次游览雅集的文人至少有徐陵、庾信、庾肩吾、鲍至、王台卿五人。此外,《山斋》《咏舞》系列诗歌亦是如此,众文士诗作中,既有应令的同题诗作,亦有奉和之作,如《徐陵集》中既录有《奉和山斋》,亦收有《山斋》;庾信的文集中收录了《山斋》诗2首,可能一首为应令而作的同题诗,一首为酬答的唱奉和诗。实际上,萧纲的很多诗歌都是作为首唱之作而存在,东宫文士进行同题创作,形成了一个同主题的诗歌系列,从现存的诗作中我们仍然能够大致窥见这种情形,如《梁诗》中徐摛存诗仅有五首,但其中《咏橘诗》《坏桥诗》《咏笔诗》都可以确定是与萧纲同题而作的系列诗歌。由此可以看到,东宫文士在创作方式上有三个趋势:其一,文学创作多发生在宫廷宴集中,如与皇帝、太子、藩王出游之时;其二,文学创作具有一定的组织形式,创作的展开是以皇帝、太子、藩王为中心的,以应诏、应令的形式进行;其三,文学创作的主题较为集中,往往是多人围绕同一主题进行创作。而这正是梁代宫廷文学具有的共同特点,这种情形可以在梁代早期的文学名臣沈约、到溉、萧琛、柳恽等人创作中看到,也可以在中期昭明太子与其属臣王筠、刘孝绰等人的创作中看到。

概言之,从整个梁代的文学创作来看,梁武帝、皇子萧统、萧纲、萧绎等,既是文学创作活动的组织者,同时也是参与者和主导者,朝廷中的文臣、藩王的属臣是文学创作的主要成员,而这些成员几乎涵盖了整个王朝的主流文人。我们可以通过当时东宫文人群体的创作,看到发生在宴会、登览,及日常生活中的文学创作,或以所庆祝的节日为主题,或以为之饯行的文人为主题,或者以寓目之景为主题,也或者以分韵竞作的游戏形式,由参与群体共同创作出具有内容关联性,或形式关联性的一系列诗歌,这是梁代文学创作中一种典型形式。具有紧密关联性的群体创作可以出现在梁代的直接原因,是皇族成员的积极倡导和文学贵族的积极参与。这一点是由梁代文学家主体的构成所决定的,萧梁皇族成员迅速文雅化,成为文化话语权的主导者,通过重文策略与高门旧族以及新崛起的文学贵族互动,既构成了政治领域的主体,同时也构成了文学领域的主体,文学活动便成为整个王朝在社会朝政活动之外的共同文化选择。概而言之,梁武帝积极组织宫廷雅集,参与并鼓励皇子、文臣参与其中,作为其推动文化事业的手段,在他的后继者萧纲和萧绎那里得到了贯彻和发扬,这种由帝王皇族引导、自上而下运用的文学活动形式,无疑是梁代文学兴盛最有效的助力。

整体而言,梁武帝大力支持文化、学术活动,并亲自参与组织文学活动,宴集群臣,赋诗连句;在皇族子弟的教育中尤其注重学术文化与文学才能的养成,他亲自考校皇子,给予赏识激励;加之萧氏子弟的早慧、颖悟、文学才华,都很容易让我们联想到东晋高门士族重视文化素养的传家门风,以及文人群体中的宴会雅集、家族文学创作等。实际上,与梁代的文学兴盛相伴随的正是萧梁皇族自身向贵族文化的靠拢和融入,而这个过程的实现与梁武帝对文学的区分利用是密不可分的。

第三节　梁代文学家群体的玄学化

梁代文学家群体主要来自三个社会阶层:其一是出身于旧族高门的世家子弟,如琅琊王氏、陈郡谢氏;其二是出身江东本土的士族子弟,如吴郡张氏、陆氏;其三便是北来的寒门士族子弟,如彭城到氏、彭城刘氏、庾氏、北海徐氏等。其中,两晋以来的旧族高门,其玄学化的程度已经很深,出身于江东本土士族与北来中等、下等士族的文人群体,则在进入南朝后陆续开始了玄学化的进程,并在梁代彻底完成了这种转变,成为了梁代的文化新贵族。同时也构成了梁代文学家群体的主体,这些家族的政治地位在梁代得以迅速提升,源于其家族成员在文学上取得的成就。整体而言,刘宋皇族靠武力夺得皇权,打压高门士族,扩张皇权,并不是一场彻底消除门第等级的社会变革,而是一种门阀格局打破重组的过程。在这个过程中,武力得势的豪族,完成了向学术、文学家族的转型,成为政治和文化上的新贵族,与旧族重组了社会文化和政治格局,这种重组在梁代完成,而伴随这个重组过程的则是江东本土文学家族和北来寒门文学家族向高门士族文化的主动融合。

一、高门旧族文学家的名士风度

早期南渡的高门士族在梁代仍居于社会结构的顶层,继续享受着贵族门第带来的特权,高门士族凭借家族门第与皇族联姻,又反过来用政治联姻巩固家族的地位,维护着东晋至南朝近二百年形成的相对稳固的社会阶层结构。这些家族凭借着百年的文化积淀与传承,族中子弟依旧是文化领域的精英分子,梁武帝仍以清要之职委于旧族子弟,诸如谢览、谢举为陈郡谢氏家族子弟,王规、王泰、王暕、王筠为琅琊王氏家族,他们在政治与文化上的影响力,较之于其先祖的烜赫一时而言,虽有衰落之势,但与同时代士人比较,依旧不遑多让。同时,这些高门旧族的成员中亦不乏优秀的文学家,如陈郡谢氏家族中的谢几卿、谢征;琅琊王氏家族的王筠、王籍;颍川庾氏家族的庾仲容等。高门旧族玄学化的程度本就较深,其族中的文学才俊因之也多表现出明显的名士风度。如谢氏子弟谢几卿,他的曾祖是宋初著名诗人谢灵运,父亲谢超宗南齐时文名极盛,皆为谢氏家族的"芝兰玉树"。谢几卿受其家风影响,幼即清辩,在当世有"神童"之号。南齐时补国子生,"文惠太子自临策试,谓祭酒王俭曰:'几卿本长玄理,今可以经义访之。'俭承旨发问,几卿随事辩对,辞无滞者,文惠大称赏焉。俭谓人曰:'谢超宗为不死矣'"。据这段史料可以得知,谢几卿不但精于玄理,对经义亦有深厚的造诣,这种学风应当是秉承了其家族玄儒兼修的家学传统。谢氏家族是东晋南朝一流高门,家族中才俊辈出,都有着非常深厚的玄学修养,谢几卿的行为做派全然名士之风,正是其家族传统。本传言其:

> 博涉有文采……几卿详悉故实,仆射徐勉每有疑滞,多询访

第二章　梁武帝重文与玄学文化

之。然性通脱，会意便行，不拘朝宪。尝预乐游苑宴，不得醉而还，因诣道边酒垆，停车褰幔，与车前三驺对饮，时观者如堵，几卿处之自若。后以在省署，夜著犊鼻裈，与门生登阁道饮酒酣呼，为有司纠奏，坐免官。……居宅在白杨石井，朝中交好者载酒从之，宾客满坐。时左丞庾仲容亦免归，二人意志相得，并肆情诞纵，或乘露车历游郊野，既醉则执铎挽歌，不屑物议。①

谢几卿的性格"通脱"，行为处事"会意便行，不拘朝宪"；饮酒未醉辄与驾车仆从对饮、居官不拘小节，饮酒酣呼而因之丢官，这些行为都是魏晋以来玄学化人格的外在表征。谢几卿免官居宅，与好友庾仲容"肆情诞纵"，醒则"历游郊野"，醉则"执铎挽歌"，毫不顾忌众人议论，大有"礼法岂为我辈设焉"的竹林遗风。

谢征也是陈郡谢氏家族子弟，他的从叔是南齐著名诗人谢朓。他本人自幼聪慧，长大后"美风采，好学善属文"，与裴子野、刘显同官为好，常有诗赋相酬答。才思敏捷是当时很多诗人的共同特点，在经常需要即席赋诗、联句的文化氛围中，为文迟速决定了文士能否在这种竞技性质的文化娱乐活动中胜人一筹，谢征就具有这样的才能。《梁书》本传记载："时魏中山王元略还北，高祖饯于武德殿，赋诗三十韵，限三刻成。征二刻便就，其辞甚美。"

与谢几卿交好的庾仲容、王籍同样具有名士风度。庾仲容是东晋司空庾冰的六代孙，博学多识，本传言"仲容博学，少有盛名，颇任气使酒，好危言高论，士友以此少之。唯与王籍、谢几卿情好相得，二人时亦不调，遂相追随，诞纵酣饮，不复持检操"。②王籍，少有才学，七岁能属文，博涉好学，才华横溢，以诗文为沈约、任昉所赏识。王籍与他的两位好友相似，好饮酒、郊游，本传云："郡境有云门、天柱山，籍尝游之，或累月不反。"他官场不得志，因之遗落世务，唯饮酒郊游而不理政务。王籍诗学谢灵运，游历至若邪溪赋得"蝉噪林逾静，鸟鸣山更幽"二句，当时以为"文外独绝"。高门旧族的子弟继承了其家族深厚的玄学素养，并且多有不俗的文学才华。但梁代文坛最为耀眼的文学家族，则来自出身不高的江东本土士族和北来的寒门士族。

---

① （唐）姚思廉.梁书[M].北京：中华书局，1973：708-709.
② （唐）姚思廉.梁书[M].北京：中华书局，1973：723.

二、江东本土文学家族的玄学化

江东本土士族在东晋之前,已经有较高的文化修养,随着晋鼎南移、衣冠士族南渡,玄学文化被及江左,这些士族受玄风浸染进入了玄学化的过程。以吴郡张氏和陆氏为例,我们可以看到这两个家族在南朝初期,玄学化的程度已经非常高,宋齐之际则又以文学传家,成为维护门第的新方式,这种情形既与南朝的重文政策相干,又与当时玄学的文学化转向相关。总体而言,吴郡张氏和陆氏进入梁朝之后,都呈现出了深厚的玄学修养和突出的文学才华,并因此而使得家族地位迅速提升。

(一)吴郡张氏家族的玄学化

梁时,吴郡张氏家族中文名最胜的人物是张率。《南史》本传言其"十二能属文,常日限为诗一篇,或数日不作,则追补之,稍进作赋颂,至年十六,向作二千余首"。南齐时,张率曾为太子舍人和太子洗马,入梁之后,先为鄱阳王萧恢友,后迁为司徒谢朏的掾吏,直文德待诏省,奉命抄撰图书。后因风论谓其"傲世",惧而进献《待诏赋》,武帝见而赞之曰:"相如工而不敏,枚皋速而不工,卿可谓兼二子于金马矣。"张率因为文学才华卓著,受到梁武帝赏识,出入宫廷,侍宴赋诗,武帝赐诗赞曰:"东南有才子,故能服官政,余虽惭古昔,得人今为盛。"其后,官拜秘书丞,掌集书诏策,成为为数不多、官居秘书丞的本土文士。天监四年(505),因所献《舞马赋》辞义工整,再次受到称赏。天监八年(509),萧纲被封为云麾大将军,镇守石头城,张率出任云麾记室,其后与萧纲朝夕相伴十年之久。其后出任过扬州别驾、太子仆、太子家令等职,在萧统府内任职三年。张率为人有名士风度,本传称其"性宽雅",为扬州别驾期间,对待政事颇为轻慢,为武帝所不满。《梁书》中称"率嗜酒,事事宽恕,于家务尤忘怀。在新安,遣家童载米三千石还吴宅,及至,遂耗太半。率问其故,答曰:'雀鼠耗。'率笑而言曰:'壮哉雀鼠。'竟不研问"。[①] 此亦可见张率立身行事,颇有玄学名士之风范。

吴郡张氏是江东本土望族,其家族自身的文化修养并不低,张率的太祖是东晋侍中张敞,张敞生有三子,分别是张祎、张裕、张邵,他们的子弟在南朝人才辈出,入梁之后尤以张裕一支为盛。张氏家族在东晋时期已经接受了南渡士族带来的玄学文化,张裕五子张演、张镜、张永、张辨、张岱人称"张氏五龙",一门俊杰,皆有不俗的玄学修养。张演的长子张绪,

---

① (唐)姚思廉.梁书[M].北京:中华书局,1973:479.

第二章 梁武帝重文与玄学文化

是宋、齐时期最富盛名的玄学名士,少时即知名,本传言其"清简寡欲",他的叔父张镜称赞他为"当世乐广",从伯父张敷则言其"是我辈人"。《南齐书》本传中运用了大量篇幅来描叙张绪卓绝一时的风度,称"宋明帝每见绪,辄叹其清淡"。当时的名士袁粲言其有"正始遗风"。张绪"长于周易,言精理奥",善音声,"吐纳风流,听者皆忘饥疲,见者肃然如在宗庙"。"口不言利,有财辄散之",就连曾在他门下的小吏都"进止可观",风度不俗,受到王俭赞赏。张绪子张充"少好逸游",年三十改弦更张,精于学业,本传言其"尤明《老》《易》美女能清言"。张充颇有文采,因不满意王俭阻碍张绪为尚书仆射,而遗书王俭,沈约见其书,叹曰:"充始为之败,终为之成。"是赞其文采与品行。次子张镜,有名士风度,与颜延之比邻而居,"镜静默无言声。后镜与客谈,延之从篱边闻之,取胡床坐听,辞义清玄,延之心服"。三子张永,本传言其"涉猎书史,能为文章,善隶书,骑射杂艺,触类兼善,又有巧思",他用自造的纸墨书写奏表,每每被宋文帝赞叹赏玩。还通晓音律、有建筑才能,负责建筑了华林园、玄武湖两个工程。张永之孙张嵊,本传言其"方雅有志操,能清言",是梁代后期著名的文学名士。张敷,张邵的长子,本传称其"性整贵,风韵甚高,好读玄言,兼属文论"。张敷有三善,其一,善谈论,他的父亲曾命他与当时名士宗炳谈论《系辞》《象传》,宗炳不能胜他,于是握麈尾叹曰:"吾道东矣。"其二,善言对。宋文帝以其父子小名,与之调笑,问曰:"楂何如梨?"张敷对答敏捷曰:"梨是百果之宗,楂何敢比也。"其三,善持音仪。本传言其"尽详缓之致,与人别,执手曰:'念相闻。'余响久之不绝。张氏后进皆慕之,其源起自敷也"。

张祎子张畅,与从兄敷、演、镜齐名,为"后进之秀",本传称其与北地名士谈论,"吐属如流,音韵详雅,风仪华润"。张畅之子,便是南齐名士张融。融有四善:其一,善玄义,本传言其"玄义无师法,而神解过人,高谈鲜能抗拒"。他曾以《通源论》就佛道关系与周颙等人往复论难。其二,善言对,他入宫拜见齐高帝时迟到,帝问其:"何乃迟为?"融对曰:"自地升天,理不得速。"其时魏国军队至淮河而退军,皇帝询问众臣曰:"何意忽来忽去。"无人应答,张融答曰:"以无道而来,见有道而去。"如此种种,足见其应对敏捷。其三,善草书,皇帝评价其书法,言曰:"卿书殊有骨力,但恨无二王法。"张融却答曰:"非恨臣无二王法,亦恨二王无臣法。"其自负非常,此见一斑。其四,有孝义,忌月三旬不听乐,事嫂甚谨。张融另有二奇:其一,言行奇特。本传称其"风止诡越,坐常危膝,行则曳步,翘身仰首,意制甚多。见者惊异,聚观成市,而融了无惭色"。张融率意之举甚多,行为独特不拘,有时已至不通情理、令人尴尬的地步,这在以不拘小

· 115 ·

节为风尚的玄学名士中亦不多见。萧衍评其曰:"此人不可无一,不可有二。"其二,文笔奇特。他曾作《海赋》"文辞诡激,独与众异"。"吾文章之体,多为世人所惊,汝可师耳以心,不可使耳为心师也。夫文岂有常体,但以有体为常,政当有其体。丈夫当删《诗》《书》制《礼》《乐》,何至因循寄人篱下。"张融有文集行世,自名为《玉海》。

考察张氏家族的发展和兴盛,可以看到两个十分明晰的特点:其一,宋齐以来,张氏人物皆以不俗的玄学修养和名士风度称名,如张裕一支的子弟以操守和品行出众为长,如张镜、张绪、张嵊;张祎、张邵两支的子弟以不拘礼法、任情率性的风度出众,如张敷、张融;其二,齐梁之际,张氏晚辈人物于玄学修养突出之外,又多以文学才华称名,如张融、张充、张率、张嵊、张长公等。《南史·张邵传》曰:"有晋自宅淮海,张氏无乏贤良。及宋齐之间,雅道弥盛。"[1]对此,汤用彤先生指出:"张镜出自江南望族,当宋齐二代,张氏人才辈出,为文学玄谈之渊薮。"[2]张氏门中俊杰皆以玄谈与文学称名于世,其家族在南朝玄学化的程度是极深的。王永平先生在《六朝江东世族之家风家学研究》中指出:"孙吴时期张氏人物之讲求性灵、清高、才藻、容止等行为,正与玄学名士风度一致。入晋后,张氏便迅速玄化,成为江东玄化最深的家族。"[3]张氏家族在齐梁之际迅速崛起,成为政治和文化上影响力颇盛的本土士族,与其崇尚玄学与重视文学是直接关联的。此外,张氏家族地位上升,因其家族玄学与文学并举,与宋齐官方尚玄学、重文学的文化策略相吻合。同时张氏家族与王、谢旧门之间亦不同,王、谢家族不单是文化家族,更曾与皇族争权,挟文化影响力而制约皇权,张氏家族虽人才辈出,然并未见张氏族人有参与政治斗争之例。其立身于政治斗争之外,专以谈玄、作文为务,又与皇族所倡的仕贵遗务之旨暗合,故更容易取得皇族之认可,于宋、齐之际崛起就是自然而然之事了。

(二)吴郡陆氏家族的玄学化

梁代文坛影响较大的陆氏子弟有陆倕(470—526)、陆云公(511—547)、陆杲(459—532)、陆罩(487—541)。陆倕是"竟陵八友"之中年龄最小的一员,与沈约、任昉分别相差十九岁、十岁,他与同郡张率"幼相友

---

[1] (唐)李延寿.南史[M].北京:中华书局,1975:841.
[2] 汤用彤.汉魏两晋南北朝佛教史(增订本)[M].北京:北京大学出版社,2011:238.
[3] 王永平.六朝江东世族之家风家学研究[M].南京:江苏古籍出版社,2003:192.

第二章 梁武帝重文与玄学文化

狎",二人皆被沈约称之为"后进才秀""南金"。史料中未见其参与齐梁之际政治斗争的记载,入梁后梁武帝对他的赏识很大程度上源于对他文学才华的认同。同时,他文名日盛也与任昉的提携有极大关系。在前文所举的"兰台聚""龙门游"之例中,曾两次提到陆倕给任昉的赠诗、赠文,其中《感知己赋》言:"似延州之如旧,同伯喈之倒屣。附苍蝇于骥尾,托明镜于朝光。"文中以"季札心许徐君佩剑、蔡邕倒屣迎接王粲"两个典故,来形容任昉与自己的忘年之交。"附苍蝇于骥尾"语出《史记·伯夷列传》:"颜渊虽笃学,附骥尾而行益显。"司马贞《索引》曰:"苍蝇附骥尾而致千里,以喻颜回因孔子而名彰。"这里即指陆倕因任昉的赏识而使自己延誉,犹如明镜借阳光而获得明亮。在他赠任昉的诗中,对这个以任昉为中心的文学家群体给予了极高的赞誉,以"达识"形容任昉,"清修"形容张率,"绝尘"形容到氏兄弟,"黄中"赞扬刘氏子弟。这些赞誉中,"黄中"一词语见《易经·坤卦》:"君子黄中通理,正位居体,美在其中,而畅于四支,发于事业,美之至也。"[1] 这些评价,对于出身于北来世族、江东本土世族的文学家群体而言,无疑是文化自信的直接表现,也说明了这些家族凭借子弟的文学才华而获得了较高的社会声望。

陆云公是陆倕的族孙,与当时许多知名的文士一样,他在幼年时即能诵经史,长大后好学有才思,成为了湘东王萧绎的僚属。陆云公受到梁武帝的赏识,有赖于武帝驸马张缵的举荐。张缵从吴兴太守返京述职,路途之中偶见陆云公所作《太伯庙碑》,对他的文采大加赞赏,称其为当世的蔡邕。张缵回到建康后掌管选官事宜,于是向武帝举荐了陆云公。武帝即召其为尚书仪曹郎,并入直寿光省。陆云公善弈棋,受到赏识之后,曾于夜晚侍坐弈棋,烛火几乎烧到他的武冠。汉代时,侍中一职的"武冠"上会以貂尾为饰,武帝欲用其为侍中,于是调笑其曰"烛烧卿貂"。《南史》中记载,梁武帝常泛鹢鱼舟游于天泉池,同游者如到溉、朱异者皆为武帝幸臣,陆云公年位虽轻,仍得预其列。这些事例都可以看出梁武帝对陆云公的赏识。太清元年,陆云公卒,张缵书信吊之曰:"非唯贵门丧宝,实有识同悲。"

吴郡陆氏也是江东本土的望族,陆倕的父亲陆慧晓是东晋太尉陆玩的玄孙,陆氏与张氏相同,其家族本身已经具备较高的文化修养,东晋之时则迅速接受了北来玄学风尚,家族门风中表现出了玄学化的倾向。如陆慧晓,本传言其"清介正立,不杂交游",被同郡的名士张绪喻为"江东

---

[1] 李学勤.周易正义(十三经注疏本繁体版)[M].北京:北京大学出版社,2000:38.

裴、乐",征士何则称之"心如照镜,遇形触物,无不朗然",足见陆慧晓玄学化的文化品格。同时,为陆氏赢得声誉的还有其族人不俗的文学才华。永明年间,竟陵王萧子良聚集博学之士于西邸抄书,陆慧晓是其中之一。他的三个儿子皆有文学才华,当时人称"三陆",《南史》本传中记载:"慧晓兖州,三子依次第各作一让表,辞并雅丽,时人叹伏。"长子陆僚"学涉子史,长于微言。美姿容,须眉如画";陆任之子陆缮"仪表端丽,进退闲雅,趋步蹑履",本传中对其仪容、风度的评价,是典型的玄学文化熏陶下形成的审美格调。陆氏族中还有一员极具玄学风度,此人便是陆叡之子陆杲,陆杲少而好学,工于书画,他的舅父是南齐玄学名士张融,本传称二人"风韵举止颇类,时称曰:'无对日下,唯舅与甥'"。陆杲的兄弟陆煦,长于史学,曾著《晋书》但未成,撰写了《陆史》十五卷,《陆氏骊泉志》一卷,是对其辉煌家族史的历史记录。陆杲的儿子陆罩,有文学才华,善属文,简文帝为藩王时,他被任命为记室参军,并为简文帝的文集撰写过序文,还参与了《法宝联璧》的编撰工作。

三、北来寒门文学家族的玄学化

较之于江东本土士族而言,北来的低等士族如彭城到氏与彭城刘氏,其家族文雅化的历史就相对短暂。他们的祖上皆为寒门武人,出身十分低下,在刘宋取得政权的政治变革中依靠军功、武力而得势,并在宋齐梁代迅速文雅化,故其玄学修养既低于高门旧族,也逊色于江东本土士族,但他们在文学上造诣却不遑多让,成为梁代前期和中期文学和政治领域最为活跃的两个家族。

(一)彭城到氏家族的文雅化

到氏家族出身低微,他们的曾祖到彦之,军士起家,曾跟从刘裕讨伐孙恩,立有战功。《南史·到溉传》载:"溉祖彦之初以担粪自给,故世以为讥云。"何敬容因与到溉有争,嘲讽其"尚有余臭,遂学作贵人"。于此可知,到氏家族本出身寒贱。义熙中,到彦之跟随刘义隆西镇,官至南蛮校尉,刘裕代晋后封侯,其后镇守荆楚二十年。到彦之二子皆早亡,他的孙子到挥便是到沆的父亲。到挥因与齐武帝有旧交,武帝即位后,官至御史中丞。据《南史》本传所载,到挥为人轻狂傲慢,倚仗恩宠,常常嘲讽同僚,其行事作风足见其修养不高。然而,到氏家族三代之下门风大变。

其一,到氏兄弟皆品行高妙。本传称到沆"为人谦敬,口不论人短"。与其父到挥之行,几为天壤之别。到溉"以清白自修,性又率俭,不好声

第二章 梁武帝重文与玄学文化

色,虚室单床,傍无姬侍。冠履十年一易,朝服或至穿补,传呼清路,示有朝章而已"。"溉少有美名,遂不为仆射,人为之恨,溉澹如也。"到溉特为武帝亲近,《南史》本传载其与武帝堵石弈棋之事,足见其深为武帝所喜。荣宠冠于一时,立身犹能自检,文名盛于朝野,进退犹能淡然,不失为名士风度。南齐时,到洽为谢朓所赏其,欲荐之为官,"洽睹时方乱,深相拒绝,遂筑室岩阿,幽居积岁,时人号曰居士"。乱世则隐,君子之行。

其二,到氏兄弟皆善容止。容止可观是名士风度的一大指征,玄学名士无不注重仪容、谈吐、举止,到氏三兄弟则皆有此风。本传称到沆"幼聪敏,及长,善属文,工篆隶,美风神,容止可悦"。到溉"长八尺……眉目如点,白皙美须髯,举动风华,善于应答"。到洽"美容质,善言吐,弱年听伏曼容讲,未尝傍膝,伏深叹之"。到氏兄弟的品貌与修养,与其父到捴已经大有不同,表现出了深刻的玄学化倾向。

其三,到氏兄弟皆文采斐然。到氏兄弟文采出众,前文已有论述,本传载"时文德殿置学士省,召高才硕学待诏,沆通籍焉。武帝宴华光殿,命群臣赋诗,独诏沆为二百字,三刻便成。沆于坐立奏,其文甚美"。"御幸华光殿,诏洽及沆、萧琛、任昉侍宴,赋二十韵诗,以洽辞为工,赐绢二十匹。"到氏兄弟的诗文多已亡佚,存者甚少,《全梁文》收录到洽奏议两条,[①]《全梁诗》著录到洽《赠任昉诗》八章,《赠秘书丞张率诗》八章;[②] 收到溉诗四首。[③] 通过仅存的数首诗歌,已难窥到氏兄弟文采之全貌,不过到氏兄弟的文采风流,在当时受到了许多名流的推崇却是无疑的。谢朓、任昉、丘迟俱是诗文名家,皆对到氏兄弟赞赏不已,武帝称"诸到可谓才子";元帝《赠到溉到洽诗》曰:"魏世重双丁,晋朝称二陆。何如今两到,复似凌寒竹。"[④] 以到氏兄弟方二陆,可知皇族对到氏兄弟文采之欣赏。到氏兄弟的子孙亦有才名,到溉的儿子到镜,五岁能作诗,官至太子舍人,本传称其作《七悟》文甚美。他的孙子到荩亦早慧,跟从武帝到京口,登临北顾楼,武帝命其赋诗,到荩受诏即刻写就,武帝因此与到溉戏言"荩定是才子,翻恐卿从来文章假手于荩"。

到氏家族从武人失教,到满门尽为才子、品行才学俱佳,甚有名士之风,共经过了三代,到齐梁之际,已完成了从寒门武人向文化家族的转变,梁代前期迅速崛起为当时文学和政治领域十分活跃的文化家族。

[①] (清)严可均.全梁文[M].北京:商务印书馆,1999:689.
[②] 逯钦立.先秦汉魏晋南北朝诗:梁诗[M].北京:中华书局,1983:1785-1787.
[③] 逯钦立.先秦汉魏晋南北朝诗:梁诗[M].北京:中华书局,1983:1855.
[④] 逯钦立.先秦汉魏晋南北朝诗:梁诗[M].北京:中华书局,1983:2055.

(二)彭城刘氏家族的玄学化

彭城刘氏文雅化的时间较到氏要长,刘氏兄弟之祖刘勔宋时为司空,本传称其家贫,然"少有志节,兼好文义"。刘勔的父、祖,宋前居官至太守,故刘勔幼时应当接受过一些教育。刘勔之子刘绘,永明时已经以文采知名,刘绘便是刘孝绰之父。齐梁之际,彭城刘氏家族中文名最盛者,正是刘绘、刘孝绰父子。刘绘善于文章谈义,是永明文士的"后进领袖",本传称"时张融以言辞辩捷,周颙弥为清绮,而绘音采赡丽,雅有风则。时人为之语曰:'三人共宅夹清漳,张南周北刘中央'"。[1] 刘绘未及入梁即卒,其子刘孝绰早慧,七岁能文,有"神童"之名,受到舅父王融的赞赏。本传称其十四岁即为父代草诏诰文书,为沈约、任昉、范云所赏。刘孝绰成名很早,诗文与年长其十五岁的何逊齐名,当时并称"何刘",文名极盛,本传称"孝绰辞藻为后进所宗,时重其文,每作一篇,朝成暮遍,好事者咸诵传写,流闻河朔,亭苑柱壁莫不题之"。[2] 也因文采出众,为梁武帝和昭明太子所欣赏,梁武帝任命他为秘书丞时,赞曰:"第一官当知用第一人。"[3] 据《梁书》《南史》中记载,梁代出任过秘书丞一职的人有:王训、王规、(王规子)王褒、谢举、何敬容、(何敬容子)何鹏;(安成王萧秀子)萧推、(南平王萧伟子)萧恭;(邵陵王萧纶子)萧确、(梁武帝婿)殷钧(殷睿子、王奂外孙)、(简文帝萧纲婿)张交(张绾子);张率、刘孝绰。王氏、谢氏、何氏皆为高门士族,萧氏为宗室、皇族,只有刘孝绰、张率二人不是甲族出身,张率为秘书丞时,武帝曾言:"秘书丞天下清官,东南胄望未有为之者,今以相处,足为卿誉。"[4] 此足见吴郡张氏与彭城刘氏地位之上升。

刘氏兄妹皆有文才,刘孝绰的三弟、六弟,并工属文,刘孝绰常之曰"三笔六诗"。[5] 刘孝绰的三个妹妹并有才学,一适琅邪王叔英,一适吴郡张嵊,三妹刘令娴嫁与了徐勉之子徐悱,《南史》本传称"悱为晋安郡卒,丧还建邺,妻为祭文,辞甚凄怆。悱父勉本欲为哀辞,及见此文,乃阁笔"。刘孝绰之子刘谅"少好学,有文才,尤悉晋代故事,时人号曰'皮里晋书'"。刘孝绰从兄弟刘孺,幼时聪敏,七岁便能文,叔父刘瑱称他为:"吾家之明珠。"本传称其"美风采,性通和",受到沈约举荐,常游宴赋诗,以才学为梁武帝赏识。武帝称他与张率为"张率东南美,刘孺洛阳才"。刘

---

[1] (唐)李延寿.南史[M].北京:中华书局,1975:1009.
[2] (唐)李延寿.南史[M].北京:中华书局,1975:1012.
[3] (唐)姚思廉.梁书[M].北京:中华书局,1973:480.
[4] (唐)姚思廉.梁书[M].北京:中华书局,1973:475.
[5] (唐)姚思廉.梁书[M].北京:中华书局,1973:594.

第二章 梁武帝重文与玄学文化

氏族中,刘孺最为显贵,大同五年官至吏部尚书。刘孺之弟刘览,性聪敏,记忆力惊人,吏部七百人,见之不忘,十六岁精通《老》《易》。弟刘遵,本传称其"少清雅,有学行,工属文"。从兄弟刘苞"少好学,能属文",并以才学为武帝所赏。刘氏族中有文名者甚众,《南史》载"(刘孝绰)兄弟及群从子侄当时有七十人,并能属文,近古未之有也"。史家言刘绘、刘悛"诸子各擅雕龙"。① 这一情形很容易让人想到琅琊王氏,《梁书·王筠传》中载:

> (王筠)与诸儿书论家世集云:"史传称安平崔氏及汝南应氏,并累世有文才,所以范蔚宗云崔氏'世擅雕龙'。然不过父子两三世耳;非有七叶之中,名德重光,爵位相继,人人有集,如吾门世者也。"②

这种比较,让我们看到刘氏家族在梁代迅速崛起,而与琅琊王氏累世才学相较,不过是初盛之新贵。同时,也说明了高门士族在当时的文学影响力,正在被新崛起的文学贵族如到氏、刘氏并张氏、陆氏等削弱,呈现出此消彼长的趋势。梁代后期活跃于政治和文化领域的人物是徐摛、徐陵父子与庾肩吾、庾信父子,前者来自东海徐氏,后者来自新野庾氏。他们都是萧纲为藩王时的亲近文臣,随着萧纲入主东宫,以及"宫体"文学的空前繁盛,这两个家族的地位也得到了迅速提升。前文对庾肩吾和徐摛已有详论,此处不再赘言。

《南史·王承传》中言:"时膏腴贵游,咸以文学相尚,罕以经术为业……"③ 反映出的正是文学已经成为了提升家族门第的资本。田晓菲女士在《烽火与流星——萧梁王朝的文学与文化》一书中指出:"文学绝不仅仅是个人获得文化和政治特权的手段,也是所谓的'家族产业'。文学才能似乎完全可以在一个文学家族的不同成员之间相互分享,而任何一名家族成员的文学成就都可以促进整个家族的利益。"④ 事实上,当我们关注于这些新崛起的文学家族时,同样也应该看到,作为皇族的兰陵萧氏,文学才华文学成就的提高,与张、陆、到、刘、徐、庾等家族是相同的,所不同的只是政治地位的高下和政治地位提升的方式。萧氏以武力取得了皇权,并进一步提升了文学才华,寒士则靠文学才华依附于皇权,从而得

---

① (唐)李延寿. 南史[M]. 北京:中华书局,1975:1015.
② (唐)姚思廉. 梁书[M]. 北京:中华书局,1973:486,487.
③ (唐)姚思廉. 梁书[M]. 北京:中华书局,1973:599.
④ 田晓菲. 烽火与流星——萧梁王朝的文学与文化[M]. 北京:中华书局,2010:81.

到政治地位的提升。也就是说,梁代文学群体是以皇族为中心,以新崛起的文学家族为主力,以整个门第社会中的文士为基础,构成的一个社会群体。这个群体中,高门士族在文学上的成就与地位,较之于新崛起的文学家族而言相对下降,但依旧在群体成员中占据着不小的比例。

  同时需要注意的问题是,并非所有具备了文学才华的寒士都得到了提升。何逊名高而位低,他的诗歌得到了当时名流的高度赞赏,其中就包含了梁武帝父子,但入梁之后才出仕的何逊,并没有因文名而得到政治上的提升。创作了《文心雕龙》的刘勰、写出了《诗品》的钟嵘,大作足以荣身,却一直沉沦下僚,政治地位并未提升。从这一点来看,文学之士的地位升迁,既需要不俗的文学才华,也需要家族门第为凭依,而这两者的最终掌控者却是皇权。这是皇权政治的一个特点:一切用人标准之后的根本依据是服务于皇族需求。梁武帝在任命庾於陵与周舍为太子洗马时,说"官以人而清,岂限甲族",看似要以才学打破门第之限,但是在他任命张率为秘书丞时却说:"秘书丞天下清官,东南贵望未有为之者,今以相处,足为卿誉。"这种说辞仍以官位来为担职者延誉,则仍是以门第之别为隐含语境的。然而,无论是依靠门第还是文学才华获得政治特权,权力最终来源于皇权的本质,都不会发生改变。故家族门第与文学才华只是服务于皇权需要的两个助手:对于高门士族阶层而言,这种打破门第局限的方式,可以形成一种刺激机制,努力培养子弟的文学才华,以迎合皇权,维护门户;对于次门、寒门士族而言,则可以形成一种激励机制,鼓励寒士为个人、家族计,以文学才华依附皇权,这种情形也在客观上推动了梁代文学的兴盛。

  通过上述分析,我们可以得出这样的结论:首先,梁代文学贵族的形成实则是皇权政治与士族文化融合之后的结果,皇权才是整个王朝文学家族的最终依附者,无论是江东本土望族如张氏、陆氏,还是侨居的寒门次门如到氏、刘氏;也不论这些文学小群体是围绕着梁武帝、昭明太子,还是围绕萧纲而形成,他们所服务的都是整个皇族。其次,皇族与新崛起的文学家族都在文雅的过程中完成了家族的玄学化。无论萧梁皇族成员的"躬自讲论三玄",还是吴郡张氏家族玄学名士辈出,抑或彭城刘氏家族玄学与文学并胜,都说明玄学主体人群与文学主体人群在梁代出现了高度重合,这种情形实则为玄学与文学交互影响的深入提供了可能,同时也反映出南朝皇族与高门旧族争夺文化主导权的完成。

第三章　玄学对梁代前期文论的影响

刘宋、南齐时期的文学创作更加重视语言美与抒情性,对文学领域出现的这种现象进行根源性探索,成为文学理论著作涌现的直接动力。对于文学现象、文学创作的法则、文学评价的标准等具体问题的追问,必然转向对文学存在的深层思索,丰富的玄学理论为这种探索提供了方法论指导和观念支持,刘勰的《文心雕龙》在文学认识、理论架构、文学观念上都受到了王弼玄学的深刻影响,诸如以本末体用的思维方式来分析文学弊病产生的原因,及革除文学弊病的方式所在;并在文学理论的架构中运用了援道入儒的方式,将其儒家文学立场与道家文学本体观贯通起来,为其以儒家经典为宗的文学主张提供了哲学依据。此外,刘勰的文学本体观也大量移用了王弼的玄学思想,他将"道"视为文学的本体,"自然"视为文学存在的固有属性,论证了"采"是文学之所以为文学的规定性,并将文学创作的过程视作沟通"道"的"神思"活动。概言之,刘勰用王弼玄学的本体观念构筑起了他的文学本体观,是贵无论玄学在梁代文学理论中的灵活运用。钟嵘《诗品》对五言诗的评价则更多地受到了自然论玄学的影响。自然论玄学论证了"自然"是一切存在的应然状态,诗歌亦不例外,故"自然"就是文学创作的终极追求。钟嵘认为,诗歌的"自然"表现为"清雅"的创作风格,亦及创作的发生和目的是对性情自然的表达,既不可以是质实不足的,也不可以是直白、过度的,而需要遵守自然法则,亦即是有节制的、和谐的。萧子显的《南齐书·文学传论》则兼容贵无论与崇有论影响,而偏重于崇有论。萧子显认为文学的本体是个体的"性情""神明",文学是"性情"之表现,二者是本体与末用之关系;"性情""神明"是不变的、唯一的,而"神"作为本体,其感召而出的"象"则是多样的,故文学又是多样化的;同时,文学创作不断发生变化,是因为个体"爱嗜"不同,而"爱嗜"又是本于"性情"的,故文学之变化只决定于自身性情,故"新变"实际要求文学将其"自性"发挥至极致,此文学观则与郭象"物尽其性"的思想完全吻合。总体而言,文学批评在梁代的兴盛与玄学的接受有着紧密的关联性,并且玄学思想的传播对文学走向自觉提供了极大的推动作用。

第一节 《文心雕龙》与贵无论玄学

刘勰的《文心雕龙》大约成书于天监元年,它对文学的本体、文学的产生、文学的源头和流变,以及各类文体的特征和文学创作的过程进行了详细的论述,是梁代文学理论著述中最具系统性,也最为完善的著作。这部产生于齐梁之际的著作,其理论体系和文学观念都受到了王弼玄学清晰而深刻的影响,这种深刻性首先反映在作者的思维方式和理论架构的方法论上,其次则体现在某些具体的文学认识和主张上。

在就《文心雕龙》方法论来源、观念来源,与王弼玄学的内在关联做论述之前,需要说明三点问题:一是《文心雕龙》的创作无疑受到了多种思想的影响,但这些内容并非本文关注的重点,本文仅就其中与玄学思想关系紧密的问题进行分析,如刘勰沿用了王弼玄学"援道入儒"的思维方式,将其深受玄学本体论影响的文学本体观与深受儒家影响的文学主张嫁接在一起,至于其具体文学主张受到儒家思想的何种影响,本文不做论述。二是刘勰对于贵无论玄学的接受与对其流弊的批判是同时存在的,二者并不构成矛盾。从文人对时代思潮的接受来看,有学术文化环境长久的潜移默化,亦有文人有意识的选择、接受和利用,刘勰对贵无论玄学的批判乃是其有意选择的结果。三是如何理解本文主张的——刘勰文学理论受到王弼贵无论玄学深刻影响——与《文心雕龙》中对贵无论玄学的批判。刘勰的文学立场是儒家的,以儒家经典为文学创作的规范是其文学主张的总纲领,贵无论玄学影响下文学创作"诗必柱下之旨归,赋乃漆园之义疏"的局面,必然受到刘勰的反对。然而,从刘勰文学理论中"文学本体—文学现象"的二元结构来看,刘勰对贵无论流弊的批判属于对现象层面的批判,而王弼贵无论玄学对刘勰的影响,实则集中在了文学本体层面,即他对文学本体的认识和阐释,以及他以会通儒道的思维方式,对文学本体观与其儒家文学主张的嫁接。也就是说,刘勰实际上是要以儒家经典规范的创作要求,替代东晋时期那种因贵无论流风所及,全面崇尚体悟玄理的、玄言诗式的文学创作倾向,从而完成其"文学本体(原道)—文学现象(宗经)"的贯通。实际上,刘勰这种理论建构的方式,本身就是王弼贵无论玄学对其产生的最大影响。

第三章　玄学对梁代前期文论的影响

一、《文心雕龙》的方法论来源

（一）"反本救弊"与"崇本息末"

刘勰在《序志》中指出了他撰著《文心雕龙》的原因：

> 唯文章之用，实经典枝条，五礼资之以成，六典因之致用，君臣所以炳焕，军国所以昭明，详其本源，莫非经典。而去圣久远，文体解散，辞人爱奇，言贵浮诡，饰羽尚画，文绣鞶帨，离本弥甚，将遂讹滥。……所以搦笔和墨，乃始论文。[1]

此引文意谓，文章的源头是经典，文章对于经典而言犹如枝条之于树干，二者本是相辅相成的关系。五礼要靠它来完成，六典要靠它来施行，君臣政绩、军国大事都要依靠文章得以彰显。但是，在文章发展的过程中，因为离开圣人太过久远，故文章的体制被破坏了，"辞人"喜爱浮华、诡异的言辞，对文章进行过分修饰，离开文章的根本越来越远，以致形成了乖谬、浮滥。为了革除这种"离本弥甚，将遂讹滥"的弊病，于是握笔调墨，开始讨论文章。此处，刘勰将文学弊病的产生，归之于"去圣久远""离本弥甚"，也就是说，辞人违背了圣人的教训，创作的文章与其根本乖违，于是出现了"文体解散""将遂讹滥"的情形。刘勰的这种认识应当借鉴了《老子》思想，《老子》第三十八章曰："失道而后德，失德而后仁，失仁而后义，失义而后礼。夫礼者，忠信之薄而乱之首。"这段话认为，人类社会的发展是一个"去道日远""朴散真离"的过程，而造成这种情形的原因则是人类自身的妄作。王弼对《老子》三十八章的注解如下："夫礼也，所始首于忠信不笃，易简不畅，责备于表，机微争制。夫仁义发于内，为之犹伪，况务外饰而可久乎？"[2]王弼的注解本《老子》义而有所发挥，他认为礼仪之所以是社会弊病的源头，在于人的朴实忠信已经丧失，天地"不为""不劳"之道不通畅，礼仪作为外饰就不能长久，社会才会弊病丛生。对比刘勰对文学弊病形成的描述，和《老子注》中王弼对社会弊病产生过程的描述，我们可以看到，二者之间存在着同样的认知方式：现象世界存在的混乱和弊病，根源不在于现象本身，而在于其本体的不彰。因此，抑

---

[1] 杨明照.增订文心雕龙校注[M].北京：中华书局，2012：618.
[2] 楼宇烈.老子道德经注[M].北京：中华书局，2011：99.

制混乱现象的方法就不能在现象中寻找,而应该由末用之现象寻及本体,刘勰说:

> 详观近代之论文者多矣,至于魏文述典,陈思序书……又君山公干之徒,吉甫士龙之辈,泛议文意,往往间出,并未能振叶以寻根,观澜而索源。[①]

他的意思是说,虽然前人已经意识到了文学发展中存在的弊病,并创作了大量议论文章的著作,但是他们的探讨却是舍本而逐末,一直停留在作品本身,而未能探及本源。刘勰这种认识事物的方式,同样受到了王弼的影响。王弼在《老子指略》中言曰:"夫素朴之道不著,而好欲之美不隐,虽极圣明以察之,竭智虑以攻之,巧愈思精,伪愈多变,攻之弥甚,避之弥勤。则乃智愚相欺,六亲相疑,朴散真离,事有其奸。盖舍本而攻末,虽极巧智,愈致斯灾。夫镇之以素朴,则无为而自正。""故见朴素以绝圣智,寡私欲以弃巧利,皆崇本以息末也。"[②]王弼是以本体与末用的关系,来分析"道"与混乱的社会现象的关系,认为舍其本而攻其末无异于抱薪救火,其结果只能是去"道"更远、"朴散真离"更甚,而消除社会弊端的根本方式是要"崇本",如果能够使"素朴之道"得以彰显,末用之弊端也就随之消失了。王弼所论,指向的是整个人类社会,刘勰所论则专指于文学,但其思维方式是完全一致的,要解决文学发展中"文体解散""将遂讹滥"的弊端,就不能从文章本身来寻找,而需要由末而寻本,从认识文学的本体中开始。故其言:"然逐末之俦,蔑弃其本,虽读千赋,愈惑体要。"而需要"务先大体,鉴必穷源。乘一总万,举要治繁",以达到"振本而末从,知一而万毕"。刘勰的这些主张都体现出了王弼本末思想的深刻影响。

(二)"原道征圣"与"援道入儒"

刘勰的文学立场是儒家的,他撰著《文心雕龙》的目的,是用儒家经典来规范文学创作,以革除文学讹滥、浮靡之风。刘勰认为儒家经典是文学的源头,他在《宗经》篇曰:

> 经也者,恒久之至道,不刊之鸿教也。故象天地,效鬼神,参物序,制人纪,洞性灵之奥区,极文章之骨髓者也。……若禀经

[①] 杨明照.增订文心雕龙校注[M].北京:中华书局,2012:618-619.
[②] 楼宇烈.老子道德经注[M].北京:中华书局,2011:205.

第三章　玄学对梁代前期文论的影响

以制式,酌雅以富言,是仰山而铸铜,煮海而为盐也。故文能宗经,体有六义:一则情深而不诡,二则风清而不杂,三则事信而不诞,四则义直而不回,五则体约而不芜,六则文丽而不淫。……励德树声,莫不师圣,而建言修辞,鲜克宗经。是以楚艳汉侈,流弊不还,正末归本,不其懿欤?①

经典是"至道",它不仅是文章的源头,更是文章的精髓所在,也是文章所能达到的最高典范,所以文章的创作应当依照经文来制定体式,斟酌雅正之语使文辞丰富,达到"情深而不诡""风清而不杂""事信而不诞""义贞而不回""体约而不芜""文丽而不淫"。刘勰认为人们在勉励德行、树立声誉上没有不效法圣人的,但是在作文修辞上却很少以经典为宗,这是文学流弊产生的原因。如果能用经典来规范创作,就可以修正末用中的流弊,使之得以归本。

可以说刘勰的儒家立场是非常明确的,但是儒家的经典只是文学的源头,同样属于器用层面,而非文学的本体。所以,为什么要"宗经",就成了他提出文学主张前必须言明的根本前提。刘勰的思路是要"振叶寻根,观澜索源",亦即要从文学的本体中去寻找依据,所以"宗经"之前,首先要"原道"。换言之,"原道"要解决的是"文学是什么"问题,"宗经"要解决的则是"文学应当如何"的问题,前者是文学的本体、是文学存在的依据,后者是文学创作的典范,是文学现象的应然状态,那么如何解决本体与现象的关系,使本体能够为改造现象的主张提供依据呢?刘勰认为必须要"征圣"。

《征圣》对于圣人可以体知"道"有详细的论述:

夫鉴周日月,妙极机神;文成规矩,思合符契。或简言以达旨,或博文以该情,或明理以立体,或隐义以藏用。……天道难闻,犹或钻仰;文章可见,胡宁勿思?若征圣立言,则文其庶矣。②

刘勰说圣人能够体知天地自然,探究精深奥妙的变化,"文成规矩,思合符契"。圣人之"文"能够用最恰当的方式来表达他所体知的"道","道"是难以言说的,而圣人之"文"却是可见的,向圣人学习写作文章,就能够接近于"道"。刘勰的这段论述,再一次借鉴了王弼的玄学思想。王弼认

---

① 杨明照.增订文心雕龙校注[M].北京:中华书局,2012:28.
② 杨明照.增订文心雕龙校注[M].北京:中华书局,2012:18.

为"圣人体无,无又不可以训,故不说也;老子是有者,故恒言无所不足",汤一介先生指出,在王弼的理论中"圣人和道体的关系是一种内在的关系,所以圣人可以'体无',而老子要说那不可说的本体,这就是说他把'本体'看成对象,而不能与'本体'有内在的关联,不能与'本体'为一"。[1]所谓"内在的关系"也就是同一性,亦即圣人的品德与"道"是相同的,因之二者也就是相通的。圣人中和备质,可以法天地自然、中正平和不偏不倚,常人则各有偏差,不能体现"道"的完整性。这是王弼玄学赋予圣人的品格,"(王弼)给圣人一种新的形象,这就是'圣人体无',把道家的思想加到孔子身上,当然他不是简单地把道家思想就说成孔子的思想,而是在不否定儒家原有的思想(名教)的基础上,为这一思想找一个形而上的依据,或者说在道家思想中容纳某种儒家思想"。[2]刘勰采纳了这一观点,以圣人能够与"道"相通为前提,提出了"征圣"的观点。

在"文之枢纽"的五篇文章——《原道》《征圣》《宗经》《正纬》《辨骚》中,《原道》强调的是"道"作为"文"的本体地位,但本体不可言说,不能作为认识"文"的对象,而"圣人有则天之德",可以体"道",所以"圣人"可以为师。圣人通过"经"来明"道",而"纬""骚"去圣不远,故皆离"道"亦近,因之,皆可为文之典范。以圣人之言为学习对象,目的是要体知文学之"道",而体知文学之"道"的最终归宿,则是指导和规范现实的文学创作:圣人之言既为文的精髓、典范,那么依照经典来制定文学创作的规范,确立评判文学高下的标准也就有了必然如此的合理性。这样就将属于形而上哲学的文学本体,与属于现象存在的儒家经典,以及依照儒家典籍生发出的文学主张贯通如一,使儒家典籍作为文学规范的合理性更加充分。所以刘勰要"原道""征圣"实际正是要"援道入儒",一方面熔铸道家本体观念来构筑文学本体观念,另一方面又可以保存儒学为核心的文学价值观,并进一步为其具体的文学主张提供哲学依据。

(三)"隐秀"与"言意之辨"

玄学思想对《文心雕龙》的方法论影响,不唯在对文学的宏观认识和文学理论体系的建构上,也见于具体的创作主张之中。《隐秀》篇云:"文之英蕤,有秀有隐。隐也者,文外之重旨者也;秀也者,篇中之独拔者也。隐以复意为工,秀以卓绝为巧。"[3]刘勰提出"隐秀"的方法论前提来自言意之辨,"文外之重旨"意谓得意于言外,"篇中之独拔"意谓得意于言内,

---

[1] (西晋)陈寿.三国志:魏书[M].北京:中华书局,1982:795.
[2] 汤一介.郭象与魏晋玄学[M].北京:北京大学出版社,2009:110-111.
[3] 杨明照.增订文心雕龙校注[M].北京:中华书局,2012:500.

第三章 玄学对梁代前期文论的影响

其立论基础是王弼所主张的"得意忘言"之论。魏晋时期,关于言意关系的观点有三:一言不尽意;二言可尽意;三得意忘言。三者之间各有同异。主"言不尽意"者,谓可意会不可言传,则言于意无用,故可废之;主言可尽意者,则意与言同,存言方可得意;王弼主得意忘言,乃从言不尽意中引申出来,同时承认言作为得意之工具不可废,然亦不可固执。因为"尽意莫若象,尽象莫若言"(《周易略例·明象》),这强调了言、象对于得意之重要作用,故言不可废,但是"存言者非得象者也,存象者非得意者也"(《周易略例·明象》),故不可固执于言象以等同于得意。故其言曰:"言者所以明象,得象而忘言象者所以存意,得意而忘象。"(《周易略例·明象》)可知得意忘言实际兼容了言不尽意与言可尽意两说。刘勰论"隐秀","隐"所求者言外之意,此乃承认言不尽意,故意从言外求;"秀"谓意从言中求,故存言所为得意,而非固执于言。关于此问题,汤用彤先生论述曰:"魏晋南北朝文学理论之重要问题实以'得意忘言'为基础。言象为意之代表,而非意之本身,故不能以言象为意;然言象虽非意之本身,而尽意莫若言象,故言象不可废,而'得意'(宇宙之本体,造化之自然)须忘言忘象,以求'弦外之音''言外之意'。"[1]

二、《文心雕龙》的本体观来源

玄学思想对《文心雕龙》影响,还体现在刘勰对文学本体观的构筑上。他要给自己的文学主张寻找一个哲学依据,以解决其合理性问题,故他需要解答更为根本性的问题,文学存在的依据是什么,文学之所以为文学的规定性是什么,文学如何产生等。王弼《老子指略》中:"夫欲定物之本者,则虽近必自远以证其始。夫欲明物之所由者,则虽显而必自幽以叙其本。"[2]《原道》篇所要解决的问题便是定其本,《情采》篇要见其性,《神思》篇则要明其由。

(一)"人文之元,肇自太极"

刘勰认为"人文之元,肇自太极",在得出这个结论之前,他先对"文"是什么?"人文"是什么?"文"存在的依据是什么?这三个问题进行了回答。《原道》篇开宗明义:

---

[1] 汤用彤.魏晋玄学论稿[M].北京:三联书店,2009:282.
[2] 楼宇烈.老子道德经注[M].北京:中华书局,2011:304.

> 文之为德也大矣,与天地并生者,何哉?夫玄黄色杂,方圆体分;日月叠璧,以垂丽天之象;山川焕绮,以铺理地之形:此盖道之文也。仰观吐曜,俯察含章,高卑定位,故两仪既生矣。惟人参之,性灵所钟,是谓三才。为五行之秀,实天地之心。心生而言立,言立而文明,自然之道也。傍及万品,动植皆文:龙凤以藻绘呈瑞,虎豹以炳蔚凝姿;云霞雕色,有逾画工之妙;草木贲华,无待锦匠之奇。夫岂外饰,盖自然耳。至于林籁结响,调如竽瑟;泉石激韵,和若球锽。故形立则章成矣,声发则文生矣。夫以无识之物,郁然有彩,有心之器,其无文欤?[①]

这段话即是对上述三个问题的具体阐述:其一,"文"是天地万物呈现出的外部特征,如天象、地形、飞禽的羽翼、走兽的皮毛、植物的枝叶、花实等。"文"在这个概念中取用的是其本义,即纵横交错的图案或者花纹,它包含了一切自然物所表现出的形色、声响。同时,"文"是天地万物与生俱来的自然属性,如虎豹的毛色、云霞的色彩、林籁声响,它们不是用来修饰万物的外物,而是万物本身固有的部分。其二,人"文"就是语言。因为人有心有识,灵于万物,是"天地之心",人类自产生便有了语言,故语言就是人"文"。也就是说,人之外的自然万物的"文"是表现为形貌、色彩、声响等,而人"文"则表现为语言。刘勰认为,那些无识之物尚且郁然成彩,有心识的人又怎能无"文"呢?这样的类比从逻辑上来看并不能成立,但它并不妨碍我们理解刘勰的本意:人作为万物之灵,不仅一定有"文",且它的"文"表现为更加高级的语言。其三,"道"是"文"的本体,"自然"是"文"存在的状态。文中说"垂丽天象、铺理地形,此盖道之文也""言立而文明,自然之道也""动植皆文……夫岂外饰,盖自然耳"。也就是说,"文"作为天地万物的固有属性,与天地万物相同,其存在的依据就是"道"本身;"文"的存在与天地万物形同,是一种自然而然的状态。这段话确立了"道""自然"是"文"得以存在的根本依据。

"文"存在的依据是"道",那么"文"对于"道"而言,其意义又如何呢?刘勰认为:

> 人文之元,肇自太极,幽赞神明,易象惟先。庖牺画其始,仲尼翼其终。而《乾》《坤》两位,独制《文言》。言之文也,天地之心哉!若乃《河图》孕乎八卦,《洛书》韫乎九畴,玉版金镂之实,

---

[①] 杨明照.增订文心雕龙校注[M].北京:中华书局,2012:1.

第三章　玄学对梁代前期文论的影响

丹文绿牒之华,谁其尸之?亦神理而已。……爰自风姓,暨于孔氏,玄圣创典,素王述训:莫不原道心以敷章,研神理而设教,取象乎河洛,问数乎蓍龟,观天文以极变,察人文以成化;然后能经纬区宇,弥纶彝宪,发辉事业,彪炳辞义。故知道沿圣以垂文,圣因文而明道,旁通而无滞,日用而不匮。易曰:"鼓天下之动者存乎辞。"辞之所以能鼓天下者,乃道之文也。①

概言之,"文"是反映"道"的一种媒介。"道"不可言说,必借助于某种媒介使之得以体现,如《易经》之卦象,从庖牺氏始画八卦,到孔子制作《十翼》并以《文言》阐明《乾》《坤》之义,说明圣人可以通过语言来阐明自然之"道",使它在方方面面贯通无碍,人们可以时时运用而不觉得匮乏。由此可知,"人文"亦即语言,是体现幽微之"道"的一种媒介。关于"文"作为认识"道"的媒介这一论题,汤用彤先生指出:"于宇宙之本体(道),吾人能否用语言表达出来,又如何表达出来?此问题初视似不可能,但实非不可能。盖因'道'虽绝言超象,而言象究竟出于'道'。滴水非海,一瓢非三千弱水,然滴水究自海,一瓢究为弱水。若得其道,就滴水而知大海,就一瓢而知弱水。故于宇宙本体,要在是否善于用语言表达,即用一种表达之媒介。而表达宇宙本体之语言(媒介)有充足的、适当的及不充足的、不适当的,如能找到充足的、适当的语言(媒介),得宇宙本体亦非不可能。"②故文学于"道"而言,恰如音乐之于"道",实是一种媒介。

(二)"立文之本,非采而何"

"文"的本体是"道","文"是反映"道"的媒介,那么何为"充足的、适当的"语言呢?刘勰认为那就是儒家经典。如果进一步追问为什么儒家典籍能够作为"文"的最高典范,这就涉及了对"文"之所以为文的规定性探索,刘勰在《情采》篇云:

圣贤书辞,总称文章,非采而何! 夫水性虚而沦漪结,木体实而花萼振,文附质也。虎豹无文,则鞟同犬羊;犀兕有皮,而色资丹漆,质待文也。若乃综述性灵,敷写器象,镂心鸟迹之中,织辞鱼网之上,其为彪炳,缛采名矣。故立文之道,其理有三:一曰形文,五色是也;二曰声文,五音是也;三曰情文,五性是

---

① 杨明照.增订文心雕龙校注[M].北京: 中华书局,2012: 1, 2.
② 汤用彤.魏晋玄学论稿[M].北京: 三联书店,2009: 272.

也。五色杂而成黼黻,五音比而成韶夏,五情发而为辞章,神理之数也。《孝经》垂典,丧言不文;故知君子常言,未尝质也。老子疾伪,故称"美言不信",而五千精妙,则非弃美矣。庄周云辩雕万物,谓藻饰也。韩非云艳采辩说,谓绮丽也。绮丽以艳说,藻饰以辩雕,文辞之变,于斯极矣。研味《孝》《老》则知文质附乎性情;详览《庄》《韩》则见华实过乎淫侈。若择源于泾渭之流,按辔于邪正之路,亦可以驭文采矣。夫铅黛所以饰容,而盼倩生于淑姿;文采所以饰言,而辩丽本于情性。故情者文之经,辞者理之纬;经正而后纬成,理定而后辞畅:此立文之本源也。[①]

这段话开宗明义,圣贤著作之所以被称为文章,皆因其有"采"。"文"的本义是纹理、图案,《说文》云:"文,错画,象交,文。"《释名》云:"文者,会集众采,以成锦绣,合集众字,以成辞义,如文绣然也。""章"亦有花纹、图案、色采之义,《尚书·皋陶谟》云:"五服五章哉。"《周礼·冬官考工记》云:"画绘之事,青与赤谓之文,赤与白谓之章。"《诗经·小雅》中有:"织文鸟章,白旆央央。""文"与"章"皆有"采"之义,"采"也就是文章的规定性。刘勰把"文"分为三类:一是五色所构成的"形文",二是五音所构成的"声文",三是五情所构成的"情文"。其中"五情发而为辞章",所以"人文"也就是"情文",作为"人文"具体形态的语言则是"五情"的载体,它的规定性同样是"采",故刘勰称之"情采"。"情"和"辞"的关系也就是内容和形式的关系,它们共同体现出"采"的特性,换言之,文章的抒情性和语言美也就是其文学性所在。

"文采"作为文学的特性,它的存在是自然而然的,它缘性情而生发,通过恰当而充足的语言表现出来。辞采是依附于性情而存在的,性情则需要辞采而得以呈现,同时,对文辞的雕饰并不总是有助于性情的呈现,所以真正的"文采"应当是情与辞的自然融合。也就是说,"文采"作为文学的规定性,它体现出的是一种自然状态。为了论证文学性的这种自然状态,刘勰讨论了"文"与"质"的关系。他说,水性流动而形成了波纹,木性质实才长出花萼,所以"文"需要依附于"质"才能存在;虎豹有了皮毛纹饰,才成为虎豹,犀兕之皮制成甲胄,需要丹漆显示其色彩,所以"质"需要"文"以成其"质"。"质"既为物体的本性,"文"则是本性的外化,它们应当是一体两面,不可分割的。对于文学作品而言也是如此,性情是其本性,辞采是其表现。

[①] 杨明照.增订文心雕龙校注[M].北京:中华书局,2012:418.

第三章　玄学对梁代前期文论的影响

这里需要说明的问题是,在刘勰的理论表达中,"文"的含义是变化的:(1)探讨"文"的本体时,"道之文"中的"文"指的是天地万物的形貌、色彩、声响以及人类的语言;(2)"人文之元"中的"文"指的是一切文章,即广义的文学;(3)在阐释"文"属性时,又指出"情"也是"文"的一种;(4)在讨论具体作品中"情"与"文"的关系时,"文"指对语言的文饰,亦即修辞,所谓"文采所以饰言"。与之相对应的,"质"的含义亦是有变化的,在阐释"水性"与"波纹"的关系时,"质"是本性,"文"附于"质"而存在,但在讨论《孝经》与《老子》时,他又说"文质附于性情",即认为"性情"是"质","文质"则皆属于"文",可见在这里"文"和"质"所指称的内容都发生了变化,"文"即对语言的修饰,"质"则指语言缺少修饰。这样"质"就具有了两种含义:一是指本性、性情;二是指语言缺少修饰。"采"也有两义:一是辞藻雕饰,是外在的、附加的修饰,二是所描绘者内在的、自然的风采,它借助于辞藻来展现,但辞藻本身不能替代,所谓"联辞结采,将欲明经,采滥辞诡,心理愈翳"。

如此对文学性的探讨,最终指向如何在情感表达与语言修饰之间找到完美的契合点,使性情能够自然地呈现。刘勰认为,能够做到这点的莫过于圣人,因为圣人能够以"精理为文,秀气成采",如此就与他的儒家文学立场巧妙地连接起来,为他批判文学创作中过分藻饰以致浮靡的文学风气提供了依据,并进一步维护了"文质彬彬"的儒家文学观,是对玄学思维中的文学本体观,与儒家立场上的文学创作论的嫁接。

(三)"情发为辞,神理之数"

刘勰认为,人文的产生是"神理"所致。《原道》篇曰:"丹文绿牒之华,谁其尸之?亦神理而已。"《情采》篇曰:"五情发而为辞章,神理之数也。"《丽辞》篇曰:"造化赋形,支体必双,神理为用,事不孤立。"《征圣》篇说:"鉴周日月,妙极几神。"《宗经》篇说:"易唯谈天,入神为用。"《论说》篇言:"锐思于几神之区。"这些描写中所说的"神理","神"指的是"道"之理,是可被感知但无法言说的东西,它和"道"同样是先验的、形上的存在。圣人有殊致,正在于其精神活动能与"神理"相通无碍。常人则不同,因为"性情所铄,陶然所凝",所以"才有庸俊,气有刚柔,学有深浅,习有雅郑",不必能与"神理"贯通,故其进行文学创作的过程也就是极力与"神理"相接,寻找充足的语言媒介的过程。刘勰将这个过程称为"神思",《神思》篇云:

> 古人云,形在江海之上,心存魏阙之下,神思之谓也。文之

思也,其神远矣。故寂然凝虑,思接千载,悄焉动容,视通万里;吟咏之间,吐纳珠玉之声;眉睫之前,舒卷风云之色:其思理之致乎?故思理为妙,神与物游,神居胸臆,而志气统其关键;物沿耳目,而辞令管其枢机。枢机方通,则物无隐貌;关键将塞,则神有遁心。①

"神思"是指文学创作过程中创作者的精神活动,由五情所动而生发,能通于自然,是心识的自然之属,故可以与"神理"相接,亦即《原道》篇所言"五行之秀,天地之心,性灵之所钟"。文学创作之所以发生,正在于"其神远矣",文思之所以幽微精妙,则在于它能与外物交接,这个过程实质上便是精神活动与"神理"相接,并寻求充足的语言媒介使之呈现的过程。故刘勰说,心识、志气是统驭"神思"的关键,语言、辞章是控制外物表达的枢纽,如果语言表达通畅无碍,那么外物的形貌就自然地呈现出来;如果精神活动受到阻碍,则无法寻找到充足的语言,那么"神理"便隐遁不现。《体性》篇说:"夫情动而言形,理发而文见,盖沿隐以至显,因内而符外也。"②这个"沿隐至显""因内符外"过程,实质上也就是寻找充足的语言媒介,将精神活动与"神理"的交接呈现出来。

在刘勰的文学思想中,可以作为沟通天地自然之道的充足媒介是儒家的经典,因为圣人"妙极生智,睿哲惟宰",这种认识沿袭了王弼的"性情"之论。王弼说"圣人茂于人者,神明也;同于人者,五情也。神明茂故能体冲和以通无,五情同故不能无哀乐以应物"。③常人则各有偏差,其"性"之不同,故其文章也就各有短长,而要使文章像经典一样充足地反映自然之"道",则要先明"性情"之不同,明文体之差异,《体性》篇说:

若总其归涂,则穷数有八体:一曰典雅,二曰远奥,三曰精约,四曰显附,五曰繁缛,六曰壮丽,七曰新奇,八曰轻靡。……八体屡迁,功以学成,才力居中,肇自气血,气以实志,志以定言,吐纳英华,莫非情性。……故童子雕琢,必先雅制,沿根讨叶,思转自圆,八体虽殊,会通合数,得其环中,则辐辏相成。

这里说的"八体"之"体"指的是文学的风格或者风貌,因常人性情各有不同,故其文章的风貌也就各有不同,总结而论就有"八体"之别。

---

① 杨明照.增订文心雕龙校注[M].北京:中华书局,2012:372.
② 杨明照.增订文心雕龙校注[M].北京:中华书局,2012:383.
③ (西晋)陈寿.三国志:魏书[M].北京:中华书局,1982:795.

第三章　玄学对梁代前期文论的影响

如果初学者能够由其本而寻其末,就能思路圆转,"八体"虽有殊别仍可以融会贯通,使文章能够充足地反映出"道"。"环中"语出《庄子·齐物论》,其文曰:"彼是莫得其偶,谓之道枢。枢始得其环中,以应无穷。"郭象注曰:"夫是非反覆,相寻无穷,故谓之环。环中空矣,今以是非为环而得其中者,无是无非也。无是无非,故能应夫是非。是非无穷,故应亦无穷。"[1] "辐辏相成"取《老子》十一章:"三十辐共一毂,当其无,有车之用。"[2] 其意与"环中"之意同,皆指能够体知"道"的精妙幽微之处,以统众体。

概言之,刘勰文论与王弼玄学的理论关联性极大,其理论构建的方法论基本移植了王弼玄学方法论,诸如以本末体用之关系来分析文学弊病,试图正本清源以救末用之流弊;在构筑文论体系时,以王弼思想体系中的圣人人格为贯通本末之媒介,沟通儒道,以老庄自然观为文学本体依据,赋予其以儒家文学主张以形上之依据。在具体的文学观念上,以"道""自然""神理"作为文学存在、产生的根本依据,虽然其主观目的是为了赋予其儒家文学立场以合理性,但在客观上论证了文学源于自然,文学的属性是美等文学观念,推动了文学重新认识自身,以及梁代文学创作向文学性的回归。

第二节　《诗品》与自然论玄学

钟嵘的《诗品》大约在天监十三年(514)后开始撰写,成书年代则大概在天监十七年、十八年(518—519)[3],依照"不录存者"的标准,书中共收录了一百二十三位诗人,[4] 钟嵘以他们创作的五言诗为品评对象,斟酌升降,分品而定。较之于《文心雕龙》而言,钟嵘的《诗品》缺乏清晰的理论体系,也没有明确地提出具体的文学主张,而是将自己的文学认识和文学主张,直接付诸文学评价的实践中,通过对文学样本的品评,以范例的形式呈现出来。因此,当我们要探究钟嵘文学思想与玄学的关联性时,就无法像对待《文心雕龙》那样直接关注其理论体系、本体观念,并从中揭

---

[1]　成玄英.庄子注疏[M].北京: 中华书局,2011: 36.
[2]　楼宇烈.老子道德经注[M].北京: 中华书局,2011: 29.
[3]　王叔岷.钟嵘诗品笺证稿[M].中华书局,2007: 13.按,刘汝霖《东晋南北朝编年》志于天监十七年,然亦认为当在天监十七至十八年间,见第341页.
[4]　按,上品第一篇《古诗》作者不明,人数不确,未计入内.

示出二者之间的关系。而必须要从钟嵘对诗歌的评价中归纳其考察时的观测点,和评价时所依据的标准,并进一步总结出其文学认识和文学主张,然后才能从他的认识和主张中判断其文学思想与玄学思想之间的关联性。

一、《诗品》评价的关注点

与刘勰《文心雕龙》由论述理论而至具体作品分析的撰写思路不同,钟嵘试图通过对五言诗发展历史的回顾,和对诗人具体诗篇的遴选、比较、分品,来呈现判定诗歌优劣的标准,正如其所言"诗之为技,较而可知"。[①] 钟嵘对所选的一百二十三位诗人的诗篇的比较,并不是随意而作的,而是存在着较为稳定的观测点,这些观测点正是钟嵘对五言诗创作关注点所在。

其一,关注诗歌的抒情性。在上品收录的十二家中,共有六人的评价关注了诗歌对情感的表达:在对《古诗》的评价中,指出陆机拟古诗"意悲而远";言李陵之诗"文多凄怆",乃"怨者之流";班姬诗"怨深文绮";曹植诗"情兼雅怨";王粲诗为"愀怆之词";阮籍诗"颇多感慨之词";左思诗"文典以怨"。四人以"怨"为评,余则言其"悲""凄怆""愀怆",同为悲伤幽怨之意;"感慨"指情感愤激之作,在情感内容上与其他略有不同。以悲怨的情感为特点的诗,在上品中所占比例达到了一半,而在中品、下品中,这一比例则要少得多。中品的三十九人中,仅有六家有这样的特点,如言秦嘉诗"文亦凄怨";言刘琨"善为凄戾之词","凄戾"亦作"悽唳",语见潘岳《笙赋》"其悽唳辛酸,嘤嘤关关,若离鸿之鸣子",[②] 言丧乱悲凉之意;郭泰机"孤怨宜恨";郭璞"词多慷慨"、有"坎壈咏怀"之作;沈约诗"长于清怨"。下品七十三人中仅有三人有此特点,如言班固诗"有感叹之词、怀寄不浅";言曹操诗"甚有悲凉之句";毛伯成"文不全佳,多惆怅"。这些词语都指向了诗歌对情感的表达,并集中表现为"怨""悲""凄怆""慷慨"几种情绪。

其二,关注诗歌的语言美。对语言本身的关注是《诗品》评价诗歌的重点,列入上品的十二家中,只有李陵与左思两家未对文辞藻饰与否做出评价,其余十家则皆有品评。言陆机所拟作的十四首《古诗》"文温以丽";班婕妤诗"文绮";曹植诗"辞采华茂";王粲诗"文秀";陆机诗"举

[①] 王叔岷.钟嵘诗品笺证稿[M].北京:中华书局,2007: 89.
[②] (宋)李善,吕延济,刘良等.六臣注文选[M].北京:中华书局,2012:341.

第三章 玄学对梁代前期文论的影响

体华美";潘岳诗"烂若舒锦";张协诗"文体华净、调采葱菁";谢灵运诗"丽典新声";评价刘桢,以其诗歌"雕润"太少为遗憾;评价阮籍,特意指出其诗"无雕虫之功",意谓其文辞无藻饰;中品中,言曹丕"西北有浮云"十余首"美赡可玩";言张华诗体"华艳,巧用文字,务求妍冶","妍冶"意谓华美之姿;张翰、潘尼诗"文彩高丽";应璩"济济百日所"诗语言"华靡";言陶渊明诗中"欢言醉春酒""日暮天无云"两句"风华清靡";颜延之诗"体裁绮密","体裁"指其诗歌结构与语言风格;谢惠连诗"工为绮丽歌谣";言鲍照得张华之诗"靡嫚"。下品中,言宋孝武诗"雕文织彩,过为精密";谢混、殷仲文诗为"华绮之冠";韩兰英之诗"绮密";孔稚珪诗"文为雕饰";王融、刘绘诗"词美英净";江祀诗"明靡可怀";言惠休诗则谓之"淫靡"。钟嵘对诗歌语言进行描述时,使用频率非常高的词汇是:"华""靡""绮""丽""美""艳",合而用之为"华美""华靡""华艳""华绮""绮丽",其意皆与"华美"相类而略有侧重:"靡"则偏重于精细;"艳"则偏重于色泽;"绮"则偏重于纹饰;"丽"则偏重于亮度,与"明"相近;"美赡"谓华美而丰富、"绮密"则言纹饰繁复犹如织彩;"靡嫚"谓精细可爱、柔美喜人,恰如钟嵘评张华诗云:"儿女情多、风云气少。"从这些评价词汇中足见钟嵘对于诗歌语言的审美取向。

其三,关注诗歌的"风力"。除对上述两种具有普遍性的现象——情感表达、语言修饰——表现出特别的关注之外,钟嵘还对诗歌创作中的特殊现象表现出了关注,如诗文中呈现出的"风骨""骨气""风力"。钟嵘评价曹植诗"骨气奇高";刘桢诗"仗气爱奇,贞骨凌霜";言左思的风格源出于刘桢,又赞陶渊明诗"协左思风力",可知钟嵘以左思、陶渊明能得建安遗风为其可观之处。对于"风骨"的关注,源于钟嵘对建安诗风的推崇,在《诗品总序》中言:

> 降及建安,曹公父子,笃好斯文;平原兄弟,郁为文栋;刘桢、王粲为其羽翼。次有攀龙托凤,自致于属车者,盖将百计。彬彬之盛,大备于时矣。……永嘉时,贵黄、老,稍尚虚谈。于时篇什,理过其辞,淡乎寡味。爰及江表,微波尚传,孙绰、许询、桓、庾诸公,诗皆平典,似《道德论》建安风力尽矣。[1]

称建安诗坛谓之"彬彬之盛,大备于时",言永和文风惜之曰"建安风力尽矣",钟嵘对东晋玄言诗"理过其辞,淡乎寡味"诗歌风格的反对,一

---

[1] 王叔岷.钟嵘诗品笺证稿[M].北京:中华书局,2007:58-62.

则在其文辞缺乏美感,二则因其文气缺少"风力"。在讨论"赋""比""兴"的运用时,钟嵘指出"宏斯三义,酌而用之,干之以风力,润之以丹彩,使味之者无极,闻之者动心,是诗之至也"。以"风力"为文之骨干,以"丹彩"为文之肌肤、外貌,能使人回味而无穷,闻言而心动,这样的诗歌可以视作诗中的极致。以钟嵘的看法为标准,那上品十二家中能达到此高度者唯有曹植,所谓"骨气奇高,辞采华茂,情兼雅怨,体被文质",即从骨气、辞采、情味三方面都给出了极高的评价,最后称之"体被文质",如此则可谓"彬彬之盛"。很显然,此种认识与刘宋、南齐以来文学向自身文学性、抒情性回归是同步的。

其四,关注诗歌的格调。钟嵘特重诗歌的格调,尤其对玄学影响下诗歌表现出的幽思玄远的格调给予了极高的评价。《诗品》中阮籍诗歌被列入上品,其评价曰:"《咏怀》之作,可以陶性灵,发幽思。言在耳目之内,情寄八荒之表。洋洋乎会于《风》《雅》使人忘其鄙近,自致远大。"在《诗品》所论一百二十三家普遍以情味悲怨、辞采华美为关注点的评价中,对阮籍诗歌的评价是非常独特的,而这种独特实际上正是玄学精神为其带来的玄远格调。所谓"陶性灵,发幽思"所指的是诗歌中蕴含的思理,这种思理依托于耳目可见之"言",营造出可感的"象",使人在对言、象的体味中感受到不受拘执的言外之"意",故可至于"远大"。这是思理通过语言艺术抽象之后所能开拓出的审美空间,可久可大,体之而无尽,味之而有余,它运用的正是玄学思想表达和体知事物的哲学方式,亦即"言不尽意""得象而忘言,得意而忘象"。同时,这种思理不是剥离了情感的外物,而是由具体情感体验抽象出的,具有普遍意义的生命领悟,因此可使人产生移情、共鸣,从而超越具体事件、具体情感,获得一种可以给人隽永恒久心灵慰藉的功能,这是诗歌艺术的形象性和哲学思维的抽象性之间动人的结合。因此,阮籍诗歌虽无"雕虫之功",而能以"幽思"之"感慨"和"寄托"之"远大"列入上品。在评价嵇康诗歌时,钟嵘言其"托喻清远,未失高流";评价《古诗》"惊心动魄,清音独远",同样是以"清远"作为评判诗歌格调高下的一个指征。诗歌中表达的情味、诗歌语言的修饰、呈现出的风骨以及诗歌中蕴含的思理,都是钟嵘诗歌评价所关注的内容,评定诗歌的高下则从这些方面的表现是否自然、节制为标准,形成了《诗品》自身的诗歌审美评判标准。

二、《诗品》评价的现实基础与哲学先导

钟嵘对诗歌的评价和对诗人的分品,虽然是以个人认识和喜好为基

第三章 玄学对梁代前期文论的影响

础的,但对于诗歌观测点的选取却并非出于纯粹的个人喜好,而是以当时的文学创作现实作为分析基础的,是对刘宋、南齐以来文学发展趋势的反映,宋齐以来的文学作品普遍重视辞采。《南史·颜延之传》:

> 延之与陈郡谢灵运俱以辞采齐名,而迟速悬绝。文帝尝各敕拟《乐府北上篇》,延之受诏便成,灵运久之乃就。延之尝问鲍照己与灵运优劣,照曰:"谢五言如初发芙蓉,自然可爱。君诗若铺锦列绣,亦雕缋满眼。"[1]

这是一段极有代表性的话,文中出现了刘宋时期最著名的三位文学家:谢灵运、颜延之、鲍照,而内容可谓行家对行家的评价。鲍照认为谢诗如"初发芙蓉,自然可爱",这句话已经成为了评价谢诗的典范,"初发芙蓉"是一个自然产生的过程,强调了谢诗呈现出的自然之美;颜诗"铺锦列绣,雕缋满眼",锦绣是人工织就的产物,雕绘同样是人为的造作。拟之以"初发芙蓉",是以自然物的美,来形容人工造就的存在所具有的美的特质,"初发"则暗示了这种美的清新、洁净;拟之以"锦绣""雕绘",则是以人工之美,来形容颜诗所具有的美的特质,"铺""列""满眼"突出了其繁复。在固化的审美观念中,"锦绣""雕绘"往往让人联想到色彩鲜艳、图案繁密等特征,它与"初发芙蓉"之美是两种不同的审美风格。但同时这两种不同的风格,实则都来自人工的造作,是一种刻意营造的风格差异。谢诗和颜诗的审美风格不同,但文中称二人俱以"辞采"齐名,于此则可知,"辞采"本身并不指向某种具体的审美风格,它指的是诗文的藻饰,这种藻饰可以是自然清新的,也可以是艳丽繁密的。也就是说,"辞采"追求的是语言本身的美和语言对美的描摹能力所能达到的程度。艺术的极致追求是展现美,文学作为一种语言的艺术,它对于语言美的追求是对自身一种深刻的认识,语言的美正是文学称之为"文"的一个基本属性,在梁之前已经成为文学创作中普遍的自发的追求。

与辞采同时被关注的是偶对,前者注重语言内容的雕琢,后者重视语言的表现形式。对语言形式美的追求并非始于南朝,但在南朝得到极大的发展,谢灵运的诗文中已经大量出现了偶对,颜延之的诗文中则不但偶对俯拾皆是,更与隶事用典相结合,从言对到事对,对语言形式美的追求臻于极致。这种风气一直延续到永明时代,又与永明文学注重声律相结合,形成了更加丰富的审美追求。永明文学对声律的认识是对语言特性

---

[1] (唐)李延寿.南史[M].北京:中华书局,1975:881.

认识的一种突破,声韵是语言固有的属性,"四声"的提出则说明了文学创作中已经开始自觉地利用语言的这种属性,来提升语言的美感,并以音声起伏带来的节奏效果为标准,制定了相应的格式,形成了"声病"之说,这是对语言音乐美的进一步开拓。在永明时代,文学创作对语言藻饰、隶事用典、俳偶对仗、声律协调的要求达到了高峰,以永明文人中的翘楚王融的《永明九年策秀才文》为例:

> 昔周宣情千亩之礼,虢公纳谏;汉文缺三推之义,贾生置言。良以食为民天,农为政本,金汤非粟而不守,水旱有待而无迁。朕式照前经,宝兹稼穑,祥正而青旗肃事,土膏而朱绂戒典。将使杏花菖叶,耕获不愆,清畎泠风,述遵无废。而释耒佩牛,相沿莫反,兼贫擅富,浸以为俗。若爰井开制,惧惊扰愚民,乌卤可腴;恐时无史白,兴废之术,矢陈厥谋。(《永明九年策秀才文》)[①]

以上引文为王融所作策秀才文,通篇偶对,无论是语言本身还是语言所指向事件、含义都以偶对的形式出现。并且对仗工整,长句与短句交替使用,使得语言在形式和节奏上都呈现出一种美感。这样的创作既要求写作者有广博的经史知识,也需要有高超的驾驭语言能力,陆机《文赋》中所谓之"选义按部,考辞就班",正是建立在对语言含义、形式、节奏的全面、精准把握之上的。

与重视语言美相伴随的,是对文学抒情性的重视。元嘉、永明文学的尚博重典、雕琢辞采,以及对声律偶对的重视,是就东晋文学对玄学依附的剥离和对文学语言特性的回归。但语言本身的美只是一种视觉、听觉上的感受,而文学作品更大的作用是对情感的抒发,和由之而引发的情感共鸣。刘宋、南齐文学对文学抒情性的回归受到了南朝民歌的影响,刘宋开始大量出现的拟古诗、拟乐府,说明民歌重新进入了文人创作审视的视野,在南朝文学欲摆脱玄言诗"理过其辞、淡乎寡味"的新变要求下,拟作民歌被赋予了新的意义,那就是对文学抒情性的回归。将民歌直接抒情的方式引入文人创作,并对世俗性的情感进行细致描摹的是鲍照与汤惠休。鲍照创作了为数不少的拟古之作,他现存的二百多首诗歌中,有一半以乐府的形式创作完成。汤惠休的拟作数量不及鲍照,但他的拟作较之于刘宋时代其余诗人而言,更多表现出了对情感私密性和具体性的描述,颜延之讥之为"委巷间歌谣",则足见其与民歌关联密切。以鲍照《代北

---

① (清)严可均.全齐文[M].北京:商务印书馆,1999:113.

第三章　玄学对梁代前期文论的影响

风凉行》为例：

> 北风凉，雨雪雱，京洛女儿多严妆。遥艳帷中自悲伤，沉吟不语若有忘。问君何行何当归？苦使妾坐自伤悲。虑年至，虑颜衰，情易复，恨难追。①

这首乐府拟作的内容浅白，整首诗歌吟咏的主题是思妇的悲伤和对青春流逝、容颜衰老的哀怨。诗中"自悲伤""自伤悲"出现两次，"苦""虑""恨"对于悲伤、哀怨情绪的表达直白又密集，因为毫无节制而显得更加激烈震撼，与民歌表达的浅白直接异曲同工。鲍照诗歌突出的，是抒情过程的直接性和情感内容的私密性，正如萧子显所谓"发唱惊挺，鲍照之遗烈"。

刘宋、南齐的文学创作实践为梁代文学走向更深刻的自我认知，以及文学创作向抒情和审美的全面回归，奠定了现实基础。在梁代文论兴盛之前，文学实践已经开始关注文学的语言美和抒情性，但这种追求是自发的而非自觉的，文学对于自身的认识尚在朦胧之中，还没有清晰地认识到文学之所以成为文学的规定性是什么，是什么决定了文学需要展现语言美，需要具有抒情性。而使得文学开始审视自身，并逐渐认识到文学的基本属性表现为语言的形象性和内容的抒情性的哲学先导来自玄学。

首先，"言意之辨"与语言的工具性价值被重视。语言作为工具，所服务的是形象，而形象的营造又是为了呈现本体。《周易·系辞》曰："子曰：书不尽言，言不尽意。然则圣人之意，其不可见乎？"是对"言""意"关系的追问，王弼在《周易略例》中描述了言、象、意之间的关系，其言曰："夫象也，出意者也；言者，明象者也。尽意莫若象，尽象莫若言。"语言的根本作用在于反映形象，"寻言"而"观象"，而"寻象"又是为了"得意"，"意"最终的载体便是"言"，那么形象性就成为了文学语言最重要的特征。文学作为语言的艺术，对于语言审美的最高要求，与绘画、音乐、书法是一致的，即对"意"的传达，而这种"意"实际是蕴含于艺术过程中的审美体验，是与"道""神""自然"的本体相连接的。文学需要借助语言技巧来完成这个过程，所以对于语言本身的美，及语言对美的描摹能力的极力挖掘，成为了文学回归文学性的第一步。

其次，自然论玄学影响下，"自然"作为审美标准成为文学对语言的最高要求。把"自然"作为艺术追求的最高标准，源自竹林名士的自然论

---

① 逯钦立.先秦汉魏晋南北朝诗：宋诗[M].北京：中华书局，1983：1279.

玄学。嵇康论音乐，认为"音声有自然之和"，[1]阮籍《乐论》认为音乐是"天地之体，万物之性"，"八音有本体，五声有自然"。[2]"自然"作为一种和谐的状态，是音乐艺术的最高境界。所谓"和谐"实则是对自然本体的最恰当呈现，故"和谐"的也就是"自然"的。"自然"成为语言美的典范，同样反映出的是文学对自然本体竭尽全力的接近和表达。与"自然"相对，"雕琢"本身是一种人工的行为，在传统的审美评价中，"雕琢"则意味着不自然和造作，包含着贬义。"巧夺天工""浑然天成"等词汇是对人工美的最高评价，而这种最高评价实际上仍然是以自然之美为美的最高标准，人工造作形成的美感，只有接近了"自然"，才符合审美的最高要求。这种对美的认识恰恰来自玄学影响下形成的崇尚自然、简约、恬淡的审美偏好。事实上，作文本身便是一种人工的艺术，无论其被称之为"雕龙"还是"雕虫"，人工造作的痕迹是无法回避的。要通过人为的方式使语言所表现的形象呈现出自然之美，"雕琢"就是不可避免的过程，与此同时，人工"雕琢"的目的又是为了接近"自然"。

再次，情感抒发作为文学创作发生的动力和目的，逐渐被明确地认识到，并上升到本体地位，这个过程仍旧是在玄学影响下完成的。文学的抒情作用是文学传统认知中的惯例，[3]《诗大序》认为"在心为志，发言为诗"，对于文学产生的情感性原因已有初步的认知，陆机《文赋》所谓："遵四时以叹逝，瞻万物而思纷……慨投篇而援笔，聊宣之乎斯文。"[4]对于文学创作的遣怀、抒发怀抱之功能有了明确的表达。刘勰在《文心雕龙》中"人禀赋七情，应物斯感""缀文者情动而辞发，观文者披文以入情"，把文学的产生作为性情的生发，而性情本乎自然，故性情发为辞章是"神理"所致，实际上已经将文学的抒情性提升到了本体高度。汤用彤先生解释曰："文章为何可以发抒怀抱，盖因其本为一种精神作用，而通乎自然也。"[5]在钟嵘的《诗品》中，情感作为文学创作的动机，与文的自然属性是紧密关联的，对文学抒情性的认识包含在了"文"的自然观中被阐发的。

三、《诗品》的主张与"自然"三义

通过对《诗品》评价体系的分析和归纳，我们可以看到钟嵘的文学主

---

[1] 戴明扬.嵇康集校注[M].中华书局，2014：350.
[2] 陈伯君.阮籍集校注[M].北京：中华书局，1987：78.
[3] 童庆炳.文学理论教程[M].北京：高等教育出版社1998：53.
[4] （宋）李善，吕延济，刘良等.六臣注文选[M].北京：中华书局，2012：1020.
[5] 汤用彤.魏晋玄学论稿[M].北京：三联书店，2009：281.

第三章　玄学对梁代前期文论的影响

张有二：一是崇尚自然；二是标举清雅。这两种主张有同有异。就其异而言，前者包含了文学源于自然的本体思想，所以重视自然表达，反对修饰；后者则强调自然的格调，故要追求节制的表达。也可以这样认为，前者对自然的维护是消极的，亦即确定"自然"不能如何，后者对自然的追求是积极的，即明确"自然"应当如何，所以二者又是相通的：崇尚自然故要标举清雅，标举清雅也就是追求自然。钟嵘文学主张中对自然的维护和追求，与竹林玄学家的自然论玄学有着极大的关联性。

（一）崇尚自然

崇尚自然的表现之一：文学创作源于自然。《总序》曰：

> 气之动物，物之感人，故摇荡性情，形诸舞咏。[1]

钟嵘认为"气之动物，物之感人"，这种看法首先是创作者对自身直观经验的归纳，若就其认识的理论根源而论，当源自汉末以来"元气"自然观。王充《论衡》中提出："天地，气含之自然也。"（《论衡·谈天篇》）"万物之生，发禀元气。天地合气，人偶自生。犹夫妇合气，子则自生矣。"（《论衡·自然篇》）天地万物皆生于气，故气可动物，物可感人。竹林玄学家和东晋玄学家大多接受了这一观点，阮籍在《达庄论》中言："天地生于自然，万物生于天地。……自然一体，则万物经其常。入谓之幽，出谓之章。一气盛衰，变化而不伤。"[2] 张湛曰："圣人知生不常存，死不用灭，一气之变，所适万形。"[3] 都是以"气"为万物之本，变化之宗。魏晋以来，与玄学本体论相伴始终的是"气"生万物的宇宙生成论，前者属于哲学范畴，是抽象的思维问题，后者则介于哲学与自然科学之间，是对于宇宙物质性的一种推测，它们一起为当时人所普遍接受，形成那个时代人们对世界万物的基本认知。钟嵘应当正是接受了这种认识，将人的情感变化与生成自然万物之"气"联系了起来。《诗大序》中曰："情动于中而形于言，言之不足……不知手之舞之、足之蹈之也"，亦即钟嵘所言"形诸舞咏"，但《诗大序》中言"情"而不言"情"之所源，或者言"情动"而不言"情"何以动。而这种对根源的追问和解答，正是哲学思维的一种表现，故钟嵘"气之感物，物之动人"之说虽简，实际上仍是要为情感生发寻找一个不可再追问的源头，与刘勰将"文"之根本归结于"道"，实为异曲同工。刘勰在《明

---

[1] 王叔岷.钟嵘诗品笺证稿[M].北京：中华书局，2007：47.
[2] 陈伯君.阮籍集校注[M].北京：中华书局，1987：139.
[3] 杨伯峻.列子集释[M].北京：中华书局，1979：18.

诗篇》亦曰："人禀七情，应物斯感，感物吟志，莫非自然。"①正是论证了"文"本于"道"之后，强调了创作动机"情"的自然属性。自然与人类情感的关系，具体而言表现为四时变化、人生遭际对人情感的触动：

  若乃春风春鸟，秋月秋蝉，夏云暑雨，冬月祁寒，斯四候之感诸诗者也。嘉会寄诗以亲，离群托诗以怨。至于楚臣去境，汉妾辞宫；或骨横朔野，或魂逐飞蓬；或负戈外戍，或杀气雄边；塞客衣单，孀闺泪尽；或士有解佩出朝，一去忘返；女有扬蛾入宠，再盼倾国。凡斯种种，感荡心灵，非陈诗何以展其义；非长歌何以骋其情？②

  这是对"物之动人"具体经验的总结描述，春秋代序、物类存灭、寒暑往来、气候变化，以及人生诸多遭际，嘉会、离别、丧乱等种种得意失意带来的心灵震动，所谓的"摇荡性情""感荡心灵"，这些情景往往为诗人带来创作的灵感，成为了诗歌创作的契机，诗歌也因之成为了表达情感的最佳方式。这既是对以往诗人创作得以发生的总结，也是对文学创作源自自然的肯定。

  崇尚自然的表现之二：反对用典。王叔岷先生在《诗品》导论中指出《诗品》的评诗标准有六，首一条为"重性情反对用典"，这一观点无疑是深刻的，钟嵘在《总序》中明确提出：

  至乎吟咏情性，亦何贵于用事？"思君如流水"，既是即目；"高台多悲风"，亦惟所见；"清晨登陇首"，羌无故实；"明月照积雪"，讵出经史？观古今胜语，多非补假，皆由直寻。颜延、谢庄，尤为繁密，于时化之。故大明、泰始中，文章殆同书抄。近任昉、王元长等，词不贵奇，竞须新事，尔来作者，浸以成俗。遂乃句无虚语，语无虚字，拘挛补衲，蠹文已甚。但自然英旨，罕值其人。词既失高，则宜加事义。虽谢天才，且表学问，亦一理乎！③

  钟嵘认为"吟咏性情"无须用典，古来优美之词，多非以典故增饰文采，亦非出于经史，而皆由眼前之景、即目寻得。文中列举的四首诗歌，"思君如流水"出自徐干《室思·其三》，"高台多悲风"是曹植《杂诗六首》其

---

① 杨明照.增订文心雕龙校注[M].北京：中华书局，2012：65.
② 王叔岷.钟嵘诗品笺证稿[M].北京：中华书局，2007：76-77.
③ 王叔岷.钟嵘诗品笺证稿[M].北京：中华书局，2007：93，97.

第三章　玄学对梁代前期文论的影响

一,"清晨登陇首"为张华诗,"明月照积雪"为谢灵运诗,皆以眼前之景而兴发诗情,可谓得"自然英旨"。正如王叔岷先生所言"吟咏性情,发乎自然,增益故实,则伤自然矣"。① 故言钟嵘反对用典,不如言其反对因用典而破坏诗歌情感的自然表达,这点从他对谢灵运的评价中也可以看出:

> 嵘谓若人,兴多才高,寓目辄书,内无乏思,外无遗物,其繁富宜哉!然名章迥句,处处间起;丽典新声,络绎奔会。譬犹青松之拔灌木,白玉之映尘沙,未足贬其高洁也。②

文中言谢灵运"丽典新声,络绎奔会",是谓其用典不绝,但诗歌所呈现的效果却能如"青松之拔灌木,白玉之映沙尘"。王叔岷先生曰:"'丽典',谓用典之多,丽有连义。鲍照且称'谢五言如初发芙蓉,自然可爱',盖谢灵运即是天才,且富学问,故诗用典虽多,不伤自然。"③ 于此亦可知,钟嵘非为反对用典,而是反对因用典破坏诗歌的自然美感,用典之所以为忌,实应才力不及以致诗作中堆砌典故"殆同书抄"。评价颜延之曰:"又喜用古事,弥见拘束,虽乖秀逸,是经纶文雅。才减若人,则蹈于困踬矣。"正是对其时文人用典过密,使得诗歌创作拘谨而少自然,背离了秀美洒脱文风的批判。永明文坛中,王融、任昉承颜延之、谢混之风,用典颇繁,钟嵘评价任昉曰:"既博物,动辄用事,所以诗不得奇。少年士子,效其如此,弊矣。"④ 任昉才学既高,又为梁初文坛的领袖人物,以奖掖后进、激励文学而深为文士所重,"少年士子"从而学之,故任昉的影响愈广,则用典过密之流弊愈甚,诗歌创作愈失其自然。

崇尚自然的表现之三:重视自然音韵反对声律。《诗品·总序》中言:

> 古曰诗颂,皆被之金竹,故非调五音,无以谐会。若"置酒高堂上""明月照高楼",为韵之首。故三祖之词,文或不工,而韵入歌唱,此重音韵之义也。与世之言宫商异矣。今既不被管弦,亦何取于声律邪?……齐有王元长者,尝谓余曰:"宫商与二仪俱生,自古词人不知之;惟颜宪子乃云王'律吕音调'而其实大谬。……"王元长创其首,谢朓、沈约扬其波。三贤或贵公子孙,幼有文辩,于是士流景慕,务为精密。襞积细微,专相陵架。故

---

① 王叔岷.钟嵘诗品笺证稿[M].北京:中华书局,2007:25.
② 王叔岷.钟嵘诗品笺证稿[M].北京:中华书局,2007:196.
③ 王叔岷.钟嵘诗品笺证稿[M].北京:中华书局,2007:26.
④ 王叔岷.钟嵘诗品笺证稿[M].北京:中华书局,2007:306.

使文多拘忌,伤其真美。余谓文制,本须讽读,不可蹇碍,但令清浊通流,口吻调利,斯为足矣。①

钟嵘反对声律与反对用典的理由是相同的,《总序》中指出永明以来,王融、谢朓、沈约以声律为用,使士流景从,然"四声八病"之说于诗歌创作拘束既多,则诗文多蹇碍,"文多拘忌,伤其真美。"所谓"真美",则言诗"清浊通流,口吻调利",指音韵自然流畅,上品中评张协诗歌言其:"音韵铿锵,使人味之亹亹不倦",强调的正是诗歌的自然音韵。对于此,叔岷先生笺证稿中指出:"诗重声律,乃自然之趋势,钟嵘思想较为保守,故所论如此,然其重自然音韵之意见,仍极可贵。"又以刘勰对声律的观点作为比较,言曰:"刘勰思想较为进步,故《文心雕龙》有《声律篇》甚重声律。惟勰曰:'夫音律所始,本于人声者也。声含宫商,肇自血气,故知气写人声,声非学器者也。'是刘勰所重声律,亦归之于自然。不至如钟嵘所谓'文多拘忌,伤其真美'也。"钟嵘对建安、太康、元嘉三个时期的诗歌给出了极高的评价,被其称为"五言之冠冕,文词之命世"的建安诗人曹植、刘桢、王粲;西晋诗人陆机、潘岳、郭璞;元嘉诗人谢灵运、颜延之。这八人中,除去郭璞、颜延之列入了中品,其余六人皆入上品。永明文学评价却并不高,谢朓、范云、沈约、任昉、丘迟皆列入中品,而则永明时代文名极盛的王融、被称之为永明后进领袖的刘绘,另外如张融、孔稚珪、陆厥、虞羲等文名盛于一时的文士皆入下品,亦可能与钟嵘反对运用声律相关。

总体而言,钟嵘崇尚自然逻辑理路如下:文学是源于自然的,以性情自然为本体,文学的目的就在于吟咏性情,故不可以人为造作,违于自然,伤及文学的自然之性,它所要强调的内容是"自然"不能违背。

(二)标举"清雅"

钟嵘《诗品》以"清雅"为高,实为学界之定见,此处再论,旨在分析钟嵘尚"清雅"之根本,是追求文学表达的节制性。这种对节制表达的追求与儒家"文质彬彬"文学观有着相同的表现,但其思想根源却并不全然相同,而是与玄学思想中追求个体内在和谐的要求保持着一致性,是文学追求"自然"的具体内容。

"清"与"雅"之间既有相通亦有区别,在钟嵘的评价体系中,二者有时合言,有时则分用。评价《古诗》"客从远方来""橘柚垂华实"二诗,言曰:"亦为惊绝矣!人代冥灭,而清音独远,悲夫!"评班姬《团扇》短

---

① 王叔岷.钟嵘诗品笺证稿[M].北京:中华书局,2007:106,111,112.

第三章 玄学对梁代前期文论的影响

章曰:"词旨清捷";刘琨诗"有清拔之气";沈约"长于清怨";范云诗"清便宛转,如流风回雪";谢瞻、谢混、袁淑、王微、王僧达诗"清浅,得风流媚趣";戴逵有"清上之句";鲍令晖"崭绝清巧";江祏诗"猗猗清润";虞羲诗"奇句清拔"。以上诸家,单以"清"为评,有"清远""清捷""清怨""清便""清润""清上""清巧""清拔"之别。"清"与"浊"相对,汉末本以"清流"喻德行高洁负有名望的士人,魏晋以来以"清""浊"品评人物品格,"清"遂成为品行高洁、格调高远的代称。袁准《才性论》曰:"凡万物生于天地之间,有美有恶,物何故美?清气之所生也。物何故恶?浊气之所施也。"[1]此论以气之"清"为物之美的本质。葛洪《抱朴子·辞义》:"夫才有清浊,思有修短。"[2]是以"清"作为评价人物才思的一个标准。同时,"清"也用来评价士人的容止、品貌、气度、神韵等方面表露出的品格,这一点在《世说新语》中多有所出。与此同时,"清"的含义不断丰富,从人物品格至人事政务,魏初有"清谈",曹羲《至公论》言曰:"谈论者以当实为清。"[3]汤用彤先生指出"当实为清,本循名责实之意",则其含义指人事与政务相合,其后,谈议的内容渐而转为抽象玄理,则又有去俗务,而专言形上玄远之趋向。干宝《晋论》曰:"谈者以虚薄为辨。"东晋以来高门为"清",庶族为"浊",则"清"有鄙薄俗务之义,南朝官有"清显""清要",人有"清贵""清望",则"清"之义愈加丰富,不仅指德行高洁,亦指格调高远,也包含着去俗不群,可以视作士人文化素养、品行修养、思想境界综合评价的最高典范。由人物而至文章,"清"指向了文章的格调境界,曹丕《典论·论文》中言:"文以气为主,气之清浊有体"[4],是以"清"评价文章;《文心雕龙·明诗》评价嵇康诗歌为"嵇志清峻",《诗品》中亦称嵇康"托喻清远",都是以"清"来评价文章。卞敏在《魏晋玄学》中,对"清"的审美倾向有一段十分精当的论述:"'清'是中国传统文化,尤其是雅文化中极为重要的审美倾向。它孕育于儒、道哲学,经由魏晋玄学的培育而发展成熟,直接以审美的方式呈现出玄学精神,广泛地流行于中古时期人物品评、文学批评之中,并最终在文学创作领域完成了包融哲思与审美的'清'境的艺术实践。"[5]"清"作为钟嵘《诗品》中大力标举的一种美学特征,正是继承了魏晋以来玄学精神对于文人品格和文学格调的极致追求。

与"清"并举的是"雅"。若单以"雅"论,称曹植诗"情兼雅怨";颜

---

[1] (唐)欧阳询.艺文类聚:卷二十一[M].上海:上海古籍出版社,1982:386.
[2] (东晋)葛洪.抱朴子外篇:卷四十[M].北京:中华书局,2013:911.
[3] (唐)欧阳询.艺文类聚:卷二十一[M].上海:上海古籍出版社,1982:402.
[4] (宋)李善,吕延济,刘良等.六臣注文选[M].北京:中华书局,2012:96.
[5] 卞敏.魏晋玄学[M].南京:南京大学出版社,2009:263.

延之诗"经纶文雅";任昉诗"拓体渊雅,得国士之风";应璩诗"雅意深笃";白马王彪、徐干诗歌"闲雅"。"经纶"谓其渊博,"经纶文雅"与"渊雅"相近;"深笃","深"与"渊"义相近,"笃"亦谓其程度之深,故其意大类,与"闲雅"则各有偏重,"闲"与"娴"通,本义亦为"文雅",并有"安适"之意,此单以"雅"为评价。亦有"清""雅"并论者,评谢庄诗曰"气候清雅",是以"清雅"合用;言鲍照"尚巧似,不闲危仄,颇伤清雅之调",亦为"清雅"连用;评价嵇康"过为峻切,讦直露才,伤渊雅之致……托喻清远,亦有良鉴,不失高流"。则以"清"与"雅"并言而分论,谓嵇康得其"清",是言其"托喻清远"谓富于理致而恬淡清爽、玄妙悠远的格调,[①]认为他有伤于"渊雅",则基于其表达"过于峻切,讦直露才","讦直露才"则伤"雅",故而若要分析"雅"的内涵,则须从其所反对的内容中去判断。

　　标举"清雅",首先要反对"讦直"。在钟嵘的评价体系中,"讦直"与"清雅"对举,"质直""鄙质"则与"华靡""华艳"相对。"讦直""质直""鄙质""华艳""华靡",是一种可从诗歌文本中直观感受的语言特质,而"清雅"则不同,它是通过规范、节制,在遣词与达意之间形成一种恰到好处的均衡,使人在意会与言传之间体味到的一种自然流露的优雅格调。钟嵘在评论陶渊明时言:"笃意真古,辞兴婉惬。……世叹其质直。至如'欢言醉春酒''日暮天无云',风华清靡,岂直为田家语邪?古今隐逸诗人之宗也。"他指出陶渊明诗中有"古意",世人言其文"质直",而实非如此,陶诗的语言自"风华清靡",只是如同其人隐逸未显而已。事实上,言陶诗"质直"非无依据,钟嵘本人言陶渊明源出于应璩,应璩则"善为古语",其风格"祖袭魏文",评价曹丕则言其"所计百许篇,率皆鄙质如偶语",而"颇似魏文"的嵇康则"讦直露才",则"质直"有二义,一指辞采不足,二指表达过于直露浅白。而这也是"古语"的特征,评曹操谓之"曹公古直",则二者兼而有之。陶渊明则不同,其虽"笃意真古"然而"辞兴婉惬","婉惬"言其文辞和婉而惬当,亦即能够温和委婉、恰如其分地遣词以达意,隐华美精细于质朴表达之中,实际是一种情感与表达之间的均衡。

　　其次,反对"险俗"。钟嵘评价鲍照时,言其"颇伤清雅之调",评之曰"险俗","险"是针对其"不避危仄"而言,亦即其语言生僻新奇的特征;"俗"则是与"清雅"相对,"清雅"指内容的清高拔俗,雅的本义是正,"清雅"源自内容的规范和表达的节制,亦即其内容和表达都需要符合主流价值取向。谢安以"讦谟定命,远猷辰告""吉甫作颂,穆如清风。仲山甫

[①] 胡大雷. 玄言诗研究[M]. 北京:中华书局,2007:73.

第三章　玄学对梁代前期文论的影响

永怀,以慰其心"为"雅人深致"。① 可知最接近"雅"的要求的当是庙堂之作,而与之相对的"俗"则是来自委巷间歌谣。民歌中的"俗",从根本上而言是一种自然情感的质朴表达,鲍照诗歌被评为"俗",正是因为诗歌中所表达情感内容是世俗的,拟作的乐府诗中多有对人生遭际境遇的慨叹,既抒写征人思妇之情,亦有寒士不遇之感;表达上则缺乏节制,往往以直白的语言,具体的描述兴发深沉的情感,使得情感更加集中、强烈地被传达出来,故言其"俗"。评价张欣泰、范缜,言其"并希古胜文,鄙薄俗制,赏心流亮,不失雅宗"。是以"俗制"与"雅宗"并举。此外"典"亦有"雅"之义,言左思"文典以怨",言其"怨"而能典雅不恣肆。"拔"则有离俗之意,评刘琨诗"有清拔之气";虞羲诗"奇句清拔","清拔"谓之清雅拔俗;评价郭泰机、谢世基、顾迈、顾恺之、戴凯五家言:"观此五子,文虽不多,气调警拔","警拔"谓之警策拔俗,仍是忌俗之意;评价袁宏则谓之"鲜明紧健,去凡俗远矣"。尚"雅"必忌"俗","俗"则庸常、格调低下,格调低下则去"清"远矣,故"清雅"往往连用,并言脱俗。

最后,反对"淫靡"。钟嵘评价汤惠休,言曰"惠休淫靡,情过其才";评价鲍令晖言其诗歌"往往崭绝清巧,拟古尤胜,唯百愿,淫矣"。"淫"为过度之意,过度则无节制,惠休诗以侧艳的意象、缠绵的话语动俗,其《怨歌形》《白纻歌》《杨花曲》皆写女性柔婉纤巧、缠绵悱恻之情怀,② 以惯写风情见长。颜延之谓之"委巷间歌谣",钟嵘则言其"情过其才",故评其"淫靡"当不单指语言过于精美细密,而同时指向情感表达的肆意无节制。观梁代诸家文学评论,除惠休、鲍令晖之外,只有鲍照得此评价,萧子显谓之"雕藻淫艳",鲍照诗前一章中已有论述,以抒情强烈奔放为其特点之一。鲍令晖《百愿诗》已散佚,不可见其风格,《玉台新咏》收其诗作七首,所写皆为女子哀思幽怨,故疑钟嵘言其"百愿淫矣",同样因为情感表达过于肆意,而至流于"鄙俗"。概而言之,诗歌表达中"质直"则不足,"淫靡"的过甚,"清雅"则不偏不倚,符合于"自然",可以为准则。王叔岷先生在《诗品》导论中指出,钟嵘"重清雅而忌险俗""重华靡而轻质直""取华艳而轻淫靡",③ 若将此几个方面合而分析,则可发现钟嵘在去取之间实则遵守着同一条原则,即表达的节制性,这种节制性综合而言就是"雅",并通过这种表达的节制性,使文章达到"清"的格调。通过上述分析,还可以看到,钟嵘肯定阮籍诗歌寄托玄远,但反对永和文风"理胜其辞";肯定建安诗风"骨气奇高",但以其"雕润"太少为恨;肯定元嘉诗

---

① 余嘉锡.世说新语笺疏[M].北京:中华书局,2011:205.
② 陈桥生.刘宋诗歌研究[M].北京:中华书局,2007:217.
③ 王叔岷.钟嵘诗品笺证稿[M].北京:中华书局,2007:28-30.

坛"丽典新声",而以泰始大明"殆同书抄"为弊;以"情兼雅怨"为典正,以"情过其才"为"淫靡"。这种以表达"自然英旨"为目的,在遣词与达意、抒发情感之间寻找一种平衡,也就是钟嵘追求的"清雅",亦即对性情自然恰当的表达。

综上所述,钟嵘文学主张中对于"自然"含义的阐释,与竹林玄学中所包含的"自然"义是相吻合的。其在阮籍、嵇康玄学思想中,"自然"有三义,就其实体而言,是一团元气;就其状态而言,"自然"为一种"法则",同时又表现为"和谐"。[①] 首先,钟嵘以"元气"为"动物""感人"之源,为"文"产生的直接动力,所依据的实际是"自然"的第一义,关于这点前文中已经论述,此处不再赘述。其次,《诗品》中作为文学创作标准的"自然",要规范的是文学存在的状态,所以在这个体系中"自然"具有"法则"的含义。所不同在于,竹林玄学中"自然"作为"法则"是就天地万物而言的,阮籍《通老论》言曰:"圣人明乎天人之理,达乎自然之分","道者法自然而为化";[②]《通易论》中言:"易,顺天地,序万物,方圆有正体,四时有常位","上下和洽,'裁成天地之道,辅相天地之宜,以左右民',顺其理也"。[③]汤用彤先生据此而言"阮籍从天地之法则讲到人事之法则,皆为顺自然也"。[④] 则"自然"为天地万物一切存在之法则,亦为"文学"创作之法则,故认为"吟咏性情"当出乎自然,增补典故则伤其"自然";诗歌创作单得自然音韵即可,不可以"声病"之论,拘忌文句,"伤其真美","真"同样言其"自然",过分的用典、拘忌于声律都是对文学创作"自然"法则的破坏。

另外,要依照此"自然"法则,追求一种表达"自然"的文学,则"自然"具有"和谐""节制"之义。阮籍、嵇康《乐论》《声无哀乐论》以音乐为沟通天人的工具,认为"圣人之作乐,将以顺天地之体,成万物之性"。以音乐之和谐来解释"自然"之和谐。阮籍、嵇康的这种类比从实际并不能成立,音乐之"和谐"可感知,然其是否能够完全表达"自然"的状态,却非必然,二者之间亦非可以互证的直接因果关联。故"自然"的"和谐"究竟要如何判断,实际上仍旧依赖于个人的感性判断,这也给了思想家们可以足够自由发挥的空间。竹林玄学家的人生观从《庄子》而来,要在追求"逍遥",同时主张要遵守"自然"法则,"应变顺和""和理日济,同乎大顺",所以追求"自然",便是达到"和谐",然后可"从容与道化同逅,逍遥与日月并流"。阮籍在《大人先生传》中说:"造音以乱声,作色以诡形,外

---

① 汤用彤.魏晋玄学论稿[M].北京:三联书店,2009:215.
② 陈伯君.阮籍集校注[M].北京:中华书局,1987:159,160.
③ 陈伯君.阮籍集校注[M].北京:中华书局,1987:130,110.
④ 汤用彤.魏晋玄学论稿[M].北京:三联书店,2009:217.

易其貌,内隐其情,怀欲以求多,诈伪以要名。……"此即为妄作,悖于"自然",故"自然"在"和谐"之外亦有"节制"之义,通过节制过度之行为,而达到"和谐",然后合于"自然"。这是钟嵘主张"自然",同时又追求"清雅"的思想本源。

当文人群体普遍认同文学存在的依据不在于其是否具有教化功能,而在于文学本身是"自然"的存在,是"道"的体现,那么文学创作就获得了自由的可能,因为"自然"有自由、自为之义。然而绝对之自由并不存在,在自由中寻求节制,以求达到与"自然"相符的审美风格,就成为了文学自觉之后的最终归宿。不自由的状态中追求自由,自由了的存在则追求节制与超越,这既是人类从自然到自觉状态的过渡,也是文学从自然向自觉的转变。文学脱离了对政教的依附,从"自然"中获得了存在的意义,进入一种自由的状态,在自由中寻求节制,从而建立一种既不伤文学主体地位,亦不束缚文学自然表达的"自然"法则,钟嵘文学主张所追求的这种"自然"境界便是"清雅"。

第三节　萧子显文论与崇有论玄学

萧子显的《南齐书》大约撰写于天监八年(509)到天监十八年(519)之间,成书的时间与钟嵘的《诗品》相仿。其中,《文学传》篇末的史论集中体现了萧子显的文学思想。该论对文学的本体,文学批评多样化的原因,以及文学创作多样化的原因进行了分析,认为文学发展的动力来自"新变"。他对当时的文学现状做出了分类比较,进一步提出了自己的文学主张。该文中萧子显对文学本体的认识、文学创作过程的认识,以及文学评论、文学创作多样化原因的阐释,都体现出了玄学思想带来的影响。其中,对文学批评、文学创作多样化的阐释,以及他的文学"新变"观明显地反映出了"崇有"论玄学的影响痕迹。

一、文学本体观与"性情"论

萧子显《南齐书·文学传论》曰:

> 文章者,盖情性之风标,神明之律吕也。[1]

文中将文章描述为"性情"的"风标","神明"的"律吕",也就是说,文章本身的意义在于其对"情性"的表达和对"神明"的呈现。"情性"与"神明"属于不可言说之本体,如同风不可见但可依赖于"风标"而感知其风向,音乐不可见但可依据"律吕"而矫正曲调,文章之用就如同"风标""律吕",是呈现"性情"与"神明"的一种工具,也是体知本体的媒介。

将"性情""神明"视作文学之根本,其理论来源仍为玄学。关于"性""情"的定义及二者的关系历来众说纷纭,各派依不同之立场而各有所指,汤用彤先生对此有概论,其文曰:"董仲舒、班固等从阴阳说性情,性阳情阴。又有从理欲说性情,性顺理而情纵欲。儒家所持之观点如此。又有从动静说性情,情为性质动,性为情之未发。……《礼·月记》:'人生而静,天之性也,感于物而动,性之欲也。'此最早从动静说性情。"[2]王弼认为"动非对静也",是主动静非二,则性情一如,是以"性情"并举。同时,王弼的玄学思想首先将"神明"与"性情"并提,他在论述凡人与圣人的区别时说:"圣人茂于常人者,神明也。同于人者五情也。"论述圣人有情无情时说:"夫明足以寻极幽微,而不能去自然之性。颜子之量,孔父之预在,然与之不能无乐,丧之不能无哀。"[3]在这里"神明"指可沟通于"道"的精神活动,"性情"指喜怒哀乐等情感活动,王弼将圣人与常人的区别归结为"神明"不同,同时"圣人之情能够应万物而不累于物",常人则不能。故萧子显将"神明"与"性情"并论,首先是受到了王弼玄学的影响。

钟嵘《诗品》亦言"性情"为文章之源,曰:"气之动物,物之感人,故摇荡性情,形诸舞咏。照烛三才,晖丽万有,灵祇待之以致飨,幽微藉之以昭告。"萧子显论"性情"与文章的关系,与钟嵘既有相同亦有相异。相同处在于,二者皆认为文章是表达"性情"的一种媒介,"三才""万有"指天、地、人以及万形万象,它们俱为可知可见的现象世界,为末用;"灵祇""幽微"即为"神明",指深奥精微不可言说的本体世界,文章则为沟通二者的媒介,则不可言说之本体因文章而明,故言其得以"昭告"。不同之处在于,钟嵘将"性情"之动的原因归结于"气",也就是说为文章的产生寻找了一个实体的源头。萧子显则不言有此源头,只言文章与"性情"为体用关系,也没有像刘勰那样将文章的本体提升到抽象、绝对、统一的"道""自然",

---

[1] (南朝)萧子显.南齐书[M].北京:中华书局,1972:907.
[2] 汤用彤.魏晋玄学论稿[M].北京:三联书店,2009:210.
[3] (西晋)陈寿.三国志:魏书[M].北京:中华书局,1982:795-796.

第三章 玄学对梁代前期文论的影响

而是停留在了个体"神明"与"性情"之上,他说"放言落纸,气韵天成,莫不禀以生灵,迁乎爱嗜"。这里所说的"生灵"也就是人的"神明"与"性情",人为三才之一,灵于万物,恰在于其"神明";"爱嗜"之不同源自"性情"之不同,文中说"各任怀抱","怀抱"之不同正是"性情"之不同。也就是说,萧子显论"性情""爱嗜",注重的不是抽象的绝对的统一的本体,而是重具体的变化的多样的实在。故萧子显论"性情"为本体,又有崇有论玄学的影响痕迹。

二、文学多样性与"神一象多"

更能表现萧子显文学认识兼容贵无论与崇有论影响的内容,是他对文学多样性的解释,《南齐书·文学传论》云:

> 属文之道,事出神思,感召无象,变化不穷。俱五声之音响,而出言异句;等万物之情状,而下笔殊形。吟咏规范,本之雅什,流分条散,各以言区。若陈思《代马》群章,王粲《飞鸢》诸制,四言之美,前超后绝。少卿离辞,五言才骨,难与争骛。桂林湘水,平子之华篇,飞馆玉池,魏文之丽篆,七言之作,非此谁先?卿、云巨丽,升堂冠冕,张、左恢廓,登高不继,赋贵披陈,未或加矣。显宗之述傅毅,简文之摛彦伯,分言制句,多得颂体。裴颁内侍,元规凤池,子章以来,章表之选。孙绰之碑,嗣伯喈之后;谢庄之诔,起安仁之尘。颜延《杨瓒》自比《马督》以多称贵,归庄为允。王褒《僮约》束晳《发蒙》滑稽之流,亦可奇玮。①

这段文字认为,创作的契机在于"神思"。"神思"之运,即前文所谓"游心内运",陆机《文赋》专就文学创作而论,对文章构思过程表达出了相类的认识,言曰:"皆收视反听,耽思傍讯。精骛八极,心游万仞。"李善注曰:"收视反听,言不视听也。耽思傍讯,静思而求之也。"② "八极""万仞"极言精神用心之广阔,乃与"道"体相接之过程。《庄子·田子方》中言:"夫至人者,上窥青天,下潜黄泉,挥斥八极,神气不变。"郭象注曰:"夫德充于内,则神满于外,无远近幽深,所在皆明。"③ 谓至人可以"体极","体极"则精神与"道"合。创作构思正是沟通本体之神明,寻找言、象的过

---

① (南朝)萧子显.南齐书[M].北京:中华书局,1972:907-908.
② (宋)李善,吕延济,刘良等.六臣注文选[M].北京:中华书局,2012:310.
③ 成玄英.庄子注疏[M].北京:中华书局,2011:386.

程。刘勰《文心雕龙·神思》对"神思"的论述最为细致,汤用彤先生指出:"此神(思)本即生命之源、宇宙之本,不可言说而为情变之源,故曰:'神用象通,情变所孕。'神远而象近,神一而象多,神无(无形无象)而象有(有形有象),如何依文象以通神思之极,其方法在使文成为一种传达天地自然之充足媒介。"① 也就是说,寻找"文象"以沟通"神明",表现"性情"的过程,即为"神思"之过程。萧子显说:"感召无象,变化无穷",即言文学创作的过程中,以无形无象之本体为感召,而寻求一种可以表达此本体的"文象"。在这里,萧子显提出了一个十分重要的问题,他说:"俱五声之音响,而出言异句;等万物之情状,而下笔殊形。"这是对"感召无象,变化无穷"的进一步发挥,因为"神"无形无象是"一","象"有形有象是"多",所以同样是五音,描述它却可以有不同的语言,同样是对万物的描绘,不同作品中却有不同的形象。萧子显所言"感召无象,变化无穷",乃因末用之不断变化,而使"文象"各有不同,所以文学创作形式多样,诗有四言、五言、七言;文有赋、颂、章、表、碑、诔;风格有庄重允当、有滑稽奇诡等,形态多样,风貌各异。这是对本体之"一"与末用之"多"在文学创作中的体现,其理论根源来自王弼的玄学主张。

　　文章风貌的不同缘何而产生,众人的论说虽各有不同,然而皆不出"神一而象多"之思想。如曹丕认为"文本同而末异","末异"指的是文体的不同,其言曰"四科不同,能之者偏也,唯通才能备其体"。是认为文章的不同、变化,在于作者"才有偏至",只有"通才"则无"偏至",所谓"通才",与王弼所言圣人相同,体备中和之质,发而为文章则可通天地之性,尽善尽美。② 文章之优劣则因"文以气为主,气之清浊有体,不可力强而致"。作者"引气不齐",故"巧拙有素"。刘勰《文心雕龙·神思篇》接曹丕之论言曰:"人之禀才,迟速异分,文之制体,大小殊功。"前者论才思之异,后者言文体之别。才思迟速,各有短长,文体殊制,功用不同,但"情数诡杂,体变迁贸,拙辞或孕于巧义,庸事或萌于新意"。此言文之优劣,劣者虽有"巧义""新意",然而发为文章却为"拙辞""庸事",指文辞不能充足合适地表现本体。曹丕、刘勰之论与萧子显所言"感召无象,变化无穷",皆与王弼玄学对本末体用之论一脉相承。

　　同时,萧子显之论又不全用王弼玄学。王弼重"一",要在"执一统众",故沟通本体之道在于"反本""全性",如刘勰之论"振本而末从,知一而万毕""务先大体,鉴必穷源。乘一总万,举要治繁"。是全用王弼之论。

---

① 汤用彤.魏晋玄学论稿[M].北京:三联书店,2009:281-282.
② 汤用彤.魏晋玄学论稿[M].北京:三联书店,2009:277.

第三章　玄学对梁代前期文论的影响

萧子显亦言"神思",然其沟通之本体为"性情"与"神明",个体之"性情"与"神明"各有不同,故其与王弼所论之绝对、抽象、唯一的本体,并不全然相同。文章与"性情""神明"不二,则文章之不同本在于"性情"之不同。萧子显虽言"神思"之用,其要在强调"变化无穷",亦即末用之异,然本末即不二,舍末用而无本体,则末用之异恰在其自身。这样则无须为文学多样寻求一个绝对抽象唯一之本体,而需从各自之"性情"中寻找,此则容纳了个性。如此,则可知萧子显之论文学多样化,其理论来源兼容了王弼玄学与郭象玄学。

三、文学的变化与"独化"论

萧子显认为文学批评的多样,与文学发展变化的原因在于个体"爱嗜"的不同。"爱嗜"指的是个体与群体的趣味偏好,偏好的不同是普遍存在的。对文学的认识和见解,以及文学创作的内容、文学的风貌皆出于这种偏好。其言曰:

> 蕴思含毫,游心内运,放言落纸,气韵天成,莫不禀以生灵,迁乎爱嗜,机见殊门,赏悟纷杂。若子桓之品藻人才,仲治之区判文体,陆机辨于《文赋》,李充论于《翰林》,张视擿句褒贬,颜延图写情兴,各任怀抱,共为权衡。①

萧子显认为,由于文人的"爱嗜"各有不同,加之各自的识见不同,对文学创作各有主张,故对文学作品的欣赏与领悟也就纷杂各异,对文学作品的判断和评价也就各有不同,诸如曹丕"品藻人才"、挚虞"区判文体",陆机撰写《文赋》讨论文学创作,李充撰写《翰林论》议论文体发展等,张视喜欢"擿句"来褒贬文章、颜延之则善于"图写情兴",他们对文学作品的评价不过是抒发各自的怀抱。通过这段话我们可以看到,萧子显将魏晋以来文学批评层出、文学见解各异的现象,归因于批评者的"机见""赏悟"的不同,而"机见""赏悟"之不同,其根本则在于个体的偏好不同,也就是文中所言的"迁乎爱嗜"。"爱嗜"之不同是"性情"不同的具体表现,故文学批评的多样化,实际上源自个体"性情"的差异,"性情"差异是自然生成的,所以"爱嗜"也就具有自然的属性,因之产生的认识和赏悟的不同,也就有了存在的合理依据。萧子显的观点,与曹丕所言"才有偏至"

---

① (南朝)萧子显.南齐书[M].北京:中华书局,1972:907.

又有不同,才有"偏至"则非不为也乃不能也,"迁乎爱嗜"则略谈能否,单言偏好,突出了文学批评与文学创作的个性化,既然文学风格的不同,文学风貌的变迁,皆因为个体的偏好不同,则文学创作表现多样化,文学主张呈现个性化,就不单是自然而然,更应当是必然如此的,这是对文学个性化与多样化根本性的肯定。

萧子显把个体"爱嗜"之别,看作了引起文章流变的原因,文学的发展与变迁的动力就是这种群体偏好的不同。那么为什么群体的偏好会发生变化呢,萧子显说:

> 五言之制,独秀众品。习玩为理,事久则渎,在乎文章,弥患凡旧。

五言诗歌在各种文学样式中独领风骚,但研习玩味既久,则心生轻慢之感,认为这些作品太过庸常而无可取之处。萧子显实际上描述了文学接受中存在的审美疲劳现象,受众因为对某些文学样式、文学风格太过熟稔而丧失对其喜好。这是个体与群体文学趣味发生变化的一个重要原因,而这种变化又与人性中求新、求变的特点紧密关联。也就是说,人的"爱嗜"会发生变化,本身也是"爱嗜"的一部分,它普遍地存在于"性情"之中,反映出的是群体对新奇、变化的偏好。这就解释了为什么文学批评、文学创作总是在不断地发生变化,为什么个体可以通过其"机见"与"赏悟"来"各任怀抱",所谓一代有一代之文学,其根本动力就在于"性情"对"新变"的偏好。萧子显的这种认识,与郭象的"独化论"有着较为密切的关联性。郭象"独化"论有三种含义,其一自然、自生;其二多元而变化;其三不为而相因。萧子显论文学多样与变化合乎前三义:其一,文学与"性情、神明"体用不二,除"性情""神明"之外,并无使之产生的抽象、绝对之本体;其二,文学是多样的,且不断变化的;其三,文学变化之依据在于"爱嗜",而"爱嗜"本乎"性情"自然,无须资待他物而存在,各自变化互成文学之整体风貌。

比较萧子显与刘勰对文学发展变化的认识,可知萧子显受到郭象崇有论玄学影响更甚于王弼贵无论。刘勰《文心雕龙·时序》中论曰:"时运交移,质文代变,古今情理,如可言乎?……故知歌谣文理,与世推移,风动于上,而波震于下者也。……故知文变染乎世情,兴废系乎时序,原始以要终,虽百世可知也。"[①] 刘勰的意思是说,文学的发展变化是"时运

---

① 杨明照.增订文心雕龙校注[M].北京:中华书局,2012:545,547.

第三章 玄学对梁代前期文论的影响

交移"的结果,文学风貌的变化则受到社会风气的感染,其文学的兴盛及衰落与自然的运化相关。文中所说的"时运""时序",都是从自然运行变化的角度来分析的,《庄子·知北游》中说:"阴阳四时运行,各得其序。"郭象解释这句话的意思为:"不待为之。"① 郭象所说的"不待",也就是指不依赖他物而自然运行。然刘勰论文学之本体,非自郭象崇有论而来,而是本之于王弼的贵无论玄学,是以"道"为统贯全局的主宰,以"道"为文学存在的依据。《总术》中言"乘一而总万,举要治繁。思无定契,理有恒存"。② 此认识源自王弼玄学,王弼说:"物无妄然,必由其理。"也就是说,天地万物的变化并不是偶尔为之,而是受到了"理"即"道"的主宰。"道"是无待的,所以可恒存,而"文"是"有","有"则皆待于"道",故其"思无定契"。刘勰认为文学的变化"染乎世情",即受到了社会生活内容的影响,文学的兴衰与道的兴废紧密相关,如果文学要兴盛不衰,则需要"日新其业",因为"变则久矣,通则不乏"。也就是说,刘勰认为文章变化的根源仍在于"道",是由"道"统驭着的,而不在"文"之本身。所以,刘勰认为规范文学创作的方式在于"反本",创作要"师乎圣,体乎经",要"振本而末从",强调的是主宰之"一";萧子显则认为文学发展患在"凡旧",文学的魅力恰在不断变化,变化则多样,强调的是末用之"多"。刘勰的文学思想哲学依据来自王弼,萧子显的文学认识则发挥了郭象玄学,二人文学主张上的这种不同,正是由其理论依据上的差异造成的。

四、文学"新变"与"自性"说

萧子显在阐释了文学本体、文学多样、文学批评与文学发展变迁的原因后,总结认为,文学发展的驱动力正在于"新变",其言曰:

> 若无新变,不能代雄。建安一体,《典论》短长互出;潘、陆齐名,机、岳之文永异。江左风味,盛道家之言:郭璞举其灵变;许询极其名理;仲文玄气,犹不尽除;谢混情新,得名未盛。颜、谢并起,乃各擅奇,休、鲍后出,咸亦标世。朱蓝共妍,不相祖述。今之文章,作者虽众,总而为论,略有三体。一则启心闲绎,托辞华旷,虽存巧绮,终致迂回。宜登公宴,本非准的。而疏慢阐缓,膏肓之病,典正可采,酷不入情。此体之源,出灵运而成也。次

---

① 成玄英.庄子注疏[M].北京:中华书局,2011:393.
② 杨明照.增订文心雕龙校注[M].北京:中华书局,2012:536.

则缉事比类,非对不发,博物可嘉,职成拘制。或全借古语,用申今情,崎岖牵引,直为偶说。唯睹事例,顿失精采。此则傅咸五经,应璩指事,虽不全似,可以类从。次则发唱惊挺,操调险急,雕藻淫艳,倾炫心魂。亦犹五色之有红紫,八音之有郑、卫。斯鲍照之遗烈也。[1]

萧子显认为文章之本体是"性情"与"神明","性情""神明"并非抽象、绝对、唯一之存在,而是区分不同事物的依据,此与郭象玄学中"自性"之义相类,皆指某物之所以为某物的规定性。文章的变化发展由"性情"决定,主张"新变"则要求任其"性情"以至于其极,也就是说,要将文学创作者的个性表现到极致,使文学创作不因雷同无变化而显得庸常无足观。以文学史上特受人推崇的文学风尚与文学家为例,建安文学虽然泛指建安时期的文学风貌,但建安文学家的创作却各有特长;潘岳与陆机齐名于西晋,然二人的文风却相差甚远;东晋以来,江左文学创作表现道家为盛,然郭璞以"灵变"称名,许询以"名理"为长,殷仲文的作品中玄学的意味已经淡化,但未完全除去,谢混虽然文名未盛,但其作品却情感清新。萧子显以某一个时代的文学风貌,与当时文学家的具体特点作比较,其目的在于说明那些特定时代独特的文学风貌,正是由个性化极强文学作品组成,故"新变"观的本质实际上是对个体性情的肯定,其理论来源是郭象玄学中的"自性"说。郭象说"物各有性,性各有极",物区别于他物者在于其"性分",言"体极""反本"便是要使"物任其性"以适其"分",也就是说在其"性分"之内达于极致。萧子显强调个体"性情"与文学的体用关系,并强调了个性在文学创作中的重要作用,其目的也是要使得文学将个体性情表现至极致,这样的文学才是具有影响力的文学。萧子显认为,当时从事文学创作的人虽然众多,但是其作品风格归结而言只有三类,而且都是对前人创作的模拟,而无个性可言,改变这种文学困境需要的正是"新变"。

萧子显明确"新变"在文学发展中的积极意义,恰如郭象崇有论将关注的目光拉回到现实人生。事实上,人固然可由对现实人生的追问而思及本体之存在,然而,本体之存在亦需转而指导现实之人生才可见其意义,所以对于本体的思考,最终必回落到对现实人生的关注,这应当也是贵无思想向崇有论过渡的一个思想原动力。文学创作亦复如是,对于文学意义的重新思考,目的仍旧在于指导现实中的文学创作。文学本于"自

---

[1] (南朝)萧子显. 南齐书[M]. 北京:中华书局,1972:908.

第三章　玄学对梁代前期文论的影响

然",赋予了文学自由的可能,然刘勰与萧子显的区别,恰如汤用彤先生论王弼与郭象之别:"王弼说一切皆决定,皆有其理,皆受因果律支配。郭象说一切皆'自然','自然'有偶然义,与王弼异,就这方面说,其说甚崇自由。"[①] 刘勰以庞杂的理论体系论证"文"之"本"道,则"道"为必然之义,"文"有必然则"自由"之可能受到限制;萧子显则主张文要"新变","新变"依乎"爱嗜",文学创作本身"感召无象,变化无穷",文学的样貌非为必然,此自然则有偶然之义,"文"有偶然则"自由"之可能无限。在此认识前提之下,萧子显提出了他的文学主张:"言尚易了,文憎过意,吐石含金,滋润婉切。杂以风谣,轻唇利吻,不雅不俗,独中胸怀。"这一主张是符合梁代文学需求的一种认识,在以昭明太子为中心的文学群体开始活跃于文学领域时,这一观点被更加具体地阐发了出来,并运用于指导文学实践。

第四节　文学自觉与玄学接受

文学自觉的表现之一是文学批评的兴盛,而文学自觉的实质则是文学获得独立存在的意义,并拥有了自由表达的空间。文学批评在梁代极为兴盛,对文学的认识与反思贯穿了整个梁代,这种现象的出现并非偶然,而是以玄学思想为哲学先导的。玄学本体论思想为梁代文论的兴盛提供了理论构建所需要的哲学基础,同时也为文学走向自觉提供了先决条件,即个体自我意识的觉醒。文学家们将玄学思想对社会现实、个体人生存在依据的追问移植到了文学领域,开始了对文学本质的探索,论证了"文学本于自然"这样一个基本命题。而文学走向自觉的过程,正是"文学本于自然"这一观念不断地被论证、被叙述、被强化,以至于成为一种不言自明,被文人群体普遍接受的过程。这个过程在梁代前期的二十年内,通过文论的形式最先表现出来,并在其后的文学理论、文学创作中逐渐完成。

一、文学批评兴盛与玄学接受

曹丕的《典论·论文》被视作第一部专门讨论文学的著作,其后讨论

---

① 汤用彤.魏晋玄学论稿[M].北京:三联书店,2009:260.

文学特点、区分文学体裁、探索文学创作等文学批评著作层出不穷。但是,对文学现状表现出不满,并试图从根源上澄清文学的本质,并以之规范文学创作的思考集中出现在了齐梁,尤以梁时为盛。

江淹《杂体诗序》云:"世之诸贤,各滞所迷。莫不甘则忌辛,好丹则非素。岂所谓通方广恕,好远兼爱者哉?"①

刘勰《文心雕龙·序志》:"去圣久远,文体解散,辞人爱奇,言贵浮诡,饰羽尚画,文绣鞶帨,离本弥甚,将遂讹滥。"②

钟嵘《诗品·总序》云:观王公搢绅之士,每博论之余,何尝不以诗为口实。随其嗜欲,商榷不同,淄、渑并泛,朱紫相夺,喧议竞起,准的无依。近彭城刘士章,俊赏之士,疾其淆乱,欲为当世《诗品》口陈标榜。其文未遂,感而作焉。③

萧子显《南齐书·文学传论》:"今之文章,一则……疏慢阐缓,膏肓之病,典正可采,酷不入情。次则……博物可嘉,职成拘制。唯睹事例,顿失精采。……次则发唱惊挺,操调险急,雕藻淫艳,倾炫心魂。"④

萧纲《与湘东王书》:"比见京师文体,懦钝殊常,竞学浮疏,争为阐缓,玄冬修夜,思所不得,既殊比兴,正背风骚。……故玉徽金铣,反为拙目所嗤,巴人下里,更合郢中之听,阳春高而不和,妙声绝而不寻,竟不精讨锱铢,核量文质,有异巧心,终愧妍手。"⑤

萧绎《金楼子·立言篇》:"今之俗也,缙绅稚齿,闾巷小生,……苟取文章,贵在悦目,龙首豕足,随时之宜;牛头马髀,强相附会。"⑥

---

① （清）严可均.全梁文[M].北京:商务印书馆,1999:405.
② 杨明照.增订文心雕龙校注[M].北京:中华书局,2012:618.
③ 王叔岷.钟嵘诗品笺证稿[M].北京:中华书局,2007:86.
④ （南朝）萧子显.南齐书[M].北京:中华书局,1972:908.
⑤ （唐）姚思廉.梁书[M].北京:中华书局,1973:690.
⑥ 许逸民.金楼子校笺[M].北京:中华书局,2011:967.

第三章　玄学对梁代前期文论的影响

　　颜之推《颜氏家训·文章》："今世相承,趋末弃本,率多浮艳。辞与理竞,辞胜而理伏;事与才争,事繁而才损。放逸者流宕而忘归,穿凿者补缀而不足。"①

　　梳理以上史料可以看出,文学批评在南齐后期和整个梁代都是十分兴盛的:其一,江淹卒于天监四年(505),他的《杂体诗序》在入梁时已经写成,则其所谓"诸贤各滞所迷"的情形,应当是在南齐中晚期;其二,钟嵘《诗品》撰写于天监十三年(514)至天监十七、十八年(518、519)。据《南齐书·刘绘传》载,刘绘卒于中兴二年(502)②,当年四月萧衍受禅称帝,改元天监,则刘绘卒时尚未入梁,其所言文坛"淆乱"的情形,应当在南齐末年(502)之前;其三,刘勰《文心雕龙》成书于天监元年(502),其所指文学弊端当指南齐后期;其四,萧纲入主东宫在中大通三年秋八月(531),他与萧绎论文的书信写于当年冬天,故他所指的京师"文弊",应当指他在中大通二年(530)回京之后的见闻;其五,《金楼子》是萧绎少年在藩时就已开始撰写的一部私人著作,撰写工作一直持续到他登上帝位。《立言篇》具体写于何时无法确定。普通三年(522),他曾向萧统请求观览《诗苑英华》和《昭明太子集》,萧统在回信中和他讨论了一些文学创作的问题,那年萧绎十四岁,《立言篇》写成当不会早于此时。如此,文中所批评的当时文章创作中"龙首豕足"的现象,最晚在普通三年(522)。其六,颜之推生于中大通三年(531),太清三年(549)出任湘东王国右常侍,《颜氏家训·序致》中曰:"年十八九,少知砥砺……二十已后,大过稀焉。"③所言正在出任湘东王常侍之后。据此我们可以推知,颜之推《家训》中所言"今世相承,趋末弃本,率多浮艳"。所指的时间当在太清年间,最早亦当不会超过其出生之时。中大通三年(531)之后"宫体"之风开始兴盛,颜之推家学为《礼记》《左传》,是以儒学传家,其所言"趋末弃本,率多浮艳"更有可能指的是"宫体"文风。

　　概而言之,从南齐末期江淹、刘绘之感,以及天监初年刘勰认为文学"将遂讹滥"(所指乃502年及之前的文坛);到天监十七、十八(518、519)年钟嵘感叹文学评论"准的无依",萧子显论文章之"三体"④(所指乃520年之前的文坛);再到萧绎《金楼子·立言》及中大通三年萧纲所论"竞学浮疏,争为阐缓"(所指532年前的文坛);往后而至颜之推所论

---

① (北齐)颜之推.颜氏家训[M].北京:中华书局,2011:154.
② 杨明照.增订文心雕龙校注[M].北京:中华书局,2012:842.
③ (北齐)颜之推.颜氏家训[M].北京:中华书局,2011:3.
④ (南朝)萧子显.南齐书[M].北京:中华书局,1972:908.

太清前后"率多浮艳"(所指550年之前的文坛),这些文学批评所指的时间,实则跨越了梁代五十多年的时间。分析这跨越五十多年的文学批评史料,至少可以得到以下四条信息:其一,有梁一代以诗为"口实",是一种较为普遍的现象。文人群体对文学风气的不满,对于文学现象的反思和批评也从未停止。其二,在"宫体"兴起之前,梁代文坛的创作风貌是多样的,没有哪种文风成为主流;同时,又存在着一个共同的趋向,即文学创作中对辞采、声律、抒情性的重视。其三,在文学创作的实然状态与应然状态的认知之间存在着一种背离,文论的兴起旨在阐释文学的应然状态是什么,并以其规范文学创作,寻求一套可以解决"文弊"的依据,这个过程贯穿了整个梁代。其四,文论本身的主张,与当时的文学现象同样是纷杂多样的。除此之外,这些史料还可以给我们揭示一些更有价值的问题:文学批评在梁代异常繁盛,文人纷纷撰文批判文学现实,并进一步探讨文学的应然状态,这种文学现象的发生并不是偶然的,而是玄学思潮对文学观念演变带来的直接影响。玄学思想对本末体用关系的精研和阐发,在两百多年的传承中已经成为文人普遍的思维方式,由末用而探究本体,再由本体而统驭末用,成为文人调和实然与应然的思想媒介。反映到文学上,就是通过批评文学现实,进而探究文学本质、揭示文学应然,并以之为依据指导文学现实。这个过程与玄学本体论产生的逻辑理路是完全一致的,可以看作玄学本体论思想在人类社会生活具体领域的运用与实践,这正是本体论哲学的最终归宿。

本章的前三节,已经详细论述了玄学给《文心雕龙》《诗品》《南齐书·文学传论》带来的影响。整体来说,这三种文学理论著述在对玄学思想接受上各有偏重,如刘勰更多地接受了王弼玄学的影响,但在其具体细微的文学观点中也对其他玄学家的观点有所继承;钟嵘则更加注重诗歌表达的自然,他对诗歌的评价本身也表现出了极高的艺术性,故其偏重于接受自然论玄学。萧子显的文学观则明显受到了崇有论玄学的影响,不再如刘勰一般反复地阐释主宰着文学的宗极之道,也不再如钟嵘那样强调文学格调的清雅自然,而是着眼于文学多样化本身,要在文学内部寻找解决文学弊端的方式,而不再寄托于源自"道",或者源自"自然"的文学创作标准。刘勰的儒家文学立场无疑最适合接受王弼玄学;钟嵘偏重文学的艺术特质与阮籍、嵇康音乐家的艺术特质是极为契合的;而萧子显的身份和地位无疑与郭象玄学中出处同归的思想更为吻合,从他的宗室身份以及入梁后的境遇来看,他不大可能接受保留了儒家精神的王弼玄学,也不会与放浪形骸的竹林玄学家有太多艺术上的共鸣。当然,这些推测都不足以构成他们选择接受某种玄学影响的充分必要条件,但是我

第三章　玄学对梁代前期文论的影响

们仍可以从接受者的个人遭际、人生境遇、著述目的等多方面来大致判断其接受某种玄学思想的可能性。客观来说,三种主要的玄学思想能够在传世的文学理论著述中均匀分布,应该只是一种巧合,并不具有必然性。但是,这种巧合却使我们能够更加清晰地看到,理论丰富的玄学思想为文学认识自身提供了极大的选择空间,批评家们能够根据各自的需求来灵活地将其运用于自己的理论建设中。

二、玄学对文学自觉的推动

在传统的儒家文学观念中,文学的价值源自其强大的教化功能,如《诗大序》中所言"经夫妇,成孝敬,厚人伦,美教化,移风俗"。一切文学创作都被纳入了这个系统之中,文学作品中所表达的情感就必须符合政治教化的需求,以一种被政治驯化的姿态呈现出来。在这样的体系之中,无论文学被赋予了多么崇高的意义,它依旧不具有独立性,而仅以工具性价值为其存在的依据。只有当文学从赋予其功能性价值的依附体系中剥离出来,以自身文学性来获得其存在的价值,并以文学自身存在为基点来探索其功能性价值时,文学才有可能走向独立和自觉。文学获得独立性的前提是人们认识到,文学之所以存在的原因不在于它具有教化功能,而在于它是性情生发的自然产物,是自然而然的存在,它的意义来自自身,而非任何外物的赋予。这种认识能够形成有赖于玄学思想为人类社会、人类本身存在依据的思考和探索,更赖于玄学思想确立的本体论哲学观念。

正始玄学提出"名教"本于"自然",是对社会群体存在秩序的重新思考,这个思考的过程以既定的宗法社会为审视的对象,以抽象的本体"道"作为终极依据,并论证了万物万形都有其本体,"道"作为万物万形之本体主宰着一切存在,作为万物群有之一的人,同样依其本体而存在。竹林玄学提出"越名教任自然",将个体人生的终极意义从修齐治平的儒家政教体系中解脱出来,转而诉诸自然本体,要通过对自然之"道"的体悟,进而达到与化同体的境界,则意味着个体越过其所依附的宗法社会体系,以一个独立的个体与自然本体发生联系,当人生的意义不再源自血缘维系的宗法体系和礼制规范的名教秩序,而是直接来源于自然本体"道",个体生命的价值就被赋予了新的意义,个体的独立性就开始彰显出来。个体生命观发生了变化,对文学作用的认识也随之从服务于政治教化走向了寄托个体生命的价值。

曹丕在《典论·论文》中指出:

> 盖文章,经国之大业,不朽之盛事。年寿有时而尽,荣乐止乎其身,二者必至之常期,未若文章之无穷。是以古之作者,寄身于翰墨,见意于篇籍,不假良史之辞,不托飞驰之势,而声名自传于后。①

文学的价值和意义不仅在于其可"经国",更在于它能够使生命"不朽",这是将文学意义与生命价值直接关联,反映出文士对个体生命认知的突破。刘勰撰写《文心雕龙》时继承并发扬了这一认识,他在《序志》中指出:

> 夫宇宙绵邈,黎献纷杂,拔萃出类,智术而已。岁月飘忽,性灵不居,腾声飞实,制作而已。夫肖貌天地,禀性五才,拟耳目于日月,方声气乎风雷,其超出万物,亦已灵矣。形甚草木之脆,名逾金石之坚,是以君子处世,树德建言。②

宇宙悠长不尽,贤者出类拔萃,依靠的是智慧和权术。岁月短暂,人的生命不会停留,名声和功业能够得以传播,依靠的不过是文章著述。刘勰的这段话,较之于身为帝王的曹丕而言,更加能体现出文学对生命不朽的意义。张湛《列子注》卷七《杨朱篇》曰:"人肖貌天地之类,怀五常之性,有生之最灵者也。"张湛注曰:"类同阴阳,性秉五行也。"③ 此处所言"五行"即"金、木、水、火、土",亦称"五才"。刘勰所言"肖貌天地,禀性五才,拟耳目于日月,方声气乎风雷"或源自此处,其对于生命实体的认识与张湛之论相类,都将人的身体方之于自然,日月如耳目,风雷如声气,是强调了生命源自自然的本质,同时也指出人作为万物之灵,形体虽似草木般脆弱,名声却可如金石般坚硬不朽。使生命得以不朽,便是他撰写《文心雕龙》的动力。

文学与生命价值的直接关联,并不意味着文学获得了独立的地位。但生命价值的独立,却使得附属于个体的情感不再只是符合宗法礼教观念的思想,而是个体自然存在的一种属性。刘勰将玄学本体论思想移植到文的领域,论证了作为万物群有的"文",其本体亦是自然之"道","人文"作为"道之文",其存在的价值是源自自然本体的,而非其政教功能。

---

① (宋)李善,吕延济,刘良等.六臣注文选[M].北京:中华书局,2012:967.
② 杨明照.增订文心雕龙校注[M].北京:中华书局,2012:618.
③ 杨伯峻.列子集释[M].北京:中华书局,1979:234.

第三章　玄学对梁代前期文论的影响

也就是说,如果文学存在的价值来源于自然本体,那么用以规范和指导文学创作的依据就只能是自然,而非任何来自教化目的的政治需求。当文人群体共享了——文学本于自然——这一认识后,在探究文学中的具体内容时,就必将以"自然"作为其理论构建的参照体系和创作指导的最终依据,并在回溯"文"的发展源流时,将儒家经典纳入"文"本于自然的认知体系中,同时指出文学在儒家政教体系中发挥的巨大作用。刘勰在《文心雕龙》中"原道"之后要"宗经""征圣""正纬""辨骚",钟嵘在《诗品》中要溯源寻本,以《小雅》《国风》《楚辞》区分源出,都有此意。不同在于,刘勰要赋予其儒家文学立场以绝对合理依据,钟嵘则仅着眼于诗歌风格的流变。

在文学自然观的认识体系中,抬高文学的政治地位并不能改变文学存在的价值来源,而反过来剥夺了儒家政教体系赋予文学存在价值的地位,突出了政治教化只是文学的一个功能性价值。事实上,无论是以政教为本位,还是以文学自身为本位,文学的功能性作用并不会改变,但并不能因此否认了文学的独立价值,正如无论是以玄学思想中对个体自由的追求为基点,还是以儒家宗法体系为基点,个体的社会属性都不会发生改变,但不能因此而剥夺个体的独立价值,这是玄学思想为个体人生走向独立、文学创作走向自觉提供的哲学导向。

当"文学源于自然"这一观念成为共识,自然就成为规范和评价文学创作的根本性依据,文学理论所要面临的问题,并非解决文学自然属性与文学创作人工属性之间的矛盾,而是需要明确自然的标准是什么,什么样的文学作品才可称之为自然。这样,我们就看到了文论纷出,依照个人的思想结构、文学偏好和个人对"自然"的领悟,描摹出的各自不同的文学评价体系。刘勰庞大理论体系勾连其文学认识和创作中的细枝末节,并辅之以对南齐之前文学作品的评价作为例证;钟嵘则直接通过对五言诗的遴选、比较、定品,归纳出一套诗歌评价的体系,同时把自己的文学主张寄托于其中;萧子显则通过肯定文学发展中文学因变化而兴盛,提出了文学的新变观念。在他们的理论构建中,玄学思想提供了哲学方法论和具体的认知观念,刘勰《文心雕龙》因其理论系统性较强,可以十分明确地看出其思想体系对王弼玄学的移植。钟嵘与萧子显的文论缺乏理论抽象,更多地源自直观经验的总结,他们对玄学思想体系的接受也就显得隐晦并散碎,但是仍旧可以从他们对文学本身、文学创作、文学变化的认识中看到,一种普遍影响群体宇宙观、人生观的哲学思想对文学领域的潜移默化,并最终成为文人建立文学规范的终极依据。在玄学产生前的文学观念中,儒家诗教观是唯一的文学规范准则,儒家礼法政教体系是文学规范得以成立的依据,玄学思想的产生和发展为重新思考文学规范提供了新的思想依据。文学在经历了东晋时期完全依附于玄学的历史过程之后,开始从玄学本体论思想中汲取更深的思想养分,构建属于文学自身的理论体系。

玄学自然观为文学存在带来了自由,只有在自由的认知之下,对文学规范的认识才有了多元的可能,出现了萧子显所谓的"机见殊门,赏悟纷杂"的文学批评局面。在这些纷杂的认识中,能够为文人群体达成共识的观念,被后人继承、沿用,用以构建新的文学评价体系;无法达成共识的那些观念,则继续以一家之言的形式存在着,启迪着后来的研究者,诸如刘勰以五言为"流调"、钟嵘的反对声律,最后都没有进入公共评价体系;而反对用典过密、标举自然清雅、追求诗歌表达的节制等,则成为了梁代文学认识中的共同观念。

第四章 玄学对梁代中后期文论的影响

梁代中后期的文人,继承前期文学理论中形成的文学共识,普遍接受了文本于自然的文学观念,并对文学创作的自然性和无功利性有了明确的认识,且在文学表达中追求一种节制均衡的自然之美。这些认识在梁代文学家群体中,被不断地论证、阐释,并在论证与阐释中得到强化,从而成为了整个文坛普遍认同的共识。在这些共识之下,不同文学家的文学观念又呈现出不同的特点,对玄学的接受也各有不同。萧统是站在儒家文学立场上来接受玄学的,他对陶渊明文学作品,尤其是对其"文德"的推崇,反映出了他对玄学审美风格及其玄学精神品质的接受。萧纲与萧统不同,他对文学现象的批评和对文学作品的评价没有预设的价值立场,着眼点只在作品是否具有文学性上。可以说萧纲的文学主张是为了使文学创作更加符合文学的应然状态。萧统的文学认识更加接近于萧子显,其认识形成的哲学依据也多来自崇有论玄学,但这种关联性本身是幽隐于其现象批评、作品评价与典范确立背后的。萧绎的文学思想与萧纲接近,他对文学作品的评价着眼于文学性本身,对文学的抒情性和语言美有着明确的认识,故影响萧绎文学认识的思想主要是玄学。其次,萧绎的文学立场也并非儒家的,他与萧统有着很大的不同,萧统注重文学的教化功能,萧绎对此则并不关注,他的"立言不朽"思想虽然来自儒家,但"立言"本身实则是其自主精神和个性特色的载体,所立之言则兼容众说,文学观念作为其思想观点之一,所受的影响主要来自玄学。

第一节 梁代文坛的文学共识

经过梁初十几年文人对文学本质的阐述和论证,文学本于自然的观念被普遍接受,并在不断的强调和叙述中得到强化,成为不证自明的共识。在文本于自然的大前提之下,文学家群体在细节表达上也形成了一些共识,其中与玄学自然观紧密关联的内容有三:其一,视"天文"为"人文"的依据,形成一种由"天文"而及"人文"的表达模式,标志着文本于自然的观念已经植根于人心;其二,对文学创作发生的自然性有了更加明确的认识,同时对文学表达的无功利性也有了进一步的认识;其三,追求节制的文学表达,把儒家文学表达中追求的中和之美与道家思想中的自然之美结合起来。

一、"天文"是"人文"的依据

刘勰在《文心雕龙·原道》中论证了"天形""地象""人文"皆为"道之文",以"天文"作为"人文"的源头,并通过将"天文"与"人文"对举,来凸显"人文"的重要性,成为了梁代文人论文时的一种惯用行文模式。

刘孝绰在《昭明太子集序》中这样写道:

> 若夫天文以烂然为美,人文以焕乎为贵,是以隆儒雅之大成,游雕虫之小道,握牍持笔,思若有神,曾不斯须,风飞雷起。至于宴游西园,祖道清洛,三百载赋,该极连篇,七言致拟,见诸文学。博逸兴咏,并命从游,书令视草,铭非润色。七穷炜烨之说,表极远大之才,皆喻不备体,词不掩义,因宜适变,曲尽文情。[①]

刘孝绰编纂的《昭明太子集》成书于普通三年(522),这篇序文也应当写成于此时,其时距离刘勰《文心雕龙》写成已经过去了二十二年。文章并未如刘勰那样,先来论证"天文"与"人文"乃至于"道"之间的关系,而是直接以"天文"灿烂绚丽之美与"人文"焕然之美并举,作为其论述文学主张的前提。文章紧接着提出了"人文"概念里包含着的两个方向:一是"儒雅大成";一是"雕虫小道"。前者是与经国大业紧密关联的政治性文章,文章的创作是代表官方立场的,具有群体性;后者则是远离社会政治纯粹作为抒发个人怀抱的文章,这种文章中可以包含政治内容,但其立足点是个人的。"人文"同时包含着政治与非政治两个方面,不独是刘孝绰的认识,而是具有一定普遍性的。在论述纯粹意义上的文学,亦即"雕虫小道"时,文章往往会出现这样一个行文结构:天文—人文—儒雅大道—雕虫小道—文学主张,这与刘勰行文结构:道—文—人文—经(纬、骚)—各类文体—文学主张,在认识逻辑上保持着一致性。实际的情形是,不仅刘勰与刘孝绰在认识逻辑上保持一致,而且这种起承的方式在梁代

[①] (清)严可均.全梁文[M].北京:商务印书馆,1999:671-672.

第四章 玄学对梁代中后期文论的影响

文论中被普遍地运用。

萧统在《文选序》曰：

> 式观元始，眇觌玄风。冬穴夏巢之时，茹毛饮血之世，世质民淳，斯文未作。逮乎伏羲氏之王天下也，始画八卦，造书契，以代结绳之政，由是文籍生焉。《易》曰："观乎天文，以察时变；观乎人文，以化成天下。"文之时义远矣哉！①

萧统《文选》编纂工作大概在大通元年（527）至中大通元年（529）②，晚于刘孝绰为其编纂《昭明太子集》五年到九年时间。在为《文选》写的序文中，萧统同样以"天文"与"人文"并举，以突出"人文"的根源所在及其重要性。这段话与刘勰《原道篇》论"人文"之起源是非常接近的，其文曰："人文之元，肇自太极，幽赞神明，易象惟先。庖牺画其始，仲尼翼其终……"③二者都源自《尚书孔传》对文字产生历史的叙述。八卦为"人文"之始，《易经》为圣人之作，以"天文"为据，以"人文"化成天下。这样的论述方式，同样是从"天文"到"人文"，再从"人文"的政治教化和道德讽喻功能，到"文"的非政治性领域，这种模式化的行文方式在萧纲的文章中多次出现。

萧纲《昭明太子集序》中对"文"的解释，与萧统《文选序》之说十分相似：

> 窃以文之为义，大哉远矣。故孔称性道，尧曰钦明，武有来商之功，虞有格苗之德，故《易》曰："观乎天文，以察时变，观乎人文，以化成天下。"是以含精吐景，六卫九光之度，方珠喻龙，南枢北陵之采，此之谓天文。文籍生，书契作，咏歌起，赋颂兴，成孝敬于人伦，移风俗于王政，道绵乎八极，理浃乎九垓，赞动神明，雍熙钟石，此之谓人文。若夫体天经而总文纬，揭日月而谐律吕者，其在兹乎！④

萧纲在萧统卒后重新编订了《昭明太子集》，这篇序文应当写成于中大通三年（531）之后，同样是以《易经》为据，先叙"天文"，再述"人文"，

---

① （清）严可均. 全梁文[M]. 北京：商务印书馆，1999：221.
② 曹道衡，傅刚. 萧统评传[M]. 南京：南京大学出版社，2011：225.
③ 杨明照. 增订文心雕龙校注[M]. 北京：中华书局，2012：1.
④ （清）严可均. 全梁文[M]. 北京：商务印书馆，1999：125-127.

接以"人文"的教化讽喻功能。正如上章所言,在确立了"人文"与"天文"同本于"道"以后,以"文"的政治重要性来抬高"文"的地位,并不会改变赋予"文"独立价值的根源,也不会弱化"文"在非政治领域的重要性,而是反过来抬高了"文"在政教之外其他方面的重要性,在萧纲写给张缵的信中:"纲少好文章,于今二十五载矣,窃尝论之,日月参辰,火龙黼黻,尚且著于玄象,章乎人事,而况文辞可止,咏歌可辍乎?"① 仍然是从叙述"天文"出发,以引出对"文辞""咏歌"的叙述。萧绎在为《法宝联璧》撰写的序中言道:"窃以观乎天文,日月所以贞丽;观乎人文,藻火所以昭发。"②《法宝联璧》是萧纲在雍州任刺史时开始编纂的一部佛学典籍,在中大通六年(534)编纂完成,萧绎为之作序,其年他已二十七岁,文学观念应当早已成熟。序文中为了突出佛学典籍的重要,萧绎以"天文"中"日月贞丽"与"人文"中"藻火昭发"③ 作为对比,指出佛法广大出于"天人之表",佛典重要远在"文章之外"。这段文字虽然不是为了探讨文学的意义,却反映出以"天文"作为"人文"的依据,可能已经成为成长于梁代的皇子们和活跃于当时文坛的文士们对文学本源的共同认识,而当这种认识被不断地叙述、强化,转变成一种固有的文学观念为文人普遍地接受之后,依赖玄学本体思想提供的认识方式而建立起来的文学自然观,就成为一种不证自明、无须再去求证的思想前提,为文人品评文学作品、建立文学评价标准提供了隐形的理论支撑。

二、文学创作的自然性

钟嵘在《诗品序》中对引发文学创作的外部条件进行了总结,诸如春秋代序、物类存灭,寒暑往来、气候变化,也包括了人生种种遭际,嘉会、离别、丧乱等种种得意与失意带来的心灵震动,使得诗人情感抒发而成诗歌。这种认识承接文学源于自然的根本性认识而来,也为文学创作的个人化、世俗性、非政治性提供了可存在的自由空间,同时突出了文学的抒情功能。这一点同样成为了梁代文人共享的文学认识。撰写了《南齐书·文学传论》的萧子显,在其《自序》中提到他的文学创作时说:

> 追寻平生,颇好辞藻,虽在名无成,求心已足。若乃登高目

---

① 曹道衡,傅刚.萧统评传[M].南京:南京大学出版社,2011:114.
② 曹道衡,傅刚.萧统评传[M].南京:南京大学出版社,2011:191.
③ 按,"藻火"语见《尚书·益稷》:"宗彝、藻、火、粉米、黼、黻,绨绣,以五采彰施于五色,作服。"孔传:"藻,水草有文者。火为火字。"

第四章 玄学对梁代中后期文论的影响

极,临水送归,风动春朝,月明秋夜,早雁初莺,开花落叶,有来斯应,每不能已。①

萧子显解释自己耽于"辞藻",是因为或遇登临送别、或感自然变化,对情感的触动使其不能自已,进行文学创作则是为了满足这种心理需要,所以"在名无成,求心已足"。萧子显对待文学创作的主观态度,与曹丕要通过文章使"声名自传于后"、刘勰为了"树德立言"而撰写《文心雕龙》已经大不相同。在他的观念中,文学创作的功利性目的被削弱了,而更多地强调了文学抒发个人情感的作用,文学创作从传递生命价值,转变成了一种生存需要,文学的存在意义被进一步纯化了。

事实上萧子显本人并非籍籍无名之士,相反他在梁代文名颇盛,本传称他"尝著《鸿序赋》,尚书令沈约见而称曰:'可谓得明道之高致,盖《幽通》之流也。'……高祖雅爱子显才,又嘉其容止吐纳,每御筵侍坐,偏顾访焉"。②他在《自序》中也记载了因文学才华而被梁武帝赏识的情形,文曰:"天监十六年,始预九日朝宴,稠人广坐,独受旨云:'今云物甚美,卿得不斐然赋诗。'诗既成,又降帝旨曰:'可谓才子。'"③萧子显不仅才名很高,政治地位也同样很高,本传言:"子显性凝简,颇负其才气。及掌选,见九流宾客,不与交言,但举扇一挥而已,衣冠窃恨之。然太宗素重其为人,在东宫时,每引与促宴。子显尝起更衣,太宗谓坐客曰:'尝闻异人间出,今日始知是萧尚书。'"④萧子显的父亲是南齐豫章王萧嶷,入梁之后,南齐的宗室子弟受到了梁武帝的优容,萧子显更以才华卓著而受到重用,参掌官员的选拔。政治地位的不同,应该是他与刘勰对待文学创作态度不同的根源所在。刘勰出身寒士,《文心雕龙》撰成之后虽然为他赢得了进入仕途的机会,但他并未因此而享誉文坛,政治地位也没有太大的提高,他的文学才华并没有充足、有效地转化成为政治资本——文学的政治性功能没有得到充分的彰显,则文学的非政治性功能就无法被完全地展现出来。当文学才华成功转变为政治资本之后,文学在政治上的"有用性"被实现了,同时也保证了文学内容的"无用性"可以自由地存在,从而使得文学创作可以脱离政治寄托、功利目的,彻底地走向对个体生命情感的细微关照。文学家族中的优秀子弟,凭借才华获得了政治优势,同时提升了家族地位,在保证了政治上的优越性之后,文学同时成为他们精致生活

---

① (唐)姚思廉.梁书[M].北京:中华书局,1973:512.
② 曹道衡,傅刚.萧统评传[M].南京:南京大学出版社,2011:511.
③ 曹道衡,傅刚.萧统评传[M].南京:南京大学出版社,2011:512.
④ (唐)姚思廉.梁书[M].北京:中华书局,1973:512.

的一个组成部分,文学内容不再与政治抱负紧密关联,而是与日常生活、精神需求结合在了一起,文学的内容更多地表现出了脱离政治目的之后的"无用性"。在政治权力已经至高无上的皇子萧统、萧纲那里,文学的这种"无用性"得到更加充分的展现。这是梁代政治文化为梁代文学风貌带来的最深刻影响。

萧统在《答湘东王请〈文集〉及〈诗苑英华书〉》一文中叙述了自己爱好文学的原因,以及他文学创作的契机和灵感的来源:

> 吾少好斯文,迄兹无倦。谭经之暇,断务之馀,陟龙楼而静拱,掩鹤关而高卧。与其饱食终日,宁游思于文林。或日因春阳,其物韶丽,树花发,莺鸣和,春泉生,暄风至,陶嘉月而嬉游,藉芳草而眺瞩。或朱炎受谢,白藏纪时,玉露夕流,金风多扇,悟秋山之心,登高而远托。或夏条可结,倦于邑而属词,冬云千里,睹纷霏而兴咏。密亲离则手为心使,昆弟晏则墨以亲露。又爱贤之情,与时而笃。冀同市骏,庶匪畏龙。不如子晋,而事似洛滨之游;多愧子桓,而兴同漳川之赏。漾舟玄圃,必集应、阮之俦;徐轮博望,亦招龙渊之侣。校核仁义,源本山川;旨酒盈罍,嘉肴溢俎。曜灵既隐,继之以朗月;高春既夕,申之以清夜。并命连篇,在兹弥博。①

萧统在"谭经""断务"之暇,或"静棋"或"高卧",然后感叹曰:"与其饱食终日,宁游思于文林。""游思于文林"是萧统朝政工作之外排遣闲余生活的一种方式,文中在总结文学创作发生的契机时,把春夏秋冬、花鸟草木、昼夜寒暑乃至风雨霜露、山水云月等自然世界写了个遍,又把亲离、弟宴、登临、泛舟、游赏、雅集等日常生活做了细致的说明,文学创作生发于这些场景中任意一个时刻,成为闲余生活的伴随状态。

萧纲与萧统拥有不同的生活经历,但共享了同样的创作态度,他在《答张缵谢示集书》中写道:

> 纲少好文章,于今二十五载矣。……至如春庭落景,转蕙承风,秋雨且晴。檐梧初下,浮云生野,明月入楼,时命亲宾,乍动严驾,车渠屡酌,鹦鹉骤倾,伊昔三边,久留四战,胡雾连天,征旗拂日,时闻坞笛,遥听塞笳,或乡思凄然,或雄心愤薄。是以沈吟

---

① (清)严可均. 全梁文[M]. 北京:商务印书馆,1999:216.

第四章　玄学对梁代中后期文论的影响

短翰,补缀庸音,寓目写心,因事而作。[①]

较之于萧统闲余生活以"殽核坟史,渔猎词林"为务,"静然终日,披古为事,况观六籍,集玩文史"[②],萧纲出守藩镇的人生经历显然要丰富得多,尤其是在他出任雍州刺史的七年中,曾统率了北伐事宜,这使得引发他文学创作的契机中,多出了胡雾、征旗、塞笳、坞笛,也多出了乡思和雄心,在这样的生活经历中"寓目写心",成为了文学创作的目的。

萧绎对于文学创作发生的原因,与他的兄长们持着极为相似的认识:

《捣衣》清而彻,有悲人者。此是秋士悲于心,捣衣感于外,内外相感,愁情结悲,然后哀怨生焉。苟无感,何嗟何怨也。[③]

《捣衣》是谢惠连的名作,受到当时及后世人的极高赞誉。萧绎以为《捣衣》风格清彻,能使人心生悲戚,这样的作品源自作者内有悲情,而与外物相感,然后形成了诗歌嗟怨哀婉的风格。萧绎如此认识,与钟嵘"物之感人,故摇荡性情"、刘勰"人禀七情,应物斯感,感物吟志,莫非自然"是异曲同工的,都是以情感的自然释放作为文学创作发生的根源。而这些情感同样是生活化的、个人化的,同时不具有任何功利性、目的性,这是梁代中后期文士们对文学发生动机持有的普遍性认识。

三、节制表达与自然美

文学源于自然解答了文学是什么的问题,文学创作动机的非政治性解决了文学创作的目的是什么,接着需要解决的问题便是怎样去表达。在前文对钟嵘《诗品》的分析中,曾指出钟嵘以"自然"作为文学表达的最高准则,在注重文学语言特性的同时,追求一种"清雅"的美,而这种美源自表达的节制性。这是文学创作获得了自由空间之后,对自身的一种思考和规范,这种认识同样成为了文人普遍接受,并着力强调的文学观念。

萧统在《答湘东王请〈文集〉及〈诗苑英华书〉》中对文学表达发表了自己的看法:

---

① (清)严可均.全梁文[M].北京:商务印书馆,1999:114.
② 曹道衡,傅刚.萧统评传[M].南京:南京大学出版社,2011:215.
③ 许逸民.金楼子校笺[M].北京:中华书局,2011:827-828.

> 夫文典则累野,丽亦伤浮。能丽而不浮,典而不野,文质彬彬,有君子之致。吾尝欲为之,但恨未逮耳。①

在萧统的评价体系中,可能带来的弊端是"野","野"则缺乏文采;"丽"可能带来的弊端则是"浮","浮"则流于空虚,都不能使文章的表达尽善尽美,只有在"典"与"野"以及"丽"与"浮"之间才能找到一种平衡,这就需要表达的节制,不可不足,亦不可过分。

刘孝绰在《昭明太子集序》中表达了同样的文学认识:

> 窃以属文之体,鲜能周备,长卿徒善,既累为迟。少孺虽疾,俳优而已。子渊淫靡,若女工之蠹;子云侈靡,异诗人之则。孔璋词赋,曹祖劝其修今;伯喈笑赠,挚虞知其颇古。孟坚之颂,尚有似赞之讥;士衡之碑,犹闻类赋之贬。深乎文者,兼而善之,能使典而不堑,远而不放,丽而不淫,约而不俭,独擅众美,斯文在斯。②

刘孝绰对历代文人创作中的不足进行了指摘,司马相如与枚乘文思迟速有别,但就文章而言前者为善;王褒文风"淫靡"犹如"女工之蠹",指表达的方式太过,而破坏了本来的美;"女工之蠹"语出扬雄《法言·吾子》,扬雄的文风"侈靡",不符合"诗人之赋丽以则"的要求;陈琳修今,蔡邕法古,各有不足;班固的颂和陆机的碑文,文体特征不清晰。此处刘孝绰的评价是以赋体为主,诗和赋是两汉魏晋以来主要的两种文体形式,而赋体较五言诗而言其源头更远,发展也更为成熟,更能反映出魏晋之前文学创作的特性。刘孝绰通过对作家和作品的评价总结出,优秀的文章应该"兼而善之",做到"典而不堑,远而不放,丽而不淫,约而不俭",同样是要求文章表达的平衡,与萧统要求"文质彬彬"的文学观念表现相同。这种文学观念也被萧纲认同,他在《昭明太子集序》末,评价萧统的文章时使用了"丽而不淫"的评语。

萧绎对此则发表了更加细致的看法,他在《内典碑铭集林序》中曰:

> 夫世代亟改,论文之理非一;时事推移,属词之体或异。但繁则伤弱,率则恨省;存华则失体,从实则无味。或引事虽博,

---

① (清)严可均.全梁文[M].北京:商务印书馆,1999:216.
② 许逸民.金楼子校笺[M].北京:中华书局,2011:672.

第四章 玄学对梁代中后期文论的影响

其意犹同；或新意虽奇，无所倚约。或首尾伦帖，事似牵课；或翻复博涉，体制不工。能使艳而不华，质而不野；博而不繁，省而不率。文而有质，约而能润；事随意转，理逐言深。所谓菁华，无以间也。①

萧绎指出文学随着时代而变化，"论文之理"和"属词之体"都不是一成不变，或者完全相同的。由此可以看出，萧绎的文学认识与萧子显的文学认识具有相似之处，既肯定了文章多样化具有合理性，也认同文学批评准则不具有唯一性。但在特点各异的文章创作中，和标准不一的批评体系中，有一点是被群体认同的，表达中文辞烦琐会使文章气势衰弱，表达过于直率则文章太多省俭，文学表达要做到既不失体，又不无味，既要新奇，又不能失去约束，才是上乘之作。曹旭先生在评价萧绎、萧统的文学观念时，称这种要求符合"儒家中和美的观念"；② 王运熙先生、杨明先生《魏晋南北朝文学批评史》中则认为："要求诸种对立因素在量的方面达到均衡和谐，无过与不及之弊，而此种观点，实亦为齐梁人所共有。"③田晓菲女士进一步指出："这样一种对'文'的要求，无论是齐梁还是齐梁以降，都是无人可以反驳的标准化陈述。"可以把它们视为"梁代文士所共同持有的文学理想和价值观念的体现"。④ 这些见解无疑是非常精当的，同时也可以给我们更多的启发：在萧统、刘孝绰、萧纲、萧绎各自的文学评价体系中，所谓"博而不繁""艳而不华""丽而不淫"等"中庸写作原则"⑤ 中，实际上还有一条隐含的依据被包括在其中，即他们都是要通过表达的节制，来使得文章达到均衡、和谐的最佳状态，而这种状态之所以被视为最佳，又是因为这种均衡、和谐的状态就是"自然"。换言之，要求表达节制只是其手段而非其目的，节制表达的目的是使文章呈现出"自然"的美感。概言之，既然"文"本于"自然"，那么就应该是"自然"的表现，而"自然"则意味和谐，此和谐包括了情与理的均衡、言与意的匹配、形式的工整、声律的和谐等，既要避免表达的不足，同时也要防止语言修饰、情感表达的恣意、无节制。这种文学观念与"文质彬彬"的儒家文学观念，

---

① （清）严可均.全梁文[M].北京：商务印书馆，1999：195.
② 曹旭.论萧绎的文学观[J].上海师范大学学报（哲学社会科学版），1999（1）：19.
③ 王运熙，杨明.魏晋南北朝文学批评史[M].上海：上海古籍出版社，1989：302.
④ 田晓菲.烽火与流星——萧梁皇朝的文学与文化[M].北京：中华书局，2010：91-92.
⑤ （清）严可均.全梁文[M].北京：商务印书馆，1999：91.

或者"中和美"的要求在表现上是一致的,但从概念内涵上看又是不同的。

在儒家的文学观中,"文"是外在的修饰,"质"是本性,"文"作为外在修饰,其目的是凸显"质",所谓"言而无文,行之不远",所以孔子说:"丹漆不文,白玉不雕,宝珠不饰……质有余,不受饰也。"但在"文"本于"自然"的概念体系中,"言立而文生","文"是"言"的固有属性,"文"本身就是"郁然成彩"之义,所以"文"不是为了修饰"言"而附丽其上的外物,而是"言"本身存在的显示,文学创作追求均衡和节制是让"文"依照它的自然状态呈现出来,过与不及都不能反映这种自然状态。"文质彬彬"的文学观念不是为了使"文"成为"文",而是要恰到好处地发挥"文"的功能;"中庸写作"的文学观念,则是要让"文"依照"文"的本性呈现出来,因为"文"是自然的外在表现。这是相同创作原则背后的不同思想根源,前者是非文学本位的,后者则是以文学为本位的。同时,这两种观念的认识理论虽然不同,但在对文学创作的指导中又不是截然对立的。总体来说,"文"本于"自然"的观念下对表达节制的追求,可以兼容"儒家文质彬彬观""中庸写作原则""儒家中和美"等说法不同而内涵相同的创作要求。因为,所谓"中庸""中和"在儒家的观念体系中都是圣人之德,而在玄学观念中圣人"中庸""中和"的品质正是"则天之德",是本乎"道"而同乎"自然"的,故"中庸""中和"在玄学体系中实则就是"自然"的体现。这是王弼玄学沟通儒道时对圣人人格的阐释,反映到文学创作的原则中,"中庸""中和"也就是"节制"和"自然"。所以,无论以儒家的诗教观念去认识它,还是以玄学本体思想去看待它,回归到文学创作的实践中,它们的表现实则殊途同归。

更为重要的是,我们还应当注意到,"儒道会通"虽然使二者在创作原则上表现出了兼容性,但是以不同的文学观念为逻辑起点,最终还是会衍生出完全不同的文学样貌。玄学本体思想带给文学最大的影响,不在于建立了什么样的文学评价准则,而在于为文学和文学批评找到了"自然"这个极具包容性和自由空间的理论前提,使得文学和文学批评能够盛放更多的个性和可能。

第四章　玄学对梁代中后期文论的影响

第二节　萧统的文学思想与玄学接受

萧统的文学思想主要体现在《文选序》和《陶渊明集序》中。《文选序》的撰成时间大约在普通七年(526),[①]《陶渊明集》的编撰工作要晚于《文选》,大约完成于中大通二年(530),《序》的撰成亦不会晚于此时。这两篇序文,是梁代中期主要的文学理论著述。从《文选序》中,我们可以明确地判断出,萧统认为的优秀文学作品应当符合两条原则:其一是具有教化作用,其二是富有文采。其文曰:

> 如夫姬公之籍,孔父之书,与日月俱悬,鬼神争奥,孝敬之准式,人伦之师友。岂可重以芟夷,加以翦截?老、庄之作,管、孟之流,盖以立意为宗,不以能文为本,今之所撰,又以略诸。若贤人之美辞,忠臣之抗直……今之所集,亦不取。至于记事之史,系年之书,所以褒贬是非,纪别异同,方之篇翰,亦已不同。若其赞论之综缉辞,序述之错比文华,事出于沉思,义归乎翰藻,故与夫偏什,杂而集之。[②]

序文中认为,应当辑录的内容或为"孝敬准式,人伦师友",或是"事出沉思、义归翰藻",前者重视的是作品的教化作用,后者重视的是作品的文学特性,二者不能居其一,则不在集录范围。从《陶渊明集序》中则可以看到,陶诗是将这两点要求完美结合的典范,其文曰:

> 余素爱其文,不能释手,尚想其德,恨不同时。故加搜校,粗为区目,白璧微瑕,惟在闲情一赋,扬雄所谓,劝百而讽一者,卒无讽谏,何足摇其笔端?惜哉!亡是可也。……尝谓有能观渊明之文者,驰竞之情遣,鄙吝之意祛,贪夫可以廉,懦夫可以立。岂止仁义可蹈,抑乃爵禄可辞。不必傍游泰华,远求柱史。此亦有助于风教也。[③]

[①] 曹道衡,傅刚.萧统评传[M].南京:南京大学出版社,2011:224.
[②] 高步瀛.文选李注义疏[M].北京:中华书局,1985:24-30.
[③] (东晋)陶渊明.陶渊明集[M].逯钦立,校注,北京:中华书局,1979:10.

· 177 ·

这段话中，萧统对陶渊明的文与德大加赞赏，我们不妨将其称为"文德"。所谓"文德"是指文学家本身的高尚品质及其文学作品中呈现出的理想人格，或者也可以直接地认为"文德"就是文学家品德在文学作品中的外化，是由作家和作品共同呈现出的一种理想的精神人格和文学品质。萧统对"文德"的极度推崇，实际上是对文学教化作用与审美特性的叠加和延伸，说叠加是因为它既要求文学作品具有教化作用又要求这些作品具有文学性，而说它是延伸则因为它不单要求作品呈现高尚的品德，而且要求作家本人具有同样的道德品质，可以垂范后人的典范——亦即具有教化作用。同时，具有教化作用的文学作品并不一定要涉及作者本人的道德品质，如入选《文选》的《毛诗序》，它作为对儒家经典的阐释具有极强的教化作用，但接受者并不会过于关注序文作者的道德品质是否具有垂范后世的作用，也就是说，当受众接受一部以移风易俗为目的的文学作品时，作者本人在这个接受过程中往往是缺席的。但是，在萧统的"文德"观念中却恰恰相反，作者本人必须是在场的，在受众接受其作品所呈现的精神感召力的同时，作者本人的道德品质同样是需要被检视的。从萧统《文选》选文的两条标准和对《陶渊明集序》中对其"文德"的推崇，可以清晰地看到萧统文学思想的基本立场是儒家的，这是我们在讨论萧统文学思想与玄学思想的关联性前，需要说明的一个大前提。

萧统是站在儒家文学立场上来接受玄学的，具有教化作用和富有文采是他评价文学作品的基本前提，那些与玄学思想有着紧密关联的文学家及文学作品，凡与此大前提不悖者才可能被纳入接受范围。在萧统主持的众多文学活动中，与玄学接受有关系的内容有二：一是在《文选》编订时收录了玄学家何晏、阮籍和嵇康的作品，如何晏的《景福殿赋》，嵇康的《琴赋》《忧愤诗》《与山巨源绝交书》《养生论》，阮籍的《咏怀诗十七首》；二是主持编撰了《陶渊明集》，并亲自为之撰写了《序》，对陶渊明的"文德"极力推崇，而陶渊明的"文德"又与他对玄学思想接受紧密关联。《文选》对玄学家著作的选录，是以文学性为基本前提对其玄学思想的兼容，只能说明萧统并不排斥玄学，但不构成其主动认同和主张玄学的证据。而对陶渊明文学作品，尤其是对其"文德"的推崇则足够证明萧统的文学思想中对玄学审美风格的接受，以及其道德思想中对玄学精神品质的兼容。

一、对玄学审美风格的接受

在梁代初期的文学批评家那里，陶渊明诗歌并未获得足够的重视。

第四章　玄学对梁代中后期文论的影响

刘勰在《文心雕龙·明诗篇》中叙述诗歌发展历史时,对晋宋之际的诗歌发展作如下描述:"袁孙已下,虽各有雕采,而辞趣一揆,莫与争雄。""宋初文咏,体有因革,庄老告退,而山水方滋。"[1]陶渊明的诗歌并不是刘勰考察诗歌风格变化的一个关注点。钟嵘在《诗品总序》中回溯五言诗歌的演进过程,同样没有将陶渊明视作文学风尚变化的关键点之一,其文曰:"爰及江表,微波尚传,孙绰、许询、桓庾诸公诗,皆平典似《道德论》建安风力尽矣。……逮义熙中,谢益寿斐然继作。元嘉中,有谢灵运,才高词盛,富艳难踪,固已含跨刘、郭,陵轹潘、左。"[2]萧子显则言:"江左风味,盛道家之言:郭璞举其灵变;许询极其名理;仲文玄气,犹不尽除;谢混情新,得名未盛。颜、谢并起,乃各擅奇,休、鲍后出,咸亦标世。"三人皆认为,从永和到义熙初共计六十年的时间,东晋文坛一直被玄学风尚所笼罩,直到义熙中这种情形才发生了变化。殷仲文、谢混、谢灵运的诗歌成为玄风消退的标志,并以殷仲文与谢混为玄言诗的终结者,颜延之和谢灵运为文学新风尚的肇始者。陶渊明的诗歌既不能如孙绰、许询那样代表一个时代的文学特点,也不能如殷、谢那样,终结一个文学时代,同时也没有如颜、谢那样,开启一个新的文学时代,仿佛是五言诗歌主干上旁逸斜出的一枝,独立于主流诗风之侧。钟嵘评价陶渊明为"古今隐逸诗人之宗",将陶诗列入中品,但较之于列入上品的王粲、阮籍而言,这一评价显然不尽符合后世文人的审美趋向。

文学史上对陶渊明诗歌评价的转变,肇始于萧统对陶渊明的推崇。他在《陶渊明集序》中对陶诗做出了极高的评价,其文曰:

> 有疑陶渊明诗,篇篇有酒。吾观其意不在酒,亦寄酒为迹者也。其文章不群,辞彩精拔,跌宕昭彰,独超众类,抑扬爽朗,莫之与京。横素波而傍流,干青云而直上。语时事则指而可想,论怀抱则旷而且真。[3]

曹道衡先生与傅刚先生在《萧统评传》中指出:"萧统对陶渊明的诗文极加褒赞,他认为陶渊明的文章不同于流俗,辞采精拔有力,抑扬爽朗,无可比拟。其内容颇切合时事,可指可想,而作者的志意怀抱,旷达真率。所以陶渊明的文章,风力感人,如干青云而直上。萧统的这个评价,即使在陶渊明的价值已被人充分了解了的后代,也是非常高的了。"[4]萧统对

---

[1] 杨明照.增订文心雕龙校注[M].北京:中华书局,2012:66.
[2] 王叔岷.钟嵘诗品笺证稿[M].北京:中华书局,2007:62-68.
[3] (东晋)陶渊明.陶渊明集[M].逯钦立,校注,北京:中华书局,1979:10.
[4] 曹道衡,傅刚.萧统评传[M].南京:南京大学出版社,2011:205.

陶诗的赞美实则反映出了他本人对玄学自然观影响而形成的审美风格的接受,概括而言,这种自然的审美风格包含三个方面:其一是平易自然的语言风格;其二是以自然景物来营造诗歌意象;其三是诗歌中呈现出的对生命本于自然的深刻领悟。

其一,平易自然的语言风格。钟嵘在《诗品》中称他的诗歌"文体省净,殆无长语",言其诗文不重隶事用典、没有刻意的雕琢藻饰,则无表达过分而伤其自然的嫌疑;同时,他也不认同时人对陶诗"质直"的评价,认为陶诗"风清华靡",故亦无表达不足之虑,这是指陶诗语言表达的恰到好处。颜延之《陶徵士诔》中称陶渊明诗歌"文取指达",《文选》刘良注曰:"文章但取指适为达,不以浮华为务也。"[1]"指适"一词语见陆机《文赋》:"或文繁理富,而意不指适。"《文选》刘良注曰:"适,中也,谓文意不中于所指之事。"此描述文学创作中"意不称物,文不逮意"的现象。[2] 于此可知,颜延之谓陶渊明"文取指达",实际上反映出了陶诗不追求语言本身的华美,更注重语言对文意的准确表达。陶诗的这一特点,当与玄学思想中"得意忘言"之说相吻合。追求诗歌表达的平易自然,在萧子显的文论中就已经有过明确的表达:"言尚易了,文憎过意,吐石含金,滋润婉切。"同样是从"言意"之间的关系来认识诗歌表达的优劣,这对刘宋、南齐极重辞采、声律而言,是一种矫正和平衡,也是在对诗歌语言特性有了长足认识之后文学审美的一种升华。

其二,自然意象与玄理表达的完美融合。胡大雷先生《玄言诗研究》"《形影神》与陶渊明对玄言诗的改制"一章中,细致地梳理了陶诗表达玄理的方式,指出陶诗的内容是"以自然景物述说玄理,或表达自己由玄学自然观而从自然界获得的内心喜悦"。同时,"陶诗中的自然景物对玄理具有比拟意味或者象征意味",如"归鸟"意象即象征着诗人回归自然的渴求,"轻松""秋菊""幽兰"则象征着诗人高洁卓异的人格志趣,认为"陶诗中用以表达象征义的意象,是活动或存在于一个完整的自然景物中的,这些意象在诗中的意味不仅仅作为具有'较广泛较普遍的意义'的单个自然景物,而且诗歌还围绕意象组织出一幅诸多自然景物构成的图画或场景"。此外,陶诗中常有"直述理语"之处,"但是其阐述理语,又是有景有事陪衬的"。[3]

其三,诗歌中呈现出对生命自然本质的深刻领悟。关于这点,陈寅恪先生在《陶渊明之思想与清谈之关系》中的论述最为深刻,指出陶渊明

---

[1] (宋)李善,吕延济,刘良等.六臣注文选[M].北京:中华书局,2012:1060.
[2] (东晋)陶渊明.陶渊明集[M].逯钦立,校注,北京:中华书局,1979:312.
[3] 胡大雷.玄言诗研究[M].北京:中华书局,2007:274-281.

第四章　玄学对梁代中后期文论的影响

"关于道家自然之说别有进一步之创解释,既不进同于嵇康之自然,更有异之名教,且不主名教自然相同之说如山、王辈之所。盖其已身之创解,乃一种新自然说,与嵇、阮之旧自然说殊异,惟其仍是自然,故消极不与新朝合作,虽篇篇有酒,而无沉湎任诞之行,服食求长生之志"。在解释《形影神(并序)》一诗时,指又言:"'惜生'不独指旧自然说者之服食求长生,亦兼谓是重视无形之长生,故所以皆苦也。名教说者孜孜为善,立名不朽,仍是重视无形之长生,所以皆苦也。兹言'神辨自然',可知神之即渊明之创解,亦自然说也。""新自然说之要旨在委运任化。夫运化亦自然也,既随顺自然,与自然混同,则认己身亦自然之一部,而不需更别求胜化之术,如主旧自然之说者所为也,然其委运任化,混同自然之旨不可谓之非自然之说。""从自然中追求得意和得生,也就是追求精神上的乐趣和慰藉。"[①] 较之于玄言诗直接以玄学词汇入诗的特点,田园诗摈弃了玄学的话头,不以玄学词汇入诗,而是以写实的语言摹象,然后出理于象外,得意在言外,呈现出玄理悠远空灵之境。诗中不见说理,却处处呈现出玄学的理致和情趣,将其对理想社会的想象、对生命的体验,对死亡的思考、对人生所安的理解等,自然地呈现了出来,是玄理与情志的完美结合,呈现出对生命自然本质的深刻领悟。

萧统对陶诗这种处处蕴含着玄学自然审美情趣的推崇,与他对自然的亲近与向往是较为吻合的。《梁书》本传言其:"性爱山水,于玄圃穿筑,更立亭馆,与朝士名素者游其中。尝泛舟后池,番禺侯轨盛称'此中宜奏女乐'。太子不答,咏左思《招隐诗》曰:'何必丝与竹,山水有清音。'"[②] 对自然世界的向往,可以说是玄风影响下士人普遍的一种偏好,萧统对陶渊明诗歌中呈现出的自然风格的推崇,与之不无关系。当然,与此关系更加密切的是这种诗歌风格背后隐藏的诗人本身的道德品质,萧统对陶渊明的诗歌大加赞赏之后,补充说明:

> 加以贞志不休,安道苦节,不以躬耕为耻,不以无财为病,自非大贤笃志,与道污隆,孰能如此乎?

萧统对陶诗的赞美最终仍旧回落到了他的人格精神之上,并进一步指向了陶诗"助于风教"的社会政治功能,正如胡大雷先生所言:"萧统在

---

① 陈寅恪.陶渊明之思想与清谈之关系[M].//金明馆丛书初编[M].北京:三联书店,2001:220-225.
② (唐)姚思廉.梁书[M].北京:中华书局,1973:168.

此序中推崇一种理想人格以表示对陶渊明的推崇。"①

二、对玄学精神品质的接受

陶渊明的诗歌中确实存在一种超越世俗的精神感召力,钟嵘与萧统对此都有着明确的认识,钟嵘说:"每观其文,想其人德",萧统则说:"余素爱其文,不能释手,尚想其德,恨不同时。"而这也正是萧统对陶渊明诗歌推崇备至的根本原因,所谓"自非大贤笃志,与道污隆,孰能如此乎"?亦即其"文德"。萧统在序文开头,对他所崇敬的理想人格,有以下描述:

> 自炫自媒者,士女之丑行,不忮不求者,明达之用心。是以圣人韬光,贤人遁世。其故何也?含德之至,莫逾于道;亲己之切,无重于身。故道存而身安,道亡而身害。处百龄之内,居一世之中,倏忽比之白驹,寄寓谓之逆旅,宜乎与大块而盈虚,随中和而任放。岂能戚戚劳于忧畏,汲汲役于人间。齐讴、赵女之娱,八珍、九鼎之食,结驷、连骑之荣,侈袂、执圭之贵,乐既乐矣,忧亦随之。何倚伏之难量,亦庆吊之相及。智者贤人,居之甚履薄冰;愚夫贪士,竞之若泄尾闾;玉之在山,以见珍而终破;兰之生谷,虽无人而自芳。故庄周垂钓于濠,伯成躬耕于野,或贩海东之药草,或纺江南之落毛。……唐尧,四海之主,而有汾阳之心;子晋天下之储,而有洛滨之志。轻之若脱屣,视之若鸿毛,而况于他人乎?是以至人达士,因以晦迹。或怀釐而谒帝,或被褐而负薪。鼓枻清潭,弃机汉曲。情不在于众事,寄众事以忘情者也。②

萧统在这段话中鼓吹一种超越俗世、淡泊去欲,忘我顺自然的精神境界。"自炫自媒者"实指有欲有求者,"不忮不求者"则是无欲无争者;以有欲有求为"丑行",以无欲无争为"明达",所以"韬光""遁世"乃为圣贤之举。《老子》第四章云:"道冲而用之不盈,渊兮似万物之宗。挫其锐,解其纷,和其光,同其尘。"故"圣人韬光"是与"道"合。"遁世"语出《周易·乾卦》"子曰:'龙德而隐者也。不易乎世,不成乎名,遁世无闷'"。这是《文言》中对"初九,潜龙勿用"的解释,指那种能够不为世俗所移易,

---

① 胡大雷.玄言诗研究[M].北京:中华书局,2007:72.
② (东晋)陶渊明.陶渊明集[M].逯钦立,校注,北京:中华书局,1979:9.

第四章 玄学对梁代中后期文论的影响

不去成就名声使人知晓,逃遁避世,隐藏德才而心无所闷的品德。① 由此可知,萧统推崇的乃是一种内敛的处世态度,这种态度既符合于《老子》思想,又符合于《易经》思想。不同在于,道家思想中韬光养晦是基本原则,而在儒家思想中则是积极用事精神的补充,是身处无道之时的权宜之举。

其后,他进一步解释了这种处世态度的合理性,他说"含德之至,莫逾于道;亲己之切,无重于身。故道存而身安,道亡而身害"。"含德"语见《老子》五十五章"含德之厚,比于赤子"。王弼注曰:"赤子,无求无欲。……含德之厚者,不犯于物,故无物以损其全也。"② 所谓"含德之厚"即指"道",亦即萧统所说的"含德之至"。视"道"为存身之据,以存道而安身,全来自道家思想。"倏忽比之白驹,寄寓谓之逆旅"一句,白驹之喻语出《庄子·知北游》:"人生天地之间,若白驹之过隙,忽然而已。"③ 以"白驹"喻大化之速,以"逆旅"喻生命之暂,皆始于老庄道家思想。因大化不居、人生短暂,故要无欲无求而顺应自然,不可戚戚于忧惧,汲汲于名利。"大块"语出《庄子·齐物论》:"夫大块噫气,其名为风。"成玄英疏:"大块者,造物之名,亦自然之称也。""盈虚"指"道"之变化,《庄子·秋水》:"察乎盈虚,故得而不喜,失而不忧。"成玄英疏曰:"天道既有盈虚,人事宁无得丧?""中和"指"道"的状态,"随中和而放任"亦即要委任运化,与道同体。"戚戚""汲汲"言有所欲有所求之貌,《庄子·盗跖》:"子之道,狂狂汲汲,诈巧虚伪事也,非可以全真也。"④ "倚伏难量"语出《老子》第五十八章:"祸兮福之所倚,福兮祸之所伏。"⑤ "庆吊相及"语出《史记·苏秦列传》:"苏秦见齐王,再拜,俯身而庆,仰而吊,齐王曰:'是何庆吊相随之速也?'"⑥ 二者皆用来形容人事变化之无常,圣人智者明此理,所以能够收敛锋芒,无欲无求。"故庄周垂钓于濮,伯成躬耕于野",二句中的典故分别见于《庄子·秋水》与《庄子·天地》,前者指庄子垂钓于野,不受楚王之邀事,后者指伯成子高辞去诸侯而耕于野的典故,⑦ 以明圣贤之人皆为无欲无求、远离世俗名利之人。"汾阳之心"典出《庄子·逍遥游》:"尧治天下之民,平海内之政,往见四子藐姑射之山,汾水之阳,

---

① (唐)孔颖达.周易正义[M].北京:中国致公出版社,2009:21.
② 楼宇烈.老子道德经注[M].北京:中华书局,2011:149.
③ 成玄英.庄子注疏[M].北京:中华书局,2011:397.
④ 成玄英.庄子注疏[M].北京:中华书局,2011:521.
⑤ 楼宇烈.老子道德经注[M].北京:中华书局,2011:156.
⑥ (汉)司马迁.史记:卷六十九[M].北京:中华书局,1982:2241.
⑦ 成玄英.庄子注疏[M].北京:中华书局,2011:228.

窅然丧其天下焉。"① "洛滨之志"指王子乔舍弃储君之位,游于伊洛之间事。② "鼓枻"典出《楚辞·渔父》"渔父莞尔而笑,鼓枻而去"。"齐机汉曲"典出《庄子·天地》,指子贡南游于楚,返回晋国时于汉水之阴遇丈人而论"机心"之事。③

分析这段话中的出典可以看出,萧统对前述观点的论证几乎全用《老子》《庄子》之意,故亦可知其论受老庄思想影响无疑,而此种认识实际上与当时"三玄"竞起的时代风尚相吻合。有学者认为萧统在"蜡鹅事件"之后储位受到威胁,故作此论意在向武帝表明他无意于争权,本文认为这种可能也是存在的,但更贴切的原因则可能是,萧统对这种品德的推崇,完全符合梁武帝及整个萧梁皇族对士人品质的要求。本文第一章曾以梁武帝《褒异周舍诏》和《征庾诜庾承先诏》为例,分析了梁武帝对士人品德的要求,其中最为重要的一条就是要有无欲无求、自足无争的处世态度。萧统把陶诗超然不群的文学风格归因于陶渊明本人的精神品质,称其为"大贤"而赞其"笃志",并最终将对陶诗的赞美落到了它的风教功用之上,实际上与梁武帝的用意是完全一致的,可以视作梁代官方对士人品格要求的一种引导。

陶渊明的精神品格确有与众不同之处,较之于信奉"出处同归"的东晋主流士风而言,陶渊明既有玄学家的旷达、不拘小节,又有儒士的操守和笃行,他的行为与思想始终保持着一致性。在他的思想和行为中,既有玄学与儒学的相互融合之处,又有二者的相互制约。具体来说,陶渊明的隐居生活是玄学思想中淡泊去欲的人生观的体现,同时又兼容了儒家思想中独善其身的处世态度。东晋后期,在玄学思想的广泛影响下,隐逸之风盛行,《晋书·隐逸传》共收录隐逸之士三十八人,或为独善其身之儒生,或为志存遁逸的处士,其中或崇儒、或重道,思想选择各有不同。陶渊明与这些隐士最大的不同处在于他一直参与躬耕劳作,即萧统所言"不以躬耕为耻"。躬耕生产是儒、道两家都很重视的民生问题,儒家政治中立民以劝耕、劝织为本,对农业生产的重视自不待言;道家思想主张清静无为、与民休息,二者本有相通之处,如《庄子·天下篇》:"以衣食为主,蕃息畜藏,老弱孤寡为意,皆有以养,民之理也。"郭象注:"民理既然,故圣人不逆。"成玄英疏曰:"事之不可废者,耕织也。圣人之不可废者,衣食也。国以民为本,民以食为天,是以蕃滋生息,畜积藏储者,皆养民之

---

① 成玄英.庄子注疏[M].北京:中华书局,2011:18.
② 王叔岷.列仙传校笺[M].北京:中华书局,2007:65.
③ 王叔岷.列仙传校笺[M].北京:中华书局,2007:234-236.

第四章 玄学对梁代中后期文论的影响

法。"① 也就是说,儒道二家在对待耕织生产上态度是相同的。

同时,在道家思想中,耕织的意义又不仅仅是民生问题,同时也是一种人生境界的追求,如《庄子·让王》中善卷答舜曰:"余立于宇宙之中,冬日衣皮毛,夏日衣葛絺。春耕种,形足以劳动,秋收敛,身足以休食。日出而作,日入而息,逍遥于天地之间,而心自得。"成玄英疏曰:"处于六合,顺于四时,自得天地之间,逍遥尘垢之外,道在其中。"② 依寒暑变换而择衣,以春秋轮换而耕种收获,依照昼夜交替而作息,便可自得逍遥。这是将耕织自立,顺应四时,视作了与"道"融合的一种方式。《马蹄》云:"彼民有常性,织而衣,耕而食,是谓同德。"衣食本是生存基本需求,不可或缺,然耕织则非必为常性,富有天下者,自不必耕织而有衣食,然升斗小民,耕织实乃存身之必需。郭象注曰:"夫民之德,小异而大同。故性之不可去者,衣食也。事之不可废者,耕织也。此天下之所同而为本者也。守斯道也,无为之至也。"③ 郭象认为,衣、食即为人之其性,要安其本性,便要满足这些需求,因而必要耕种而得食,织布而得衣,有衣食便可使人安于本性。天下事物都以其"自性"为本,如果能够遵守此"道",即"安于自性",则可"自生""独化"安于"自然"。那么在郭象的玄学中,耕织本身就是"物尽其性"的表现,是合乎于自然之旨的。

陈寅恪先生归结陶渊明的思想为"新自然",以别于阮籍、嵇康求长生之旧自然观,并指出"新自然观"的要旨在于"委运任化",也就是要"随顺自然,与自然混同,认己身亦自然之一部,而不须更别求胜化之术",而此"新自然观"便是陶渊明"可以安身立命"之所。可以说"委运任化"之"新自然说"与郭象对"安于性分"之论实有相通之处,但郭象不言"自然"而言"独化""无待",强调的是人与物的自足。躬耕陇亩田园、布衣蔬食而自足其间,种豆锄禾,依傍茅屋竹篱,饮酒采菊,远离社会政治,将个人生活与名利追求彻底分割,从思想上而言是兼收了玄、儒两家的共同影响,陶诗则是兼容玄学、儒学精神的文学创作。陶渊明立身行事的方式,非常符合梁代官方对于士人思想的政治要求,故陶诗被萧统推崇,除去其自然平易的审美倾向成为梁代的文学风尚,也与萧统作为皇族成员在统治上的需求有关。

玄学在发展过程中,强调了人与人的本性是不同的,名教秩序中的人所表现出的外在形迹,不一定都是人的本性,也可能是外物对本性的一种扭曲,而与化同体、任性逍遥才是对本性的回归。客观而言,玄学只是提

---

① 王叔岷.列仙传校笺[M].北京:中华书局,2007:555.
② 成玄英.庄子注疏[M].北京:中华书局,2011:504.
③ 成玄英.庄子注疏[M].北京:中华书局,2011:183-184.

供了一种理论可能,并将自然与"道"的无为、无造的特性,作为人回归本性的终极依据,然而如何达到"与化同体""委运任化",如何合于"道"体,却是无路可循的。玄学政治之下,挣脱礼教的束缚是容易的,但离于礼教之后,行为将归于何处,却是个未知数,这也使得竹林玄士的放达,到元康玄士那里演成流弊,终致使士人裸袒纵酒、行为无检。而对于此问题,郭象提出"物各有性""不可加亦不可逃",并且物皆可自足其性,因而无须资待外物,如果事物皆按照其本性而为,就可做到自足其性,从而达到任性逍遥。郭象将"自性"作为一个概念提出来,实际上是为当时的思想界开启了一扇自我认识的大门,如果说事物的"自性"就是事物存在的依据和本体,而"安于自性"就是"道"的最高准则,是与化同体、达到逍遥的方式,那么人的"自性"是什么?人的"自性"和人的需求有什么不同?人的"自性"从哪里来?由谁来规定?不同的人其"自性"的差异由什么导致?人的需求又是如何产生?如依其逻辑往下继续追问,个体自我认识的思考就开启了。个体一旦开始对自在世界,包括其自身存在的根据进行追问和反思,个体的存在便从自然状态走向了自觉,这是玄学本体思想最具人文精神和理性价值的所在。较之于贵无论玄学以绝对之自然本体作为人回归本性的依据,郭象对"自性"的论述对于指导实践而言,向前迈进了一步。想要实现与化同体,不需要再将眼光茫然地投向玄虚的自然本体,而需要立足于个体自身来探索。但这种进步仍未能解决全部的实践问题,因为不可逃不可加的"自性"到底是什么?由谁来规定?仍然是个循环无定解的理论。

在玄学理论无法解决实践问题的前提下,陶渊明安于田园,以耕织自足的意义就凸显了出来,他为实现与化同体、任情逍遥提供了一条实践之路,弥合了东晋士人普遍存在的思想与行为的背离,以儒士的笃实,践行着玄学家的追求,是儒家独善其身与玄学任情逍遥的结合。恰如陈寅恪先生所言,陶渊明对待人生的态度,既反对竹林玄学家服食求长生的思想,也反对名教中人"孜孜为善,立名不朽,重视无形之长生",故其在《形影神》中"两破旧义,独申创见,所以结束二百年学术思想之主流,政治社会之变局,岂仅渊明一人安身立命之所在而已哉!"[①]可以说,陶渊明此玄学、儒学既互为补充,又互为制约的"安身立命之所",恰是深合于梁代官方对士人思想要求的。同时,这种以行为实践来追求玄学旨趣的生活方式,是陶诗观察自然、感知道体、领悟玄理、表达生命体验的根基,为贵无论玄学注入了现实人生的趣味,这使得田园诗摆脱了玄言诗流于玄学"话

---

① 陈寅恪.金明馆丛稿初编[M].北京:三联书店,2001:223.

第四章　玄学对梁代中后期文论的影响

头"的不足,从人生实在处写出了平易、自然的玄意与玄趣。这样,陶诗就从谈玄说理的浅层,深入到了玄学思想的深处,和玄学精神冥然合一,达于化境。

概而言之,萧统对陶渊明诗歌和文德的推崇,其内里是以儒家教化思想为立场,对玄学审美为文学创作带来影响的肯定,同时也是萧梁皇族对玄学思想中有利于统治的部分的兼容。

第三节　玄学对萧纲文学观的影响

萧纲的文学观念除见于前文已引的《昭明太子集序》《答张缵谢示集书》两篇文章外,另有三处可以考:一是他写给萧绎的书信《与湘东王书》;二是他写给其子萧大心的书信《诫当阳公大心书》;三是他在《劝医论》中对文学创作的一段论述。作为梁代"宫体"文学的主将之一,萧纲的文学主张反映出的是梁代中后期文人对文学的主流认识,同时它也与梁代文学风尚的演变存在着紧密的关联性。

萧纲与萧统不同,他对文学现象的批评和对文学作品的评价没有预设的价值立场,着眼点只在作品是否具有文学性上。可以说,萧纲的文学主张只是为了使文学创作更加符合文学的应然状态,至于其是否具有教化功能则不在其考虑范围。萧纲的这种认识正是梁代中后期文学风尚改变的标志——文学的功能性价值在文学评价和文学创作中退居其次,呈现文学性以满足文学创作抒情、审美的目的成为首要关注点,这是文学自我认识在理论层面获得突破后对文学实践带来的影响。萧纲的文学思想虽然并不具有理论系统性,只表现为对文学现象的批评,但是批评的背后则必然包含了批评标准赖以成立的文学认识和哲学依据。萧纲的文学认识更加接近于萧子显,其认识形成的哲学依据也多来自崇有论玄学。同时,鉴于萧纲文学观念缺乏理论性阐释,多反映为批评实践中的应用,故其与玄学思想虽有深刻的关联,但这种关联性本身是幽隐于其现象批评、作品评价与典范确立背后的。

一、现象批评的哲学依据

中大通三年(531)五月,昭明太子萧统病亡。其年八月,萧纲被册封为太子,入主东宫。《梁书·庾肩吾传》中记载了他成为太子后,与湘东

王讨论文章的一封书信,在信的开头,他写道:

> 吾辈亦无所游赏,止事披阅,性既好文,时复短咏,虽是庸音,不能阁笔,有惭伎痒,更同故态。比见京师文体,儒钝殊常,竞学浮疏,争为阐缓,玄冬修夜,思所不得,既殊比兴,正背风骚。若夫六典三礼,所施则有地,吉凶嘉宾,用之则有所,未闻吟咏情性,反拟《内则》之篇,操笔写志,更摹《酒诰》之作,迟迟春日,翻学《归藏》湛湛江水,遂同《大传》。吾既拙于为文,不敢轻有掎摭,但以当世之作,历方古之才人,远则杨马曹王,近则潘陆颜谢,而观其遣辞用心,了不相似。若以今文为是,则古文为非,若昔贤可称,则今体宜弃,俱为盍各,则未之敢许。①

这封信写成的时间应当在大同二年(536)之后,据《梁书·庾肩吾传》中记载,萧纲与萧绎书信讨论当时文弊时,东宫已置文德省,而东宫重置文德省的时间正在大同二年。萧纲七岁开始出守藩镇,其后大部分时间都在京师以外的地方度过,其中尤以普通四年(523)至中大通元年(529)出任雍州刺史对其文学影响较大。中大通二年(530),萧纲由雍州刺史调任为扬州刺史,重新回到建康地区,开始参与到以萧统为中心的文学群体之中。从他回到建康,至他写作这封书信,中间约有六年之久。据其信中所言,我们可以推测当时的萧纲已熟见建康文风,并对其状况多有不满。而萧绎在荆州刺史任上也已有十年之久,围绕湘东王府已形成了一个较为稳定的文人群体,其文风亦当与建康有别,故萧纲与萧绎书信讨论此事。

萧纲此文以当时建康文风为批评对象,他认为"京师文体"庸弱而无骨力,且浮华不实,既不合于"比""兴"之义,亦与"风""骚"之旨相悖。并且在文学创作中由于过分模拟经典,存在文体混杂、表达与目的相悖的情形。他所列举的四种情况如"吟咏性情""操笔写志""迟迟春日""湛湛江水",前两种侧重于文学作品对个体情感的表达,后两种则偏重于创作中对于自然世界的描绘。所比拟之《内则》为《礼记》中的篇章,郑玄笺云:"《内则》者,以其记男女居室事父母舅姑之法。"(《礼记正义》)《酒诰》是《尚书》中的篇目,其性质属于公文诏命之类;《归藏》为《易》之一种,已亡佚不传;《大传》则指《易传》,包括《象》《象》《文言》《系辞》《说卦》《序卦》《杂卦》几个部分。这些文章皆为儒家典籍,其形式和内容与

---

① (清)严可均.全梁文[M].北京:商务印书馆,1999:115-116.

第四章　玄学对梁代中后期文论的影响

上述诸种由内心情感驱动,或由自然变化兴发而引起的文学创作相差甚远,一味地模仿古人,尤其是"五经"成规,[①]则与"用则有地""施则有所"的文体原则不相符合。萧纲此处所批判的问题,很容易让人联想到刘勰在《文心雕龙》中"文之枢纽"部分提出的"征圣""宗经""正纬"的文学创作原则,以及他在《定势篇》中所谓"是以模经为式者,自入典雅之懿"的观点。然而,萧纲文中所批评的文学现象是否源自刘勰影响已经无法确知,我们只能据此推测当时建康地区的文学创作中有过分模拟经典的现象存在,而萧纲对此持反对态度。他更加注重的是"吟咏性情""抒写志趣",以及由自然变化而引发的表达欲望,这是对文学创作需要自然表达的一种强调。萧纲的这种认识,其理论依据来源于"文本于自然"的文学观念,同时也是对创作动机发生的自然属性,及文学表达抒情性目的的认同。

其次,萧纲对当时人评价文学作品时,厚古薄今以致评价标准矛盾的情形大感不满。他认为以"古""今"作为评价标准有自相矛盾之处,所谓"若以今文为是,则古文为非,若昔贤可称,则今体宜弃"。这种情况之所以会发生,是因为时人对文学作品进行评价时往往以今人比拟于古人,但实际的情况却是被认为,相仿的作品其"遣辞用心,了不相似",甚至可能是截然相反的。这就使人们在认识上形成了混乱,使得厚古必然薄今,厚今则必然薄古,可称为佳作的古人之作与今人之作无法同时成立,所以这种以"今""古"为区分的评价方式本身就是自相矛盾的。萧纲的这段论述,说明他已经认识到,当时文学品评的标准中存在着逻辑不能自洽的情况,但他并没有指出这种矛盾形成的原因。实际上,这种矛盾在刘勰的认识中已经存在,在文学的"古""今"问题上,刘勰承认"文变染乎世情,兴废系乎时序""变则其久,通则不乏",同时又认为"近代辞人,率好诡巧,原其为体,讹势所变,厌黩旧式,故穿凿取新;察其讹意,似难而实无他术也,反正而已"。[②]这是在承认"变"的必然性的同时,否定了"新"的合理性,然而"变"则必然有"新",无"新"则难以为"变"。在不能充分肯定求新、求变是文学发展内在动力的前提下,对文学评价的标准必然趋于同质化,儒家经典被视作文学的典范,那么去经典愈远、变化越大,则文章愈加不足。同时,文学的发展又总是在不断变化、不断走向创新的,这样的评价体系就必然厚古而薄今,赞誉今人则方之于古人,使得文学评价偏离了对文学性本身的观照。萧子显的"新变"观,恰恰很好地解决了这种矛

---

① 曹道衡,傅刚.萧统评传[M].南京:南京大学出版社,2011:91.
② 杨明照.增订文心雕龙校注[M].北京:中华书局,2012:547,411.

盾,因为承认文学"变"与"新"是自然而然的过程,是必然的也是合理的,就必然包容文学作品中存在的多样性。从这一点来看,萧纲的文学认识与萧子显更加接近,与刘勰和钟嵘则有较大的不同。究其原因则在于,以文学性为文学本体的认识正在逐渐替代以抽象"道"为文学本体的认识,也就是说,文学对自身认识正如玄学家对人类和人类社会本身的认识一样,经历由抽象玄远的"道"本体向具体实在的"自性"本体回归的过程。萧纲作为这种认识改变的一个具体案例,他对崇有论玄学的接受可能尚未达到自觉的高度,但这种未必自觉了的文学认识,却可以反映出崇有论玄学对个体认识带来的普遍影响。

二、作品评价与表达自然

萧纲在这封信中对谢灵运与裴子野的文学风格,及模拟二人写作的文坛风尚进行了评价,其文曰:

> 又时有效谢康乐、裴鸿胪文者,亦颇有惑焉。何者?谢客吐言天拔,出于自然,时有不拘,是其糟粕。裴氏乃是良史之才,了无篇什之美。是为学谢则不届其精华,但得其冗长,师裴则蔑绝其所长,惟得其所短,谢故巧不可阶,裴亦质不宜慕,故胸驰臆断之侣,好名忘实之类,方分肉于仁兽,逞郤克于邯郸,入鲍忘臭,效尤致祸,决羽谢生,岂三千之可及,伏膺裴氏,惧两唐之不传。……诗既若此,笔又如之。徒以烟墨不言,受其驱染,纸札无情,任其摇襞,甚矣哉,文之横流,一至于此!

萧纲这段评论,旨在分析当时文人模拟谢灵运、裴子野不能得其精髓,反致流弊丛生的原因。其中可作为考察梁代文学风尚变化关键点的,是萧纲对谢诗的评价,以及他对梁代文坛模范谢诗创作现状的批评。

谢灵运的山水诗是诗歌发展历史中的一个转折点,上承东晋玄言诗,下启南朝典丽文风,故其成为文论作者回溯诗歌演变发展时必然关注的内容。刘勰称"庄老告退,而山水方滋";钟嵘言"元嘉中,有谢灵运,才高词盛,富艳难踪,固已含跨刘、郭,陵轹潘、左"。萧子显言其:"颜、谢并起,乃各擅奇。"这些评价都是从五言诗风格演变的角度,对谢灵运山水诗突破东晋以来诗歌阐发玄理的创作窠臼而做出的肯定,反映出的是谢诗在诗歌发展历史中的重要意义。但是,就谢诗本身的艺术成就而言,则褒扬与批评兼而有之。萧纲认为谢诗的精华在其"吐言天拔,出于自然",

第四章 玄学对梁代中后期文论的影响

而"糟粕"则在其"时有不拘"。这一评价与前人所论保持着一致性,如《南史·颜延之传》中记载颜延之曾向鲍照询问他与谢灵运之诗孰优孰劣,鲍照答曰:"谢诗如初发芙蓉,自然可爱。"① 鲍照所言,是指其"自然";钟嵘在《诗品》中言谢诗"尚巧似,而逸荡过之,颇以繁芜为累"。② 钟嵘所叹,是称其"不拘"。同时,对于谢灵运诗歌的褒扬和批评,又是伴随着文人对其文学风格的模仿而发的,《南齐书·萧晔传》载:"晔……与诸王共作短句,诗学谢灵运体,以呈上,报曰:'汝二十字,诸儿作中最为优者。但康乐放荡,作体不辨有首尾……'"③ 齐高帝称谢诗"放荡""作体不辨有首尾",是在钟嵘之前已注意到了谢诗中存在繁富而无节制的不足。

萧纲对萧子野的评价,则反映出他对文学性不足的批评。裴子野是梁代著名的史学家,他的文学作品现存已经很少,逯钦立《先秦汉魏晋南北朝诗》中共收录了他的三首诗歌,其中有两首的主题皆为咏雪,分别为《咏雪诗》《上朝值雪诗》,较之于另一首《答张贞成皋诗》,这两首咏雪诗更具有文学性,有工整的偶对,其中一联为:"抚草如连蝶,落树似飞花",有对雪景较为新颖传神的描绘,除此之外确如萧纲所言"了无篇什之美""质不宜慕"。实际上,裴子野并不以文学才华见称,而是以其博学多识及其史学才华出名,他书写的公文性质的文章也受到过梁武帝的赞扬,这些都与齐梁以来文学创作重视辞采的风尚不相吻合,萧纲言其文"质不宜慕",意谓文章过于质直而缺乏文学性,与钟嵘在《诗品》中反对诗歌"质直""鄙质"的主张是相一致的。概括来说,萧纲认为文学作品在表达中既不能缺乏文学性使之"质不宜慕",又不可逸荡无节使之"巧不可阶",而是要寻求一种均衡自然的富有文学性的文学表达方式。

同时,从萧纲和萧子显的论述中我们可以看到,谢灵运的诗歌在梁代仍然被视为文学典范,有部分文人模拟习作,并形成了梁代文学创作多样风貌之一。④ 关于这点还有其他史料可以佐证:《南史·王籍传》载:"籍好学,有才气,为诗慕谢灵运。至其合也,殆无愧色。时人咸谓康乐之有王籍,如仲尼之有丘明,老聃之有严周。"⑤ 伏挺"工五言,善效谢康乐体",这两位在《梁书》中入《文学传》的诗人,都以善于模拟谢灵运的诗体而著名,拟作能得谢诗的神韵。然而批评者却认为,谢诗并非创作者模拟的最佳选择,钟嵘在《诗品》中言谢灵运:"兴多才高,寓目辄书,内无乏思,

---

① (唐)李延寿.南史[M].北京:中华书局,1975:881.
② 王叔岷.钟嵘诗品笺证稿[M].北京:中华书局,2007:196.
③ (南朝)萧子显.南齐书[M].北京:中华书局,1972:624-625.
④ (南朝)萧子显.南齐书[M].北京:中华书局,1972:908.
⑤ (唐)李延寿.南史[M].北京:中华书局,1975:580-581.

外无遗物,其繁富宜哉!"① 也就是说,谢诗文辞繁富之所以适宜,实因其人才高学深,然而即便如此,谢诗仍有"逸荡"无节制之弊。模仿者不及其才高,但见其"繁富",学之则往往失其精华,而流于芜杂、冗长。齐高帝评谢诗"放荡"、钟嵘称之"逸荡"、萧纲言其"时有不拘",从这些评价中我们可以看到,齐梁以来对于谢诗的不足,评论界的认识实际上是具有一致性的,都是针对其文辞表达缺乏节制而发的。

其次,梁代文人对谢诗抒情性的缺乏问题也有着明确的认识,萧子显就认为谢诗"典正可采,酷不入情"。确实谢诗以"富赡精工""丽典新声"为胜,将五彩缤纷的自然世界和在自然山水中领悟到的玄理呈现在人们的眼前,然而在理与情的交互中,对理的叙述胜过了情感的自然抒发,或者由情向理的转化中因其趋于模式化的表达,而消解了情的感染力。从根本上而言,谢诗的表达基础依旧是玄学,在其"记游—写景—兴情—悟理"的山水诗创作模式中,② 山水自然依旧作为体会玄理的场所而存在。不同的是,在纯粹的玄言诗中,自然、山水、景物是朦胧的、整体性的存在,诗歌中缺少对具体的、细节的形象描写,呈现给人的往往是一种涵盖了所有历时之过程、包括了一切共时之存在的、整体性的客观世界,这个可被感知的客观世界是模糊的背景,真正的客体则是其中生发出的不可描绘的玄理,玄理又是"自陈""自泰"的,自然而然地存在、变化的。在这些诗歌中,主体同样是模糊的,那些观察现象和体会玄理的主体,隐没在客体之中,与万物齐同,偶尔流露出的、可以彰显主体存在的情、志,都在玄理的感悟中被豁散、剔除,使得主体情感隐没在了玄理之中,完成了对主体本身的超越。而在谢灵运的山水诗中,笼罩在自然山水之上的、模糊朦胧的玄理之幕消退了,一山一水、一草一木,在诗人冷静而客观观察之后,其色彩、形态得以清晰地呈现,山水自然从模糊、隐蔽状态突出,并成为整首诗歌摹画的主要内容,寄托于景物描写中的情感,和从中领悟到的玄理则在精当的山水描写之下被削弱了。从谢诗惯用的表达结构来看,诗歌中的山水自然依旧是用于体悟玄理、消解人生苦闷的一种方式,然而对山水自然冷静而细致的描摹,却从客观上使得山水自然开始脱离对"理"和"情"的附庸,成为独立的审美对象。自然山水成为文学创作中独立的审美对象,从根本而言并非"庄老"思想从文学中的"告退",而是玄学思想在文学创作中的进一步深化,"自然"成为万物万形存在的终极依据,以"自然"的方式存在就成为了实现自由、达到"逍遥"的途径,在玄学思想

---

① 王叔岷.钟嵘诗品笺证稿[M].北京:中华书局,2007:196.
② 朱晓江.山水清音[M].杭州:浙江古籍出版社,2004:56-57.

第四章　玄学对梁代中后期文论的影响

的影响之下,亲近自然和对山水的观赏无疑是体悟"自然"之理的最佳途径,与其在朦胧的背景之中苦苦寻觅"自呈""自泰"的玄远之理,毋宁直接观赏自然山水,与自然存在融为一体。谢灵运对自然景物的清晰描绘在梁代得到了继承,同时其景色描写中"酷不入情"的不足与遣词用典的"不拘""逸荡"则受到了批评。

概而言之,萧纲对谢诗的评价反映出了齐梁以来文坛普遍追求表达自然而节制的文学趋向,和对文学性不足和表达无节制的抵制。而这种文学趋向则反映出以自然为文学表达的最高标准是当时文人的普遍共识,萧纲对谢灵运与裴子野诗歌的评价,实则是这种文学共识在文学评价实践中的具体运用。

三、典范确立与肯定新变

与萧纲反对以"古""今"为标准评价文学优劣相对应的是,他确立的文学典范既不是儒家经典,也不是前人创作,而是齐梁之世的"新变"之作,其言曰:

> 至如近世谢朓、沈约之诗,任昉、陆倕之笔,斯实文章之冠冕,述作之楷模,张士简之赋,周升逸之辩,亦成佳手,难可复遇。

通过萧纲对当时文学作品的正面评价,我们可以得出以下两个看法。首先,从共时性比较的角度来看,能否成为当时的文学典范,不在于其文体如何,而在作品本身是否蕴含着文学性。萧纲对文学典范的评述是从文体角度来论的,他提到了四种文体,分别是诗、笔、赋、辩,并各自确立了其创作的典范,诗以谢朓、沈约为佳,笔以任昉、陆倕为冠,赋以张率为美,论以周舍为雄。文中提到的这些文体中,诗、赋、论的文体指向是明确的,笔之所指却一直存在争议,无论是南朝的"文笔之辨""诗笔之辨",都在于"笔"的文体指向性不明确。如果绕开这个持续已久的争论,从被称赞的任昉、陆倕的作品来进行整体判断,或者也可以得出符合萧纲指意的文体范围。任昉的文集,《隋志》《旧唐志》《新唐志》中皆著录为三十四卷,《宋史·艺文志》中则著录为六卷,据此可以推测文集在流传的过程中散佚了一部分。今天我们可以看到作品文体,除去诗、赋,还包含策、诏、封、禅、表、奏、启、议、书、吊、笺、序、碑、铭、行状、哀策文。陆倕的文章除去赋,还包含了教、章、表、启、论、碑、铭、祭文。这样我们可以看到,在诗、赋之外,这些文体的共同指向是应用文体,多数又是政治性应用文体,所以我们不妨把"任昉、陆倕之笔"指向的内容,描述为他们的应用性文体,尤其是政治性应用文体。这样,我们就可以明确地看到,在萧纲的评价体系内,任昉、陆倕这两位"永明文学"的主将,代表了应用文体,尤其是政治性应用体的典范。如果结合他对裴子野文风做出的"质不宜慕"的评价,或者也可以进一步推测,即便对于政治性应用文体,萧纲仍然是偏重其文学性的。在分析梁武帝对文学领域的区分时,本文已经提到了与萧纲关系最密切的徐摛,他在萧纲王府内主要负责的便是诏令奏议的草拟,其纯粹的文学作品已不多见,但是这位"宫体"文学的主将,他的政治性应用文体无论如何都不可能是"质不宜慕"的,相反可能比陆倕、任昉的文学作品更加富有文学性,是与萧纲的文学观念保持着一致性的。于此可知,萧纲已经非常清晰地认识到了文学作品的根本要求在其必须富有文学性。

其次,从历时性视角比较来看,文学作品能够成为某个时代的典范,不在于其是属"古"还是归"今",而在于作品本身是否能够满足时代对文学求新、求变的要求。这一点与前文提到的萧纲对待文学创作和文学评价中的"古今"问题的态度是相一致的。谢朓、沈约是"永明文学"的代表人物,谢朓卒于南齐永元元年(499),沈约卒于梁天监十二年(513),如果以时间为序,并以文学领域主体成员的变化为依据,大致可以将梁的文学发展分为三个时期:第一个时期,从天监初年(502)到天监十二年(513)沈约去世,这一时期文学领域的主体成员以沈约、任昉为中心,是永明文学在梁代的延续;① 第二个时期,从天监十二年(513)起至中大通三年(531)昭明太子去世,这一时期文学领域的主体成员是以萧统为中心的东宫文士,如刘孝绰、王筠等人,此时永明文学的余绪尚在,同时较之于前期永明重声律和后期的"宫体"新变而言,这一时期带有过渡性质,文学风格多样;第三个时期,从中大通三年(531)起至敬帝太平二年(557)萧梁王朝的覆亡,这一时期文学领域的主体成员是萧纲、萧绎,以及徐摛、徐陵父子,庾肩吾、庾信父子,这是最有梁代文学特点的"宫体"文风兴盛的时期。萧纲的文论写成于第三个时期的前期,其时距离沈约的去世已经二十三年,但"永明文学"的余绪却并未完结,对诗歌声律、辞采的重视和探索一直在继续。

沈约和谢朓是永明文学的代表诗人,也是永明声律的倡导者和推动

---

① 按,罗宗强先生将宋明帝泰始二年(466)鲍照死后,到梁武帝天监十二年(513)沈约故世总共四十八年的文学史,皆视作以永明文学为中心展开的,此处从其说。见《魏晋南北朝文学思想史》第五章《元嘉与永明文学思想演变》,北京:中华书局,1996:213。

第四章 玄学对梁代中后期文论的影响

者。《梁书·沈约传》载:"(沈约)又《四声谱》以为在昔词人,累千载而不寤,而独得胸衿,穷其妙旨,自谓入神之作。"① 钟嵘在《诗品总序》中言曰:"齐有王元长者,尝谓余云:'宫商与二仪俱生,自古词人不知之。唯颜宪子乃云律吕音调'……王元长创其首,谢朓、沈约扬其波。三贤或贵公子孙,幼有文辩,于是士流景慕,务为精密。"② 钟嵘《诗品》是明确反对声律的,认为声律使得"文多拘忌",伤害了"文"的自然之美,他将谢朓、沈约二人的作品列入了中品,应当亦与此认识有部分关系。钟嵘的态度可以反映出在梁代前期,沈约、谢朓虽然盛名不衰,但文学评论家们却仍有"厚古薄今"的嫌疑,认为他们无法超越古人。这种评价在梁代中后期发生了彻底的转变,在萧纲和萧绎兄弟,以及当时最知名的文士刘孝绰的文学评价中,谢朓和沈约成为了五言诗创作的新典范。《梁书·何逊传》中载,萧绎评曰:"诗多而能者沈约,少而能者谢朓、何逊。"③《颜氏家训·文章》:"刘孝绰当时即有重名,无所与让,唯服谢朓,常以谢诗置几案间,动静辄讽味。"④ 萧纲对永明文学代表人物的褒扬,反映出了他对文学求新、求变的肯定,同时也为"宫体"文学的求新、求变赋予了合理性,这与萧子显认为的"若无新变,不能代雄"是完全一致的,是立足于文学多样性、个性化的文学认识。此外,萧纲在《劝医论》中有一段对文学创作的描述,其言曰:

> 又若为诗,则多须见意,或古或今,或雅或俗,皆须寓目,详其去取。然后丽辞方吐,逸韵乃生,岂有秉笔不讯,而能善诗,塞兑不谈,而能善义?杨子云言,读赋千首,则能为赋。⑤

这段描述中既没有刻意拔高"古人"之作,也没有去贬低"今人",而是从文学创作需要多见多识的角度立论,认为无论古今、雅俗,"皆须寓目",然后有所去取。综合来看,萧纲所反对的是文学创作中一味模仿经典和古人,其隐含之义则要求当时的作者不要拘执于"古""今"问题,而是在广泛的学习之后推陈出新,这是对萧子显"新变"观念的延续。

---

① (南朝)姚思廉.梁书[M].北京:中华书局,1973:243.
② 王叔岷.钟嵘诗品笺证稿[M].北京:中华书局,2007:111.
③ (南朝)姚思廉.梁书[M].北京:中华书局,1973:693.
④ (北齐)颜之推.颜氏家训[M].北京:中华书局,2011:167.
⑤ (清)严可均.全梁文[M].北京:商务印书馆,1999:120.

第四节 萧绎文学思想与玄学接受

萧绎的文学思想主要见于他的《金楼子·立言篇》《内典碑铭集林序》两篇中,后一篇前文已经引述和讨论,此处仅就《金楼子·立言篇》中的部分进行分析论述。目前学界对萧绎文学思想的研究,存在着诸多认识上的混淆,故在分析萧绎的文学认识是什么、受到了何种思想的影响、是否与玄学思想存在着关联性之前,本文首先要澄清其"立言不朽"思想与文学观念之间的关系,并厘清、判定其文学观念受何种思想影响的依据所在,并在此基础之上,进一步分析萧绎的文学观念与玄学思想的关联性所在。

一、萧绎文学思想研究辨析

目前学界对萧绎文学思想的研究大致从两个方面进行。

其一,从其文学思想本身的倾向上来判断,观点大致有三种:(1)郭绍虞先生《中国古典文学理论批评史》中认为:萧绎与萧纲、萧统是一派的,都属于形式主义理论,尽管三人之间尚有区别。[①](2)罗根泽先生《中国文学批评史》中认为:萧绎和萧统都是"兼重华实"的,与萧纲提倡"郑邦"文学不同。[②](3)朱东润先生《中国文学批评史大纲》认为"萧统之论,较为典正,持文质彬彬之说。萧纲、萧绎,则衍谢朓、沈约之余波,创为放荡纷披之说,与乃兄迥别矣"。[③]综合而言,第一类将萧统、萧纲、萧绎的文学思想归为同一类;第二类将萧统与萧绎归为同一类,别于萧纲;第三类将萧纲和萧绎归为同一类,别于萧统。

其二,是从萧绎文学观念所受到的思想影响来区分,观点大致也有三种:(1)曹旭先生于20世纪90年代末发表《萧绎的文学观》一文中认为萧绎属于"儒学折中派",认为萧绎的文学观以儒家思想为主导,折中其他思想。[④](2)认为萧绎文学观是"崇儒宗经、重学尚古"的,如刘晟认为"萧绎的文学观是深深扎根于崇儒宗经,重学尚古的文化土壤中,和萧纲

---

① 郭绍虞.中国古典文学理论批评史[M].北京:人民文学出版社,1959.
② 罗根泽.中国文学批评史[M].上海:上海人民出版社,2003.
③ 朱东润.中国文学批评史大纲[M].上海:上海古籍出版社,1983.
④ 曹旭.论萧绎的文学观[J].上海师大学报,1999(1):3-5.

第四章 玄学对梁代中后期文论的影响

文尚新变的主张并不同声"。[①]卢萌《萧绎文论及诗风研究》一文中认为："萧绎身上体现的极浓的儒家思想在其文学观念形成的过程中产生着潜移默化的影响,使之文论的主体色彩具有崇儒尚古的基调。这是他与萧纲在文学观念上的根本区别。"[②](3)认为萧绎文学观是由其"儒道杂糅的精神信仰"所影响的。[③]

第一方面的三种分类虽有不同,但各有其合理之处。第二方面中的第一类观点,存在着可商榷之处;第二类则存在着明显矛盾和论据不足的问题。首先,在第二方面的第一类观点中,派别区分的依据上存在着矛盾。如曹旭先生在《论萧绎的文学观》一文中,把齐梁以来的文学观分成三派:"国史守旧派""儒学折中派""审美新变派",并将萧统与萧绎归入了"儒学折中派",同时也指出:"尽管萧绎在很重要的文学审美特征的认识方面与萧统异而与萧纲同。"这段论述可以给我们两条有效信息:其一,萧绎的文学思想是以儒学思想为主导的,并折中了其他思想;其二,萧绎在"很重要的审美特征的认识上"是与萧纲相同的,而萧纲被归入了"审美新变派",也就是说萧绎在"很重要的审美特征的认识上"是与"审美新变派"具有一致性的。众所周知,梁代多种思想并存,文人的学术思想、文学认识大多受到多方面的影响,故考察影响其文学认识主导思想,恰需要从其"很重要的审美特征的认识"进行考察,而不能从其功能性价值去考量,因为无论是在儒家文学立场下,还是以文学为本位为基础,都不否定文学的功能性价值,也就是说,即便萧绎表现出了儒家以教化为目的的文学立场,仍旧不能认为其文学观念是单一受到儒学影响的,而要同时兼顾他对文学是做什么的做出事实判断,来确定影响其观念的思想所在。如果将萧绎归为"儒学折中派",又认为他在"很重要的审美特征的认识上"(事实上这点正是判断其文学观念受到的思想影响所在)与"审美新变派"相同,则这种分类本身可能仍有不足之处。

第二类观点存在的问题有二:一是论据不成立;二是论据、观点相互矛盾,无法有效解释萧绎文学观念与文学作品风格之间存在的"差异"。具体来看,第二类观点由四个子观点组成:(1)萧绎的文学思想是偏重儒家的,亦即更多地受到了儒家思想的影响。卢萌在《萧绎文论及诗风研究》中指出:"从萧绎生平思想、《金楼子·立言篇》中文论之主旨及全书之主旨、《金楼子》以外的文论材料来看,萧绎的文学思想是偏重儒家的,与萧

---

① 刘晟.金楼子·立言主旨辩证[J].华南师大学报,2000(2):45-52.
② 卢萌.萧绎文论及诗风研究[D].河北大学,2011.
③ 李康来.文质彬彬,儒道杂糅——试论萧绎的文风及成因[J].北方文学,2011(6):82-83.

纲文论有着很大不同,在这种文论的主导下,他重儒而崇尚思想性和学术性,并企图立一家之言,做孔圣第二。"这一说法与杜志强《从〈金楼子〉看萧绎的文论》是完全一致。(2)萧绎的文学创作是接近萧纲的,表现出了宫体诗的最大特点。卢萌认为"在诗作创作中,他背离了自己的文学主张,创作出大量轻艳的宫体之作,无论是抒发闺怨情思,还是注重人事景物的描摹,或者是单纯的游戏类诗作,都体现出内容上的轻薄肤浅和形式上力求雕琢和完善的特征,而这正是宫体诗最大的特点"。(3)萧绎的文学思想与文学创作之间存在差异。(4)"差异"原因有三条:一是受到"当时文学的风气(重辞采、声律等)"影响;二是因为"萧绎处境的制约,使他不得不依附于萧纲倡导宫体诗风";三是因为萧纲"成长中所形成的矛盾的人格特征也对萧绎的文学创作产生了巨大影响"。

  首先,萧绎的文学创作确实表现出了宫体文学的特征,这点是众所周知且确定无疑的,如果确如该文所言,萧绎的文学思想主要受到了儒家思想的影响,那么认为其文学思想与文学创作之间存在着"差异"就是可以成立的。也就是说,这四个子观点存在这样的关系:在第二个子观点是真命题的前提下,第一个子观点成立,则第三个子观点必成立。故我们首先假定文中第一个子观点和第三个子观点成立,进一步分析第四个子观点中陈述的论据是否成立。其中第一条论据认为文学创作受时代大环境影响,属于无可挑剔之理由;第二条认为萧绎庶出的身份,以及其母阮修容因萧统、萧纲之母丁贵嫔而获宠,使得萧绎不得不依附于萧纲倡导宫体诗风。本文认为此条依据不能成立,其理由如下:(1)萧纲生于天监二年(503),萧绎生于天监七年(508),二人相差五岁。天监八年(509),被封为云麾将军领石头戍军事,其时萧纲六岁,萧绎一岁;天监九年(510)萧纲都督五州军事,出为南兖州刺史,离开建康,其时萧纲七岁,萧绎两岁,一直到中大通二年(530),萧纲皆在京城之外任职,也就是说,兄弟二人同在建康之时,萧绎不满三岁,并不存在萧纲限制其文学创作的可能。(2)天监十三年(514),萧纲出任雍州刺史,萧绎被封为湘东王,出任荆州刺史,其时萧纲十一岁,萧绎六岁,之后二人同为藩王,分掌荆、雍重镇,其后二人职位虽时有变迁,但各掌兵权,很难想象一个藩王能够对另一个藩王制约到文学创作不得自由的境地。(3)中大通三年(531),萧纲入主东宫,其时萧绎已在外主政多年,之后的十九年一直盘踞荆州,萧纲虽然身为太子,但是梁武帝尚在,荆州实为朝廷之外最大的宗室势力,萧纲同样很难对一位身居京城之外的藩王制约到诗歌创作都不得自由的地步。(4)从萧绎之母与丁贵嫔的关系来看,普通七年(526)萧纲的母亲丁贵嫔去世,已经不存在要与"萧纲母亲"靠拢的需要;退一步讲,即使在丁

第四章　玄学对梁代中后期文论的影响

贵嫔未去世时,萧绎亦无须附庸萧纲,一则当时他已经被封王,镇守封地十二年,二则当时昭明太子萧统尚在,实无依附萧纲之必要。总之,萧纲无论如何都不可能在文学思想和文学创作上对萧绎形成实质性的制约。

其次,第二条论据与第三条论据如果成立,则形成相互矛盾的命题,无法有效解释萧绎文学思想与文学创作之间的"差异",同时也与第一个子观点相互矛盾。第二条论据认为,萧绎放弃其重儒学的文学观,而创作"宫体"诗是为了附和萧纲的喜好,也就是说,重儒学才是其真实思想;第三条论据指出萧绎的生理缺陷和其阴暗的性格与儒家思想相悖,并且其行为又违背了他所坚持的儒家思想,从其矛盾的性格判断,他对儒家思想的坚持实则只是一种标榜、矫饰,也就是说,萧绎重儒学也不是其真实思想。这样,文中所举的后两条论据,与该文第一个子观点就形成了一组相互矛盾的命题:其一,萧绎的人生观、文学观是受到儒家思想影响的,是真实意愿;其二,萧绎的文学创作是出于对萧纲的附和,是非真实意愿;其三,萧绎的行为与儒家思想是相悖的,对儒家思想的标举是一种虚伪矫饰,是非真实的。依照此逻辑,萧绎的思想与行为之间不具有一致性,其行为并不能反映其思想,如此则萧绎的文学思想究竟是什么,其思想究竟受到了哪种思想的影响,就成为了无法判断的问题。这样的解释使得研究者无法判断萧绎真正受到的影响是什么,故该文只能以不可知的政治动机,即政治野心来归因,而这些动机又非史料确证的,而是基于对宫廷斗争的推测,以及对萧绎本人性格缺陷进行的推断,既不能被证实,又已然无法去证伪,其结论实则不具有任何现实说服力。以萧纲与萧绎之间可能存在的权力之争揣度二人的文学立场,并虚拟出一种对立关系和政治压迫,是无法有效解释萧绎文学观念与文学创作之间存在的差异的,当然,如果确如文中所言,这种"差异"是确实存在的话。

总之,在不能判定萧绎的文学观念是什么之前,就无法判定其受到了何种思想的影响,同时也就无法有效解释其文学观念与文学创作之间是否存在着"背离"与"差异"。

二、萧绎"立言"思想辨析

在讨论萧绎的文学观念是什么,受到了何种思想的影响之前,需要厘清三个问题:首先,萧绎"立言不朽"的人生理想,与其所立之言的具体内容,是两个层面的问题,不可混为一谈。这个问题中包含四个方面。

其一,"立言不朽"的人生理想来自儒家。萧绎的"立言不朽"思想从儒家的"三不朽"之论而来,"立言"与"立德""立功"相提并论,是对生命意义做出的价值判断,也是用以指导个体实现人生价值的三种方式。孔颖达在《春秋左传正义》中对"立德""立功""立言"做出了界定:"立德"意谓"创制垂法,博施济众";"立功"意谓"拯厄除难,功济于时";"立言"意谓"言得其要,理足可传"。① 这三种实现人生价值的方式有其共同的伦理依据,即个体需要从其对群体的贡献中,获得自身存在的价值,这种价值可以超越现实人生的有限性,使得个体生命能够在时间的洪流中获得不朽的意义。萧绎"立言不朽"观念的思想基础皆来自于此:

  周公没五百年有孔子,孔子没五百年有太史公。五百年运,余何敢让焉。②
  饱食高卧,立言何求焉?修德履道,身何忧焉?居安虑危,戚也;见险怀惧,忧也。纷纷然荣枯宠辱之动也,人其能不动乎?仲尼其人也,抑吾其次之,有佞而进,有直而退,其宁退乎?③

  在这两段话中,萧绎以接续周公、孔子、司马迁的志业为己任,大有当仁不让之意。对此,许逸民先生指出,萧绎著述的"动机与精神力量可以归结为两点:一是绍圣思想,二是其政治抱负"。而"萧绎出言狂妄,并不足怪,他所禀承的无非是儒家的'王命'思想"。认为萧绎"想成为一个'命世者',正是对他生命价值的期许"。④ 萧绎在《金楼子》中对他的政治抱负有着明确的表达,他的绍圣思想实则亦可归入他的政治抱负。孟子曰:"五百年必有王者兴,其间必有名世者。……夫天,未欲平治天下也,如欲平治天下,当今之世,舍我其谁也?"萧绎的"抑我其次之"与孟子"平治天下,舍我其谁"的感慨是十分相似。

  其二,萧绎"立言不朽"的人生理想,具有强烈的自主意识。"立言"本身首先是一件极其个人化的事业,故能兼容玄学思想影响下广泛存在的自由精神,从而产生出极具个性化的思想表达。如此,"立言不朽"的人生观,同时也承载了个体自我意识觉醒的需求,表现出强烈的自主精神。《金楼子》正是两种思想兼容下的产物,它是一部纯粹的个人著述,充满了自主意识和个性色彩,《立言篇》中言:

---

① 李学勤.春秋左传正义(十三经注疏繁体版)[M].北京:北京大学出版社,2000:1152.
② 许逸民.金楼子校笺[M].北京:中华书局,2011:798.
③ 李学勤.春秋左传正义(十三经注疏繁体版)[M].北京:北京大学出版社,2000:826.
④ 李学勤.春秋左传正义(十三经注疏繁体版)[M].北京:北京大学出版社,2000:8.

第四章 玄学对梁代中后期文论的影响

  （裴几原）又问之曰："子何不询之有识，共著此书，曷为区区自勤如此？"予答曰："夫荷旃被毳者，难与道纯绵之致密；羹藜含糗者，不足论太牢之滋味。故服绨纩之凉者，不苦盛暑之郁烦；袭貂狐之暖者，不知至寒之凄怆。子之术业，岂宾客之能窥。斯盖以筳撞钟，以蠡测海也。予尝切齿淮南不韦之书，谓为宾游所制，每至著述之间，不令宾客窥之也。"①

  萧绎这种不假旁人之手，甚至不愿与任何僚属分享论著的心理状态，固然与其性格有着密切的关联，但同时也反映出他对这部私人著述性质的明确定位。关于这点，田晓菲女士有一段非常精彩的论述，她认为"萧绎不是作为'天子'，而是作为'夫子''金楼子'，作为私人藏书家在进行写作。……萧绎希望自己的《金楼子》是一部高度个人化与私人化的著作。他再三向读者解释，为什么他不想如前代的刘安、吕不韦那样命门客代笔：和那些穿惯了粗布衣服的人，'难以道纯棉之密致'；和那些吃惯了简陋食物的人，'不足论大牢之滋味'。……萧绎从十四岁开始写作《金楼子》，当时，他绝没有想到自己有朝一日会成为皇帝。《金楼子》是一部私人的书，是旨在最终被收入皇家图书馆的。在这样一部书里，没有君主话语的空间"。②因之，萧绎想要通过"立言"获得生命不朽的愿望，与其说反映出了萧绎对"王命"思想的追求，毋宁说他秉承了玄学思想中对个体生命价值的充分肯定，或者至少二者在此是相通和融合的。

  其三，萧绎的人生理想是兼容儒道的，"立言不朽"只是其人生选择中的一个部分而非全部。他在《立言》篇中云：

  裴几原问曰："西伯拘而阐《易》……下帷著书，其义何也？殊为抵牾，良用于邑。"予答曰："吾于天下亦不贱也，所以一沐三握发，一食再吐哺，何者？正以名节未树也。吾尝欲陵威瀚海，绝幕居延，出万死而不顾，必令威振诸夏。然后度聊城而长望，向阳关而凯入。尽忠尽力，以报国家。此吾之上愿焉。次则清酒一壶，弹琴一曲，有志不遂，命也如何？脱略刑名，萧散怀抱，而未能为也。但性过抑扬，恒欲权衡称物，所以隆暑不辞热，凝

---

① 李学勤.春秋左传正义（十三经注疏繁体版）[M].北京：北京大学出版社，2000：811.
② 田晓菲.烽火与流星——萧梁皇朝的文学与文化[M].北京：中华书局，2010：60-61.

·201·

冬不惮寒,著《鸿烈》者,盖为此也。"①

在这段材料中,萧绎表述了他的三个愿望:上愿为"尽忠尽力,以报国家";其次则为"清酒一壶,弹琴一曲,脱略刑名,萧散怀抱";次愿不遂,故以著《鸿烈》则"立言"之愿为再次。如果说报国、著书,亦即"立功""立言"属于儒家思想的表现,则"清酒一壶,弹琴一曲,脱略刑名,萧散怀抱"之愿,无疑是受到了《老》《庄》玄学的影响,他说"大虚所以高者,以其轻而无累也。人生苟清而无欲,则飘飘之气凌焉"。②如果同时参照萧绎本人亲自讲论《老》《庄》教授学生的史实,这点就更加清晰了。所以我们可以认为,即便是萧绎的人生思想也并非是以儒家为主导的,而是兼容众家的,恰如其《金楼子》一书被称为杂家一样。

其四,单就"立言"而论,通过"立言"获得生命价值的不朽,与所立之言中的具体思想见解,是两个不同的问题。"立言不朽"论是儒家的人生观,所立之言却不必然反映儒家思想,尤其是在魏晋南朝个体自主意识已经相当明确的文化环境中,许多文士通过阐发玄理而青史留名,同样实现了"立言不朽"的价值追求。具体到萧绎而言,他所立之言是兼容众家的,而非专主一家。最能反映萧绎有意兼容众家的"言",亦见于《立言篇》:

> 世有习干戈者,贱乎俎豆,修儒行者,忽行武功。范宁以王弼比桀纣,谢混以简文方桓献。季长有显武之论,文度有废庄之说,余以为不然。余以孙吴为营垒,以周孔为冠带,以老庄为欢宴,以权实为稻粮,以卜筮为神明,以政治为手足。一围之木持千钧,五寸之楗制开阖,总之者明也。③

"孙吴"指孙武与吴起,意指兵家;"冠带"意谓礼仪与教化,此指儒家之礼乐制度;"欢宴"本指宴饮行乐,此处当指个人的文化喜好;"权实"指佛门二教,"权教"为小乘说法,取权宜义,法理明浅,"实教"为大乘说法,显示真要,法理高深;"卜筮"《礼记·曲礼上》:"龟为卜,筴为筮。卜筮者,先圣王之所以使民信时日、敬鬼神、畏法令也;所以使民决嫌疑,定犹与也。"④"政治"指政事清明,《书·毕命》:"道洽政治,泽润生命。"《孔

---

① 许逸民.金楼子校笺[M].北京:中华书局,2011:811.
② 许逸民.金楼子校笺[M].北京:中华书局,2011:827.
③ 许逸民.金楼子校笺[M].北京:中华书局,2011:854.
④ 李学勤.礼记正义(十三经注疏本繁体)[M].北京:北京大学出版社,2000:104.

第四章 玄学对梁代中后期文论的影响

传》曰:"道至普洽,政化治理,其德泽惠施,乃浸润生民。"①萧绎欲兼容众家为用的主观意图是十分明确的。故其"立言不朽"的人生观念与其所立之"言"反映出的具体思想倾向并不是完全等同的。

从他所立之"言"中可以看到,他一以贯之的原则并非儒家思想,而以因循为本,以众家思想为用,通过区分众家思想所适用的领域来实现他"总之者明"的整体认识。而众家中只有儒家礼法制度最为符合皇权政治对群体秩序的要求,也是最适合士人作为立身处世之道的一种思想。当然,求未必得,模未必是,若观其言而察其行,则可见萧绎虽试图以儒学为立身处世之本,亦曾在所辖地区办学兴儒,并想要在政务治理上有所作为;同时,著书立说,想要成一家之言,然其一生不符于礼法之处则甚众,至于个人生活则确是以"老庄为欢宴",醉心于《老》《庄》玄学,流连于清谈讲论,其文化人格更多呈现出玄学熏陶的印迹,立身行事又是极端自我、任情,而违背儒家"忠恕"之道的,说明了儒家礼法思想对其所形成的影响是十分有限的,绝非以儒家思想为主导。

其次,要厘清萧绎的"立言"观念与其"文学观"之间的区别。在梁代的文学理论中,"文"一直是一个含义不确定的概念,在"文"源于自然的观念中,从"天文"到"人文","文"所指向和包含的内容是不尽相同的。同时,即便在"人文"的范畴内,"文"的指向仍然是多义的,刘勰将"经""纬""骚"皆视为"文"的典范,后世在讨论文学观时,将这个范畴内的"文"称为广义的"文",而区别于作为文学的狭义的"文"。宋元嘉时期,学分玄、儒、文、史四科,这种区分实际上是对于广义的"文"进行的细分。四科中的"文",所指的内容已经是狭义的文学,并与玄学、经学典籍、史学著作做出了区分。而我们所要探讨的文学观,正是建立在对狭义的"文"的认知上,亦即对纯粹的文学形成的认识和评价。厘清这一点,我们就能够从《立言篇》中明确区分出哪些内容属于文学观,哪些内容并不能归入文学的范畴,只能将其笼统地归入"著书立说,成一家之言"的"立言"范畴。《金楼子》是一部内容庞杂的个人著述,所记载的是萧绎个人的思想见解,这些内容都属于其"立言"的范畴,其中包含了他对文学的具体认识,故"立言"与文学观之间是从属关系,而非等同关系。萧绎在《金楼子》中所立之"言"是兼采众家的,其文学观念到底受到何种思想的影响,则需要就其具体言论进行判断。

最后,在分析萧绎文学观念到底受到了何种思想影响时,还需要厘

---

① 李学勤.尚书正义(十三经注疏本繁体)[M].北京:北京大学出版社,2000:619.

清、判断其文学观念所受影响的依据是什么。在前文的论述中已经提到,文学本于自然的观念是当时文坛共有的一种文学认识,它从本体论角度重新解释了文学之所以为文学的原因所在,使得文学脱离了对政教功能的依附,获得了独立存在的价值与意义,从而走向了自觉。这种文学观念,与儒家传统文学观念有着本质的区别,前者是立足文学本位来认识文学的,后者是立足政教功能来解释文学的。尽管,以文学为本位的文学思想中,并不排斥对文学功能性的肯定,并且文学的政教功能,作为皇权体系中非常重要的一个部分,无论文学是否走向独立,它都是必然被强调的。也就是说,我们不能以他是否强调政教功能来判断文学观念所受的影响来自何处,而要从他对文学本身做出的描述,也就是要通过对文学是什么进行的事实判断,来认定影响其文学认识的思想根源所在。这是分析萧绎文学观所受的思想影响时,最终需要厘清的一个问题。

三、萧绎文学思想辨析

厘清上述三个问题,我们才可能探及萧绎文学观的清晰面目。《立言篇》中言:

> 古人之学者二,今人之学者有四。夫子门徒,转相师受,通圣人之经者谓之儒,屈原宋玉枚乘长卿之徒,止于辞赋则谓之文。今之儒博穷子史,但能识其事,不能通其理者,谓之学。至如不便为诗如阎纂,善为章奏如柏松,若此之流,泛谓之笔。吟咏风谣,流连哀思者,谓之文。而学者率多不便属辞,守其章句,迟于通变,质于心用。学者不能定礼乐之是非,辩经教之宗旨,徒能扬榷前言,抵掌多识。然而挹源知流,亦足可贵。笔退则非谓成篇,进则不云取义,神其巧惠,笔端而已。至如文者,惟须绮穀纷披,宫徵靡嫚,唇吻道会,情灵摇荡。[①]

萧绎对文学的描述建立在对学者的区分之上,对"学者"区分又建立在"今"与"古"的比较之上。他认为古时的两种"学者",一种是儒生,另一种是文士。前者以"通圣人之经"为特点,后者以善于"诗赋"为专长,两种"学者"之间的区分反映出的正是经学与文学之间的分野。当世的学者则从这两类中分化出来,儒生的特点应当是"博穷子史""能识其

[①] 许逸民.金楼子校笺[M].北京:中华书局,2011:966.

第四章 玄学对梁代中后期文论的影响

事""能通其理",但是当世的儒生中却有一类"但能识其事,不能通其理者""不定礼乐之是非,辩经教之宗旨",这类人被萧绎称为"学"。这样,当世的"儒"与"学"之间的区分就在于,前者不但博穷子史,且精通义理,后者则只可称为硕学,而不能通于义理。萧绎把当世的文士区分为"文"与"笔"两类,在这里他对"笔"的描述是很值得玩味的,其言曰:"至如不便为诗如阎纂,善为章奏如柏松,若此之流,泛谓之笔。"这句话既提到了诗歌等纯文学的文体,亦提到了奏章等应用性文体,"不便为诗""不善为奏章"者即被划入"笔"的范围,也就是说,"便为诗""善为奏章"者亦当归入"文"的范畴,由此论则可以确定萧绎对"文"与"笔"的区分,并非依据文体来划分,而是以"便为""善为"这样一种创作状态来划定的。而"便为""善为"之意,恰可理解为使得文章具有了"文"的属性,亦即使其富有文学性。"文"与"笔"在文体范畴是有交叉的,应用性文体可以富有文学性,但文学性不是其获得自身规定性的必要条件,它所突出的是文章的功能性价值,而非审美性价值,恰如奏章符檄可以写得富有文学性,亦即文中所谓"善为奏章"者,但奏章檄文之所以称之为奏章檄文,并不在于它的文学性,而只在于它的应用性;反之,一首诗歌之所以被称为诗歌,其必要条件是它具有文学性,符合文学审美的特点,如果缺乏了这个特点,那么即使它具有了诗的形式,仍旧无法称为文学。

萧绎把当世的学者区分为四种:"儒""学""文""笔"。"儒"与"学"指向的是学术研究的领域;"文"与"笔"指向的是文章创作的领域;"文"是具有了文学性的文章,"笔"则泛指那些缺乏文学性的作品。如此,要区分"文"与"笔"则要依赖于其对文学性做出的描述,所谓文学性即"文"之所以为"文"的规定性。萧绎对"文"的这种规定性做出了如下描述:"吟咏风谣,流连哀思者,谓之文。……至如文者,惟须绮縠纷披,宫徵靡嫚,唇吻遒会,情灵摇荡。"而"文"之所以为"文"的规定性,正是对文学是什么做出的事实判断。萧绎以"吟咏风谣,流连哀思"作为判断是否为"文"的要素,"风谣"在当时语境下的含义有二:一指《诗》中的十五国风,《南齐书·皇后传论》曰:"后妃之德,著自风谣,义起闺房,而道化天下。"[①] 二指反映风土民情的委巷歌谣,萧子显《南齐书·文学传论》中言:"言尚易了,文憎过意,吐石含金,滋润婉切。杂以风谣,轻唇利吻,不雅不俗,独中胸怀。"[②] 钟嵘诗品言:"(谢惠连)工为绮丽歌谣,风人第一。""(鲍)行卿少年,甚擅风谣之美。""吴(迈远)善于风人答赠……汤休谓远云:'我诗

---

① (南朝)萧子显. 南齐书[M]. 北京:中华书局,1972:394.
② (南朝)萧子显. 南齐书[M]. 北京:中华书局,1972:908,909.

可为汝诗父。'以访谢光禄,云:'不然尔,汤可为庶兄。'"① 谓谢惠连、鲍行卿、吴迈远、汤惠休皆以长于"风谣",另有鲍照亦属此列,考其中有诗歌传世者,可知他们实则长于民歌乐府之拟作,并以清丽缠绵的情感描绘为诗歌特点。如果从上述二义的源出来看,其义实同,若从其在当时的指向来看实则有别,而后一义显然更符合萧绎此处的描述,亦即"文"需具有"风谣"的特征,同时又要以反复吟唱"哀思"为主题,这一描述实际上指出了"文"需要具有抒情特性。

其次,他又对"文"的具体形态做出描述,其中"绮縠纷披"指出了"文"应当有辞藻繁盛之特点。"绮縠"语见《后汉书·汉帝记》:"小人无虑,不图长久,嫁娶送终,纷华靡丽,至有走卒奴婢被绮縠,著珠玑。"李贤注曰:"绮,文缯;縠,纱也。"② "纷披",谓盛多、纷杂之貌,见《宋书·谢灵运传论》:"六艺所因,四始攸系,升降讴谣,纷披风什。"③ 在梁代的文学评论中,存在着大量用织物来形容作品的情形,这是因为织物本身的特点,与"文"的本意紧密相关,二者都是以彩色交错的图案或者花纹为特征的,突出的是文学所具有的语言形象美。"宫徵靡嫚,唇吻遒会",则用以形容语言音节的华美,《文心雕龙·章句》:"譬舞容迴环,而有缀兆之位,歌声靡嫚,而有抗坠之节也。"《文心雕龙·声律》:"古言语者,文章神明枢机,吐纳律吕,唇吻而已。……徵羽响高,宫商声下,抗喉矫舌之差,攒唇激齿之异。"强调了语言具有的音韵美。"情灵摇荡"指出了文学作品的特性是抒情放怀,与萧子显所言"文章者,盖性情之风标,神明之律吕也"有同工之妙,亦与萧纲"文章且须放荡"之论大类,都是为了强调文学的抒情特性。

通过上述分析可以看到,萧绎对于"文"何以为"文"这个最基本的事实判断,当非承儒家的文学观而来。如果与《毛诗序》对诗的描述相比较,就可以更加清晰地看到这种差异,儒家的文学观是立足文学的政教功能给出的描述,而萧绎则紧紧围绕着使文学成为文学的那种特性,而对"文"给出了相应的描述。杜志强先生认为,"萧绎之说文、笔,是承儒、学而来,他对儒者正面肯定,对学者褒贬参半,对笔则认为是'神其巧慧,笔端而已',显然口气已小甚重视;而对'文',他下一'惟'字,'惟'是惟独、只需的意思,句意即:至于像文这样的作品,只需'绮縠纷披,宫徵靡嫚,唇吻遒会,情灵摇荡'就可以了。这又是十分轻视的口气。不能否认,对抒情性诗文来说,萧绎之论在一定程度上揭示出了某些本质,也反映出萧

---

① 王叔岷.钟嵘诗品笺证稿[M].北京:中华书局,2007: 277,381,411.
② (南朝)范晔.后汉书[M].北京:中华书局,1965: 228,229.
③ (南朝)沈约.宋书[M].北京:中华书局,1974: 1778.

第四章　玄学对梁代中后期文论的影响

绎对抒情性诗文本质的认识；但认识归认识，价值判断又归价值判断，二者显非同一关系"。[①] 关于这段论述，笔者认为仍然有可商榷的余地。

其一，萧绎所谓"今之学者有四"，其区分是从"古之学者有二"分化而来，二者指向不是一个领域，故不存在以"儒"来褒贬"文"与"笔"的问题，这一部分前文已有论述，此处不再赘言。

其二，虽然文中确实表现出了浓厚的厚古薄今的价值取向，但认为"而已"是不够重视的口气，而"惟"是十分轻视的口气，似乎并不能成立。例如《论语·里仁》中言："曾子曰：夫子之道，忠恕而已。"恐怕无人会认为此处有"不甚重视"之意，而此语气词所表达的，更可能是论题阐释者，对前人烦琐探讨又不能得其精髓的一种不屑，而非对论题本身的轻视。"惟"字亦不尽然就是轻视之意，而更可能表达满足要求的唯一条件，亦即今天我们所说的充要条件——只要符合此条，即可称之为"文"。

其三，文中指出萧绎的描述"反映出萧绎对抒情性诗文的本质的认识"，这一论说无疑是十分正确的。但是，认为事实判断与价值判断不是一个层面，因之不能反映文学主张，则有待讨论。首先，事实判断是价值判断的基础，事实判断回答文学是什么，而价值判断回答这样的文学是否具有价值，前者是对文学本质的描述，后者则出于一种特定目的和价值观而给予的评价，二者确实不是一个层面的问题。但是，这并不等于事实判断不能反映思想主张，因为梁代以来的文学评论著作对文学的最大贡献，恰在于重新回答了"文"之所以为"文"的依据是什么，亦即回答了文学是什么，这一文学思想中最为基本的命题，从而使得文学开始认识到自身，亦即学界所谓的"文学的自觉"。因之，事实判断本身就已经展示出萧绎文学观念所受到的影响，也就是说，即便萧绎确实对"绮縠纷披，宫徵靡嫚，唇吻遒会，情灵摇荡"充满了轻视，较之于纯粹的儒家文学观从政教角度来描述文学，萧绎对文学是什么做出的事实判断，也仍然显示出了他与儒家文学观的极大差异，这种差异恰恰反映出了萧绎对文学最基础、最直观的认识。实际上，上述引文部分可以充分证明，萧绎已经完全认识到了文学的本质在于对情和美的表达，怡情和悦目是其本质的功能。在此基础之上，是否要求文学必须承担政教功能，则是一种外在的价值观或特定的目的，无关文学的本质。

萧绎对文学是什么做出的基础判断无疑是受到玄学影响的，并以此为基础兼容了儒学，他在文中言：

[①] 杜志强. 从《金楼子》看萧绎的文论 [J]. 河西学院学报, 2006 (3): 61-64.

> 潘安仁清绮若是,而评者止称情切,故知为文之难也。曹子建、陆士衡,皆文士也,观其辞致侧密,事语坚明,意匠有序,遗言无失,虽不以儒者命家,此亦悉通其义也。遍观文士,略尽知之。至于谢元晖,始见贫小,然而天才命世,过足以补尤。任彦升甲部阙如,才长笔翰,善缉流略,遂有龙门之名,斯亦一时之盛。①

这段材料中,萧绎以后世对潘岳的评价为例,指出为"文"之不易,这一论断也可证上文中用词确无轻视之意。文中又以曹植、陆机为例,指出他们虽为文士,却能够兼通儒家义理。再以谢朓、任昉为例,指出他们虽然缺乏"儒"之所长,但仍可为"文"之翘楚。前两例都说明,萧绎认为的"文"的理想形态,应当是兼及辞章与义理的。这个判断确实反映出了萧绎对儒家思想的重视,但同时需要注意到,这种重视是建立在"文"与"儒"兼容的基础之上的,亦即必须具有"文"的特性,并兼顾到"儒"的专长,才是"文"的理想形态。后一例则退一步而言,即便如谢朓那样伤于"细密",② 任昉那样"甲部阙如",然因二人实有文学创作之才,故仍旧能够成为一时之秀。这里说的"甲部",所纪为六艺小学之书,言其"阙如",正谓不长于儒学。故由此例可知,萧绎虽以"文""儒"兼通为理想之"文",但前提仍然先得承认"文"之为"文"的特性所在。

综合而言,《金楼子·立言篇》中确实反映出了十分浓厚的崇儒倾向,但萧绎"立言不朽"的儒家人生观,并不与他所立之"言"的思想倾向完全相同,更不能与他对文学本质的认识直接等同。从他本人对不同领域所持的认识来看,萧绎是一位真正的杂家,他有意兼容众家,以因循为本,以众家思想为用,试图达到"总之者明"的自如境界。而这种态度本身,已经包含了玄学因循思想对其思维方式所产生的影响,若从他对文学的具体认识上看,这种影响无疑是更加明显的。也可以说,萧绎对文学本质的描述与梁代文人普遍认同的文学观念是相符的,是玄学思想影响下对文学抒情性与语言美的深入认识。此外,他在肯定文学抒情性与语言美为文学本质的同时,又希望通过儒学来规范文学,达到辞章与义理兼顾的理想境界,这与他的政治身份和政治抱负紧密相关。具体而言,儒家礼法制度和对士人操行的严格要求,和它以天下为己任的人生价值观,都使得一位意图在政治上有所作为的王子不可能摈弃之。相反,儒学恰是最适合用来规范操行的思想资源,故萧绎对儒学的推崇是必然的。

---

① 许逸民.金楼子校笺[M].北京:中华书局,2011:966.
② 王叔岷.钟嵘诗品笺证稿[M].北京:中华书局,2007:289.

第四章 玄学对梁代中后期文论的影响

梁代文人中,可以与萧绎的态度形成呼应的是萧纲。作为"宫体"文学的代表人物,他在教子时首先强调的仍然是"立身先须谨重",他在《诫当阳公大心书》中云:

> 汝年时尚幼,所阙者学,可久可大,其唯学欤!所以孔丘言:"吾尝终日不食,终夜不寝,以思,无益,不如学也。"若使墙面而立,沐猴而冠,吾所不取。立身之道,与文章异,立身先须谨重,文章且须放荡。①

这段材料中的末一句是讨论萧纲文学主张时被高频引用的内容,常常用以证明萧纲对待文学的"放荡"态度。但是,如果从这封诫子书的全部内容来看,萧纲想要表达的信息无疑是更加丰富的。其中,不仅包含了他对文学创作所持有的态度,同时也反映出了他所坚持的基本人生态度。文中明确表达了人生的立身之本在于谨慎为学,不仅以圣人之言劝导其子"可久可大,其唯学欤",同时又以立身与作文之间的区别,告诫其子谨慎治学对于立身处世的重要。这条材料可以传达三条信息:其一,萧纲是以儒家思想作为立身处世的指导思想的;其二,萧纲对文学创作的认识并非来自儒家思想;其三,在立身处世,亦即社会政治领域,以及文学创作,亦即个人文化喜好方面,存在着一条不言自明的区分界限。由此可以看出,即便是主张"文章放荡"的萧纲,在立身处世的问题上依旧不会摈弃儒学。若再参之以萧统对陶渊明的赞誉,我们恰可以发现,在对待儒学的问题上,皇室成员之间实际上有着趋同的倾向:皆试图以儒学作为指导政治人生的思想资源,用以协调个体与群体之间的关系;而在个人生活领域则表现出对玄学自然思想的青睐,用自由奔放、极具个性化的玄学思想指导个人在文化、艺术、人生境界等方面的追求,尤其在文学思想、文学创作中形成了深刻的影响。如果从更加宏观的角度来看则可以发现,皇室成员这种具有趋同性的思想选择,实际上与梁武帝对多种思想资源整合的文化选择是具有一致性的,是官方文化导向在文学现象中的具体体现。

---

① (清)严可均.全梁文[M].北京:商务印书馆,1999:113.

第五章　梁代玄学与文学创作

　　进入南朝，文学作品直接展现玄思、玄理的现象逐渐消失，但作品中所蕴含的玄学思想却并未完全消失。在梁代中后期重要的作家作品中，仍然存在着大量引用"三玄"及《列子注》的情形，通过对文学作品引文的研究，我们可以进一步去考察玄学思想在作家和作品中形成的影响。具体来说，梁代文学作品中有五类主题与文人对玄学思想的接受有着密切的关联性：其一是对理想政治的描绘，梁代文人笔下的理想社会是上古三代的"无为而治"，对帝王理想人格的要求则是顺应和无为，强调君主取舍进退，要顺应时势，以"因"为原则，其思想根源来自王弼玄学。其二是对性命之道的探讨，刘峻《辨命论》中对"天命"与"人力"关系的重新思考，实际上是借"辨命"来批判现实社会，与正始、竹林玄学家通过阐释"自然"来质疑和批判社会具有同样的逻辑理路。其三是对理想人生的想象，梁代文人的理想人生是游心自然之间的适性逍遥，文学作品中普遍存在的隐逸情怀正是对这种理想人生的心理寄托。士人如何满足这种心理需求，则与个体的社会地位、人生经历相关联，或接受了郭象玄学，赞同"出处同归"，或渴望躬耕田园亲近自然，也有一些文人的人生境遇充满了无奈，只能通过对隐逸的向往寄托对自由逍遥的渴望。其四是对自然世界的关注，郭象的崇有论玄学认为"天地以万物为本"，万事万物的本体不在他物，而在于自身，那么体知自然之道，则无须在茫然宇宙中领悟不可言说之玄理，而当在观察和感知自然中获得适性自足。梁代文学作品正是以自然世界为观察和感知的对象，以文学创作作为沟通个体神思与自然之道的媒介。其五是对女性美和情欲表达的肯定，文学创作中女性美成为独立描写客体，女性情感被文人普遍关注，乐府民歌大胆直白的抒情形式为文人所青睐，且文人的创作中不乏对情欲的直接表达，这些文学现象在梁代能够出现，其根本原因是玄学思想论证了情欲作为人的一种本性，它是源于自然生于自然的，而人生的真谛就是要顺应人之常性，肆性情之所安。梁代文人毫不掩饰其对女性美的关注和喜爱、对女性情感世界的好奇和揣度，以及对乐府诗歌中直白的情爱表达的接受，这些都是基于对欲望正当性和合理性的认同。

第五章 梁代玄学与文学创作

这里需要做出说明的是,这些文学作品的引文,所涉及的文献品类是多样的,对《周易》《老子》《庄子》《列子》原文及其注的引用,只是其中一个部分。当我们通过分析这些引文内容,来论述文学作品所蕴含的玄学思想时,并不否认这些文学作品可能在同时也受到了其他思想的影响,毕竟在儒学、佛学、玄学、道家思想相互交融的思想局面中,文人的思想选择往往是兼收并蓄的,且诸多思想之间又确有融通之处。同时,对于兼修儒、玄、佛、道的文学家而言,其主导思想也不是一成不变的,而是随着人生境遇的变化、处境需求的不同,而有相应的调整。此外,家族身份、政治地位不同的文学家,即便同受玄学思想影响,其在文学作品中的具体反映也是不尽相同的。

第一节 理想政治与循顺无为

刘宋以来,东晋门阀政治下形成的玄学政治文化被纳入儒学政治体系,借以巩固通过武力获得的皇权。皇族对玄学的利用也愈加巧妙,一方面倡导儒学忠君思想,极力抑制玄学思想可能对皇权带来的抵触作用,另一方面利用玄学思想中顺应无为的出世精神消解可能产生的社会冲突,这种政治策略一直延续到梁代。然而,玄学思想带来的政治影响却没有被根除,士人们在盛赞皇权的同时,对于理想社会和理想的君主描绘,其依据仍旧是由玄学思想所提供的。产生于正始时期,并在两晋得到发展的玄学思想,其根源是对既定社会秩序,亦即名教体系的反思,正如余敦康先生所言,玄学"构筑本体论哲学的最大的动因并非出于思辨的需要,而是为了给属于现象的名教提供合理性的根据"。[1] 换言之,玄学思想中包含了对社会应然状态的思考,它给人们改造现实、憧憬美好社会提供了一个理想范本。汤用彤指出:"王弼谈治,以因为主。'因而不为'《老子》中所数言。然其所谓因者,非谓因袭前王,而在顺乎自然也。其所因者,因自然之理,以全民之性。理有大常,道有大致。修其常,顺其理,则得治之方,致治之方,虽顺道家之自然,但不必毁儒家之名教。"[2] 梁代文人描绘理想社会和君主理想人格的理论依据,概不出其外。

---

[1] 余敦康.魏晋玄学史[M].北京:北京大学出版社,2004:99.
[2] 汤用彤.魏晋玄学论稿[M].北京:三联书店,2009:100.

一、"至理贵无为,善守竟何恃"

大约在天监九年(510),随建安王萧伟返回建康的诗人何逊,目见石头城形胜,写下了这首《登石头城》:

> 关城乃形势,地险差非一。马岭逐纡回,犬牙傍隆窣。百雉极襟带,亿庾兼量出。至理归无为,善守竟何恃。眺听穷耳目,远近备幽悉。扰扰见行人,晖晖视落日。连樯入回浦,飞盖交长术。天暮远山青,潮去遥沙出。薄宦恧师表,属辞惭愈疾。愿乘觳觫牛,还隐蒙笼室。①

石头城地处建康要冲,依山临江,地势险要,是攻守建康的必争之地。何逊在这首诗的开头,用了不小的篇幅来铺陈石头城险要的地势与严密的城防:石头城山川屏障,江流环绕,城墙百雉,如襟如带,并且资财丰富,有大量的粮食储备用作军事防御。诗中所描述的这些内容,是一般认识上的国家安全和政权稳固的重要依靠,但在随后的诗句中何逊指出,比地势险要、防御精良、资材丰厚等条件更加重要的是君主的无为。"至理归无为,善守竟何恃?"这句诗是对前半部分描述的一种否定,它意在表达一种政治认识,即地理位置的险要和高筑的城墙固然有助于防守,但军事保障并不能保证国家政治的完美。"至理"在此可兼有二义,一指根本的道理,指的是治理国家的根本道理;进一步引申而言则可解读为"至治",亦即完美的政治形态。"无为"一词则无须多做解释,"无为而治"是玄学家们共同的政治理想,那么什么样的社会才算"至治"呢?《庄子·胠箧》中言:"子独不知至德之世乎?昔者容成氏……神农氏,当是时也,民结绳而用之,甘其食,美其服,乐其俗,安其居,邻国相望,鸡狗之音相闻,民至老死不相往来。若此之时,则至治也。"②《老子》中亦有相近的表达,其言曰:"小国寡民……使人复结绳而用之。甘其食,美其服,安其居,乐其俗。邻国相望,鸡犬之声相闻,民至老死不相往来。"③于此可知,理想的社会应该是以百姓的温饱安乐为要务的,而达到"至治"的条件则在于统治者的"无为"和"顺应"。《老子》中言:"是以圣人处无为之事,行不言之教……使知者不敢为,为无为,则无不治。"王弼注曰:"自然已足,为

---

① 李伯齐.何逊集校注[M].北京:中华书局,2010:97.
② 成玄英.庄子注疏[M].北京:中华书局,2011:196.
③ 楼宇烈.老子道德经注[M].北京:中华书局,2011:198.

第五章 梁代玄学与文学创作

则败。"[①]强调了"无为"的含义是顺应自然。何逊这首诗的后半部分,流露出的石头城形胜之势不可倚的判断,亦即意欲归隐的愿望,反映出了他对当时政局的不满意,"至理归无为"则将他理想中的社会表露无遗。实际上,即便是他盛赞皇权的作品中,这样的认识也是存在的。

何逊在南齐时便以文学才华出众,受到当时文坛名流沈约、范云等人的赏识。他与范云结为忘年之交,诗文互动频繁,本传言其"一文一咏,云辄嗟赏,谓所亲曰:'顷观文人,质则过儒,丽则伤俗,其能含清浊,中古今,见之何生矣。'沈约则称赏其曰:'吾每读卿诗,一日三复,犹不能已'"。[②]入梁后,何逊虽出仕但一直沉沦下僚,辗转于藩王府邸,只有很短的时间曾得到武帝的信幸,他的《九日侍宴乐游苑》一诗应当就写于这一时期,其诗曰:

> 皇德无余让,重规袭帝勋。垂衣化比屋,睠顾慎为君。翻飞悦有道,卉木荷平分。宸襟动时豫,岁序属凉氛。城霞旦晃朗,槐雾晓氤氲。鸾舆和八袭,凤驾启千群。羽觞欢《湛露》,佾舞奏《承云》。禁林终宴晚,华池物色曛。疏树翻高叶,寒流聚细纹。晴轩连瑞气,同惹御香芬。日斜迢递宇,风起嵯峨云。运偶参侯服,恩洽厕朝闻。于焉藉多幸,岁暮仰游汾。[③]

这首诗中,何逊盛赞梁武帝的德行如同古代圣王帝尧。"垂衣"一语见于《易经·系辞下》:"黄帝、尧舜垂衣裳而天下治。"[④]王充《论衡·自然篇》言曰:"垂衣裳者,垂拱无为也。""垂衣"亦称作"垂裳""垂拱""垂衣而治",或"垂拱而治",用来颂扬帝王善于治理国家。何逊用以形容梁武帝,言其能像尧帝那样无为而治,恩德及于万民,就连禽兽、草木都沾濡于盛世之恩泽,欣悦于天下有道。实际上,通过这几句诗歌我们很难判断,何逊是否真的对梁武帝的治国方略持赞赏态度,但无疑诗歌中展现的是何逊心目中的理想社会,即帝王无为顺应,百姓则温饱安居。实际上,家国命运系于一人的皇权专制之下,文人对理想社会的向往总是表现为对明君圣德的期盼,如果君主的德行如尧舜一般,则天下百姓必得温饱安居,社会风气也必然良善道德。这样,当我们考察文人笔下所描绘的理想政治时,就需要注意到一点:上古帝王无论在儒家体系还是道家典籍中,

---

① (唐)孔颖达.周易正义[M].北京:中国致公出版社,2009:7.
② (唐)姚思廉.梁书[M].北京:中华书局,1973:693.
③ 李伯齐.何逊集校注[M].北京:中华书局,2010:111.
④ (唐)孔颖达.周易正义[M].北京:中国致公出版社,2009:285.

都是作为后世憧憬的君主的理想形态存在的,所不同的则是道家思想体系中强调的帝王品德是"无为",而儒家思想体系中强调的则是爱民、节用等仁爱思想,这一点也是我们区分君王理想人格所归属的思想体系的一个重要指征。

何逊在对游宴的盛况及周遭的景色做了细致描述之后,在诗的结尾处再一次以尧帝来比拟梁武帝,"于焉藉多幸,岁暮仰游汾","游汾"之典出于《庄子·逍遥游》,其文曰:"尧治天下之民,平海内之政,往见四子藐姑射之山,汾水之阳,窅然丧其天下焉。"郭象对这段话进行了详细的阐发:

> 夫尧之无用天下为,亦犹越人之无所用章甫耳。然遗天下者,固天下之所宗。天下虽宗尧,而尧未尝有天下也,故窅然丧之,而尝游心于绝冥之境,虽寄坐万物之上,而未始不逍遥也。①

这段话对尧帝与天下的关系做出了分析,尧帝以无用而使天下治,故天下宗之,然天下非尧之天下,尧非有天下,天下因尧而治。这与《老子》中所言"是以圣人处无为之事,行不言之教,万物作焉而不辞,生而不有,为而不恃,功成而弗居,夫唯弗居,是以不去"的道理完全相通。同时,郭象还对后世赞美帝王为尧舜的说法进行了分析,他说:

> 尧舜者,世事之名耳;为名者,非名也。故夫尧舜者,岂直尧舜而已哉?必有神人之实焉。今所称尧舜者,徒名其尘垢秕。②
> 夫尧实冥矣,其迹则尧也。自迹观冥,内外异域,未足怪也。世徒见尧之为尧,岂识其冥哉!③

后世的君王虽被称颂为尧舜,但"尧"却有"实"与"迹"之分,"迹"只是外在表现,换言之,"实"与"迹"之别,是"所以迹"与"迹"之别,也就是体与用之别。"尧"帝能使天下大治的根本,则在于他"为而不恃,功成而弗居"的"无为""顺应"之本质,故在此语境下,我们可以从引文典故中,判断诗歌对理想君王形象的想象源自玄学思想中的圣人人格。

---

① 成玄英.庄子注疏[M].北京:中华书局,2011:18.
② 成玄英.庄子注疏[M].北京:中华书局,2011:17.
③ 成玄英.庄子注疏[M].北京:中华书局,2011:18.

第五章　梁代玄学与文学创作

二、"因百姓之心,拯万邦之命"

何逊的诗作写于梁王朝承平之时,故其诗歌中帝王的理想品质是"无为""垂拱而治",理想的社会则是百姓甘食美服、乐俗安居,一派平和的图景。然而,南朝几个王朝国祚短暂,对于经历战乱动荡的人们来说,帝王必须有所作为才是保障国固民安的迫切需求。王弼说"无为"意为"顺应",帝王的有所作为实际是顺应民心,也就是合乎自然的,而不是违背自然的妄作。消极地应对事物发展变化的必然趋势,与违背事物发展变化的盲动、妄作,同样是背离了"抱朴无为"的原则。① 王弼的这种主张,既容纳了儒家思想积极进取的一面,又蕴含着道家思想中顺乎自然、成全民性的观念,这是正始玄学的精髓所在。在梁代文人的笔下,仍然可以看到这种思想的延续。太清六年三月,简文帝萧纲去世,六月,侯景乱平。其时,正需要一位有德行的皇子继承帝位,掌控全局。王僧辩与众臣,及宗室诸王皆上表劝进萧绎即帝位,徐陵的《劝进梁元帝表》就写于这样一个战乱初平的历史节点上。

其文节略如下:

> 臣陵言:臣闻封唐有圣,还承帝喾之家;居代维贤,终纂高皇之祚。无为称于革舄,至治表于垂衣,而拨乱反正,非间前古。至如金行重作,源出东莞,炎运犹昌,枝分南顿,岂得掩显姓于轩辕,非才子于颛顼,莫不因时多难,俱继神宗者也。
>
> 伏惟皇帝陛下,出震等于勋、华,明让(鸣谦)同于旦、奭。握图执钺,将在御天;玉胜珠衡,先彰元后。神祇所命,非惟太室之祥;图书斯归,何止尧门之瑞。若夫大孝圣人之心,中庸君子之德,固以作训生民,贻风多士,一日二日,研览万机,允文允武,包罗群艺。拟兹三大,宾是四门,历试诸难,咸熙庶绩,斯无得而称也。
>
> ……
>
> 自氤氲浑沌之世,骊连栗陆之君,卦起龙图,文因鸟迹。云师火帝,非无战阵之风,尧誓汤征,咸用干戈之道。星躔东井,时破崤、潼,雷震南阳,初平寻、邑。未有援三灵之已坠,救四海之群飞。赫赫明明,龚行天罚,莫如当今之盛者也。于是卿云似盖,

---
① 田汉云. 汉晋高平王氏家族文化研究[M]. 北京:中华书局,2013:204.

晨映姚乡；甘露如珠，朝垂原寝。芝房感德，咸出铜池；蓂荚伺辰，无劳银箭。重以东渐玄菟，西逾白狼，高柳生风，扶桑盛日，莫不编名属国，归质鸿胪，荒服来宾，追迹同福。其文昭武穆，跗萼也如彼，天平地成，功业也如此。久应旁求掌故，咨询天官，斟酌繁昌，经营高邑。宗王启霸，非劳阳武之侯，清跸无虞，何事长安之邸，正应扬龙旂以飨帝，仰凤辰以承天，历数在躬，畴与为让！

……

伏愿陛下，因百姓之心，拯万邦之命。岂可逡巡固让，方示石户之农，高谢君临，徒引箕山之客。未知上德之不德，惟见圣人之不仁，率土翘翘，苍生何望！[①]

徐陵开篇引用了两个典故，其一是尧帝，尧为帝喾之子，年十五封唐侯，二十一岁代兄登帝位，号曰陶唐；其二是汉文帝，文帝乃汉高祖之子，封为代王，刘邦亡后，吕氏专权，吕氏灭，得众臣拥立，代惠帝登帝位，即为文帝。尧帝与汉文帝都非嫡子，终究因为贤良有德而居于帝位，这对于劝进萧绎而言是十分贴切的。"无为称于革舄，至治表于垂衣"是对两位帝王功业的赞颂，指出他们的至治之道，在于其清静无为，与民休息。其后又以东晋中兴、光武延祚等为例来劝进萧绎，意谓其当如这些圣君一般，顺应天命。居于藩王位时，当如周公召公辅佐天子，而天命于归，则当如尧舜，顺民性情，行治平之道。上引第二段，从上古"至德之世"历数黄帝与炎帝的阪泉之战，黄帝与蚩尤的涿鹿之战，乃至尧伐有苗、汤征葛伯等，以说明战阵、干戈等圣君亦不能免，其不同仅在于战争行为是否顺应民意。这些内容都意在告诉萧绎，值此战乱方平之时，应当不违时命而有所作为。

在最后一段中，徐陵清晰地表达了他对萧绎的期望和告诫，他请求萧绎"因百姓之心，拯万邦之命"。"因百姓之心"其思想源于《老子》第四十九章："圣人无心，以百姓心为心。"王弼注曰："动常因也，各因其用，则善不失也。"[②]《老子》论君主施政要取圣人之道，顺民然后化民，推崇顺应民心而为。王弼的注释阐明了这一点，并突出了这个过程中"因"的根本性作用，只有顺势而为，才能保全于民。《老子》第二十七章更为详细地论述了顺应百姓之心与"拯万邦之命"的关系，其文曰："善行无辙迹，

[①] 许逸民. 徐陵集校笺[M]. 北京：中华书局，2008：261.
[②] 楼宇烈. 老子道德经注[M]. 北京：中华书局，2011：134.

第五章 梁代玄学与文学创作

善言无瑕谪,善数不用筹策……是以圣人常善救人,无以弃人。"王弼注曰:

> 顺自然而行。不造不施,故物得至,而无辙迹也。顺物之性,不别不析,故无瑕谪可得其门也。因物之数,不假形也,因物自然,不设不施,故不用关楗……圣人不立形名以检于物。不造进向以殊弃不肖。辅万物之自然而不为始,故曰无弃人也。①

于此可知,圣人之"善救人,无弃人",一方面是一视同仁地无所偏私,另一方面便是"因物之固然",不以智、力,而有所施造。徐陵之言,实则灵活运用了王弼阐释《老子》政治思想逻辑:既然从战乱纷争中拯救万民是民心所欲,则君主必当以百姓之欲为欲,百姓之求为求,如果用私心、奋私智,欲保身全己,则恰恰违背了"无为顺应"之道。因之,徐陵进一步告诫萧绎曰:"岂可逡巡固让,方示石户之农,高谢为君,徒弘箕山之客。"这两句中引用的典故皆出自《庄子》石户之农为舜帝之友,《庄子·让王》中言:"舜以天下让其友石户之农,石户之农曰:'捲捲乎后之为人,葆力之士也。'以舜之德为未至也,于是夫负妻戴携子以入于海,终身不反也。""箕山之客"指尧帝时的隐士许由,传说他是尧帝的老师,《庄子·逍遥游》云:"尧让天下于许由……夫子立而天下治,而我犹尸之,吾自视缺然。请致天下。许由曰:'子治天下,天下既已治也,而我犹代子,吾将为名乎?名者,实之宾也。我将为宾乎?'"徐陵认为萧绎犹豫不决,退避躲让,不愿即位,是学尧、舜让天下于石户之农、许由,然而这一行为并不符合圣人之道。

在对待"有为"与"无为"的问题时,郭象做出了如下解释:

> 夫能令天下治,不治天下者也。故尧以不治治之,非治之而治者也。今许由方明既治,则无所代之。而治实由尧,故有"子治"之言,宜忘言以寻其所况。而或者遂云:治之而治者,尧也;不治而尧得以治者,许由也。斯失之远矣。夫治之由乎不治,为之出乎无为也。取于尧而足,岂借之许由哉!若谓拱默乎山林之中而后得称无为者,此《庄》《老》之谈所以见弃于当涂,当涂者自必于有为之域而不反者,斯之由也。②

---

① 楼宇烈.老子道德经注[M].北京:中华书局,2011:72.
② 成玄英.庄子注疏[M].北京:中华书局,2011:13.

郭象的解释,指出了并非只有弃天下、拱默于山林之中,方可得称"无为"。对于尧而言,无为而治者,是尧之实,若因治而让天下于许由,则背于自然之道,虽欲求"无为"之名,却已失其实也。故萧绎不可固学尧、舜之"让王",因为"未知上德之不德,唯见圣人之不仁,率土翘翘,苍生何往"?徐陵的这句反问,实则将儒家思想刚毅进取的精神,与道家顺应自然之智慧,自洽地融合到了一起。"上德不德"语见《老子》第三十八章:"上德不德,是以有德。下德不失德,是以无德。上德无为而无以为,下德无为而有以为。"王弼注曰:"德者,得也。常得而无丧,利而无害,故以德为名焉。何以得德?由乎道也。何以尽德,以无为用。以无为用,则莫不载也。故物,无焉,则无物不经,有焉,则不足以免其生。是以天地虽广,以无为心;圣人虽大,以虚为主。"[①]"圣人不仁",语见《老子》第五章:"天地不仁,以万物为刍狗;圣人不仁,以百姓为刍狗。"意谓天地任自然,不为不造,而圣人与天地合德,故慧不由己任,无私无欲,是谓不仁。总而言之,徐陵之意谓,如果不能理解"上德不德"的深刻含义,只看到天地、圣人无所作为的表象,便以为领悟了"道常无为"的真谛,那实在是背离了"道"的本义。我们可以看到,徐陵劝进萧绎登帝位所使用的说辞,都不出《老》《庄》思想"圣人无为,而无不为"的宗旨,但是为了把帝王的有所作为与"无为而治"统一到一个逻辑链条中,使之更加具有说服力,则综合利用了王弼与郭象思想的阐释逻辑。

三、"推乎圣贤,授彼明哲"

承平时期的帝王要"无为而治",使百姓甘食美服、乐俗安居;平息战乱的中兴君主要以"百姓心为心",有所作为以"拯万邦之命",不可"逡巡固让"而弃天下;然而,当国祚已尽,改朝换代已成必然之势时,徐陵则一反前说,对君主的"让王"之举大加赞美。徐陵在《禅位陈王策》中言:

> 咨尔陈王:惟昔上古,厥初生民,骊连、栗陆之前,容成、大庭之代,并结绳写鸟,杳冥慌忽,故靡得而详焉。自羲、农、轩、昊之君,陶唐、有虞之主,或垂衣而御四海,或无为而子万姓,居之如驭朽索,去之如脱敝屣。裁遇许由,便能舍帝,暂逢善卷,即以让王。故知玄扈璇玑,非关尊贵;金根玉辂,示表君临。及南观河渚,东沈刻璧,精华既竭,耄勤已倦,则抗首而笑,唯贤是

[①] 楼宇烈.老子道德经注[M].北京:中华书局,2011:98.

第五章 梁代玄学与文学创作

与。唠然作歌,简能斯授,遗风余烈,昭晰图书,汉魏因循,是为故实;宋齐授受,又弘斯义。

……

若夫安国字萌,本因万物之志;时乘御宇,良会乐推之心。七百无常期,皇王非一族。昔木德既季,而传祚于我有梁,天之历数,允集明哲,式遵前典,广询群议,王公卿尹,莫不攸属,敬从人祇之愿,授帝位于尔躬,四海困穷,天禄永终,王其允执厥中,轨仪前式,以副溥天之望。禋祀上帝,时膺大礼,永固洪业,岂不盛欤。①

策文开头所引骊连、栗陆、容成、大庭皆为上古圣君,其事见于《庄子·胠箧》,当时又被称之为"至德之世",以"民甘其食、美其服、乐其俗、安其居"为特点,是《老》《庄》思想中的理想社会。此处,徐陵虽言其因年代久远又无文字记载,详细情形不得而知,但实则为引出其后陶唐氏、有虞氏的禅让事例。陶唐即尧帝,有虞及舜帝,是先王圣君的典范,徐陵赞之"垂衣裳以御四海,无为而子万姓",突出的是圣王"无为而治"的实质。这二句的出典及含义,前文已有详论,此处不再赘述,需要关注的是徐陵对于尧、舜让王态度的变化。徐陵着重对尧帝、舜帝不贪恋天下的态度进行了描写,其文曰:"居之如驭朽索,去之如脱敝屣。裁遇许由,便能舍帝,暂逢善卷,即以让王。""朽索""敝屣"分别出自《尚书》《孟子》意谓居于帝位之时,对待国家百姓,小心谨慎,不敢有丝毫怠慢,一旦离去则弃天下如敝屣,不贪天之功,亦即《老子》中所谓"为而不恃"。"裁遇许由,便可舍帝",典出《庄子·逍遥游》:"尧让天下于许由,曰:'日月出矣而爝火不息,其于光也不亦难乎!时雨降矣而犹浸灌,其于泽也不亦劳乎!夫子立而天下治,而我犹尸之,吾自视缺然。请致天下。'"②"暂逢卷善,即为让王"典出《庄子·让王》:"舜以天下让善卷,善卷曰:'余立于宇宙之中,冬日衣皮,夏日衣葛,春耕种,形足以劳动;秋收敛,身足以休食;日出而作,日入而息,逍遥于天地之间,而心意自得。吾何以天下为哉!悲夫,子之不知余也!'遂不受,于是去而入深山,莫知其处。"③在劝进萧绎时,徐陵告诫萧绎不可学尧舜"让王"而弃天下,此处则切换了角度,赞扬了尧帝、舜帝欲让位于圣贤之人的态度,所谓"精华既竭,耄勤已倦,则抗首而笑,唯贤是与",实际上是以先王圣人让天下的行为,赋予梁、陈禅代以

---

① 许逸民.徐陵集校笺[M].北京:中华书局,2008:1568-1569.
② 成玄英.庄子注疏[M].北京:中华书局,2011:12.
③ 成玄英.庄子注疏[M].北京:中华书局,2011:504.

合理性,从世俗功利的眼光来看,这既是增加新政权合法性的必要过程,也是维护旧皇族尊严的合理解释。同时,这种解释又是以天命兴废实乃自然推移的道家思想为根底,即便是帝王亦当顺乎自然,"用之则行,舍之则藏",不可以违背时运,盲目而动。"安国字萌,本因万物之志,时乘御宇,良会乐推之心,七百无常期,皇王非一族。"其中,"时乘御天"一词语出《易·乾卦》:"大哉乾元,万物资始,乃统天,云行雨施,品物流形。大明始终,六位时成,时乘六龙以御天。"王弼注曰:"六位不失其时人而成,升降无常,随时而用,……乘变化而御大器,静专动直,不失大和。"① "乐推之心"语见《老子》第六十六章,其文曰:"是以欲上民,必以言下之;欲先民,必以身后之。是以圣人处上而民不重,处前而民不害。是以天下乐推而不厌,以其不争,故天下莫能与之争。"② 这段话再一次强调安国抚民并非个人以力齐之,而是"因万物之志",随时而用,亦即顺应自然的发展;掌控天下大权,亦非个人私心所致,是因为圣人无私而顺民,故百姓乐推之,以其无私乃成其私。帝王权柄是天命所属,而天命何属则是自然运化的结果,"天道无亲,常与善人",故圣人唯顺乎自然,然后乃能使天下治。

徐陵撰写的《禅位陈王玺书》中也表达了同样的观点:

> 君子者自昭明德,达人者先天弗违,故能进退咸亨,动静元吉。朕虽蒙寡,庶乎景行,何则?三才剖判,九有区分,情性相乖,乱离云起。是以建彼司牧,推乎圣贤,授受者任其时来,皇王者本非一族。人谋式与,屈己从万物之心,天意斯归,鞠躬奉百灵之命。讴歌所往,则攘袂以膺之,菁华已竭,乃褰裳而去之。昔在唐、虞,鉴于天道,举其黎献,授彼明哲,虽复质文殊轨,沿革不同,历代因循,斯风靡替。我大梁所以考庸太室,接礼贰宫,月正元日,受终文祖。但运不常夷,道无恒泰……若使时无圣哲,世靡艰难,犹当高蹈于沧洲,自求于泰伯者矣。③

较之于《禅位陈王策》而言,《禅位陈王玺书》更能反映出徐陵在政治危局中进退所据的思想来源。"君子者自昭明德"语出《易·晋卦》:"《象》曰:明出地上,晋。君子以自昭明德。"王弼注曰:"以顺著明,自显之道。"《晋卦》所描述的乃是臣下的柔进之道,《彖》曰:"晋,进也。明出乎地上,顺而丽乎大明,柔进而上行。"王弼注曰:"顺以著明,臣之道也。"与前文

---

① (唐)孔颖达.周易正义[M].北京:中国致公出版社,2009:15.
② 楼宇烈.老子道德经注[M].北京:中华书局,2011:175.
③ 许逸民.徐陵集校笺[M].北京:中华书局,2008:1459.

第五章 梁代玄学与文学创作

所引"以顺著明,自显之道"同意,皆指君子以柔顺为进,则其德自显。在"初六"的爻辞中,王弼进一步解释:"处顺之初,应明之始,明顺之德,于斯将隆。进明退顺,不失其正。"① 徐陵此处引用其意,所要强调的正是进退必以"柔顺"为德,方可不失其正。"达人者先天弗违",语出《易·乾卦》:"夫大人者,与天地合其德,与日月合其明,与四时合其序,与鬼神合其吉凶。先天而天弗违,后天而奉天时。天且弗违,何况人乎?况于鬼神乎?"孔颖达注曰:"若在天时之先行事,天乃在后不违,是天合大人。若在天时之后行事,能奉顺上天,是大人合天也。"② 此言圣人能与天地合德,故能知进退而不失其正。两处引文都强调了"顺"的大义。"授受者任其时来,皇王者本非一族。人谋是与,屈己从万物之心,天意斯归,鞠躬奉百灵之命。讴歌所往,则攘袂以膺之,菁华已竭,乃褰裳而去之。"与策文中"及南观河渚,东沈刻璧,精华既竭,耄勤已倦,则抗首而笑,唯贤是与……安国字萌,本因万物之志,时乘御宇,良会乐推之心,七百无常期,皇王非一族",完全同意,前文已有详论,此处不再赘言。

整体来看,无论是何逊还是徐陵,他们对理想社会的寄托首先表现在对君王品质的要求之上,亦即要求帝王的"顺应无为"。但在不同的政治时局中,这种具体的观点又是因时而变的,这就突出了"时"与"因"的重要性。承平时代的帝王、储君要"垂衣而治",品德上则要求"立德不器""至功弗载";战乱中的帝王要"以百姓之心为心"、不违自然,"拯万邦之命";易代中的帝王则要"推贤与能""授彼明哲"。在不同的时局中,应对以不同的策略,这与王弼在《老子注》中强调"时"的重要性是一脉相承的。"时"在王弼的阐释体系中,指事物运行发展所遵循的某种特殊规律,具体到人生中来便是社会形势的变化。政治时局不同,人们的行为方式亦当随之变化,出于社会变革的时代,即便参与了改朝换代,亦不会因之而招致灾祸,处于天下安定之时,则要遵守名教秩序。同样,作为君王亦是如此,时运发生了变化,则当顺应时势,改变自己的行为。

后世史家论南朝文人无忠君之念,在宋、齐禅代过程中拟定诏书的王俭及王氏家族,被清代史学家王鸣盛斥为"世以君国输人者"③,而这种情形之所以在东晋南朝并不鲜见,实际上反映出了士族主流政治态度与皇权制度之间的现实关系。关于这点,我们可以从高门士族阶层及其文化形成的源和流两个角度进行分析。首先,从高门士族阶层形成的源头来看,魏晋高门士族的权力来源和思想诉求是独立于皇权的,并无忠君之

---

① 许逸民.徐陵集校笺[M].北京:中华书局,2008:151-152.
② 许逸民.徐陵集校笺[M].北京:中华书局,2008:29.
③ 王鸣盛.十七史商榷[M].南京:凤凰出版社,2008:363.

必要。具体来说,魏晋以来形成的高门士族,他们政治地位并非依附于皇权而得来,故无须忠于皇权;再者,这些家族引以为傲的文化声望更非皇权所赋予,而是来自民望。正如日本学者川胜义雄在研究魏晋贵族的渊源时所指出的那样:"产生魏晋贵族的母胎是汉末的清流势力","就他们(魏晋贵族)的性质而言,得到了全体士大夫的舆论支持。……这种舆论根植于儒家教养(当然后来已非单纯的儒学,而是成为一种文化至上主义)。因此,从结果上看,它一开始便站在了超国家的、普遍的立场之上,超越了特殊的军阀政权。也就是说,魏晋贵族并非得到君主自上而下的特殊保护,它的形成是由具有普遍性的士大夫舆论来保障的。"[1] 魏晋时期的高门士族不再以儒家教养为立场,而是逐渐形成了以玄学思想和玄学修养为风尚的独特文化形态,并在东晋门阀政治下演变成了主流政治文化。高门士族对玄学政治文化的认同,同样有其神圣来源,即其对宇宙本体之"道"与"自然"的遵从:既然天命兴废都是自然推移,积极谋变也只是不违时命、顺乎自然之举,无论是道德还是名节上都没有亏欠。实际上,玄学思想根本的政治诉求乃在于依据"天道"而制约皇权,如此则高门氏族更加不可能以"忠君"为主流价值观。概言之,魏晋高门士族的独立性,乃在于其上依绝对之天道,中依至上之文化,下依普遍之民望,并行于皇权之外,故无论从其权力来源上看,还是从思想诉求上看,都没有忠于皇权的必要。清代史学家对南朝文人无忠君之念的批判,可能是长久受到皇权专制意识形态局限所致。此外,如果抛开传统认识中根深蒂固的正统观念,以及国家利益至上的价值观体系,这种以个人、家族利益为出发点的思想观念,实则是个体自主意识张扬的体现,也是对个体利益需求的积极维护。传统价值观历来不拘执于个体之小节,唯责以国家大义之取舍,然而玄学思想所带来的价值,恰在于个体自主意识的张扬,和由之产生出的利益主张,故从政治行为当顺乎时变的认识上来看,玄学在梁代政治领域的影响依旧是深刻的。

其次,从高门士族阶层发展的流变来看,南朝时期失去军事依凭、转而顺服于皇权的高门旧族,和依靠皇权崛起的寒门新贵,其政治地位保持虽依赖皇权,但在文化上则继承了魏晋高门士族的遗风,故"忠君"之念仍旧十分淡薄。也就是说,皇权制度与玄学政治的结合,实则阉割了玄学思想赋予高门士族阶层的独立精神,又没能依靠儒家政治建立起士人的忠君观念,他们在改朝换代中的做法,与其说是顺服于皇权,不如说是顺服于新的强权,而玄学思想批判精神在南朝的失落正表现于此。王晓毅

---

[1] [日]川胜义雄.六朝贵族制社会研究[M].上海:上海古籍出版社,2007:16.

第五章　梁代玄学与文学创作

先生认为,魏晋玄学发展至郭象那里,其对社会的批判精神已经被阉割,成为了明哲保身的活命哲学,[①]但这种影响在两晋时期更多停留在思想层面,至南朝则真正地演化成为了顺服于强权(新皇权)的思想依据。仍以上引徐陵所作玺书与策文为例,这两篇文章中的篇首部分,都是作为整篇文章论述的指导性思想而存在的,整篇文章按照以下模式展开:引自儒家、道家典籍中的先王圣人言行(依据)——对当前局势的分析(事由)——提出解决问题的方式(策略)。从文本逻辑上来看,文章的篇首部分是作者的思想原则或者政治立场,后续部分只是在不同的局势之下,依据其所持的原则、立场而得出的应对策略。然而,从事实的角度而言,其行为的逻辑实则与文本逻辑正好相反:受迫于新强权,旧皇权无法保全时,解决问题的方式是无选择的(或者只能选择殉国),禅位成为必然选择,那么为这种选择寻找一个合理的依据,反倒成为了最终的应对策略。这种以事实存在来反证存在合理的方式,就成为了"道达变"的内在思维逻辑,也使得玄学思想成为了顺应新皇权的理论依据。实际上,玄学思想从其产生时起,就伴随着对现实的不满与对抗,是极具个人意味同时充满了怀疑和批判精神的一种思想,王弼论政治时所主张的"因",其终极依据是指向"天道""自然"的,要求"崇本举末",故其目的在于批判和改造既定秩序,建立符合于"天道""自然"的理想社会。竹林玄学则以彻底否定现实的反抗精神,把人存在的应然状态的依据,直接指向了自然。然而,在朝代更替中,"天道""自然"到底代表着什么,却不是首先要解决的问题,掌控和主导权力才是皇权确立的根本需求,故在武力决定皇权归属的局限之下,"天道、自然"反过来成为了皇权合理性的授予者,那么所谓"顺民""化民"也就演变成为了"顺应"新皇权的依据,这是玄学思想在失去了制约皇权的门阀政治背景下发生的演变。

从上文所引的几段文章中可以看到,玄学思想从外向追求社会秩序重构,到内向追求个体自性和超越,对梁代社会带来了两种影响趋势。内向追求个体自性和超越,虽然使得士人们自我意识觉醒,但由于政治空间并没有赋予他们的自我意识和个性需求以充足的发展空间,而使得士人对自由的追求转向了文化领域的审美探索,并在政治领域演变成了顺服新皇权的理论依据。

[①] 王晓毅.儒释道与魏晋玄学的形成[M].北京:中华书局,2003:110,247.

第二节　性命之道与穷通之数

　　正始玄学以解决"名教"与"自然"关系为出发点,进而深入到对本体世界的思索,然而本体理论的构建并不是为了纯粹的哲学思辨,它的终极目的还在于指导人生。汤用彤先生认为,王弼玄学是"其形上之学在以无为本,人生之学以反本为鹄"。玄学思想虽贵"玄远",略于具体事物而究心抽象原理,然其本终不能离于用。王弼的人生之学偏重于社会政治,指向群体社会,强调的是圣人对社会的作用,因为圣人可以体无,故可与天地合其德,顺自然而行,因物自然,不设不施,然后使社会群体达于至道,既顺道家之自然,亦不必毁儒家之名教。竹林玄学则更加突出人生哲学的部分,因阮籍、嵇康之学说皆以《庄子》为宗,以逍遥、齐物为人生指导,人生哲学以逍遥放任为主,追求奔放与自由,已有由关注社会群体秩序,向关注个体内在和谐转移的趋向。到郭象玄学以"物各有性"为理论基础,以"安于自性"为逍遥之极,并以"内圣"而"外王"的思想来指导人生,这种转向趋势也就愈加明显。再至东晋张湛《列子注》,其本体理论方面的论说乃融合前人之论而来,并无太多创见,但其从根本上把对于本体世界的关注,转向了对个体人生的思考。人生之虑,不过生与死,如何对待死亡、如何认识命运、如何理解人生,也就成为了玄学思想中非常重要的一个部分。刘峻的《辨命论》是对这些问题的进一步探讨,他在玄学家不委命于神灵的传统下,对社会群体道德法则建立的哲学依据进行了探讨,并从本体论的角度对"君子"道德追求的终极依据进行了分析。

一、"死生有命,富贵在天"

　　《论语》言:"子之言性与天道不可得而闻",王弼曰:"圣人体无,无不可训,故言必及有。"从王弼的注释中可以看到,玄学家认为"性命"与"天道"都是不可言说、不可描述的抽象存在,它们都属于"无"的范畴,是万事万物存在的本体,故"天道"与"性命"实为玄学本体思想的两大命题。"天道"乃万事万物存在运行之根本,"性命之道"是"天道"之分化,"天道"有兴废,"性命"有穷通,皆为"自然"消息。然而,人生虽然有不可违抗之命,但性命之穷通与人力之间的关系如何,仍然是人们孜孜以求的内容。张湛注《力命篇》曰:"命者,必然之期,素定之分也。虽此事未验,

第五章　梁代玄学与文学创作

而此理已然。若以寿夭存于御养,穷达系于智力,此惑于天理也。"①强调了命运之不可违抗,非人力可以改变。这种观念在当时及其后极长的时间内,应当都是一种被普遍接受的观点。同时,我们也当注意到,关于"命"的思考,并不仅仅存在于玄学思想之中,而是在早期的自然神灵崇拜,和东汉后期道教创立的神灵崇拜中皆有表现,而六朝玄学家对"命"的思考之所以独特,乃在于其对"命"持带有混沌特征的认识,其优长则在于没有将"命"之掌控者委于神灵。刘峻的《辨命论》②中"命"的思考正是承玄学家的认识而来,并以之作为其立论的前提,其文曰:

> 臣观管辂,天才英伟,珪璋特秀,实海内之名(髦)杰,岂日者卜祝之流乎?而官止少府丞,年终四十八。天之报施,何其寡与?然则高才而无贵仕,饕餮而居大位,自古所叹,焉独公明而已哉?故性命之道,穷通之数,天阃纷纶,莫知其辩。……尝试言之曰:夫道生万物,则谓之道;生而无主,谓之自然。自然者,物见其然,不知所以然;同焉皆得,不知所以得。鼓动陶铸而不为功,庶类混成而非其力。生之无亭毒之心,死之岂虔刘之志;坠之渊泉非其怒,升之霄汉非其悦。荡乎大乎,万宝以之化;确乎纯乎,一作而不易。化而不易,则谓之命。命也者,自天之命也。定于冥兆,终然不变。鬼神莫能预,圣哲不能谋;触山之力无以抗,倒日之诚弗能感;短则不可缓之于寸阴,长则不可急之于箭漏;至德未能逾,上智所不免。……此则宰衡之与皂隶,容彭之与殇子,狙顿之与黔娄,阳文之与敦洽,咸得之于自然,不假道于才智。故曰"死生有命,富贵在天",其斯之谓矣。③

文章以管辂怀才不遇为由,进一步指出"高才无贵仕,饕餮居大位"等看似不公平、不合理的现象是非常普遍的,非独管辂有此遭逢,若究之原因,则一切归之于"命"。在对"命"的含义做出描述前,文章先阐述了"道""自然"与"万物"之间的关系,其观点基本沿袭了《老子》与王弼之论。"道生万物"之言源自《老子》四十章:"天下万物生于有,有生于无。"四十一章:"道生一,一生二,二生三,三生万物。"五十一章:"故道生之、德畜之、长之、育之、亭之、毒之、养之、覆之。生而不有,为而不恃,长而不宰。""道生万物",然"生而不有、长而不宰"即为"自然"。其对于"自然"

---

① 杨伯峻.列子集释[M].北京:中华书局,1979:192.
② (清)严可均.全梁文[M].北京:商务印书馆,1999:621.
③ (清)严可均.全梁文[M].北京:商务印书馆,1999:621-624.

的解释:"物见其然,不知所以然;同焉皆得,不知所以得",源自郭象的说法:"物之生也,非知生而生也;则生之行也,岂知行而行哉?故足之不知所以行,目之不知所以见,心不知所以知,俯然而自得焉。"[①]"道"之于"万物"及为"自然","命"之于人,亦复如此。对"命"的阐释则与张湛注《力命篇》宗旨完全相同,乃"明万物皆有命,而智力无施""生死之分,修短之期,咸定于无为,天理之所制"。"命定"之说反映出人们对于不可掌控之命运的无可奈何,这种认识由来已久。东汉末年,人们在频仍的战乱中流离失所、填尸沟壑,命贱如蝼蚁,对命运之不可掌控的无力和对生命消逝的感伤,自然地流露在当时的文学作品之中,人们已经从历史和个体经历中获得了足够多的感性经验,来理解人生的不可掌控、不可琢磨。乃至于一些被普遍认同的道德观念,亦在这种不可控中被彻底击碎,诸如"积善之家必有余庆、积不善之家必有余殃"之类的认识,已经在现实中变得不那么具有说服力,这些对人生的迷茫和怀疑,促发了个体对命运的思考。

实际上,才高而沉沦、德高而夭寿等人生境遇,之所以能够引发人们的感慨,源于一种朴素的正义观念:人们通过努力而获得才学上的高深造诣,通过自我克制而获得高尚的操守,那么才华横溢之人就应该比碌碌无为之辈,获得更加广阔的施展空间;既然"天道无亲,常与善人",那么品行高尚之人就不应该比德行低下的人承受更多的磨难。社会群体这种朴素认识本身,正是对个体努力进取和对良善追求的肯定。而一旦这种朴素的观念被打破,德行卑劣者身居高位,才华出众者沉沦下僚,良善之人短命而苦难,为恶之人尽享富贵,则必然引起人们的愤慨和不满。如果人生种种皆为命定,皆为必然之理,那一切追求良善的努力也就失去了意义,这是人们面对不可掌控的命运时产生迷惑的根源。

二、"命体周流,变化非一"

刘峻对于"非命六弊"的阐释,所反映出的正是人们对于人力与天命关系的思考和挣扎,其文云:

> 然命体周流,变化非一,或先号后笑,或始吉终凶,或不召自来,或因人以济。交错纷纠,循环倚伏。非可以一理征,非可以一途验。而其道密微,寂寥忽慌,无形可以见,无声可以闻。必

---

① 成玄英.庄子注疏[M].北京:中华书局,2011:322.

第五章 梁代玄学与文学创作

御物以效灵,亦凭人而成象,譬天王之冕旒,任百官以司职。而惑者睹汤、武之龙跃,谓奁乱在神功;闻孔、墨之挺生,谓英睿擅奇响;视彭、韩之豹变,谓鸷猛致人爵;见张、桓之朱绂,谓明经拾青紫。岂知有力者运之而趋乎? 故言而非命,有六蔽焉尔。……

这一段在"命定论"的基础上,进一步分析"命"在现实人生中的表现,因为"命"是运化不停且各有不同的,或者先凶后吉,或始吉后凶,这种变化交错纠缠,相互依存相互影响。"命"的运化幽微不可知见、不可言说,必待其显现于人事之中,人们才能得以观察判断,然而,人之所见皆然,而其所以然者却不可得而知。刘峻此言实与《老子》思想是非常吻合的,《老子》形容"道"曰:"视之不见名曰夷,听之不闻名曰希,搏之不得名曰微""其上不皦,其下不昧……是谓无状之状,无物之象,是谓恍惚"。王弼注曰:"无状无象、无声无响,不得而知……不可得而定也。"[①]《老子》五十八章所言:"祸兮福之所倚,福兮祸之所伏,孰知其极? 其无正? 正复为奇,善复为妖,人之迷,其日固久。"[②] "道"与祸福之关系,正是"命"与人生之关系,前者为所以然者,后者为然,人们迷于表象,往往知其然而不知其所以然,以人力之所为归之于"命"之所定,因之形成了诸多的社会弊病。文章对六种社会弊病逐一分析,指出其为人力所为而非"命定"的实质。刘峻的论述实际上已经突破了"命定论"的基调,肯定了人力的作用。然而,人力所为有善恶之别,对"非命之弊"的抨击,也就是使得文章具有了强烈的批判现实的精神。后世论此文,往往着眼其言辞激愤、笔力遒劲、气势凌厉等行文特点,诸如谭献曰:"奇才不达,兴感之由,因以自命,故激昂愤厉,语无余蕴",[③]何焯言其"多有激愤之谈",[④]这些评价本身着眼于文章的抒情性,故更偏重于对作者怀才不遇的创作动机进行分析,而略去了其对思想性的发掘。实际上,刘峻对力与命的关系的阐释,对于肯定良善道德追求有着非常积极的作用。

三、"愚智善恶,人之所行"

人类社会为什么要区分善恶? 为什么需要道德原则? 又为什么会崇

[①] 楼宇烈.老子道德经注[M].北京:中华书局,2011:35.
[②] 楼宇烈.老子道德经注[M].北京:中华书局,2011:156.
[③] (清)李兆洛.骈体文抄:卷二十[M].世界书局本,上海:上海书店影印,1988:359.
[④] (清)何焯.义门读书记:卷四十九[M].北京:中华书局,1987:971.

尚智慧？这些问题在现代思想体系中应当归入道德哲学的范畴,刘峻对于"愚智善恶"的认识,实质上已经触及了这一层面的思考,是玄学本体思维方式在道德哲学探索中的具体应用,其文曰：

> 然所谓命者,死生焉,贵贱焉,贫富焉,理乱焉,祸福焉,此十者天之所赋也。愚智善恶,此四者,人之所行也。夫神非舜禹,心异朱均,才经中庸,在于所习。是以素丝无恒,玄黄代起；鲍鱼芳兰,入而自变。故季路学于仲尼,厉风霜之节；楚穆谋于潘崇,成杀(悖)逆之祸。而商臣之恶,盛业光于后嗣；仲由之善,不能息其结缨。斯则邪正由于人,吉凶存乎命。或以鬼神害盈,皇天辅德。故宋公一言,法星三徙；殷帝自剪,千里来云。善恶无征,未洽斯义。且于公高门以待封,严母扫墓以望丧。此君子所以自强不息也。如使仁而无报,奚为修善立名乎？斯径廷之辞也。夫圣人之言,显而晦,微而婉,幽远而难闻,河汉而不测(极)。或立教以进庸怠,或言命以穷性灵。积善余庆,立教也；凤鸟不至,言命也。今以其片言,辩其要趣,何异乎夕死之类,而论春秋之变哉？且荆昭德音,丹云不卷；周宣祈雨,珪璧斯罄。于叟种德,不逮勋华之高；延年残犷,未甚东陵之酷。为善一,为恶均,而祸福异其流,废兴殊其迹。荡荡上帝,岂如是乎？《诗》云："风雨如晦,鸡鸣不已。"故善人为善,焉有息哉？夫食稻粱,进刍豢,衣狐貉,袭冰纨,观窈眇之奇伟,听云和之琴瑟,此生人之所急,非有求而为也。修道德,习仁义,敦孝悌,立忠贞,渐礼乐之腴润,蹈先王之盛则,此君子之所急,非有求而为也。然而君子居正体道,乐天知命。明其无可奈何,识其不由智力。逝而不召,来而不距,生而不喜,死而不戚。瑶台夏屋,不能悦其神；土室编蓬,未足忧其虑。不充诎于富贵,不遑遑于所欲。岂有史公、董相《不遇》之文乎？

刘峻认为死生、贵贱、贫富、理乱、祸福是天之所赋,但是愚智、善恶却是人力所及,是后天的选择,与"命定"无关,只与他所学习的东西相关。善恶之别,既非命定,那么善恶观念就来自后天的培养,仰赖于群体道德观念的潜移默化。那么群体道德观念、个人道德认知如何建立,为何要如此建立,构成了人力选择的最终依据。刘峻对此问题的探索,仍有会通儒道,为传统道德选择寻求本体依据之意。文中举例证明"邪正由于人,而吉凶存乎命",人们虽然不能选择命运的吉凶,却能够主宰自己行善还是为恶,并肯定了"君子自强不息"的品质。文中从两个方面论述区分人力所及与天命所定的必要。

首先,就群体角度而言,"如使仁而无报,奚为修善立名乎?"对善行与恶行进行区分,是社会群体维持自身存在的内在需求,它的目的在于通过建立一种群体共识的认知和行为模式,节制恶行的扩张,避免它对整个群体带来的毁灭性伤害。如果人们蔽于认知局限,将那些本是人为选择的恶行,归之于"天命"所归,则谴责恶行不再具有正当性,追求良善的品德也将不具有必然性,各种社会弊病必将由此而滋生。刘峻的这种认识既是基于历史经验的总结,也包含着部分逻辑推断,如果以"命"来解释现实世界中的善恶,并以人力之不抗来赋予恶行以合理性,那么道德原则将失去作用,既然存在即合理,那么人类社会就无须追求良善的道德品质,而这显然与圣人之教是相悖的。圣人"立教以进庸怠",所谓"立教",即指善恶区分是作为群体秩序的法则而存在的,既然"鬼神害盈、皇天辅德",那么具有谦退品质、高尚道德,就是符合"天道""自然"的,惩恶扬善就是社会群体必须遵守的自然法则。这样,对于群体而言,区分善恶、建立良善公共道德的必然性就具有双重来源。其一,源自对恶行危害的认识,属于历史经验范畴;其二,源自天地自然的赋予,属于"天道"的超验范畴。

其次,从个体角度而言,"善人为善,焉有息哉?"文中指出,如同口腹、耳目之欲是人生存的本能需求一样,君子对道德、仁义等诸多良善品质的追求,也是一种出于本能的需要,而非为了获得某种功利性的回报。因之君子才能乐天知命,顺应"命定"之人生,不因生死欢戚、不因贫富忧喜、不为欲求而改变志向。圣人"言命以穷性灵",所谓"言命"则指道德法则是作为个体内在秩序而存在的,对良善道德品质的追求,是个体使自身趋于和谐的内在需求,它所要解决的是个体与自身的关系,与死生、富贵等并无直接的关联。也就是说,道德规范对于个体来说不具有功利性,是不以能否得到回报为目的的,这种认识实际上赋予了良善道德追求以绝对性和第一性。对于个体而言,"修道德,习仁义,敦孝悌,立忠贞"的必然性来源与群体略有不同,它是一种必然如此的价值判断,立足于个体本身,又带有先验的性质。所谓"善人为善,焉有息哉",也就是说这种必然性是无须追问也无须论证的,同时也是无条件的。这种认知,实际上又与郭象"自性"说相通,"君子"之为"君子"的规定性,就在于其"修道德,习仁义,敦孝悌,立忠贞",舍此品质非为"君子",那么君子对良善道德的追求也就是自足其性。

整体而言,刘峻此文虽然在"天道""自然"的前提下辨析"命"与"力"

之关系,但它与《列子·力命篇》有着很大的不同,文中并不主张"顺应无为""抱朴守一"等道家观念,而是在肯定"天道""自然",认同"天命"的同时,强调了人力的积极作用,与孔子"为仁由己""我欲仁,斯仁至也"的积极精神一脉相承。也与王弼注《周易》的理念有着契合之处,实质是从本体论的角度,为人力之用,找到了理论依据,通过辨析本体,来指导现实人生的实践。"非命六弊"指出了弊病所由在于人们迷于表象难以明本,故辨之以明"命"之所本,论之以明"人力"之为用,有着强烈的个体自主意识。如果从社会思想演进的广阔视角来看,或者可以得出以下认识:对于人力与天命关系的思考,实际上是人们试图认识并把握自身的一种努力。而从社会现实来看,梁代的经济组织形式仍旧是以家族为单位的,个人无法从经济和政治上获得真正的独立和自由,群体成员理所当然地通过家族关系、阶层归属等群体属性来确定自身的存在。但是,经过玄学精神洗礼的士人们,在精神上获得了自我存在的独立意识,不俗的才华使个性更加凸显,同时又加剧了自我意识的强度。怀才不遇之感,正是强烈的自我意识受阻之后而形成愤怒、孤独、疑虑,而从"天道""命运"的形上层面,为自我意识、自身行为寻找合理的依据,既是对自我意识的进一步认同,同时又表现出个体的对于群体力量的无力:个体必须通过"天道""自然""命"等万事万物最终的决定者赋予其正当性和合理性,才能借以肯定个体的自我意识。当士人们从精神上摆脱了束缚,开始以独立的自我意识来面对世界时,个体的渺小感和微不足道便加深了人们因不可控的命运而产生的焦灼,士人们因之而普遍地产生出摆脱政治、经济束缚,直接与自然建立联系的愿望,反映到文化上便是隐逸思想和隐逸情怀在这一时期的盛行。

第三节 隐逸情怀与出处之道

隐逸是一种远离政治和世俗的生存方式,在不同的思想体系中,隐逸有着不尽相同的含义。在黄老及其后的道教思想中,隐逸是全身葆真,让生命无限延续的修行手段;在儒家思想中,隐逸是应对政治变化的一种策略,所谓大运有否泰,时事有隆污,君子立其间,邦有道则仕,邦无道则隐;在《庄子》思想体系中,隐逸则是摆脱功名利禄束缚,以恢复生命的自然本色为追求,是生命的一种自足,其极致状态便是"无待""逍遥"。隐逸情怀则是对隐居生活的一种向往,不必以隐遁山林为方式,也不必以远

第五章　梁代玄学与文学创作

离政治为条件,仅仅是对生命回归于自然,人生达于"逍遥"的一种期待。

一、"纵情林壑,以道养和"

何胤是梁代著名的隐士,早年与梁武帝有交。他在隐居之前官位已十分显赫,但其性"纵情诞节",故"虽贵显,常怀止足"。《梁书》本传记载:"建武初,已筑室郊外,号曰小山,恒与学徒游处其内。至是,遂卖园宅,欲入东山……胤以会稽山多灵异,往游焉,居若邪山云门寺。初,胤二兄求、点并栖遁,求先卒,至是胤又隐,世号点为大山;胤为小山,亦曰东山。"[①] 其时,梁武帝正受齐明帝重用,政治势力日益壮大,明帝卒后,朝政逐渐为武帝把握。永元末,武帝霸府初建,欲引何胤为军谋祭酒,于是致书何胤,其文曰:

> 想恒清豫,纵情林壑,致足欢也。既内绝心战,外劳物役,以道养和,履候无爽。若邪擅美东区,山川相属,前世嘉赏,是为乐土。仆推迁薄宦,自东徂西,悟言素对,用成暌阔,倾首东顾,曷日无怀,畴昔欢遇,曳裾儒肆,实欲卧游千载,畎渔百氏,一行为吏,此事遂乖。[②]

以上引文是这封书信的前半部分,在文章开头,梁武帝叙述了自己早年对隐逸生活的向往之情,并称赞了若邪山之美。其后描写了自己宦游生涯中,无时无刻不怀念和向往早年求学时的欢愉时光,并对出仕之后,羁于仕宦,不能遂此心愿,表示遗憾。与梁武帝同样,对未能归隐心存遗憾者还有沈约,他在《报刘杳书》中言曰:"生平爱嗜,不在人中,林壑之欢,多与事夺。日暮途殚,此心往矣;犹复少存闲远,征怀清旷。"[③]《八咏诗·被褐守山东》云:"山东万岭郁青葱,两溪共一泻,水洁望如空,岸侧青莎被……玉窦膏滴沥,石室乳空笼,余舍平生之所爱,欸暮年而此逢……"[④]《答沈麟士书》曰:"约少不自涯,早爱虫鸟,逐食推迁,未谐夙愿,冀幽期可托,克全素履,与尊贤弋钓泉皋,以慰闲暮,则生平之心,于此遂矣。"[⑤] 反复言及,念念不忘。实际上,梁武帝与沈约之文,正作于其志得意满有所图谋之时,我们很难判断这些描述是否为真情流露。但有

---

① (唐)姚思廉.梁书[M].北京:中华书局,1973:735.
② (清)严可均.全梁文[M].北京:商务印书馆,1999:56,57.
③ (唐)姚思廉.梁书[M].北京:中华书局,1973:310.
④ 逯钦立.先秦汉魏晋南北朝诗:梁诗[M].北京:中华书局,1983:1668-1669.
⑤ (唐)姚思廉.梁书[M].北京:中华书局,1973:309.

一点却是可以肯定的,文中对隐逸生活的描述,代表了当时文人的普遍认识。武帝诗的首句,很容易让人联想到任昉在《为虞杲之及刘居士虬书》中的描述:"杲之牵滞形有,推迁物役,丈人没志外身,超然独善,虽心路咫尺,而事阻山河,悠悠白云,依然有道,金凉亿运,想恒纳宜,冲明在襟,履候无爽,体道为用,蹈理则和。"① 文章以一个旁观者视角,赋予隐逸生活以超脱世俗、安适欢愉、抛却得失、不役于物欲的理想意义。在梁代文人的文学作品中,这种对隐士品德的赞美,和对隐居生活的描摹都充满着同样的理想情怀。

其一,"超超越俗,矫矫出尘"的隐士品德:

亦有哲人,独执高志。避世避言,不友不事。耻从污禄,靡惑守饵。心安藜藿,口绝炮戴。取足落毛,宁怀组织。如金在沙,显然自异;犹玉在泥,涅而不缁。身标远迹,名重前记,有美高尚,处知若无。(沈约《高士赞》)②

受川岳之英灵,有清明之淑性,淡乎若深泉之静,皓乎若寒霜之洁,千仞不足议其高,万顷不足畴其量。(裴子野《刘虬碑》)③

若夫真以归空为美,道以无形为贵,不知悦生,大德所以为生,不知恶死,谷神所以不死,妙矣哉。(萧纲《华阳陶先生墓志》)④

夫夜光结绿,非肤箧之恒珍,逸羽翔鳞,岂园池之近玩。宁期心于远大,盖不知其所以然也。……道风与星汉同高,胜气与烟霞共远。(萧纶《贞白先生陶弘景碑》)⑤

诩超超越俗,如天半朱霞,歆矫矫出尘,如云中白鹤。皆俭岁之粱稷,寒年之纤纩。(刘峻《与何炯书称刘诩刘歆》)⑥

文中提到的刘虬、陶弘景、刘诩、刘歆,都是梁时著名的隐士,梁代的

---

① (唐)姚思廉.梁书[M].北京:中华书局,1973:463.
② (唐)姚思廉.梁书[M].北京:中华书局,1973:329.
③ (清)严可均.全梁文[M].北京:商务印书馆,1999:581.
④ (唐)姚思廉.梁书[M].北京:中华书局,1973:146.
⑤ (唐)姚思廉.梁书[M].北京:中华书局,1973:248.
⑥ (唐)姚思廉.梁书[M].北京:中华书局,1973:620.

第五章　梁代玄学与文学创作

主流文人给予了他们极高的评价：其品性情志"若深泉之静，若霜之洁"、其风骨襟怀"与星汉同高，与烟霞共远"、其神韵气度"如天半朱霞，如云中白鹤"。这些评价极言隐士品性之高洁，风神之高迈，即便今日读之，亦可觉其崇若神人之感，欲景而从之之情。这些隐士生时即有皇族子弟、朝廷重臣争相与之交游，书信往来表达对其敬仰和倾慕，卒后则颂扬与惋惜之文不绝。于此亦可知，当时文人将隐士的道德、品质、精神境界，视作一种理想人格，故隐逸生活作为一理想人生状态，始终都是文人内心的向往和精神的最后归属，我们在许多不同的文体形式中，都能看到文士们对这种生活流露出的向往。

其二，"鸟向檐上飞，云从窗里出"的隐逸世界。隐逸生活离不开山林沟壑，也离不开禽鸟烟云，必是以宁静、恬淡的自然世界为场所，才能表达出生命与自然的真正和谐，故梁代文人笔下的隐逸世界总是以安详、幽美的自然界为背景的。庾肩吾的两首诗歌恰到好处地表现出了俗世文人眼中的隐逸世界：

九丹开石室，三径没荒林。仙人翻可见，隐士更难寻。篱下黄花菊，丘中白雪琴。方欣松叶酒，自和游山吟。（庾肩吾《赠周处士诗》）[1]

试逐赤松游，披林对一丘。梨红大谷晚，桂白小山秋。石镜菱花发，桐门琴曲愁。泉飞疑度雨，云积似重楼。王孙若不去，山中定可留。（庾肩吾《寻周处士弘让诗》）[2]

隐士正是这样一群迹没于山水林壑之中，饮酒赏菊、抚琴游吟，可遇而不可寻的方外之人。"泉飞疑度雨，云积似重楼"一联，把周处士隐居之处静谧安闲的景致描摹得如在目前，溅起的泉水像雨滴落下，层层堆叠的云层如同重重楼阁，前一句以林中泉水之声衬出山林之静，后句以云层环绕之景写出景致之深。专注于表达隐逸者所在的自然环境的诗作，莫过于吴均的《山中杂诗三首》，将隐士所居之处，远离俗世与自然完全融合的状态，描写得极具理想意味。其诗云：

山际见来烟，竹中窥落日，鸟向檐上飞，云从窗里出。

---

[1] 逯钦立.先秦汉魏晋南北朝诗：梁诗[M].北京：中华书局，1983：1994.
[2] 逯钦立.先秦汉魏晋南北朝诗：梁诗[M].北京：中华书局，1983：1988.

> 绿竹可充食,女萝可代裙,山中自有宅,桂树笼青云。
> 具区穷地险,嵇山万里余,奈何梁隐士,一去无还书。①

对于俗世中人而言,这种完全融入自然世界的生活正是摆脱束缚、获得自由的理想状态,故无论得意与失意,回归生命的本真,在自然世界里体会人生的真谛,都是文人最终的精神归宿。但是,俗世中的文人以何种态度、何种方式来满足这种向往,则不尽相同。

二、"荣利不染,声色不拘"

生长于深宫中的太子萧统,在其短暂的一生中,既没有经历太多世事艰辛的磨难,亦没有亲历过"纵情林壑"之间的体会。但是,当他弟弟晋安王萧纲,从荆州写来书信向他介绍外面的世界时,这位太子却写下了这样的看法:

> 知少行游,不动亦静,不出户庭,触地丘壑。天游不能隐,山林在目中。冷泉石镜,一见何必胜于传闻;松坞杏林,知之恐有逾吾就。静然终日,披古为事,况观六籍,集玩文史。……足以自慰,足以自言。②

"足不出户,触地丘壑,天游不能隐,山林在目中。"尽管没有机会去接触山林自然,但萧统认为他的生活与那些林壑间隐居的人,并没有什么区别,他在玄圃园中游宴雅集,或在湖中泛舟,或于林间漫游,吟左思《招隐诗》:"何必丝与竹,山水有清音"以明志,足见他对寄情于山水之间的生活充满了向往。当这种愿望不具有现实可行性时,他可以在属于自己的生活空间里,营造一种山水环绕、丘壑在园的环境,以满足他对自然世界的向往。萧统的这种认识,正是对郭象所言"圣人虽在庙堂之上,其心无异于山林之间"的现实运用,而把这个观点表述得更加透彻明晰的,却是他的兄弟萧纲和萧绎。

萧纲在《玄虚公子赋》中,虚构了一位超然脱俗的理想人物"玄虚公子",其文曰:

---

① 逯钦立. 先秦汉魏晋南北朝诗:梁诗[M]. 北京:中华书局,1983:1752.
② (清)严可均. 全梁文[M]. 北京:商务印书馆,1999:215-216.

第五章 梁代玄学与文学创作

  有玄虚之公子,轻灭喧俗,保此大愚。居荣利而不染,岂声色之能拘。回还四始,出入三坟。心溶溶于玄境,意飘飘于白云。追寂圃而逍遥,任文林而迷宕。忘情于物我之表,纵志于有无之上。不为山而自高,不为海而弥广。①

  文中描述了"玄虚公子"能够超越喧嚣的俗世,随而任之,使俗世之人得以保全。"大愚"语见《庄子·天地》:"知其愚者,非大愚也;知其惑者,非大惑也。大惑者,终身不解,大愚者,终身不灵。"郭象注曰:"夫圣人道同而帝王迹殊者,诚世俗之惑不可解,故随而任之。"②故"大愚"指的是,不能体知"道"、惑于现实表象的俗世之人。"居荣利而不染,岂声色之能拘"两句,可知"玄虚公子"并非隐居于荒野山林的隐士,然其有离俗之襟怀,故"荣利""声色"无碍于"心溶玄境,意飘白云"。比较来看,萧纲描绘的"玄虚公子"与前引诸文中赞美的隐士,具有同样的修为境界,所谓"忘情于物我之表,纵志于有无之间",所不同仅在于"玄虚公子"之"隐",不在山林之间,而在荣利、声色之中。从这里可以看出,萧纲虽崇尚隐逸情怀,然而其志不在林壑,而是更加认同"出处同归"的处世原则。在这一点上,萧绎与他保持着极大的一致性。

  萧绎作《全德志论》,其文曰:

  物我俱忘,无贬廊庙之器;动寂同遣,何累经纶之才。虽坐三槐,不妨家有三径;接五侯,不妨门垂五柳。但使良园广宅,面水带山,饶甘果而足花卉,葆筠篁而玩鱼鸟。九月肃霜,时飨田畯;三春捧茧,乍酬蚕妾。酌升酒而歌南山,烹羔豚而击西缶。或出或处,并以全身为贵;优之游之,咸以忘怀自逸。若此,众君子可谓得之矣。③

  萧绎此文,所言甚为明了,不必以隐遁山林为生存方式,也无须以远离政治为前提,只需做到"物我两忘""动寂同遣",皆可使生命回归于本性,达于逍遥无待的自然境界。

  任昉在《答和何徵君诗》中,亦有相同的认识,其诗曰:

  散诞羁靮外,拘束名教里。得性千乘同,山林无朝市。勿以

---

① (清)严可均. 全梁文[M]. 北京:商务印书馆,1999:87.
② 成玄英. 庄子注疏[M]. 北京:中华书局,2011:242-243.
③ (清)严可均. 全梁文[M]. 北京:商务印书馆,1999:187.

耕蚕贵,空笑易农仕。宿昔仰高山,超然绝尘轨,倾壶已等药,命管亦齐喜,无为叹独游,若终方同止。①

综合上引诸文,我们可以清晰地看到,在东晋高门士族普遍认同的"出处同归"的处世原则,在梁代皇族和重臣中有着广泛的认同度。后世称之为"朝隐""心隐",其思想根源来自郭象玄学,对此学界研究已经十分丰富,此处不再赘论。但是,需要我们关注的是,以齐同朝野,遗形存神的观念来满足个体对隐逸情怀的期待,并不是梁代文人共同采用的方式,更多的文士,虽未抛却俗世生活、步入山林成为隐士,但依旧对离俗隐居始终充满向往。

三、"任其志性,以去人间"

萧方等是萧绎的长子,少年聪慧,有俊才,善书画、骑射。因母徐氏而为萧绎所不喜。他曾作《散逸论》以明志,其文曰:

> 人生处世,如白驹过隙耳。一壶之酒,足以养性;一箪之食,足以怡形。生在蓬蒿,死葬沟壑,瓦棺石椁,何以异兹!吾尝梦为鱼,因化为鸟。当其梦也,何乐如之,及其觉也,何忧斯类,良由吾之不及鱼鸟者远矣。故鱼鸟飞浮,任其志性,吾之进退,恒存掌握,举手惧触,摇足恐堕。若使吾终得与鱼鸟同游,则去人间如脱屣耳。②

此文甚合《庄子》"逍遥"之本意,"一壶之酒,足以养性;一箪之食,足以怡形"。与"鹪鹩巢于深林,不过一枝;偃鼠饮河,不过满腹"其意全同。郭象注曰:"物各有性,性各有极,苟足其极,则余天下财也。"于"我"而言,箪食瓢饮,已足此生,余物累身,求之无用,非为弃之,本亦无求。"梦为鱼、化为鸟,当其梦也,何乐如之,及其觉也,何忧斯类"一句,化用《庄子》两个典故而来,一是《逍遥游》中"鲲鹏"之典,一是《天地》"庄周梦蝶"之典。其后之文,作者因自身处境而有所发挥:鱼鸟可任其志性,是逍遥无待之象征,作者进退不由己,求而不得,舍而不能,尘网所缚,类同笼中之鸟。末句之言,"去人间如脱屣耳",取郭象《庄子注》之言:"体夫极数

---

① 逯钦立.先秦汉魏晋南北朝诗:梁诗[M].北京:中华书局,1983:1597-1598.
② (清)严可均.全梁文[M].北京:商务印书馆,1999:251.

之妙心,故能无物而不同,无物而不同,则死生变化,无往而非我矣。故生为我时,死为我顺;时为我聚,顺为我散。聚散虽异,而我皆我之,则生故我耳,未始有得;死亦我也,未始有丧。夫死生之变,犹以为一,既睹其一,则蜕然无系,玄同彼我,以死生为寤寐,以形骸为逆旅,去生如脱屣,断足如遗土。"① 取舍态度甚为明了,若得自由,必舍身外余物,归于自然之,与其父所论"君子之得",相去远矣。《散逸论》动人之处,恰在作者对自由向往的决绝态度,与求而不得的苦闷无奈之间形成的强烈对比,俗世生活已再无可恋,随时可以弃之如敝屣,然而作者却深知此生无望。"举手惧触,摇足恐堕"将其惊惧、惶恐、无奈的生活状态表露无遗。

四、"啸歌弃城市,归来事耕织"

刘峻是梁代著名的文学家,他不仅长于骈文,精于论体,且有诗作留存于世。在他的这些创作中,同样流露出浓重的隐逸情怀。其《居山营室诗》曰:

自昔厌喧嚣,执志好栖息。啸歌弃城市,归来事耕织。凿户窥嶕峣,开轩望崭崴。香风鸣紫莺,高梧巢绿翼。泉脉洞沓沓,流波下不极。仿佛玉山隈,想象瑶池侧,夜诵神仙记,旦吸云霞色,将驭六龙舆,行从三鸟食,谁与金门士,抚心论胸臆。②

刘峻此诗将他的隐逸情怀表露无遗。此诗前半部分与陶渊明《归园田居》颇有几分神似:"自昔厌喧嚣,执志好栖息"与"少无适俗韵,性本爱丘山";"啸歌弃城市,归来事耕织"与"开荒南野际,守拙归田园";"激水檐前熘,修竹堂阴植"与"榆柳荫后檐,桃李罗堂前",都描述了作者厌倦喧嚣俗世,要远离城郭闹市,回归田园,以耕织为业,笃志隐居的态度。刘峻在不同的文章中,多次流露出对隐逸生活的向往。在写给宋元思的信中,劝其"纂两仲之微迹,袭二疏之风流。生与渔父同俦,死葬要离墓侧"。③ "二疏"指疏广、疏受,"两仲"指羊仲、裘仲,皆为高人隐士。陶渊明在《与子俨等疏》中说:"但恨邻靡二仲",同样表达了欲与隐士为伍的归隐之志。"死葬要离墓侧",取东汉高士梁鸿之典:"要离烈士,而伯鸾清高,可令相近",文中所举诸人皆为品性高洁的隐士,足见刘峻以归隐为

---

① 成玄英. 庄子注疏[M]. 北京: 中华书局, 2011: 105.
② 逯钦立. 先秦汉魏晋南北朝诗: 梁诗[M]. 北京: 中华书局, 1983: 1758.
③ (清)严可均. 全梁文[M]. 北京: 商务印书馆, 1999: 620.

人生最高境界。《东阳金华山栖志》中叙述了自己生于草野之间,生性闲逸,乐山好水,文末描述了他与田家野老欢饮谈笑的情景,表达了他隐于田园之志,其文云:

> 岁始年季,农隙时闲,浊醪初罪,醽清新熟。则田家野老,提壶共至。班荆林下,陈罇置酌。酒酣耳热,屡舞喧呶。盛论箱庾,高谈谷稼。喁喋讴歌,举杯相抗。人生乐耳,此欢岂罄。若夫蚕而衣,耕而食。日出而作,日入而息。晚食当肉,无事为贵。不求于世,不忤于物,莫辨荣辱,匪知毁誉。浩荡天地之间,心无怵惕之警。岂与嵇生齿剑,杨子坠阁,较其优劣者哉?①

岁末闲暇,刘峻与农夫置酒共饮,叙谈农事,酒酣耳热之际,歌舞相加,此为人生乐事。如果可以养蚕织衣,耕种得食,晨随初日而出,晚伴夕阳而归,无纷扰杂事,可以"不求于世,不忤于物""心无怵惕之警",这样清静自在的生活,就是人生最理想的状态。总体而言,比之于萧方等对现实的无可奈何,刘峻对归隐田园生活的向往,包含了更多积极精神;较之于梁代文人心目中隐逸生活的神秘和越俗,刘峻笔下的隐居生活,又多了几分俗世的气息,他的隐逸情怀更近于陶渊明。

五、"以拟伏腊,以避风霜"

庾信的《小园赋》历来为人所称道,文章以节制内敛的方式,表达了沉郁而哀婉的情思。这篇文辞与情致并胜的赋作,承载了庾信失家失国之后,身心无处安顿的焦灼和悲痛,蕴含了他求隐而不得的巨大无奈。其文曰:

> 若夫一枝之上,巢夫得安巢之所;一壶之中,壶公有容身之地。况乎管宁藜床,虽穿而可坐;嵇康锻灶,既烟而堪眠。岂必连闼洞房,南阳樊重之第;绿墀青锁,西汉王根之宅。余有数亩敝庐,寂寞人外,聊以拟伏腊,聊以避风霜。虽复晏婴近市,不求朝夕之利;潘岳面城,且适闲居之乐。况乃黄鹤戒露,非有意于轮轩;爰居避风,本无情于钟鼓。陆机则兄弟同居,韩康则舅甥不别,蜗角蚊睫,又足相容者也。

---

① (清)严可均.全梁文[M].北京:商务印书馆,1999:628.

第五章 梁代玄学与文学创作

……
　　试偃息于茂林,乃久羡于抽簪。虽有门而长闭,实无水而恒沉。三春负锄相识,五月披裘见寻。问葛洪之药性,访京房之卜林。草无忘忧之意,花无长乐之心。鸟何事而逐酒？鱼何情而听琴？
　　加以寒暑异令,乖违德性。……遂乃山崩川竭,冰碎瓦裂,大盗潜移,长离永灭。摧直辔于三危,碎平途于九折。荆轲有寒水之悲,苏武有秋风之别。关山则风月凄怆,陇水则肝肠寸断。……①

　　《庄子·逍遥游》中许由言曰:"鹪鹩巢林,不过一枝；偃鼠饮河,不过满腹。"人生所求,何必广厦,管宁藜床,嵇康锻灶,可安身,可寄命。若此,则小园敝庐,足以抗寒暑、避风雨,此为作者之隐居之愿。文中对小园中诸多景物之描写,无不寄情于中,而绝少纯粹铺陈,几乎每一组对句,都承接诗人情感的流转变化,故欲节略引用而难寻可断之处。《小园赋》中虽流露出满满的隐逸情怀,但庾信去国离家之后失落了整个世界的哀思,却是连归隐都无法排遣的巨大悲痛,何况就连归隐本身亦可望而不可得,只能独居小园,靠暂时与外界的隔绝,抵御不可抗拒之命运带来的人生苦难。然而这种沉浸又时时刻刻被清醒的绝望打断,提醒着现实世界的不可逃避,如果用后人的一句诗来描述《小园赋》中流露出的隐逸情怀,恐怕只有李义山那句"只是当时已惘然"最为恰当了。
　　庾信的《小园赋》在梁代诸多包含着隐逸情怀的文学作品中是个另类,这里没有"超超越俗、皎皎出尘"的隐士风神,也没有"鸟向檐上飞,云从窗里出"的自然世界,只有一片小园囚禁着诗人对自由的无限向往,故小园之隐最无隐逸之神。因魏晋南朝之人的隐逸情怀,其神韵诱人处恰在于可纵情自然,寻得身心的无尽逍遥,即便那些身居庙堂之人,身不得融于自然,心亦可得逍遥放任。庾信虽以小园为隐,然其文流露出的情致却无逍遥之感,实乃求自由而不得之落寞。庾信虽被后世视为北朝文人,但其文化特质和文学趣味却是在梁代的文化土壤中孕育而出的,故其文学作品中充满了梁代文学表意空灵和情韵摇曳的文化底色。这种文化底色在与北朝诗人的对比中显得更加清晰,南朝与北朝文学风格差异正在于此处,而此种差异正是玄学思想对南朝文学审美境界的开拓所在。
　　通过对梁代文学作品做简单的爬梳和排比,能够得出这样的两个结

---

① （清）倪璠.庾子山集注[M].北京：中华书局,1980：19-30.

论：其一，在梁代文人作品中，普遍存在着对隐逸生活的向往，隐逸情怀是一种普遍的文化心理；其二，不同身份地位、不同人生遭际的个体，满足隐逸情怀的方式则各有不同。下文试就此二点之成因略作分析。对刘峻《辨命论》的分析中已经指出，隐逸情怀的普遍存在是植根于当时的文化心理的，无论是儒家式的"邦无道则隐"，还是道家式的全身葆真，或者是《庄子》式的摆脱荣利求得逍遥，都使得隐居成为文人自我意识的最后归宿。从社会群体，尤其是文人群体的心理来看，对隐逸生活的向往，是个体自我意识的一种肯定和扩张，群体试图通过与自然世界直接建立联系，并从这种联系中获得与自然"冥合"的人生体验，以摆脱政治、经济对个体的束缚，使得世俗生活中被群体关系遮蔽了的个体意识得以彰显。换言之，隐逸情怀是对群体社会对个人意识压制的防范和抵抗：士人从自我意识受挫的现实世界中，退回到以自我本身作为绝对自由场所的内在领域，并以自然世界的秩序为其合理性之来源，从而获得自我意识得以自由发展的精神体验，即所谓"与道冥合"。故隐逸情怀既可能是随时运变化而改变的政治策略，也可能是以养身长生为目的的修行，还可能是抛却荣禄，寻找生命逍遥的人生理想。无论个体身处何种状态，只要其现实人生怀有不满和遗憾，只要自我意识在现实世界中受挫，那么隐逸生活就作为一种理想的人生状态，被接受了这种文化熏陶的士人们所向往和期待。因之，在梁代文人的笔下，隐逸情怀并不以身份地位不同而有所区分，实际情形是从皇族成员，到朝廷重臣，从贵公子孙，到寒门布衣，其文学作品中都流露出不同程度的隐逸精神。

其次，不同身份、不同遭际的士人，理解和表达隐逸情怀的不同方式，反映出的是个体如何在社会群体、个体自我、自然世界中寻得一种平衡的不同选择，从正始到东晋，玄学思想在不同阶段的不同倾向，恰为这些选择提供了思想依据。从玄学思想产生之初，如何认识群体、个体、自然之间的关系，就一直是玄学家们致力要解决的问题，王弼思想主张"崇本举末"，是以自然秩序来规范群体秩序，顺道家之自然，而不必毁儒家之名教，个体处于这样的群体中，便如万物生于天地之间，自可顺性而存。竹林玄学"要越名教任自然"，则是突破群体秩序之限制，使个体存在，直接以自然秩序为规范，故其偏重超越、放任而得逍遥，个体则需抛却群体社会加诸的荣利私欲，使生命回归于本真，然后得逍遥境界。郭象玄学，要取消名教与自然之对立，"游内而弘外"、"内圣而外王"，认为"圣人虽处庙堂，而心无异于山林"，强调了内向的超越，故个体存其间，可遗形而存神，使出处而同归。这些思想在后世的接受中，被整合杂糅，依据于个体人生的不同经历而选择运用。梁代皇族成员皆认同出处同归之论，与东晋掌权的高门士族的选择完全相同,这说明政治、经济地位才是个体选择的最终决定因素。后世学者往往从道德角度批判这种选择的虚伪,忽略了此种选择中更为根本的原因——现实处境与人性需求。对于掌握了政治经济力量的群体而言,获得物质权力本身便是自我独立意识最有效的保障,而这种选择也最接近"自由"的现代含义:"自由"是个体意识向群体领域的扩张,是在群体领域中保证自我权益的诉求。这种隐逸情怀,不是通过舍弃群体而退归自身实现的,恰相反是通过外向的发展、表现,作为内在超越的保障。刘峻欲躬耕田园的隐逸情怀,则是王弼思想与儒家精神的融合。在无力兼济天下的现实中,归隐而独善其身,不把自我意识放逐于缥缈不可定的精神领域,而寄托于耕织生产的生活中,并把对良善品质追求视为人生的最终归宿,这是陶渊明式的隐逸情怀。萧方等与庾信作品中展现出的隐逸情怀,其动人之处在于二者皆植根于人生不可摆脱之苦闷,和终不愿舍弃希望的挣扎,在渴求与不得之间,体验不可抗拒之命运带来的种种无可奈何。这种隐逸情怀因其既有追求个体自由的渴望,又试图通过回归自然,寻求更大依靠来摆脱因自觉而产生的焦灼和无奈,显得既矛盾又极富张力。我们既能从中体会到对自由的强烈渴望,又能感受到生命渺小、懦弱和逃避。而这种矛盾和苦闷,对于获得了自觉的人类而言,是始终无法摆脱的情感体验,因而具有超越时代的普遍性和悲剧性,它与文学本身的抒情特质最为契合,因之具有更加深远的艺术感染力,可以动人于千年之下。

第四节 关注自然与玄学"崇有"

自然世界作为人类生息的摇篮,既是人类活动的场所,也是人类认识活动的主要对象。早在《诗经》《楚辞》中我们已经得见文学对自然世界的描绘,其后的文学创作中人们对自然世界的观察和描绘也从不曾停止,无论是汉代大赋中铺陈,还是抒情小赋中的起兴,自然景色向来都是不可或缺的部分。玄言诗中玄理自陈的朦胧背景是大自然,隐逸诗中与道冥合的精神归宿是大自然。然而,在这些文学作品中,自然的面目是泛化而朦胧的,是不独立的,直到晋宋之际山水诗兴起,自然世界在文学中的样貌才逐渐变得清晰起来,开始在文学创作中获得了独立审美的地位。山水自然成为独立的审美客体,暗含的前提实则是人的自我意识的独立,当人们开始认识自己,并把自身与自然分离时,自然从人类主客界限模糊的认知中走出,成为人类认识的真正客体。认识水平的向前迈进,首先发生在思想领域,表现为魏晋玄学将"自然"与"名教"的分离。尽管在这个理论体系中,"自然"一词是以抽象概念存在的,但它在认识领域却从未与直观的自然世界分离,原因可能是人们尚不能完全脱离物质实体世界,来理解抽象意义上的本体存在。气化宇宙论依旧被广泛地接受,在普通文人的认识中,二者可能仍然是混淆着的。郭象认为"天人之所为也,皆为自然",[1]那么人们必然通过天地万物的具体形象来认识"自然",描摹自然世界也就成为发掘生命之渊泉、宇宙之奥秘的主要途径。以诗描绘山水,成为文人体知"自然"与"道"的途径,如此则文学创作无须如东晋玄言诗那样,在茫茫太素、无极、太始等不可名状的朦胧世界中,寻求玄远之理,而可以如梁代文学家这样,在对自然世界的关注和摹画中感受自然之道。

观察和描摹自然是梁代诗歌的重要主题之一,以下我们将以"宫体"主将萧纲的诗歌创作为例,对梁代中后期自然题材诗歌呈现出的新特征略作分析。在分析之前,就选择萧纲诗歌为样本的原因略作说明:首先,萧纲的存诗较多,选取他的诗歌作为样本来分析梁代诗歌题材类型,相对而言更加接近诗人题材选择的原貌,因之也就更加具有可信度。其次,本文在论述梁代的文化活动形式时已经提及,梁代中后期的主流文风是"宫体",萧纲作为"宫体"文人群体的核心人物,他的诗歌往往作为首唱,为其他的文士所奉和。这种情况使得他的诗歌主题,成为一系列诗歌创作的共同主题,因之选择萧纲诗歌为样本,也就更加具有代表性。此外,为便于行文,论述中也会旁及其他与其题材相关的诗人及作品。

逯钦立《梁诗》中收录的、系于萧纲名下的诗歌共计197首(乐府诗不计),其中96首为自然题材,即以自然现象、自然景物、自然物、日常物为描写对象(诗中存在自然景物描写,但不以之为主题的诗歌不计),占据了诗歌总量的百分之四十八,也是其诗词创作中数量最多的一种题材。下表是对这96首诗歌进行的详细分类。

---

[1] 成玄英.庄子注疏[M].北京:中华书局,2011:124.

第五章　梁代玄学与文学创作

写景	特定时间	《三月三日率尔成诗》《曲水联句诗》《春日诗》（年乐还应满）《春日诗》（花开几千叶）《晚春诗》《杂句春情诗》《戏作谢惠连体十三韵诗》《和湘东王首夏诗》《晚日后堂诗》《初秋诗》《秋夜诗》（萤飞夜的的）《秋夜诗》（高秋作宾风）《秋晚诗》《大同八年秋九月诗》《七夕诗》《九日赋韵诗》《玄圃寒夕诗》《大同十年十月戊寅诗》《大同十一月庚戌诗》《雪朝诗》（20首）
	特定空间	《临后园诗》《夜游北园诗》《游韦黄门园诗》《登城北望诗》《登山马诗》《登琴台诗》《登锦壁诗》《奉和登北顾楼诗》（和武帝）《登烽火楼诗》《玩汉水诗》《入溆浦诗》《经琵琶峡诗》《守东平中华门开诗》《西斋行马诗》《侍游新亭应令诗》《仰和卫尉新渝侯巡城口号诗》《应令诗》（骚体）《祠伍员庙诗》（怀古）《和湘东王后园回文诗》（19首）
	具体事件	《春日看梅花诗》《纳凉诗》《玄圃纳凉诗》《晚景纳凉诗》《晚景出行诗》《薄晚逐凉北楼迴望诗》《雪里觅梅花诗》《同庾肩吾四咏诗二首》（《莲舟买荷度》《照流看落钗》）（9首）
咏物	天文	《咏烟诗》《咏风诗》《咏云诗》《浮云诗》《望月诗》（流辉入画堂）《望月望》（今夜月光来）《华月诗》《咏朝日诗》《行雨诗》《赋得入阶雨诗》《雨后诗》《开霁诗》《咏雪诗》《同刘谘议咏春雪诗》（14首）
	动物	《系马诗》《赋得舞鹤诗》《登板桥咏洲中独鹤诗》《咏飞来双鹨鹈诗》《咏单凫诗》《咏寒凫诗》《咏新燕诗》《赋得陇坻雁初飞诗》《夜望单飞雁诗》（9首）
	植物	《和湘东王阳云楼檐柳诗》《咏柳诗》《咏初桃诗》《咏橘诗》《咏初桃诗》《香茅诗》《咏芙蓉诗》《咏栀子花诗》《赋得蔷薇诗》《咏蔷薇诗》《怪诗》《咏疏枫诗》《咏藤诗》《赋咏枣诗》《奉答南平王康赍朱樱诗》（15首）
	昆虫	《咏蜂诗》《听早蝉诗》《咏蛱蝶诗》《咏萤诗》（4首）
	地理	《山池诗》《山斋诗》《赋得桥诗》《石桥诗》《咏坏桥诗》《水中楼影诗》（6首）

据上表可知，自然题材的诗歌表达形式有两种：一是写景，二是咏物。写景诗对自然景物的描绘是整体式的，以描绘的视角作为区分，可以分为三类：一以特定时间为视角，诗作中描绘了春日、晚春、首夏、初秋、秋夜、寒夕、雪朝、上巳、重阳、七夕等，包含了四季轮替、昼夜交换和特定时节的自然变化。二是以特定空间为视角，创作了大量登临、游览之作，如后园、北园、黄门园、北顾楼、烽火楼、西斋、新亭、琴台、锦壁、溆浦、汉水、琵琶峡等，对即目之景进行了描绘。三是以特定事件为视角，诸如雪里觅梅、春日看梅、晚日纳凉等，都是以具体事件为切入点，对时间空间内

感受到的自然世界进行了描写。咏物诗对自然世界的描摹是局部的,如咏自然现象中的日出、月、云、雾、风、雨、霜、雪等;咏植物中的草、木、花、藤、瓜、果等;咏动物,如燕、雁、鹤、凫等;咏昆虫,如蜂、蝉、蝶、萤等;咏建筑物,如池、斋、桥、楼等。综合而言,以写景为主的自然题材作品,呈现出的是特定时间、空间内自然世界的整体形态,以咏物为主的自然题材作品,呈现出的是局部的、个体的特性。

山水诗在晋宋之际出现,并经过谢灵运、谢朓两位山水诗人的大力创作,最终以极高的成就垂范后世,使得山水诗成为了文人描摹自然世界的主要形式。这种情形在齐梁之际开始发生变化,至梁代中后期呈现出了鲜明的新特征:首先,文学作品中对自然世界的观察和描绘,呈现出多形式、多视角、多选择的新特点;其次,以咏物的方式来关注自然世界的诗作,则着重于对自然世界局部进行细致入微的观察和体知。咏物诗在永明文学中大量涌现,写作技巧已经非常成熟。梁代咏物诗的新特点出现在那些对自然物的描写上,如前文表格中所列,其中还包含了动物、植物、昆虫、天文、地理几个物类,几乎包含了自然世界可见的全部物类,在对这些物类的描写中,又以对有生命物的观察和感知更加细致入微。

一、"四时改而不停,万物化而不停"

梁代的自然题材作品,最突出的特点是对自然世界运行变化近乎痴迷的观察和感知。在萧纲的诗歌中,时间点的选取几乎包含了一年四季中各个代表性时段,诸如早春、晚春、首夏、酷暑、初秋、晚秋、秋夜、七夕、重阳、寒夕、雪朝。时间视角如此密集地出现在同一个诗人诗作中,在其他时期是非常罕见的,但在梁代诗人的作品中这种情况却是较为常见的,以下略举一部分:

  庾肩吾《春日诗》《奉和春夜应令诗》《和晋安王薄晚逐凉北楼回望应教诗》《奉和便省余秋诗》《岁尽应令诗》《七夕诗》《奉和太子纳凉梧下应令诗》
  萧绎 《春日诗》《春敕为诗》《和刘上黄春日诗》《望春诗》《秋辞》《春赋》《秋风摇落》《咏秋夜诗》
  庾信 《春赋》《七夕赋》《春望》《春日离合诗》《奉和初秋诗》
  吴均 《春月二首》《秋夜二首》《春游诗》《春日诗》
  沈约 《初春诗》《春咏诗》《伤春诗》《秋夜诗》
  刘孝威《奉和晚日诗》《酷暑诗》《奉和逐凉诗》

第五章　梁代玄学与文学创作

刘缓　《奉和玄圃纳凉诗》《和晚日登楼诗》
鲍泉　《奉和湘东王春日诗》《秋日诗》
徐陵　《咏春》《春情》《内院逐凉》
刘孝先《春宵诗》《冬晓诗》
王僧孺《春思诗》《咏春诗》
萧悫　《春日贻刘孝绰诗》
王泰　《奉和太子秋晚诗》
萧子云《寒夜直坊》
纪少瑜《春日诗》
萧统　《晚春诗》
虞羲　《春郊诗》
徐怦　《夏日诗》
徐悱　《夏诗》

以上所举的诗歌中,也包含了以具体事件为主题对自然世界进行的描绘,以萧纲《雪里觅梅花》为例,这首诗不单突出了特定的时间"冬日"和特定的气候"雪",以及诗歌描绘的客体对象"梅花"这种自然物,同时又表现出了主体"觅"的活动内容。它以一个事件为切入点,描绘了人活动的时间、空间、内容,构成了一个完整的人与自然交互的场景,而突出的仍然是自然世界的变化运行。空间、时间、事件,这三种视角共同摹画出了文学作品中自然世界的样貌。从时间上来看,自然是流动不居、无始无终的;从空间上来看,自然是无边无际、广袤无垠的,人类就在流动不居、广袤无垠的宇宙之中观察它、认识它、感受它、描绘它,一切活动都深深地烙下自然运化的痕迹。

自然运化最直观的表现莫过于时序更替、物候的推移。萧纲《晚春赋》正是描绘这样一幅景象:

> 待余春于北阁,藉高宴于南陂。水筛空而照底,风入树而香枝。嗟时序之回斡,叹物候之推移。望初篁之傍岭,爱新荷之发池。石凭波而倒植,林隐日而横垂。见游鱼之戏藻,听惊鸟之鸣雌。树临流而影动,岩薄暮而云披。既浪激而沙游,亦苔生而径危。[1]

---

[1] 肖占鹏,董志广. 梁简文帝集校注[M]. 天津:南开大学出版社,2012:23.

"余春"者,春之将尽也。在一个春天即将离去,夏日即将来临的时候,诗人观望周遭的世界,日光透过水面照在水底,清风带着花香吹入树林,新生的竹子已经遍布山岭,新发的荷叶铺满了池塘,山石的倒影在波光中闪动,阳光从层叠的枝叶中透过。游鱼在水藻中穿梭嬉戏,还有惊鸟的鸣叫声。树影在时光的流逝中慢慢移动,暮色笼罩着岩石,像被一层黯淡的云遮挡。在这篇描述晚春景致的赋作中,我们只在开头两句看到了诗人活动的痕迹,仿佛诗人坐定,读者便可借由诗人的双眼,来观察这个不知不觉中变化着的世界。诗人是一个隐没的观察者和感受者,日光、水池、风、香味、树林、竹子、荷叶,乃至于山石倒影、阳光、游鱼、惊鸟等,构筑了一个静谧的世界。诗人耳目所闻见的一切事物在静谧中是变动的,日光是流动的,树影的移动代表着时间的推移;"初篁""新荷"用两个形容词展现出了物的生与化;还有随风飘动的香味,是嗅觉与触觉的感受,鸟鸣、浪激,小径上生出的苔藓,而这些都是在晚春这个特定的时间中呈现出来的自然形态。魏晋时人,认为生化为万物之本源,称之为大化,《列子·天瑞》言:"有生不生,有化不化,不生者能生生,不化者能化化,生者不能不生,化者不能不化,故常生常化。常生常化者,无时不生,无时不化,阴阳尔,四时尔。"张湛的注释中认为"有生",即"今块然之形也",也就是人们所见之万事万物;"有化"者,即"今存亡变改也",指的便是万事万物之变动周流。他说:"阴阳四时,变化之物,而复属于有生之域者,皆随此陶运,四时改而不停,万物化而不停者。"[1] "有生之域"亦即自然世界,它总是处在运化不停的状态之中,四时变化、万物更新,皆在大化之中,萧纲《晚春赋》呈现的正是一个特定时段中自然世界精微运化的具体形态。

萧纲的《雨后诗》[2] 对于瞬息之间的自然世界的急速变化,同样有着精彩的描写:

散丝与山气,忽合复俄晴。雷音稍入岭,电影尚连城。雨余云稍薄,风收热复生。

这首诗描写的是雷雨初停的情景,雨丝散在氤氲的雾气之中,雨雾时而合起,时而分散,阴晴不定;雷声才刚刚隐没,闪电便又一次出现;雨后的云稍显稀薄,而一旦雨住风停,暑热便蒸腾复生。这首诗中描写的物象都具有飘忽不定和短暂等特质,诸如"气""雷音""电

---

[1] 杨伯峻.列子集释[M].北京:中华书局,1979:2.
[2] 肖占鹏,董志广.梁简文帝集校注[M].天津:南开大学出版社,2012:397.

第五章 梁代玄学与文学创作

影""云""风",它们本身都是无形无象,短暂的、变动的,同时又使用了"忽""俄""稍""尚""收""复",这些词语突出了变化之迅速。自然世界正是如此,随大化而流迁,张湛说"万物与化为体,体随化而迁,化不暂停,物岂守固"? 诗人通过"雨后"这个短暂的时间段,把自然界瞬息万变、运化不停的特征捕捉到了笔端。

萧纲的另一首《秋晚诗》[1],敏锐地捕捉了时间流动中自然世界缓慢的变化:

浮云出东岭,落日下西江。促阴横隐壁,长晖斜度窗。乱霞圆绿水,红叶影飞缸。

这首诗描写的是秋季的黄昏时分,落日开始西沉,白昼即将被黑夜替代。远处的天空被分割成了两种景象,东边的山岭上不断涌出的云层,因天色渐暗而变得暗淡。落日的余晖照在窗上显得更加狭长,窄窄的阴影横在墙壁上,随着光线渐暗而逐渐隐没。晚霞倒映在池水中而变成圆形,红叶的影子投射在树间的缸灯上。"浮""出""落""下"将黄昏时刻天空中云影霞光的变化形态呈现在读者眼前,"促阴""长晖"是光影在现实中的投射,"隐""度"则将太阳落下光影随之变化的过程描绘了出来,读者仿佛可以通过这些动态,感受到时间一步一步流走,带走白昼,带来黑夜。郭象《庄子注》中言曰:"夫无力之力,莫大于变化者也。故乃解开天地以趋新,负山岳以舍故。故不暂停,忽已涉新,则天地万物无时不移也。"[2] 天地万物无时无刻不在时间的流逝中运化存亡,人们却不能知觉,能够在昼夜交替、四时变换中,体会到大化之无穷无止,不正是对万物之本源的深刻体知吗?

再如他的《春日看梅诗》:

昨日看梅树,新花已自生。今旦闻春鸟,何啻两三声。冻解池开渌,云穿天半晴。游心不应动,为此欲逢迎。[3]

这首诗虽以"看梅"为名,但"看梅"却不是诗歌真正的主题。诗人在清晨听到了春鸟的鸣叫声,特意指明这叫声并非偶尔的三两声,说明了鸣叫声是密集而连续的,暗示着春日已至,许多鸟儿聚集在了一起。这时

---

[1] 肖占鹏,董志广.梁简文帝集校注[M].天津:南开大学出版社,2012:309.
[2] 成玄英.庄子注疏[M].北京:中华书局,2011:134,135.
[3] 成玄英.庄子注疏[M].北京:中华书局,2011:360.

诗人回忆起昨日看到的梅树,枝头的新花已发。"自生"在这里传递出两层含义:一是梅树无人观赏,独自盛开;二是自然生化,郭象所谓"自然生我,我自然生",指新花在春日生发是自然之变化。郭象在《庄子注》中言:"日夜相代、代故以新也。夫天地万物变化日新,与时俱往,何物萌之哉,自然而然耳!"①而"春花"无疑是万物萌化中最有诗意的物象。除去物象,这首诗包含了两个时间跨度,一是观察者此时亲见与对彼时的回忆,构成的叙事视角的交叉;一是由天寒地冻之时到池水解冻,这是由季节变化带来的物候推迁,从而呈现出时光流逝中自然变化的动态感。末句中的"游心"一词,语出《庄子·德充符》,其文曰:"且不知耳目之所宜,而游心乎德之和。"郭象注曰:"无美无恶则无不宜,故忘其宜。都忘宜,故无不任也,都任之而不得者,未之有也。无不得而不和者,亦未闻也。故放心于道德之间,荡然无不当,而旷然无不适也。"②诗中"游心不应动"一句,正是化此意而来,意谓本该忘其美恶,放之任之,然后才能得之,但见此情景,却无法超脱分别,忘记耳目之宜。从这句来看,萧纲是认同郭象所言,认为应当玄同彼我超越爱恶之别,才能体知自然之极妙。

二、"寂然玄照,不假于目"

能够玄同彼我、忘记耳目所宜,"游心乎德之和",达到"荡然无不当,而旷然而无不适"境地的诗歌,是萧纲的一组纳凉诗。这些诗歌皆写作于炎炎夏夜户外纳凉之时,是六朝"苦热"题材的一种变体。称其为变体,是因为这些诗歌不以描绘炎热为主,而是把"纳凉"作为一个时间与空间的场景,诗人沉浸其中调动一切感官和想象力,将个体的精神活动与自然世界的变化,紧紧地联系在一起。如《玄圃纳凉诗》:

登山想剑阁,逗浦忆辰阳。飞流如冻雨,夜月似秋霜。萤翻竞晚热,虫思引秋凉。鸣波如碍石,暗草别兰香。③

玄圃园是太子东宫中的园囿,经过齐梁几位太子的修缮和扩建,园中应当有不少的山石花草和亭台楼阁。诗的首联与"纳凉"主题关联极弱,应当只是为入题而进行的叙事。当然,这种叙事并非无意义的,萧纲幼年便离开建康,驻守藩镇,直到他被调任扬州刺史,后又成为太子,才算彻

---

① 成玄英.庄子注疏[M].北京:中华书局,2011:29.
② 成玄英.庄子注疏[M].北京:中华书局,2011: 105.
③ 肖占鹏,董志广.梁简文帝集校注[M].天津:南开大学出版社,2012:352.

第五章　梁代玄学与文学创作

底重归京城。我们可以想象,在一个炎热的夜晚,他登上玄圃园中石山,石山陡峭让他联想到了遥远的剑阁,而临近水边又让他联想到辰阳,"辰阳"在梁朝的诗歌中多作为客居之所的代称,寄托逆旅愁绪与乡思之情。此处,我们无法确定萧纲的想象是回忆的重现,还是文本的隐喻和寄托,但无论如何,想象都为诗歌表达带来了空间上的交叠。第二联中"飞流"与"冻雨","夜月"与"秋霜"两种物象的类比,则带来时间上的重叠。暑热郁蒸的夜晚,月光却如秋霜,用视觉效果的相似,把暑热与秋寒之意交叉在了一起,这种违反自然的类比因之充满了新奇之感。萤火虫翻飞闪烁,微弱的萤火把诗人重新拉回到了对暑热感触之中,而静谧的夜晚虫鸣声的寂寥,又让诗人感受到了秋天般的凉意。诗人敏锐地捕捉着自然环境的变化,以及由此而引发的自身感受的变化,在时间、空间交叠和对比中,将个体的精神活动与自然之物象贯通如一。《文赋》中言曰:"观古今于须臾,抚四海于一瞬。"《文心雕龙·神思篇》则说:"文之思也,其神远矣。故寂然凝虑,思接千载,悄焉动容,视通万历。……考思理为妙,神与物游。"这首诗歌正是以目见之物象勾连无际之神思,使得这种精神活动同乎于自然之运化。诗歌成为了勾连精神活动与自然运化的纽带,通过观察、体知而与其冥然相合,完成精神与自然的相合。

在萧纲众多以纳凉为主题的诗歌中,《晚景纳凉诗》更能够体现出诗人对自然近乎痴迷的观察和感知活动的思想根源所在。

> 日移凉气散,怀抱信悠哉。珠帘影空卷,桂户向池开。乌栖星欲见,河净月应来。横阶入细笋,蔽地湿轻苔。草化飞为火,蚊声合似雷。于兹静闻见,自此歇氛埃。①

诗歌的首联告诉我们,落日已经西沉,暮色带来的凉气缓缓扩散,天色越来越黯淡,乌鹊栖息,星光就要明亮起来,月色还未现。这是个幽暗的时刻,帘卷户开,空荡寂静,诗人在幽静中感受凉气,感官也在静谧中变得敏锐,诗人看到横阶似乎延伸到了细笋之间,露珠沾湿了地面上薄薄的青苔。我们已经难以分辨这是即目之物,还是与想象的混合。"草化飞为火,蚊声合似雷。"前一句取《礼记·月令》中所言"季夏三月……腐草为萤",翻飞闪动的萤火虫,在诗人的视觉感受中,被夸张成了飞扬的火团,蚊子在耳边的细鸣如同雷霆之声。后句取《列子·汤问》中"焦螟"的典故,其文曰:"江浦之间生麽虫,其名曰焦螟,群飞而集于蚊睫,弗相触也。栖

---

① 肖占鹏,董志广.梁简文帝集校注[M].天津:南开大学出版社,2012:341.

宿去来,蚊弗觉也。离朱、子羽方昼拭眦扬眉而望之,弗见其形;䚆俞、师旷方夜擿耳俛首而听之,弗闻其声。唯黄帝与容成子居空峒之上,同斋三月,心死形废;徐以神视,块然见之,若嵩山之阿;徐以气听,砰然闻之,若雷霆之声。"① 张湛的注本言"同斋三月,心死形废",为"心同死灰,形若枯槁",亦即《庄子》中所言"任自然而忘是非","同天人,均彼我";② 解释"神视"之意为"寂然玄照,不假于目","以有形涉于神明之境,嵩山未足喻其巨。以声涉于空寂之域,雷霆之音未足以喻其大"。借助于张湛的这段注释,我们可以很好地理解这首诗中将点点萤火夸张作火团,以雷声比拟蚊鸣的寓意所在。末句点题"于兹静闻见,自此歇氛埃","静闻见"正是对"寂然玄照,不假于目"的回应,只有在摈弃了知觉,离形去智,身心俱遣,物我兼忘,以神明遇之,才能够妙悟自然,在空寂之中平息欲念,才能对有形世界产生真正的认识和了解,达到心灵与自然冥合的境界。

与"草化飞为火,蚊声合似雷"有着异曲同工之妙的是另一首《晚日后堂诗》:

> 幔阴通碧砌,日影度城隅。岸柳垂长叶,窗桃落细跗。花留蛱蝶粉,竹翳蜻蜓珠。赏心无与共,染翰独踟蹰。③

这首诗仍以特定的时间为创作视角,并以时光的流逝起句,把读者带入诗人所感知的自然世界之中。诗歌的首联,以两个空间中光与影的移动,表现出了时间的变化:后堂中帘幔的阴影在碧色的台阶上移动,时间正在缓慢地移动,诗人眺望,抑或只是联想,日影正在度过城隅,时间与空间的变化在这一联中被巧妙地结合并呈现出来。萧纲似乎特别痴迷于白昼与黑夜交替的时分、逐渐昏暗下来的空间中,观察和感知周围的世界。诗人看到岸边的柳枝长叶低垂,窗前盛开的桃花落下了细细的花萼,前一句是静物描写,后一句静中有动,然而花萼落下的这个动态,究竟是诗人的想象还是目见的实景,似乎很难区分。这一联同样暗示着时光的流逝,绿柳枝叶茂盛,桃花将要开败,春天就要过去了。这样的描述很容易让我们联想到宋代女词人李清照那句"绿肥红瘦",而这正是时间流逝在自然世界中留下的痕迹。"花留蛱蝶粉,竹翳蜻蜓珠",如果说花萼的落下还有可能是作者目见的动态,那么在落日西沉之后,暗夜渐袭的昏暗中,看到花瓣上留下的蛱蝶翅膀上的轻粉,则已然超出了人类视力可察觉的范

---

① 杨伯峻.列子集释[M].北京:中华书局,1979:157.
② 成玄英.庄子注疏[M].北京:中华书局,2011:23.
③ 肖占鹏,董志广.梁简文帝集校注[M].天津:南开大学出版社,2012:314.

第五章 梁代玄学与文学创作

围。这些都让我们清晰地感受到,在感官能力被限制的自然环境中,诗人所描写的细微物象都带着想象与真实的混合。"蜻蜓珠"语见张华《博物志》:"五月五日,埋蜻蜓头于西窗下,三日不食,化为青珠。"[①] 用"蜻蜓珠"与"蛱蝶粉"对仗则全然源自诗人飘逸奔放的想象,他以传说中的事物入诗,又用现实中的自然物象,巧妙地把想象隐藏了起来。窗外的竹树遮蔽了化为青珠的蜻蜓,视觉在这里毫无用处,已经被完全地限制,然而诗人却用重叠的空间赋予了想象中的"蜻蜓珠"以现实存在感。视觉是有待的,需要足够的光线才能观察、捕捉到自然物的动态和变化,而想象却是无待的,在视觉完全受制于外部条件时,诗人的精神活动却能够与流逝的自然融为一,这种精神发而为诗句、文章,则可以勾通生命与自然,"赏心无与共,染翰独踟躇"正是以诗歌来表达生命与自然的融合。在论述文学创作动机的自然属性时,本文已经提及时人对自然运化与创作冲动之间的关联性有着形象的描述。而在萧纲的诗歌中,我们则可以清晰地看到,这种文学认识对创作实践的指导,无论是在感知自然之后"染翰独踟躇"还是"寄此托微吟",无不体现出诗歌创作力图还原沟通神思与自然的努力。

三、"得性为至,自尽为极"

写景诗着重于从整体上观察和感知自然界的变化,而咏物诗则沉浸于自然世界的局部,对各种物类的特性,及它与自然世界的关系进行描绘。这些诗歌不再单纯地追求静态描写的巧似,而是试图以更加传神的语词,将这些物类在特定时间、特定环境中的神韵呈现出来。我们仍然以萧纲的诗歌为例,对这些咏自然物的诗歌进行分析。

萧纲的咏物诗,往往倾向于捕捉所咏物类具体的动态的特质。比如他的这首《咏朝日诗》:[②]

> 团团出天外,煜煜上层峰。光随浪高下,影逐树轻浓。

这首诗描写的是朝日,"团团"和"煜煜"两个叠词,写朝日的形与色,"天外""层峰"构成朝日运行的空间,"出""上"是对朝日运行的动态描述,这两句诗用十分简练的笔触,勾勒出了时间空间内运动着的朝日。后

[①] (晋)张华.博物志:卷二[M].//丛书集成初编:第1342册[M].北京:中华书局,1985:8.
[②] 肖占鹏,董志广.梁简文帝集校注[M].天津:南开大学出版社,2012:420.

两句不直接描写朝日,而从朝日的特性着眼,描写朝日运行中光与影的变化。而对光的表现则借助于光照中的事物,诗人选取了日光下涌动的波浪,和树木被照射后形成的阴影。我们可以想象,日光在波浪的反射下形成一层光晕,随着波浪的高低起伏而上下波动,而树影则由于树木的茂密程度不同而深浅不一。通过对其他物象与所咏物的关系,来突出被咏物的特性,是萧纲诗歌中非常常见的一种手法,如《赋得入阶雨诗》:①

细雨阶前入,洒砌复沾帷。渍花枝觉重,湿鸟羽飞迟。傥令斜日照,并欲似游丝。

这首诗起句平常,只为了紧扣诗歌。中间一联则非常传神,"渍花枝觉重,湿鸟羽飞迟",这句诗全不直接写雨,而用被雨水沾湿的花朵,和淋湿了羽翼的鸟儿,把雨带来的视觉感受呈现了出来。沾湿的花朵让花枝觉得沉重,因为羽翼淋湿,鸟儿飞翔显得迟滞,"重"和"迟"把雨的特性化为物象所带来的质感,这种想象力足见诗人对自然世界感知力的敏锐。

《咏藤诗》则通过对藤与其所在自然环境的描写,突出了藤的纤弱、柔韧的特性:

纤条寄乔木,弱影掣风斜。标春抽晓翠,出雾挂悬花。②

纤细的藤条依附缠绕在乔木之上,地面上藤条的影子微弱(或者柔弱),又像被风掣斜了一般。这一句用"纤""弱"直接写藤的特点,"寄""掣"则从藤与乔木、风的关系着眼,"寄"是藤的生长状态,是静态的,因其纤弱无力而依托于高大的乔木之上;"掣"是藤与风的相互作用,是风把柔弱的藤掣斜了,还是藤把吹来的风掣斜了并不重要,重要的是这种相互作用中呈现出了藤虽纤弱但柔韧的特性。后两句点明了时间,这是一个早春的清晨,雾色还未散尽,藤上正长出翠色的叶子,雾色中仿佛悬挂着花朵。

萧纲的咏物诗中普遍存在着这样的描写模式,即首先对所咏物本身特性的直接描写,然后通过所咏物与他物的相互作用展现其特性。这种描写方式与郭象玄学对自然世界的描述是一致的,郭象认为"自然"就是万物的天性,每一个具体的事物都依照其"自性",无条件、无原因、无目

---

① 肖占鹏,董志广. 梁简文帝集校注 [M]. 天津:南开大学出版社,2012:391.
② 肖占鹏,董志广. 梁简文帝集校注 [M]. 天津:南开大学出版社,2012:428.

第五章 梁代玄学与文学创作

的地"自生""自足",故每一种自然都是独立的,如朝日之"团团""煜煜"并不因他物而存在,日光下树的形与影的关系则如郭象所言:"彼我相因,形景俱生,虽复玄合,而非待也。"正是这种彼此无待的独立状态,成就万物之间"相为""相与""相因"的整体和谐,雨与花、鸟的关系,藤与风、雾的关系皆是如此"无待"而"玄合",这是物在其"自性"范围内的独立彰显。

萧纲多数咏物诗都具有这样的特点:在所咏物与自然环境相互作用中,呈现出其动态中的特征。如咏栀子花"疑为霜里叶,复类雪封枝。日斜光隐见,风还影合离"。以霜和雪来比拟洁白的栀子花,远远望去,栀子花的枝叶仿佛被霜雪覆盖,因日光的照射而光华夺目,随着日光倾斜,折射出的光华渐渐隐没,在微风中摇曳,与花影离合相伴。咏蔷薇诗曰:"回风舒紫蕚,照日吐新芽",将蔷薇花舒展花蕚,吐出新芽与风吹、日照相关联。咏动物时,亦不例外,《咏单凫诗》中将一只孤飞的凫鸟临水照影,不愿离去的动态描写得活灵活现,"孤飞本欲去,得影更淹留"。《咏寒凫诗》:"眇眇随山没,离离傍海飞。"则通过呈现空间背景的空旷幽远,突出了凫鸟孤单独飞的寂寥感。较之于南齐咏物诗多以静态器物为题材,写作中尚巧似,"征故实,写色泽,广比譬,极镂绘之功"① 的特征而言,梁代中后期的咏物诗中对自然物的关注,往往着力于展现所咏物类在自然环境中呈现出的某种动态的特性。整体而言,这些以特定时间、事件为视角的写景诗和描写自然物在环境中动态特质的咏物诗,呈现出以下三个特点:其一,对自然运化的密切关注,其中尤以季节推移、物候迁化最能引起诗人的关注。其二,在观察和感知自然运化的过程中,诗人总是试图超越外部条件对感官的局限,以飘逸奔放的想象追逐和呈现万事万物自然而然、随大化流迁的状态。其三,在对自然物的描绘中,诗人总是借助于自然环境来凸显出物类的某种特性。我们认为,这种对自然物动态变化近乎痴迷的关注,与"崇有论"玄学思想的普遍接受有着很大的关联。

"自然"是玄学思想理论中的一个基本概念,王弼玄学要论证的社会内容是"名教本于自然";竹林玄学则要超越世界之分别追求逍遥,故要"越名教而任自然";郭象玄学旨在阐明"名教即是自然"。这些理论都是围绕着"自然"与"名教"的关系而展开,"自然"是万物存在的"根本",是"本体"。但同时,"自然"在这些思想体系中的含义却并不相同。王弼说"物无妄然,必由其理","万物以自然为性",万物所由即为"自然",为"道",为"无",故"自然"只是不可闻见、不可言说的抽象存在;竹林玄学

---

① (清)王夫之.姜斋诗话[M].北京:人民文学出版社,1961: 165.

中言"天地生于自然,万物生于天地","一气之化,变化不伤",故"自然"有两指:一指构成世间万物的物质——元气,一指世间万物存在的形态、法则、状态。而"任自然"即是要超越万物之分别,达于混沌玄冥之原初状态,这种状态是非人为的,是无限制的,此为"自然"。郭象玄学否定"有生于无",认为万物存在源于其"自性","自然"是万物自然而然存在的状态。万物是依其"自性",自己存在着、变化着。"自性"即是某物成为某物之规定性,它是天生的、不知所以然而然的,故一切存在者,即为"自然"。如果万事万物的存在仅依据于其"自性",则"体"与"用"不可分,"体"与"用"既不可分,则"用"即为"体",一切"自然"之理皆在其"用"之中。郭象说:"天地者,万物之总名也,天地以万物为本,而万物必以自然为正。自然者,不为而自然者也。""物皆自然,无物使然","物各自然,不知所以然而然,则形虽弥异,自然弥同"。也就是说,一切存在的事物都是"自然"的体现,而群有万物"各以得性为至,自尽为极也"。

四、"追寻辞藻,求心自足"

玄学思想本身并不提供一种可供践行的途径,对于接受了这种思想的士族阶层而言,如何实现"委任运化""与道同体",或者如阮籍所言"明乎天人之理,达乎自然之分",从而领悟"道者法自然而化"的真谛,就成为了士人们各自追寻的问题。东晋士族离俗务虚的处事态度是一种方式,清谈玄理亦是一种,而更为重要的一种方式实则是对艺术的追求,音乐、绘画、书法、棋艺、啸歌、聚书、收藏古器,乃至对容止、音仪、步态、服饰等的追求,在东晋、南朝都成为了士人的文化修养的外在表现,也被学者当作评价家族玄学化程度的一项指标。从现象关联性来看,我们可以断定这些内容都与玄学的兴盛有关,然而王何的"贵无论"玄学也好,嵇、阮的"自然主义"玄学也好,或者郭象的"独化论"也好,它们到底如何与这些兴盛的艺术形式发生关联,却并不是如现象那般清晰可见。汤用彤先生说:"魏晋时,中国人之思想方式亦异于印度人之思想方式,玄学家追求超世之理想,而仍合现实的与理想的为一。其出世的方法,本为人格上的、内心上的一种变换,是'结庐在人境,而无车马喧','神虽世表,终日域中','身在庙堂之上,心无异于山林之中',盖'名教中自有乐地'也……如具此种心胸本领,既能发为德行,发为文章,乐成天籁,画成神品。"[1] 要如何达到玄学思想所赋予的超世理想,文章、音乐、绘画往往成为一种手

---

[1] 汤用彤.魏晋玄学论稿[M].北京:三联书店,2009:273.

第五章 梁代玄学与文学创作

段,也可以说,玄学思想从群体领域退归个体世界,开拓出的是一种艺术的境界。所谓"为学日益,为道日损",约略就是这样一个过程,通过对精湛技艺的领悟,和对崇高艺术境界的追求,来消解羁绊个体心灵的欲望,达到人格上、内心上的一种超脱,也就是《庄子》中所言的"逍遥",意味着可以超越自我、超越形体及其他物质条件的资待,达到与"道"冥合的终结自由。

东晋的玄言诗、谢灵运的山水诗、陶渊明的田园诗,都承载着这样的精神追求,所不同的只是作者思想倾向的差异,玄言诗更多地受到了"贵无论"玄学的影响,山水诗则抒写自然造化,更接近于竹林玄学所推崇的"自然本体",陶渊明的田园诗便是一种人生境界和高尚德行的投射。南朝以来重文日盛,文学创作与玄学的相互渗透更加彻底,文学创作作为一种艺术形式,同样承载了追求超世理想的追求。郭象《庄》学在梁代的广泛传播,使得这种玄学自然观被人们所普遍接受。从东晋玄言诗中朦胧的自然背景,到梁代诗歌中动态运化的整体世界,和特性鲜明的局部世界,诗人们以诗歌作为体知自然之道方式并没有发生改变,但是对于如何体知自然之道的认识却发生了明显的变化,既然"天地以万物为本",那么观察和感知自然界的万物自然而然的状态,便是领悟自然之道的精妙之所在。

田晓菲女士在以"烛照"为基点阐释萧纲诗歌时,不断地强调了佛教以"象"破除"象",从而洞悉一切"色"的无常,达到"观"的境界,即"指对现象界不带任何幻觉的清晰的洞察,穿透其五光十色的外表,一直看到现象界短暂、相对、不断变化、虚幻不实的本质"。[①]她认为"宫廷诗人对于物质世界持久而专注的凝视",[②]正是佛教中"冥想静修"为诗人关注物质世界方式带来的影响,故这种"观照""显示了诗人对日常生活细节的关注,展现了一种体验物质世界的新方式"。[③]这些论述无疑是非常敏锐且极为动人的,更加接近佛教文化对于群体认知方式所形成的深刻影响。但在玄学思想与佛教文化杂糅的理论背景之下,二者对文学关注自然形成的影响是值得再做辨析的。

首先,对于现象世界的短暂、相对变化的认识,并不仅仅存在于佛教

---

① 田晓菲.烽火与流星——萧梁王朝的文学与文化[M].北京:中华书局,2010:167.
② 田晓菲.烽火与流星——萧梁王朝的文学与文化[M].北京:中华书局,2010:176.
③ 田晓菲.烽火与流星——萧梁王朝的文学与文化[M].北京:中华书局,2010:177.

教义之中,在《庄子》中同样可以发现。通过认识自然变化的永不停息、生命短暂,从而齐一万物、等同生死,超越个体的有限。而从洪荒无界的永恒来看待自然,同样可以获得超越现象世界的精神自由。在玄学的语境中,超世之理想是"游外弘内,无心顺有,挥形而神气无变,俯仰万机而淡然自若也","至人无己"并非认为现象世界是虚幻不实的,"无己"是对自我欲望的摈弃和对"道"的因循,是回归于自然和谐的原初态。但在佛教的语境中"己身"或者现象世界,本身都是虚空不实的,它们本不存在,"色"界只是"眼识"的对象,人们所看到的物质世界不过是暂生还灭的幻象,并没有一个使某物成为某物的永恒存在。对于现象世界的执着,不过是人生诸多苦难之一,佛法要度人出苦海,正是要人破除执念,洞悉这些虚幻、无常,故其归属是解脱。萧纲的诗歌则更多地留在观察和感知的层面,在大部分的诗歌中表现出的追求是超越世界之分别,只有在他初登太子位时给萧绎的书信中,表达过受戒的片刻真有皈依佛门之念。因之,更加可能的情形是,萧纲所受到的佛教思想的影响,为他提供了一种体知自然之道的途径。在玄、佛杂糅的思想结构中,这种相互启发几乎是必然发生的,如何利用这些思想则是依照现实需求而整合的。

其次,前文对《玄虚公子赋》的分析中我们已经提及,萧纲的人生态度并不是追求出世和解脱的,甚至不倾向于隐遁山林,他赞成的是"出处同归",追求的是"荣利不染""声色不拘"。也就是说,他理解自然世界的底色是玄学的,并且是以郭象玄学为基调的。此外,本文在论述梁代诗人普遍认同的创作动机时,曾提到萧子显对自身从事文学创作的解释,他说"追寻平生,颇好辞藻,在名无成,求心已足",强调的是一种"心足"的内在感受,而创作本身又是"应物而感"的情绪,和"不能自已"的情绪表达,是个体与自然世界连接的方式。萧纲同样秉持此种认识,在他的描述中,文学创作的发生是情感的自然释放,并以内心的自足作为最终的目的。诗人对这些事物的体会和描摹的过程,是个体内心寻求自足的过程,也就是说,诗歌的构思和创作对于诗人而言,是一座通向内心自足的桥梁,是达到和谐的一种媒介,而自足与和谐的极致,正是与自然的冥合。或者说,文学创作用以追求的是一种个体与自然的和谐,这种认知无疑与玄学有着密切的关联。

第五节　女性题材与玄学"肆情"

梁代中后期的主流文风是"宫体","宫体"中最受关注的是女性题材作品。这些女性题材作品由两类组成：一类是专门描写女性体态美的"美人诗",另一类是以女性情感为描写对象的"闺情诗"或者"闺怨诗"。这两类主题在诗歌、乐府、赋的文体形式中都有存在,而尤以诗歌、乐府中居多。本节所要探讨的问题是女性体态美与女性情感进入文人创作视野与玄学思想之间的关联性。

一、"美人"成为独立审美客体

文学对女性美的认识并不是始于梁代,《诗经》中已有对美人形貌、情态的具体描绘："手如柔荑,肤如凝脂,领如蝤蛴,齿如瓠犀,螓首蛾眉,巧笑倩兮,美目盼兮。"(《诗经·魏风·硕人》),《九歌》中"披薜荔兮带女萝,既含睇兮又宜笑"的"山鬼"(《九歌·山鬼》),宋玉《登徒子好色赋》中"眉如翠羽,肌如白雪；腰如束素,齿如含贝；嫣然一笑,惑阳城,迷下蔡"的东邻之女；汉乐府中风姿绰约的"秦罗敷",及至曹植笔下风华绝代的"洛神",这些作品中对女性美的认识和呈现都是非常具有感染力的。不过对女性美的描述只是文章的一个局部,是突出作品主题的辅助部分,单纯以女性美为描写对象的作品并不存在。以描摹女性美为主题的诗歌出现于南齐,至梁代时已然成为了文学创作的普遍风潮,标志着女性美作为独立的审美客体,进入了文人的创作视野。这些诗歌以"美人""佳人""丽人""佳丽""舞妓""姬人""倾城"等突出女性之美的名词作为诗题,也有部分以"咏歌""咏舞"为题名,实则描写歌舞中的"美人",以下略举部分以观之：

萧纲　《和湘东王名士悦倾城诗》《戏赠丽人诗》《赠丽人诗》《率尔为咏诗》《执笔戏书诗》《咏美人看画诗》《美人晨妆诗》《拟落日窗中坐诗》《遥望诗》《伤美人诗》《咏武陵王左右诗》《和人渡水诗》《和林下妓应令诗》《夜听妓诗》《娈童诗》《咏舞诗二首》《咏独舞诗》《咏舞诗》

《美女篇》《艳歌篇十八韵》《艳歌曲》《咏织流黄》(以上乐

府诗)

《雍州曲三首》(以上西曲)

萧绎 《夕出通波阁下观妓诗》《戏作艳诗》《和林下作妓应令诗》《咏歌诗》《看摘蔷薇诗》

庾肩吾 《咏美人》《咏美人看画诗》《南苑看人还》《咏主人少姬诗》《咏舞》《咏舞曲应令》

刘孝绰 《为人赠美人》《遥见美人采荷》《同武陵王看妓》《爱姬赠主人》《元广州景仲座见故姬》

张率 《日出东南隅行》《相逢行》《对酒》《清凉》《玄云》(以上乐府)

王僧孺《咏宠姬》《为徐仆射妓作》《为何部库姬人拟蘼芜之句》

江洪 《咏歌妓》《咏舞女》《咏美人治妆》

何逊 《咏娼妇》《咏舞妓》《苑中见美人》《看新妇》

刘孝仪《和咏舞》《又和咏舞》《舞就行》

萧纶 《车中见美人》《见姬人》

萧纪 《同萧长史看妓》

费昶 《春郊见美人》《采菱》(乐府诗)

王台卿《南浦别佳人》

何思澄《南苑逢美人》

刘孝威《咏佳丽》

庾信 《和咏舞》《舞媚娘》(乐府)

这些文学作品着力于摹画女性在不同时刻呈现出的美感,或者直接赞叹女性的美,诸如《咏美人》《咏佳丽》《赠丽人》等;或者选取生活中的某个特定场景对女性美进行描写,诸如《咏美人看画》《咏美人晨妆》《遥见美人采花》《看摘蔷薇》等;还有一类虽然以咏舞、咏歌为题,实际所描写的仍旧是歌舞中的美人。这些诗歌对女性美的呈现,如同工笔仕女图一般,纤毫毕现,细致入微,以《戏赠丽人诗》为例:

丽妲与妖嬬,共拂可怜妆。同安鬟里拨,异作额间黄。罗裙宜细简,画屐重高墙。含羞来上砌,微笑出长廊。取花争问色,扳枝念蕊香。但歌聊一曲,鸣弦未肯张。自矜心所爱,三十侍

第五章 梁代玄学与文学创作

中郎。①

丽姐、妖嫱皆为美人之名,《庄子·齐物论》中言:"毛嫱、丽姬,人之所美者也。"这首诗意谓,一双美人一起妆扮,姿容优美惹人怜爱。"拨"是"美人"理鬓所用之物,"鹅黄"是眉边的饰物,这两句描写了"美人"的发式、妆容。其后描写"美人"的服饰,质地轻软薄透的丝罗裙腰身细窄合宜,木屐上的图案绘制精美。"含羞""微笑"是"美人"行动时的情态,"取花问色""扳枝念香"是"美人"的活动内容。可以说,凡是能够让诗人体会到美感的内容,诗人都着力去描绘它们,诸如发式、妆容、头饰、服饰、体态、容貌、神情、风度、举止等,与人物评鉴的关注点并无太大区别,所不同仅在于没有品级高下之区分。

在梁代文人的诗歌中,我们可以看到大量对于女性美细致入微的描述:

妆成理蝉鬓,笑罢敛蛾眉。衣香知步近,钏动觉行迟。(萧绎《登颜园故阁诗》)

歌清随涧响,舞影向池生。轻花乱粉色,风筱杂弦声。(萧绎《和林下妓应令诗》)

近丛看影密,隔树望钗疏。横枝斜绾袖,嫩叶下牵裾。(萧绎《看摘蔷薇诗》)

细腰宜窄衣,长钗巧挟鬟。(庾肩吾《南苑看人还诗》)

腰肢本犹绝,眉眼特惊人。(萧纲《赠丽人》)

流风拂舞腰。朱唇随吹动,玉钏逐弦摇。(萧纲《夜听妓诗》)

散诞垂红帔,斜柯插玉簪。(萧绎《遥望诗》)

汗轻红粉湿,坐久翠眉愁。(萧绎《咏歌诗》)

---

① 肖占鹏,董志广.梁简文帝集校注[M].天津:南开大学出版社,2012:256.

比来妆点异,今世拨鬟斜。却扇承枝影,舒衫受落花。(萧纶《见姬人》)

低鬟向绮席,举袖拂花黄。(徐陵《奉和咏舞》)

这些诗句有静态描写美人的装束,如"散诞垂红帔,斜柯插玉簪""细腰宜窄衣,长钗巧挟鬟"。也有对舞蹈中美人进行的动态描写,"流风拂舞腰""舞影向池生""低鬟向绮席,举袖拂花黄"。从如风中摇曳的柔软腰肢,到地面上移动的美人身影,"低鬟""举袖"的舞姿;还有对美人活动细节的描写,如"横枝斜绾袖,嫩叶下牵裾",描写了摘蔷薇的美人被蔷薇横枝卷起了长袖,挂住了裙裾。这些诗歌从美人的云鬟鬓影、长钗玉簪,到翠眉朱唇、粉色鹅黄,从长袖窄衣、细腰裙裾,到美人的清歌曼舞,巨细不捐,反复渲染。

较之于上述诗歌繁富的描写而言,萧纲的《美人晨妆诗》则带有叙事特征:

北窗向朝镜,锦帐复斜萦。娇羞不肯出,犹言妆未成。散黛随眉广,燕脂逐脸生。试将持出众,定得可怜名。[1]

这首诗描写了一位晨起梳妆的美人,因为妆还未成而"娇羞"不肯示人,随着美人黛眉渐染、粉色初成,诗人断言这位美人的容貌定能在众人中获得赞誉。萧纲的《咏内人昼眠》专写内人睡态,展现出了诗人对女性神态、体态观察之细致,感受之敏锐,描写之细腻,是众多"美人诗"中极具表现力的一首:

北窗聊就枕,南檐日未斜。攀钩落绮障,插捩举琵琶。梦笑开娇靥,眠鬟压落花。簟文生玉腕,香汗浸红纱。夫婿恒相伴,莫误是倡家。[2]

这首诗描写的内容,无须多做说明。其中"梦笑开娇靥,眠鬟压落花。簟文生玉腕,香汗浸红纱"四句,是对睡梦中美人的直接描写,也是历来为人诟病最多的诗句。撇开这些描写可能带来的联想,我们可以把目光

---

[1] 肖占鹏,董志广.梁简文帝集校注[M].天津:南开大学出版社,2012:335.
[2] 肖占鹏,董志广.梁简文帝集校注[M].天津:南开大学出版社,2012:266.

第五章　梁代玄学与文学创作

集中在诗人观察力的敏锐之上,诗人细致地观察内人睡梦中的神态,恰好捕捉到了内人因美梦而变化的面部情态。而要观察到被云鬟压住的落花,和玉腕上印出的簟文,则暗示了诗人观察的过程中,被观察者体态的变化,这样的描写必然是在凝视的前提下才可能完成的。意识到这点,我们可能会觉得这种细致程度是令人惊叹的,但是如果联想到萧纲那些夏夜纳凉的诗歌,我们又会发现这种细致入微的感受和描绘,又是极为相似的,它包含了诗人对一切可带来美感的人事的好奇、专注、沉浸,而女性美正是诸多可带来美感体会的主题之一,故女性美成为了齐梁以来文人创作中独立表达的审美对象。

二、个体独立带来审美扩张

从这些诗歌所描写的美人身份来看,她们中有诗人的妻子、同僚或属下的新妇,还有一些是身份不明确的"美人""佳人""丽人",可能是诗人生活中所见的某位女子,也可能是宴席中遇到的倡女、歌伎。还有一部分则在诗题中明确点出了女性的身份,如舞女、歌伎、娼妇、宠姬、侍女等。尽管这些"美人"的身份看似明确的,但实际上她们是以一种群体形象出现的,她们的容貌都倾国倾城,但对于读者而言这些"美人"只是剥离了个性情感,作为"美"的载体而存在的,故这些诗歌突出的焦点是"美"本身。女性美进入文人创作视野,成为独立审美客体的原因有二。

其一,女性美进入文人创作视野,其前提是文人创作关注点由群体社会向个体生活的转移。闺房是个人空间的象征,与象征着与群体空间的朝堂相对,无论是皇帝的后宫,还是大臣的府邸,都与朝堂的严肃性保持着一定的距离感,进入这些空间意味着休闲、适性与自足。史传中赞美世族中的儒学旧门家风时,往往称其"闺门整肃",可知在家族内部的私人空间中依旧严苛遵守儒家礼法并非闺门常态。这也从反面说明,在个人空间内士人享有了更大自由度,可以充分展现那些"不登大雅之堂"的人性本真,满足自我的个性需求。当然,相对自由的空间并不等同于完全的放纵,家族秩序仍旧是在礼法规则的框架下维护着的。实际上闺房、苑囿、宴席等场所都是个体生活化的空间,只不过闺房更加具有私密性,因之更能突出关注者的内指趋向。当文人将创作活动,由关注社会群体,注重文学的政治实用性,转向关注个体生活,注重文学的愉悦情致功能时,就为作为闺阁主体成员的女性进入其创作视野提供了便利。考察魏晋南朝历史可知,其时贵族社会中女性的地位并不低下,并且这些贵族女性中不乏才情出众者。《全梁文》中收录了一篇萧纲为某位公主文集撰写的序言,说明皇族女性在文学上的造诣有着一定的水平。此外,徐悱的妻子刘令娴是刘孝绰的妹妹,她文采斐然在当时著名,她的姐妹都以不俗的文学修养闻名。还有沈约的妹妹沈满愿,也留下了不少描写女性情感的诗歌作品。许多学者认为《玉台新咏》是一部专门为女性编选的诗集,这部诗集中收录了大量的"美人诗"和"闺情诗",对于女性读者而言,这些以美人的"美"与"情"为主题的诗歌,是闲余时日愉悦情致的读物,也是自身情感的寄托。也就是说,女性既是创作的客体,又是创作的主体,同时还是作品的阅读者。故这些诗歌对女性美极力描摹和赞美,并常常在结尾处表现出对女性的爱慕和向往,我们很难说这是对女性的"物化",还是通过将女性美设置于男性欲望的中心,以彰显女性美与女性情感的动人之处。

其二,对文学审美本质的深入认识促使了文人审美要求的扩大。从《诗》《骚》以来,文学作品中对女性美的描摹就存在两个模式:一是以"香草美人"以喻忠贞之士,二是以"后妃之德"宣扬人伦教化。这两种模式中,对女性美的描述是作为比兴手法而存在的,女性美并不具有独立的审美地位,而"美人诗"则抛开了政治寄寓和比兴传统,专注于对女性的容貌、服饰、头饰、神态、体态、动作、舞姿等可以呈现出"美"感的内容进行描写。这是梁代文人对"文"的固有属性有了充分认识之后,对审美对象范围的扩大。"文"的属性是"美","文"的主要功能是呈现"美",晋宋之际"山水""田园"开始进入诗人们的审美视野,南齐以来日常用物成为独立的审美对象,涌现出了大量的咏物诗。梁代审美对象的范围迅速扩张,随着文人创作关注点由社会群体向个体世界、自然世界的转移,季节、气候、天文、地理、动物、植物、昆虫等自然物都成为了诗歌创作的客体。此外,诸如坏桥、楼影、尘土等,前代文人从未关注的事物,也都成为了诗歌中描写的对象。与此同时,女性作为个体世俗生活的主要组成部分,进入文人创作的视野,完全符合文人审美的需求,也恰是审美对象范围扩大的表现。玄学思想对梁代文人审美认知的提高,使得梁代文学作品对"美",无论创作客体所呈现的美,还是文学艺术的形式美、语言美的关注都大大超越了前代,不重实用性价值,转而追求审美愉悦,成为梁代文学的特质之一。

三、"闺情"成为诗歌关注的主题

"闺情"是梁代女性题材文学作品的另一个主题。以诗、乐府、西曲、赋几种文体形式存在,其中尤以诗和乐府数量最多,是文人描写"闺情"时普遍采用的两种方式:

第五章 梁代玄学与文学创作

诗

萧纲 《愁闺照镜诗》《金闺思二首》《春闺情诗》(《又三韵》)《秋闺夜思诗》《寒闺诗》《拟古诗》《晓思诗》《咏人弃妾诗》《倡妇怨情诗十二韵》《伤美人诗》《倡楼怨节诗》《和湘东王三韵诗二首》(《春宵》《冬晓》)《七夕穿针诗》

萧绎 《代旧姬有怨诗》《闺怨诗》《寒闺诗》《古意诗》《春别应令诗四首》《别诗二首》《送西归内人》

王僧孺 《春闺有怨》《秋闺怨》《春思》《春怨》《为人伤逝不见》《为姬人自伤》《为人宠姬有怨》

吴均 《闺怨》《春怨》《杂绝句诗四首》《与柳恽相赠答诗六首》《和萧洗马子显古意诗六首》

王筠 《向晓闺情》《闺情》《秋夜二首》《春日》《代牵牛答织女》

何逊 《闺怨》《闺怨诗二首》《七夕》《为人妾思二绝句》

萧子晖 《春思》《和湘东王三韵诗》(《春宵》《冬晓》)

刘缓 《秋闺》《寒闺》《闺怨》

刘孝仪 《闺怨》《咏织女》

萧纶 《代秋胡妇闺怨》

萧子云 《春思》

庾信 《闺怨》

陆罩 《闺怨》

乐府

萧纲 《妾薄命》《怨歌行》《有所思》《独处愁》《江南思》《明君词》《楚妃叹》《贞女引》

吴均 《拟古四首》《妾安所居》《三妇艳》《有所思》《楚妃曲》《阳春歌》《行路难》《梅花落》

柳恽 《长门怨》《度关山》《起夜来》《独不见》

费昶 《巫山高》《芳树》《有所思》《长门怨》

何逊 《铜雀妓》《拟轻薄篇》《昭君怨》

何思澄 《奉和湘东王教班婕妤》《拟古》

张率 《长相思二首》《白纻歌九首》

虞羲 《巫山高》《自君之出矣》

江洪 《采菱曲》《秋风曲》

徐勉 《采菱曲》

· 263 ·

徐陵　《折杨柳》《关山月》《洛阳道》《梅花落》
庾信　《昭君词应诏》《王昭君》《怨歌行》《乌夜啼》《燕歌行》

西曲
萧纲　《乌夜啼》《乌栖曲四首》《江南弄三首》
徐陵　《乌栖曲》《杂曲》《长相思二首》

以上所引的作品,皆以女性情感为描写对象,但部分诗歌寓意浓厚,在对女性情感的描写中寄寓了太多个人遭逢带来的人生感慨,诸如庾信的《王昭君》《昭君词应诏》两首。另外,《燕歌行》在描写思妇寂寞相思的同时,以大量的笔墨描写了边塞的战场场面,以及塞外战场苍凉的景色,这些与庾信滞留北朝、失家失国、无处可归的身世遭逢有密切的关系。但庾信早期在梁时,与萧纲、萧绎、徐陵等东宫文士诗文酬唱,故其诗歌对女性情感的描写仍旧呈现出观察入微、描写细腻等诸多特征,而非纯以比兴寄托取胜。除此之外,文人拟作的乐府部分多依乐府旧题创作,亦多有发挥之作,但"闺情"仍旧是它们的重要主题;诗歌部分则多以单纯描写女性情感为主,描写女性离别后的思念、痴恋、猜疑,被弃后的失落、幽怨、伤感种种情绪。如何逊《闺怨绝句二首》:

竹叶响南窗,月光照东壁。谁知夜独觉,枕前双泪滴。(其一)
闺阁行人断,房栊月影斜。谁能北窗下,独对后园花。(其二)①

这两首绝句,纯粹以女性的怨情为描写对象,前一首写夜梦独醒后的孤独感,后一首写深夜难寐的凄凉感,两首诗都以寂静的环境、孤冷的月光作为情感抒发的铺垫,以营造寂寥幽深的意境,来烘托身处其中的女性难以排遣的幽怨。

萧纲创作的"闺情诗"较多,所描写的情感类型也比较丰富:

绮窗临画阁,飞阁绕长廊。风散同心草,月送可怜光。仿佛帘中出,妖丽特非常。耻学秦罗髻,羞为楼上妆。散诞披红帔,生情新约黄。斜灯入锦帐,微烟出玉房。六安双玳瑁,八幅两鸳鸯。犹是别时许,留值解心伤。含涕坐度日,俄顷变炎凉。玉关驱夜雪,金气落严霜。飞狐驿使断,交河川路长。荡子无消息,

---
① 李伯齐.何逊集校注[M].北京:中华书局,2010:295.

第五章　梁代玄学与文学创作

朱唇徒自香。(《娼妇怨情十二韵》)①

　　昔时娇玉步,含羞花烛边,岂言心爱断,衔啼私自怜。但见欢成怨,非关丑易妍。独鹄罢中路,孤鸾死镜前。(《咏人弃妾诗》)②

前一首诗从画阁长廊中,月色照入帘幔写起,写"倡女"在斜灯锦帐中睹物思人,回忆过往,和她每日以泪洗面、无休等待的痛苦。这首诗因文本容量较大,故起势虽平而能情韵渐浓,读来有娓娓道来之感。其中"风散同心草,月送可怜光""玉关驱夜雪,金气落严霜"两联,是融孤独哀伤之情于景的意境营造,同时又在空间上形成了交叉,"玉关"在此处应当只是遥远之地的代称,指思妇对荡子所处环境的想象。后一首,写女子被弃之后的孤独和伤感,回忆中的美好景象和心上人另结新欢的悲痛,让女子产生了无限的孤独感,诗末以独鹄和孤鸾自喻,用"青鸾死镜"之典把女子的孤独升华到了极致。

萧绎的《闺怨诗》把思妾对荡子不归的哀怨和猜疑写得婉转曲折,别有韵味:

　　荡子从游宦,思妾守房栊。尘镜朝朝掩,寒衾夜夜空。若非新有悦,何事久西东。知人相忆否,泪尽梦啼中。③

这首诗写荡子宦游不归,思妾日日无心装扮,夜夜独守空床。因为荡子久久不归,女子担心丈夫是否另有新欢,而心生猜疑,不禁想到,如果不是有了新欢,他又怎能久别不归? 诗的末句以女子的口吻哀怨质问:"知人相忆否?"这首诗的特殊之处在于它所表达的女性情感不是单一的,而是多重复杂的,面对与良人的分别,女子先是因失落而无心妆扮,又因孤独而哀伤,紧接着便由思念而生猜疑,又因猜疑而怨嗔质问,结句以梦中哭泣加深了女子对爱人朝思暮念、日夜萦绕的情感。

王筠也有一首构思巧妙的《闺情诗》:

　　月出宵将半,星流晓未央。空闺易成响,虚室自生光。娇羞悦人梦,犹言君在傍。

---

① 肖占鹏,董志广.梁简文帝集校注[M].天津:南开大学出版社,2012:271.
② 李伯齐.何逊集校注[M].北京:中华书局,2010:333.
③ 逯钦立.先秦汉魏晋南北朝诗:梁诗[M].北京:中华书局,1983:2051. 按,该诗在《玉台新咏》中录于萧纶名下,诗题为《代秋胡妇闺怨》。

这首诗同样写女子对情郎的思念,时间是夜半时分,月光明亮照入室内,空闺之中寂静无声,前四句营造出了闺房空旷寂寥的凄清之感,结句却出人意料,写女子因梦到情人犹在身边而有娇羞喜悦之态。这首诗的巧妙在于,它以环境寂寥之感铺陈了人物的情感走向,却又用虚幻的梦境颠覆了这个情感走向,犹如寂静的暗夜中突然绽放了一朵烟花,美丽夺目,但美丽是短暂的,当梦醒来,突然而来的喜悦转瞬而逝,一切归于寂寥,这种构思使得女子的情思显得更加悠长而深邃。

萧纲的另外一些描写女性情感的诗歌,其风格多有民歌意味:

别来憔悴久,他人怪容色。只有匣中镜,还持自相识。(《愁闺照镜诗》)

游子久不返,妾身当何依。日移孤影动,羞睹燕双飞。(《金闺思》其一)

自君之别矣,不复染膏脂。南风送归雁,聊以寄相思。(《金闺思》其二)[1]

绿叶朝朝黄,红颜日日异。譬喻持相比,那堪不愁思。(《寒闺诗》)[2]

这些作品没有繁复的描写,诗歌本身短小,故多直接以思妇形貌憔悴、无心膏脂,目睹双燕、心生感伤,较为直白地表达了幽怨之情。前面列举的"闺情诗"题名中,我们可以看到这一部分乐府诗占据了不小的比例,还有数首文人创作的西曲。乐府民歌以直白奔放为其表达特点,是俗世生活情调的表露。这一特点与文人以"清雅"为文学的理想格调、以表达节制为创作理念并不相符。但是,文人拟作乐府,并用乐府旧题创作了大量以女性闺情、男女情爱为主题的作品,使得"闺怨""闺情"成为了梁代文学作品中常见的诗歌主题,这一文学现象本身是我们要关注的问题之一。

梁代文人创作的美人诗、闺情诗被后世称为"艳情诗",也有研究者

---

[1] 肖占鹏,董志广.梁简文帝集校注[M].天津:南开大学出版社,2012:408.
[2] 肖占鹏,董志广.梁简文帝集校注[M].天津:南开大学出版社,2012:410.

第五章 梁代玄学与文学创作

认为梁代"宫体"本身就是以"女性"和"情色"为主题的诗歌。此处,我们无意去重新解释"宫体"的含义,只是要借此说明梁代文学中的美人诗和闺情诗,历来以格调不高、缺乏寄寓受到诟病。实际上,梁代描写女性美和女性情感的作品中,确实存在着情色意味较浓的作品,如刘缓的《敬酬刘长史咏名士悦倾城》一诗:

> 不信巫山女,不信洛川神。何关别有物,还是倾城人。经共陈王戏,曾与宋家邻。未嫁先名玉,来时本姓秦。粉光犹似面,朱色不胜唇。遥见疑花发,闻香知异春。钗长逐鬟髲,袜小称腰身。夜夜言娇尽,日日态还新。工倾荀奉倩,能迷石季伦。上客徒留目,不见正横陈。①

"巫山女"用巫山神女向楚王自荐枕席之典,"洛川神"取自《洛神赋》,同样是一首包含着人神之恋的作品。第一联中的两处用典,一则用以铺陈所描写美人的倾城之貌,一则暗示了对所描写美人的爱慕之情。其后连用四个典故"陈王戏""宋家邻""名玉""姓秦",皆以描写美人的名作来烘托所咏美人的容貌之美。然后,正面描摹"美人"的粉面朱唇、浓发细腰,妖冶的姿态和周身散发的香味。诗歌结尾处用荀粲、石崇事入典,何劭《荀粲传》曰:"粲常以妇人者,才智不足论,自宜以色为主。骠骑将军曹洪女有美色,粲于是聘焉。容服帷帐甚丽,专房欢宴。"②末句则直白地描写了美人横陈的情态,极具情色意味。

此外,萧纲的《娈童诗》也是一首饱受争议的诗作:

> 娈童娇丽质,践董复超瑕。羽帐晨香满,珠帘夕漏赊。翠被含鸳色,雕床镂象牙。妙年同小史,姝貌比朝霞。袖裁连璧锦,笺织细橦花。揽裤轻红出,回头双鬓斜。嫩眼时含笑,玉手乍攀花。怀猜非后钓,密爱似前车。足使燕姬妒,弥令郑女嗟。③

诗歌描写娈童"娇丽"时所用的典故,和对娈童所处环境"羽帐""珠帘""翠被""雕窗"的描摹,以及对娈童"嫩眼含笑"之媚态的描写,是梁代"美人"诗中最有情色意味的描写。如果说"咏内人昼眠"中可能包含的"情色"意味,尚在夫妻人伦的道德范畴之内,不可接受的只是将其毫

---

① 逯钦立.先秦汉魏晋南北朝诗:梁诗[M].北京:中华书局,1983:1847.
② (西晋)陈寿.三国志:魏书[M].北京:中华书局,1982:320.
③ 肖占鹏,董志广.梁简文帝集校注[M].天津:南开大学出版社,2012:269.

无顾忌地呈现出来,那如此露骨地描写娈童,则不仅难登大雅之堂,而已然超越了道德礼法的规范。这里无意于对这些诗歌和诗人做任何道德上的评价,我们所要关注的主要问题在于,梁代宫体文学何以出现了如此多专注于描写女性情感、闺阁闲愁,乃至于衽席之间的诗作,这些在传统道德观念中不能登大雅之堂的描写,为何在梁代文坛却可以大行其道。

四、"肆情"观与情欲表达

梁代文人创作了大量以女性情感、女性体貌为主题的文学作品,这一特殊的文学现象受到了后世研究者的普遍关注。有观点认为刘宋以后,乐府民歌进入文人拟作的视野,是因为民歌对男女情爱直白的表达,符合出身寒门、文化熏陶低下皇族文化的需求。还有一种观点认为,文人大量创作以女性容貌体态和女性情感为对象的"艳情诗",是因为与"宫廷中弥漫的享乐主义思想、男权意识紧密相关,是在颓废中追求感官享受的结果"。[1] 而乐府诗歌对男女情爱的直白表达非常符合上层文人的享乐需求,故南朝乐府民歌成为了文人拟作的对象。对于此观点,本文有一些不太相同的看法。

首先,抛开传统价值视角中对于美色、情欲的道德贬斥,我们似乎很难理解一味追求感官享受、沉迷女色的文人,何以要倾注心血来用诗歌这种不但技术含量较高、且需要一定天赋才能达到的手段,完成这样一种"享乐",除非他们所享的乐趣本身就是创作过程的乐趣。事实上,无论在何种社会群体之中,一旦物质性追求超出了基本需求,群体都会自然而然转而追求精神的满足,开国帝王不会放纵皇子堕落享乐,而总是努力培养其政治才能、文化才能,才是符合皇族利益的最佳选择。关于梁武帝对皇子的培养,前文已提及此处不再赘述。此处需要说明的是,种类繁多的艺术形式为东晋、南朝的贵族、皇族所青睐,无不体现出这种趋向:可以无限追求诗赋、书法、棋艺、琴艺等毫无政治实用价值的艺术形式,也可以是著书立说、成一家之言的宏图大志,唯独不能是物欲与女色,更不可能形成以追求物欲与女色为主流价值。

其次,以"宫体"主将萧纲与萧绎为例,并无史料可以佐证创作了大量女性题材的两位皇子,在行为和喜好上越过了传统礼教的界限,而滑入了悖情违礼、恣意享乐的境地。反之,却有大量的材料,可以看出萧纲本人对于政事的关注和勤勉,他在给徐摛的回信中,叙述了自己的处境和

---

[1] 归青.宫体诗的思想倾向[J].学术探索,2008(3):106-110.

第五章　梁代玄学与文学创作

不满：

> 山涛有言："东宫养德而已。"但今与古殊，时有监抚之务，竟不能黜邪进善，少助国章，献可替不，仰裨圣政，以此惭惶，无忘夕惕。驱驰五岭，在戎十年，险阻艰难，备更之矣。①

除非我们完全否认内容的真实性，否则无论如何不能从中得出任何萧纲身为太子有耽于酒色之嫌。实际上，萧纲自幼出守藩镇，并在雍州刺史任上主导了北伐战争，即其所谓之"驱驰五岭，在戎十年"，应当是一位功业和才华都十分出众的皇子。客观而言，实无因其皇族贵胄之身份，而为其贴上"享乐主义""颓废""沉迷物欲"等标签式的评价。他在给萧绎的两封信中，数次表达了宫廷生活对他的种种限制："吾自至都已来，意志忽悦，虽开口而笑，不得真乐，不复饮酒，垂二十旬"；以及他对自由状态的向往："十七日旦，早入宝云，壁门照日，铜龙吐雾，红泉含影，青莲吐芳，法侣成群，金山满坐，身心快乐，得未曾有。"此外，他在《诫当阳公大心书》中谆谆教诲其子"若使墙面而立，沐猴而冠，吾所不取""立身之道，与文章异，立身先需谨重"。萧纲的处世观念与他的人生经历，都与"颓废"的"享乐主义"无法发生关联。

与萧纲类似，同样没有史料可以证明萧绎具有"颓废"的"享乐主义"倾向。他在《金楼子序》中言其"早赐茅社，祚土潇湘，搴帷陕服，早摄神州，晚居外相，文案盈前，书幌未辍，俾夜作书，勤亦至也"，② 政务繁冗，只怕所言非虚。他一生著述不少，在《金楼子·立言篇》中，其言曰："吾于天下亦不贱也，所以一沐三握发，一食再吐哺，何者？正以名节未树也。吾尝欲秣威瀚海，绝幕居延，出万死而不顾……但性过抑郁，恒欲权衡称物，所以隆暑不辞热，凝冬不惮寒，著《鸿烈》者，盖如此也。"为了完成《金楼子》的撰著，他"每宴则早罢，不复沾酌""三十年来，泛玩众书万余矣"。萧绎在《自序篇》略叙其一生经历，其人品虽历来为人诟病，然其所言并非俱不可信。《金楼子》原本十卷，其撰著始于萧绎少年时期，终于其承制之后，历时三十余年，《四库全书总目提要》评其"古今闻见，治忽贞邪，咸为苞载，附以议论，劝诫兼资"。③ 以萧绎刚愎自用的性格而言，完成这样一部包罗甚广的著作，又不愿假旁人之手，加之政务沉冗，只怕他很难

---

① （清）严可均. 全梁文[M]. 北京：商务印书馆，1999：113.
② 许逸民. 徐陵集校笺[M]. 北京：中华书局，2008：1-2.
③ （清）永瑢等. 四库全书（文渊阁本）：第三册[M]. 上海：上海古籍出版社影印，1987：548-549.

有闲暇"颓废享乐"。

实际上,上述观点中这种视统治者接受民歌为"颓废""享乐主义",视民歌创作本身为"淳朴""自然"的认识,暗含了一种与客观事实不相符合的认识前提,即统治者是道德低下的,而民众永远是淳朴的,天然具有道德优势的。如果抛开立场先行产生的偏见,而从史料入手查证,所谓"享乐主义""颓废"等几乎很难成立。而且从对萧纲、萧绎的诗歌题材的分类中,我们也可以清晰地看到,那些被贴上"享乐主义""情色"标签的"美人诗",在二人诗歌中所占的比例并不是最大,并且多数"美人诗"并没有"色情"意味,含有"色情"意味的诗歌毕竟只占少数。故本文认为,以"贵族""享乐主义""颓废"等刻板的认知语汇,来解释梁代文学关注内容和描写主题所发生的普遍变化,把文人群体直接自然的表达情欲,归因于整个群体的颓废享乐,其说服力是比较弱的。无论什么样的时代,追求享乐都是人性的本能,所不同的只在于不同思想文化对这种追求做出的价值评价。在社会群体普遍对"女色"和"情欲"带有道德贬斥的文化环境中,直接自然地表达情欲是不可能被接受的。而当这种情形被接受,并成为文人群体创作的共同趋向时,以群体道德来评价这种现象,就不再具有说服力,因之我们需要从整个社会的价值观体系入手对此现象做出新的分析。

众所周知,社会主流价值观的维护者首先是权力所有者,亦即社会利益的既得者,而主流价值观必冠冕堂皇,以符合其自身标榜的道德原则。如果一个社会自上而下皆认为"女色""情欲"带有原罪,描写"女色""情欲"与文化中倡导的道德原则不符,那么社会群体可能会在严苛的道德标榜下放纵私欲而走向虚伪,但绝无可能不加掩饰地表现为无耻。而梁代文人群体大量描写女性姿容、体态、情思、哀怨,甚至创作了诸多极富情色意味的诗歌,不仅能见诸于社会,还能成为文化精英群体诗文酬答的常态,就不可能是出于某个人的"颓废""享乐主义"等有悖于主流道德认知的原因。反之,这种情形之所以能够出现,最有可能的原因是社会群体的道德原则并不以"女色""情欲"为罪恶,不以描写女性形貌、体态为颓废堕落,亦不以表达情欲为耻辱。也就是说,在当时文人群体的价值观念中,"女色""情欲"是具有合理性和正当性的,故其创作和描写时完全无须顾忌旁人对其进行道德上的非议或者贬斥。而能够赋予"女色""情欲"以合理性、正当性的不可能是儒家价值立场,也不会是佛教思想,即便维摩诘的生活方式,及部分的佛教经文中存在着对女性色相的描述,

第五章 梁代玄学与文学创作

对"宫体"文学中女性描写带来了影响,[①] 佛教的价值观体系也不可能为世俗生活中醉心于"女色"和沉溺于"情欲"赋予合理性和正当性。而能够赋予这些在儒家价值认知体系中被排斥的行为以合理性和正当性的更可能是玄学思想。实际上,这种对固有价值观念的颠覆在早期玄学家那里已经非常明显,竹林玄学家阮籍喜邻家卖酒少妇之貌美,于是便去买酒痛饮,醉眠其侧而不以为忤。他还欣赏兵家女儿的才貌双全又惜之早亡,于是在与其父兄素不相识的情况下前去吊唁,大哭一场尽哀而归。这些行为都不合于常理,玄学家却可以坦然处之,是后世文士视其为名士风度的一种表现。至于西晋元康名士们,即便因放荡越礼而受到时人非议,他们自己却并无愧色,并以毫不掩藏好恶之情为自然通达。从根本上来说,玄学家们之所以能够任情悖礼而坦然自若,正在于其基本价值观念与当时的主流价值观相异。东汉末至魏晋以来出现的"通脱""放达""任诞"等被称为"玄学风度"的士林风尚,本身正是一种异于儒家价值认知的新价值观体系。这种价值认识体系的哲学基础是玄学家论证了的以"自然""道"为本体的宇宙观,在这个体系中"自然"成为判断一切行为价值的根本依据,凡合于自然者皆具有合理性和正当性,反倒是那些悖于人自然性情的礼法规矩不具有合理性和正当性,是使人虚伪狡诈的根源。魏晋以来玄学名士的种种异于平常的行为,以及多种多样立身处世的原则,无不以此新价值认知为依据,并且在对待个体人生的态度上,这种价值判断尤其得到了张扬,这也是多数士人能够外循礼法、内骋性情的原因所在。

具体到如何看待"女色"和"情欲"的问题,直接提供认识方式和价值判断支持的理论是张湛的《列子注》,他在《杨朱注》中说:"夫生者,一气之暂聚。暂聚者终散,暂灵者归虚。而好逸恶劳,物之常性,故当生之所荣者,厚味、美服、好色、音声而已耳。而复不能肆性情之所安,耳目之所娱,以仁义为关键,用礼教为衿带,自枯槁于当年,求余名于后世者,是不达乎生生之趣。"言《列子》教人顺应人之常性,肆性情之所安。性情所安者何?恣耳目口腹之欲:

> 恣耳之所欲听,恣目之所欲视,恣鼻之所欲向,恣口之所欲言,恣体之所欲安,恣意之所欲行。夫耳之所欲闻者音声,而不得听,谓之阙聪;目之所欲见者美色,而不得视,谓之阙明;鼻之所欲向者椒兰,而不得嗅,谓之阙颤;口之所欲道者是非,而不

[①] 许云和.欲色异象与梁代宫体诗[J]文学评论.1996(5):145-153.

得言,谓之阙智;体之所欲安者美厚,而不得从,谓之阙适;意之所欲为者放逸,而不得行,谓之阙性。凡此诸阙,废虐之主。[①]

张湛注《杨朱篇》旨解释"达生"之道,而所谓"达生"者,以及前文所言"达生生之趣",是《列子》八篇中用以指导现实人生的理论思想。"达生"的前提便是了解人之常性,上引这段文字便是对人之常性的详细论述,文中指出了眼、鼻、口、体、意之所欲是人之常性。也就是说,这些欲望都是与生俱来、自然存在的。万物之生,莫不由于自然,人之生而为人,这些欲望就伴随存在,那么它们的存在就是自然的体现。也就是说,这些欲望的存在都是合乎自然的表现,因之欲望本身也是合理的,具有正当性的,无论是目之好色、耳之好音,还是情欲需求也同样具有正当性。在传统的道德观念中,欲望本身是带有原罪色彩的,因为欲望本身是无止境的,对过度欲望的节制是群体文化中形成的道德准则。张湛则通过阐释《杨朱篇》,从欲望产生的根源解释了其合理性和正当性。他认为一方面来说,人的欲望并不是总能得到满足,这已经违背了人的本性需求;另一方面还要用各种悖于人性的礼法来对欲望加以限制,则更加无法顺应自然。故"达生"的前提,实在于"顺性",而"顺性"的前提,则在于了解"人性",理解"人性"是人的自然属性,它源于自然,生于自然。通过上述分析,我们可以看到,在东晋玄学思想家那里,对于人性的欲求,实际上已经有了一个十分客观和中肯的认识。梁代文人毫不掩饰其对女性美的关注和喜爱,和对女性情感世界的好奇和揣度,以及对乐府诗歌中直白的情爱表达的接受,都是基于这种对欲望正当性和合理性的认同。

此外,张湛虽然要阐明"达生"的方法,却并没有要求人们纵欲,他所要反对的是为了追求世俗一时之虚誉而压制人性的做法。《杨朱篇》中认为:"太古之人知生之暂来,知死之暂往,故从心而动,不违自然所好,从性而游,不逆万物所好。"所谓"从心而动,从性而游"皆为顺自然而为,"达生"的根本目的是脱离人生之苦。所以,在短暂的生命中称情适意、泰然处之,才是符合自然之道的养生。归根而言,张湛依旧以人生当合于道作为解脱之法,是以玄学之归宿来解决人生的终极问题。这种观点在两晋南朝,有着较为广泛的影响,从玄学名士常有悖情违礼之举始,玄学思想对于现实人生中个体如何修养,就存在着许多争论。剥开这些争论的纷杂表象,实际上仍然在于人们在现实生活中,要如何认识欲望,如何看待满足欲望的行为。

---

① 杨伯峻.列子集释[M].北京:中华书局,1979:222-223.

第五章　梁代玄学与文学创作

其次,在玄学思想赋予"女色""情欲"以合理性、正当性的同时,儒家礼法观念仍旧对士人行为起着制约作用。梁代大兴儒学,其目的是以礼法制度规范朝纲、维持君臣道义,保持社会群体的有序和可控,这样的大环境之下,士人立身行事必然以谨守法度为原则。文学创作中却出现了对女性形貌、体态的直接描写,对闺阁情趣的过度关注,以及对情色意味的毫不避讳,并且对表达直白露骨的民歌乐府表现出极大的接受度,并以之为拟作对象。这种看似矛盾的现象之所以能够出现,是因为梁代文人清晰地认识到了,文学创作与立身处世之间的差异,而在生活实践和文学实践中持两套不同的行为原则,即如萧纲所言"立身先需谨重,文章且需放荡"。而其深层原因则仍然要归之于梁代皇族对不同思想的整合利用,儒家礼法制度是用以规范个人行为和群体秩序的,文人身处其中以之规范自身是最合乎自身利益的选择;而文学创作只要无涉政治即可享有高度自由的表达空间。也就是说,行为是受到规范制约的,而纯文学的创作却是自由的,故在文学中抒写女性、闺情甚至是情色,不仅不会受到道德上的贬斥,而且还可以以此显示创作才华,并在创作中娱情悦志,成为贵族精致生活的一个组成部分。

概而言之,儒家礼法思想制约、规范着文人的现实行为,而那些无涉朝政的文学创作则为"女色"描绘与"情欲"抒发,提供了极度自由的表达空间,同时玄学思想又为描绘"女色""情欲"提供了合理化依据。因之,我们既可以看到宫体文学的活色生香,又可以看到梁代文人"知与恬,交相养"的精神境界。后世评价者往往批评梁代宫廷文学缺乏兴寄、文辞过于靡丽而无骨力,对女性的描写缺乏真情实感等,这种评价所依据的认识体系本身,就与梁代文人对文学本质的认识全然不同。艺术的生命力植根于人对审美需求的认识和开拓,表现为以呈现美的形式,对人性需求进行的探索和表达,它既可能是对感官愉悦的追求,也可能是对精神享受的激荡,然而无论何种情况,对美的呈现都是艺术追求的第一性。梁代文人在文学创作中,对语言美和抒情性的专注和开拓,实质上是更加接近于艺术追求本质的。当然,这种对唯美风格的追求,并不否定文学的功能性价值,这里所要强调的只是要避免一种同质化的文学认知,和基于此种认知对文学多样风格的否定。就此点而言,萧子显所谓"若无新变,不能代雄",实为穿越古今之灼见。

结　语

在梁代五十六年的历史中,玄学与文学的发展变化与梁代政治、社会、文化、学术等诸多方面的变化有着极为密切的关联,同时这种关联又是幽隐不彰,未被研究者清晰揭示的,这是本文选择以梁代玄学与文学为研究对象的主要原因。本文主要探讨了玄学在梁代的接受情况、梁代玄学呈现出的新形态,以及玄学在梁代文学家族崛起中所起的作用,并在此基础之上,进一步探讨了玄学与梁代文学思想之间的关联性,以及玄学在梁代文学作品中的反映,和玄学为梁代文学风貌带来的影响。在对上述具体内容的研究中,本文始终存在几个宏观层面的考虑:其一,梁代的玄学与文学的发展变化,与东晋门阀政治向南朝皇权政治的过渡密切相关;其二,玄学与文学在梁代的兴盛,与南朝社会阶层地位的升降紧密相关;其三,梁代玄学复盛,形塑了南朝经学研究的形态,也重塑了经学发展的历史;其四,玄学与文学关联方式的演变与其关联性的深入。

一、玄学与文学的发展和南朝政治形态的变化

玄学与文学在南朝的发展变化,与南朝政治形态的变化有着紧密的关联性。玄学思想在东晋进入政治实践领域,成为维护门阀政治的主流政治文化。东晋灭亡,寒门武人建立起新政权,贵族共治的政局崩溃,社会重新进入了皇权专制形态,也进入了玄学政治文化与皇权专制制度的磨合期。

玄学思想是东晋虚君政治的理论依据,也是高门士族维护阶层稳固和权力合法性而形成的文化共同体。刘宋皇族以武力取得君权,自不会使大权旁落于贵族之手,这样就形成了玄学政治文化与皇权专制形态之间的对立。刘宋皇族对玄学政治的排斥和约束,和对高门士族中不合作势力的打压威慑是同步进行的。但同时,文化的影响是具有稳固性和延续性的,加之贵族制度本身并没有被寒门建立的新政权完全摧毁,故玄学政治文化的改变是相对缓慢的,皇族不得不在打压不合作贵族势力的同时,对高门士族整体持怀柔态度并积极拉拢。为此,刘宋皇族将玄学纳入

结 语

了官学,为讲习玄学设立专门之机构,田汉云先生指出:"以玄学作为中央教育机构的重要组成部分,突出反映了统治阶级自觉利用玄学、引导学术文化发展的意图。精通玄学可以当官,这是一种制度创新。这一制度对于玄学家是怀柔手段,可以吸引他们拥戴朝廷。"[1]此外,皇族开始积极参与谈玄、习玄活动,并优容佛教,延揽高僧,提升自身的文化素养。整体而言,刘宋时期是皇权的急速扩张期,但社会文化的主导力量仍然是高门士族,以武力崛起的皇族尚未融入主流文化之中,更无法取代高门士族夺得文化领域的话语权,只能通过皇权来抑制和利用高门士族,使得文化屈从于权力。这种政治力量之间的博弈,导致深度玄学化的高门士族在政治上气势低沉,而占据了政治优势的皇族和豪族,其学术修养、文化底蕴又尚未形成,故不足以引领文化潮流,因之玄学风尚在刘宋时期的走势低缓。这种局面在南齐时发生改变,随着皇权的巩固,高门士族基本放弃了与皇权的对立,从政治上的屈服转向了文化上的迎合,士人在社会政治领域开始自觉接受儒学政治的规范,玄学风尚的影响则退回到了个人生活中,并以此娱情养性、规避政治风险。同时,南齐皇族自身玄学化的程度较深,文化上的自信也使得皇族对高门士族从怀柔到优容,对玄学思想从权宜利用过渡到了文化认同,玄学风尚开始重新走高,为玄学在梁代的复盛拉开了帷幕。

与玄学在南朝发展时有起伏不同,文学在南朝的发展一直受到皇权的鼓励。刘勰《文心雕龙·时序篇》曰:"自宋武爱文,文帝彬雅,秉文之德,孝武多才,英采云构。"[2]实际上,刘宋皇族的文化政策导向是十分明确的,以文学才华作为延揽士人的条件,给寒门士人打开了政治地位上升的渠道;宗室成员则延揽文士,或附庸风雅,或收获名誉;寒门文士则积极回应与迎合,三方共同完成了文学与政治的联合。这种鼓励文学的举措,打破了东晋以来高门士族垄断文化领域的局面,是晋宋之际武力重组权力阶层之后,以政治力量催动的文化阶层的重构,在一定程度上起到了分流和转移高门士族文化主导力量的作用。南齐延续了刘宋重文之风,不但以文学才能奖掖士人,且皇族成员雅好文学,以皇族成员为中心的文学团体开始出现。皇室成员对文学之士的赏识和奖掖,一则源自皇族积极取得文化话语权的政治需要,二则归因于皇族成员对文学才能的情感认同。较之于刘宋宗室的利用文士收获名誉,南齐皇族对待文士的态度有了较大的转变,虽然仍不能完全避免以"文义处之"的利用心态,但出

---

[1] 田汉云.六朝经学与玄学[M].南京:南京出版社,2003:346-347.
[2] 杨明照.增订文心雕龙校注[M].北京:中华书局,2012:547.

身寒门的文学之士在政治地位上确实有了极大的提高。南齐中后期的宫廷权力斗争中都有寒门文士的参与,齐、梁禅代的过程中,文学之士也成为了非常重要一支政治力量。

整体而言,从刘宋到南齐,文学力量一直是皇权与高门士族争夺文化话语权最为得力的助手,文学家地位的上升也与皇权对文化主导力的加强同步。而在皇族逐步取代高门士族成为文化力量新的主导者的过程中,玄学与文学作为两种彼此独立又紧密关联的文化力量,既有交互合力之时,又有分离牵制之处。刘宋初期,谢灵运既为玄宗领袖,又为文学冠冕,并为佛学"巨子",究其根底,此种情形反映出的正是晋宋之际文化主导力与政治控制力的分离,掌握文化力量主导权的仍然是高门士族。刘宋后期,文坛执牛耳者为鲍照,是寒门文士借皇族之力,凭借自身才华对高门士族独掌文坛局面的一种突破,也是皇族借文学力量对高门士族文化主导权分流的结果。南齐皇族取代刘宋之时,皇族的文化实力已经有了极大提高。文惠太子集团、竟陵王集团延揽了大批玄学名士、文学之士以及佛门高僧,推动文学创作、进行玄学讲习和佛法翻译,以及典籍的校订整理和编撰。这些活动成为引领当时文化的主导力量,虽然就学术素养和文学才能本身来看,皇族成员并非文士中之翘楚,但已完全具备了与文士交流互通的水平,并以组织和主导文化活动为其重要贡献。比照于刘宋时期之情形,可明晰地看到,从宋到齐文化力量主体由高门士族向皇族成员转移。到萧梁时期,文学力量与玄学力量汇集到了皇族手中,皇族成员既是玄学后进又是文学翘楚,对文化力量有了绝对的主导权。这种文化局面的形成,反映出玄学文化与皇权专制形态磨合期的结束,寒门武人建立的皇权最终凭借政治力量支持和自身在文化上的努力,取得了可与高门士族比肩的文化成就。至此,高门士族在政治、文化上的优势地位都已经不复存在。玄学政治与儒学政治的消长与融合,文学主体人群与玄学主体人群的互渗与重叠,使得萧梁王朝的社会主流意识形态,既非礼法一统的纯儒学文化,亦非虚君共治的纯玄学文化,而是形成了以儒家礼法为政治主导,以玄学风尚为文化主导的融合体,这是梁代皇权专制形态别于其他历史时期的特点所在。

二、玄学与文学的作用同南朝社会阶层的升降

与南朝政治形态和主流意识形态演化相伴随的是南朝社会阶层的升降。东晋末期,高门士族中善战的人才渐次零落,高门对军权的掌控力随之减弱,军队的实际掌控权下移到了军队的将官手中,这支力量成为了削

结 语

弱高门政治实力,分化皇权控制力的主要力量。东晋末寒门武人力量逐渐脱离高门士族控制分化而独立,是东晋贵族制度向南朝皇权专制转变的节点,刘宋政权的建立标志着寒门将贵族政治垄断彻底打破,也是南朝社会阶层升降变化的开端。这里需要关注的是两个问题。

其一,寒门武人在打破贵族制度的同时选择了自身贵族化的路径,这种路径选择与文化力量对社会群体的规训有着紧密的关联。日本学者川胜义雄认为,六朝时期建立了"一种使文人贵族位于优势的贵族制度""文人贵族支配的社会",[①] 也就是说魏晋贵族之"贵",不仅在于其政治地位上的"贵",更在于其文化地位上的"贵",而文化地位的"贵"实则来源于其自下而上的社会声望,其本质是底层士人对这一阶层价值追求的认同,和该阶层对底层士人形成的精神感召力。在汉末三国时期,这一阶层是儒生清流,其精神感召力源自他们所传承的儒学价值观,这就使得阶层文化本身成为了民意合法性的象征。在魏晋高门士族崛起的过程中家族文化的重要性被继续强化,高门士族与士族文化成为了独立于皇权之外的又一种政治影响力。东晋时期的高门士族集政治影响力与文化影响力于一身,不仅在军事实力上制约着皇权,同时以玄学化的文化修养维护着士族的社会声望。王永平先生在《汉晋间社会阶层升降与历史变迁》中分析了东晋末年,政治地位提升的寒门武人对高门士族文化的企慕,[②] 故寒门武人在打破了高门士族权力垄断之后,走上了提升其文化水平的文雅化之路,这种路径选择是魏晋以来,士族文化作为民意合法性来源对社会各阶层认知规训的结果,也是寒门武人为所取得皇权寻求合法性的必然选择。

其二,寒门武人和寒门文士社会地位的提升,是通过玄学化和文学化来完成的,这种情形同样源自魏晋以来士族文化风尚的影响,但同时又与高门士族文化本身有着本质区别。关于刘宋及南齐寒门武人与寒门文人地位的提升在正文中已有论及,此处不再赘言。单就梁代社会而言,寒门文人通过迅速的玄学化和文学化,逐步成为了王朝文化的引领者,但是,这种文化形态与汉末清流阶层、东晋高门士族阶层的文化形态已经有了本质的区别,虽然其文化发展十分繁盛,但缺少了独立的价值观念导向和阶层文化属性认同,成为依附于皇权专制的一种点缀。这种差异与其阶层地位上升的方式有关:汉末清流是通过与依傍皇权的宦官外戚等浊流的对抗,而获得社会声望,成为有独立价值导向的文化阶层;东晋高门士

---

① [日]川胜义雄.六朝贵族制社会研究[J].上海:上海古籍出版社,2007(7).
② 王永平.汉晋间社会阶层升降与历史变迁[M].北京:社会科学文献出版社,2011:471-475.

族则是以玄学政治制约皇权,并以玄学修养获得社会声望,成为与皇权对立又互利的特殊利益阶层,故其并不服务于皇权;而南朝寒门武人地位的上升,虽然也是通过玄学化和文学化实现的,但其前提却是对皇权的倚傍,故其本质上并无独立的价值坚持和阶层利益,而是始终服务于皇权需求的。这种变化,从社会阶层的变动来看,正是贵族制度逐渐被破坏,贵族政治影响力削弱,贵族精神没落,同时寒门地位上升、皇权扩张、皇族集权加剧的结果。

三、梁代玄学的复盛与经学发展的走向

宋齐两朝的皇族曾大力支持儒学的传播,试图通过扶植儒学来巩固皇权,但政策并未得到贯彻施行,收效也极其微弱。直到梁武帝时期,这种情形才逐渐改变,《南史·儒林传》云:"宋、齐国学,时或开置,而劝课未博,建之不能十年,盖取文具而已。是时乡里莫或开馆,公卿罕通经术,朝廷大儒独学弗肯养众,后生孤陋,拥经而无所讲习。"[1] 皮锡瑞说"南朝以文学自矜,而不重经术,宋齐及陈,皆无足观。唯梁武起自诸生,知崇经术,崔、严、何、伏之徒,前后并见升宠,四方学者靡然向风,斯盖崇儒之效"。[2] 儒生政治地位的上升,与儒学作为政治主流地位的确立是同步的,梁武帝通过儒家的礼法制度重塑皇权的神圣性和朝务政事的严肃性,促使"遗落世务"的玄学风尚从政治领域退潮。同时,梁代复兴儒学的文化政策也促成了玄学对学术研究形态的渗透,使得玄学成为了影响经学研究发展走向的重要因素。其一,玄学渗透造成了经学研究的南北差异,皮锡瑞将南北朝时期称为"经学的分立时代",而经学的"分立"实则反映为南北朝经学研究差异,而差异之根源又在玄学。其时北朝经学研究沿袭郑玄、服虔,而南朝经学始用王弼易注,皮锡瑞所言:"南学则尚王辅嗣之玄虚,孔安国之伪撰,杜元凯之臆解,此数家与郑学枘凿,亦与汉儒背驰。"[3] 此南北朝经学研究差异之源头;其次,南朝经学与北朝经学之差异,不仅在于《易经》《尚书》《左传》所宗不同,更表现为解经思维方式的不同。南齐时王俭与文惠太子讲《礼记》《孝经》《周易》已经杂入本末之论,而梁朝人解经则无不沿袭本末有无的思维方式,不以章句训诂为要,而以其寄言出意之法阐发义理,在讲论经学时以"洞达玄儒"为高,皇侃《论语义疏》即为典型例证。皮锡瑞批评南朝经学为"名言霏屑,骋挥

---

[1] (唐)李延寿.南史[M].北京:中华书局,1975:1730.
[2] 皮锡瑞.经学历史[M].北京:中华书局,1959:179.
[3] 皮锡瑞.经学历史[M].北京:中华书局,1959:170.

结 语

尘之清谈,属词尚腴,侈雕虫之余技"。① 在梁武帝的推波助澜之下,受学于梁国子学,活跃于梁及陈的主流经学家传经皆兼及玄儒,南朝经学面貌已去郑玄、王肃、马融之学甚远。故南朝经学研究的根本差异,实际源自玄学思维方式对经学研究的渗透。

其二,南朝玄学化的经学研究成为了经学历史的主流。《经学历史》中"隋平陈而天下统一,南北之学亦归于统一……天下统一,南并于北,而经学统一,北学反并于南。……经本朴学,非颛家莫能解,俗目见之,初无可悦。北人笃守汉学,本近质朴,南人善谈名理,增饰华词,表里可观,雅俗共赏。故虽以亡国之余,足以转移一时风气,使北人舍旧而从之"。② 南北朝经学研究孰优孰劣不在本文关注之内,本文所要关注的仅在于,玄学化的经学研究在南北统一之后成为了经学发展的主流。萧梁王朝以极高的文化成就而傲视北朝,确立了其文化上的正统地位。其时,东魏丞相高欢曾言:"江东复有吴翁萧衍,专事衣冠礼乐,中原士大夫望之以为正朔所在。我若急正纲纪,不相假借,恐督将尽归黑獭,士子悉奔萧衍,人物流散,何以为国!"③ 于此亦可知,北朝人多视南朝经学为正统。隋唐一统之后,北朝经学研究合于南朝,皮锡瑞说:"汉学重在明经,唐学重在疏注,当汉学已往,唐学未来,绝续之交,诸儒倡为义疏之学,有功于后世甚大。南如崔灵恩《三礼义宗》《左氏经传义》,沈文阿《春秋》《礼记》《孝经》《论语义疏》,皇侃《论语》《礼记义》,戚衮《礼记义》,张讥《周易》《尚书》《毛诗》《孝经》《论语义》,王元规《春秋》《孝经义记》。"④ 唐代经学注疏以孔颖达等编撰的《五经正义》为集南北学之大成者,其中《周易正义》用王弼注、韩康柏注;《毛诗正义》的注疏用刘焯《毛诗义疏》与刘炫《毛诗述义》为底本;《尚书正义》则袭南学取伪孔安国传为正统注本,孔颖达的注疏间取二刘之论;《礼记正义》以皇侃义疏为底本,取北朝大儒熊安生注本为补充;《春秋左传正义》以杜预集解为底本,基本从南学所尚。于此故可知,唐代经学注疏虽兼取南北,然南学为主流其面貌甚清,而南朝经学又以玄学化为特点,则经学发展至梁代因玄学渗透而面目大变,梁代玄学的兴盛实为影响经学研究形态的一个拐点。

---

① 皮锡瑞.经学历史[M].北京:中华书局,1959:176.
② 皮锡瑞.经学历史[M].北京:中华书局,1959:193.
③ (宋)司马光.资治通鉴(卷一百五十七)[M].北京:中华书局,1956:4881.
④ 皮锡瑞.经学历史[M].北京:中华书局,1959:186.

四、玄学与文学关联方式的演变同二者关联性的深化

玄学与文学发生关联的方式,在具体的文学思想、文学现象、文学作品中其关联的程度如何是动态变化着的。玄学产生之初,玄学与文学的关联方式表现为玄学家从事文学创作,如何晏、阮籍、嵇康。三人的文学作品与玄学的关联性是逐步加强的,胡大雷先生《玄言诗研究》中指出,"何晏把此二者(咏物诗与言志诗)结合起来,在此中引入玄学思想,指向玄学意趣,为日后玄言诗形式上的定型与大规模的兴起奠定了基础"。"阮籍运用玄学'言不尽意''得象忘言,得意忘象'的思想方法来进行诗歌创作。""嵇康为了使其诗歌达到清峻玄远的效果,一是自创景物境界让人去体悟清峻玄远,一是叙说哲理以引发诗作就自然景物的清峻玄远作进一步的体悟,哲理与自然景物的相互配合、相互启发以构成清峻玄远,对玄言诗风格的形成起到了榜样作用。"[①] 也就是说,三位玄学家的文学创作与玄学的关联分别体现在诗歌表达的形式、创作的思想方法和呈现出的文学风格之上。

东晋时期,玄学与文学的关联性是极为明显的,表现为玄学名士大量创作玄言诗、玄言赋。以"玄言"作为诗赋主题概称,说明了文学与玄学之间形式与内容的关系,文学成为玄理阐发的载体,把玄学名士对自然玄远意境的追求,亲近自然、悠然闲适的个体生活方式,以及在其中体悟到的玄理容纳到了其中。具体而言,以文学作为体悟和阐发玄理的一种方法,通过语言,立象而得意,从言、象、意的角度体知抒写对自然、人生的情感体验和哲学思考。这样玄学与文学相结合,就形成了最典型的文学样式玄言诗、玄言赋。玄言诗、玄言赋的出现,反映出的是东晋文学对玄学的依附,它突出的是文学的功能性作用,是玄学本位下的文学创作,文学本身的特点被有意无意地遮蔽了。用文学来体知玄理,成为与清谈讲习并列的方式,"好辞章""善属文""好文义"也随之成为了人物品藻的一个方面,文学才能与玄学修养关联到了一起。

晋宋之际出现的田园诗与山水诗,是玄言诗的两种演变态。之所以称其为演变态,是因为他们与玄言诗相同,都是以玄学作为哲学基础,并在创作中表达出玄理与玄思。陶渊明和谢灵运既是文学家,又在玄学思想上各有所见,前者有《形影神》一诗,反映出的是文学家的玄学思想;后者有《辩宗论》,旨在探索宗本之义和反本的方式,是玄、佛合流之下的

[①] 胡大雷.玄言诗研究[M].北京:中华书局,2007:53,55,77-78.

结　语

玄学思想。此外,陶渊明的创作,是基于不同于玄学名士的生活实践而进行的,谢灵运则基于玄学政治与皇权磨合时期,政治理想与社会现实对立的生活背景而进行的。这两种不同合力,使得他们的文学创作,呈现出了与纯粹的玄言诗不同的文学风貌,故晋宋之际文学与玄学关联的方式,表现为文学家的玄学思想在其文学创作中的流露和表达。[①] 概括而言,从玄学产生之初到宋,玄学与文学的关联经历了由弱到强,再由强转弱的过程,晋宋之际文学完成了对玄学依附的脱离,逐步向文学自身回归。

玄学与文学关联性的深入,是在文学向自身特点回归有了长足发展之后发生的,反映为玄学对文人文学认识的深入影响,其表现是文学理论对玄学本体观念借鉴和对玄学思维方式的运用。具体而言,其一是文学本体观念的确立,其二是文学属性的论证,其三是文学创作原则的多样化探讨。玄学促进了文人对文学认识的不断深入,并在此过程中赋予了文学独立的价值意义,文学获得了自由表达的终极依据。梁代玄学与文学的关联是多层次、多方面的,不仅表现为文学认识论、方法论上的关联,也表现在文学内容中对玄学观念的体现,文学创作主题对玄学精神的表达,如玄学政治思想在政治实用性文体中的呈现,隐逸题材文学作品对玄学思想中个体自主意识的寄托等;文学作品对自然世界的精妙细微的描绘,还作为作家体知自然之道的方式而存在;最后,玄学思想影响还为某些文学现象的发生提供了可能,诸如宫体诗歌中对女性美的独立描写,对闺阁情思以及富有情色意味的欲望描写,都受到了玄学"肆情"观念的影响。

综合而言,梁代玄学与文学关联性研究牵涉的内容是较为广泛的,对于考察梁代政治形态变化、社会阶层升降、学术形态改变,以及文学本身面貌的变化,是一个较好的视角,也仍有可待探讨的内容和空间存在。

---

① 胡大雷.玄言诗研究[M].北京:中华书局,2007:281-284,292-296.

参考文献

一、古籍文献

[1] 李学勤. 周易正义(十三经注疏本)[M]. 北京：北京大学出版社, 2000.
[2] 李学勤. 尚书正义(十三经注疏本)[M]. 北京：北京大学出版社, 2000.
[3] 李学勤. 毛诗正义(十三经注疏本)[M]. 北京：北京大学出版社, 2000.
[4] 李学勤. 礼记正义(十三经注疏本)[M]. 北京：北京大学出版社, 2000.
[5] 李学勤. 春秋左传正义(十三经注疏本)[M]. 北京：北京大学出版社, 2000.
[6] 孔颖达. 周易正义(十三经注疏本)[M]. 北京：中国致公出版社, 2009.
[7]（唐）孔颖达. 尚书正义(十三经注疏本)[M]. 上海：上海古籍出版社, 2007.
[8]（南朝梁）皇侃. 论语义疏[M]. 北京：中华书局, 2013.
[9]（清）段玉裁. 说文解字注[M]. 上海：上海古籍出版社, 1981.
[10] 皮锡瑞. 经学历史[M]. 北京：中华书局, 1959.
[11]（汉）司马迁. 史记[M]. 北京：中华书局, 1982.
[12]（汉）班固. 汉书[M]. 北京：中华书局, 1962.
[13]（南朝）范晔. 后汉书[M]. 北京：中华书局, 1965.
[14]（西晋）陈寿. 三国志[M]. 北京：中华书局, 1982.
[15]（唐）房玄龄. 晋书[M]. 北京：中华书局, 1974.
[16]（南朝）沈约. 宋书[M]. 北京：中华书局, 1974.
[17]（南朝）萧子显. 南齐书[M]. 北京：中华书局, 1972.
[18]（唐）姚思廉. 梁书[M]. 北京：中华书局, 1973.
[19]（唐）姚思廉. 陈书[M]. 北京：中华书局, 1972.
[20]（北齐）魏收. 魏书[M]. 北京：中华书局, 1974.
[21]（唐）李百药. 北齐书[M]. 北京：中华书局, 1972.
[22]（唐）令狐德棻. 周书[M]. 北京：中华书局, 1971.
[23]（唐）李延寿. 南史[M]. 北京：中华书局, 1975.

[24] (唐)李延寿. 北史 [M]. 北京：中华书局,1974.

[25] (唐)魏徵. 隋书 [M]. 北京：中华书局,1973.

[26] (五代后晋)刘昫. 旧唐书 [M]. 北京：中华书局,1975.

[27] (宋)欧阳修,宋祁. 新唐书 [M]. 北京：中华书局,1975.

[28] (宋)司马光. 资治通鉴 [M]. 北京：中华书局,1956.

[29] 张敦颐. 六朝事迹类编 [M]. 上海：上海古籍出版社,1995.

[30] 余嘉锡. 世说新语笺疏 [M]. 北京：中华书局,2011.

[31] 钱大昕. 廿二史考异 [M]. 上海：上海古籍出版社,2002.

[32] 王树民. 廿二史札记校证 [M]. 北京：中华书局,1984.

[33] 王鸣盛. 十七史商榷 [M]. 南京：凤凰出版社,2008.

[34] 王承略,刘心明. 二十五史艺文经籍志补萃编 [M]. 北京：清华大学出版社,2012.

[35] 楼宇烈. 老子道德经注 [M]. 北京：中华书局,2011.

[36] 成玄英. 庄子注疏 [M]. 北京：中华书局,2011.

[37] 郭庆藩. 庄子集释 [M]. 北京：中华书局,2006.

[38] 杨伯峻. 列子集释 [M]. 北京：中华书局,1979.

[39] (东晋)葛洪. 抱朴子外篇 [M]. 张松辉,张景,译注,北京：中华书局,2013.

[40] 许逸民. 金楼子校笺 [M]. 北京：中华书局,2011.

[41] 王利器. 颜氏家训集解 [M]. 北京：中华书局,1993.

[42] (北齐)颜之推. 颜氏家训 [M]. 北京：中华书局,2011.

[43] (清)何焯. 义门读书记 [M]. 北京：中华书局,1987.

[44] 张春波. 肇论校释 [M]. 北京：中华书局,2010.

[45] 慧皎. 高僧传 [M]. 汤用彤,注,北京：中华书局,1992.

[46] (南朝梁)僧祐. 弘明集 [M]. 梁小荣,注,上海：上海古籍出版社,2013.

[47] (南朝梁)僧祐. 出三藏记集 [M]. 北京：中华书局,1995.

[48] (唐)释道世. 法苑珠林 [M]. 周叔迦,苏晋仁,校注,北京：中华书局,2003.

[49] (唐)释道宣. 续高僧传 [M]. 大正新修大藏经本,台北：新文丰出版有限公司,1983.

[50] (唐)释道宣. 广弘明集 [M]. 大正新修大藏经本,台北：新文丰出版有限公司,1983.

[51] (宋)欧阳询等. 艺文类聚 [M]. 上海：上海古籍出版社,1982.

[52] (宋)李昉. 太平广记 [M]. 北京：中华书局,1961.

[53] 范文澜. 文心雕龙注 [M]. 北京：人民文学出版社, 1958.

[54] 周振甫. 文心雕龙今译 [M]. 北京：中华书局, 1986.

[55] 詹锳. 文心雕龙义证 [M]. 上海：上海古籍出版社, 1989.

[56] 杨明照. 增订文心雕龙校注 [M]. 北京：中华书局, 2012.

[57] 王叔岷. 钟嵘诗品笺证稿 [M]. 北京：中华书局, 2007.

[58] 曹旭. 诗品集注 [M]. 上海：上海古籍出版社, 1994.

[59] 钟嵘. 诗品译注 [M]. 周振甫, 译注, 北京：中华书局, 1998.

[60]（清）王夫之. 古诗评选 [M]. 上海：上海古籍出版社, 2011.

[61]（清）王夫之. 姜斋诗话 [M]. 北京：人民文艺出版社, 1961.

[62]（清）刘熙载, 艺概注稿 [M]. 袁津琥, 校注, 北京：中华书局, 2009.

[63]（宋）李善, 吕延济, 刘良等. 六臣注文选 [M]. 北京：中华书局, 2012.

[64] 高步瀛. 文选李注义疏 [M]. 北京：中华书局, 1995.

[65] 陈宏天, 赵福海. 昭明文选译注 [M]. 长春：吉林文史出版社, 1987.

[66] 萧统. 昭明文选 [M]. 北京：华夏出版社, 2000.

[67]（南朝陈）徐陵. 玉台新咏 [M]. 吴兆宜, 注, 北京：中华书局, 1985.

[68]（宋）郭茂倩. 编乐府诗集 [M]. 北京：中华书局, 1979.

[69]（清）李兆洛. 骈体文抄 [M]. 世界书局本影印本, 上海：上海书店, 1988.

[70]（清）严可均. 全齐文 [M]. 北京：商务印书馆, 1999.

[71]（清）严可均. 全梁文 [M]. 北京：商务印书馆, 1999.

[72]（清）严可均. 全陈文 [M]. 北京：商务印书馆, 1999.

[73] 逯钦立. 先秦汉魏晋南北朝诗 [M]. 北京：中华书局, 1983.

[74]（东晋）陶渊明. 陶渊明集 [M]. 逯钦立, 校注, 北京：中华书局, 1979.

[75] 陈伯君. 阮籍集校注 [M]. 北京：中华书局, 1987.

[76] 戴明扬. 嵇康集校注 [M]. 北京：中华书局, 2014.

[77] 李伯齐. 何逊集校注 [M]. 北京：中华书局, 2010.

[78] 黄大宏. 王筠集校注 [M]. 北京：中华书局, 2013.

[79] 肖占鹏, 董志广. 梁简文帝集校注 [M]. 天津：南开大学出版社, 2012.

[80] 许逸民. 徐陵集校笺 [M]. 北京：中华书局, 2008.

[81]（清）倪璠. 庾子山集注 [M]. 北京：中华书局, 1980.

二、近现代论著

[1] 陈寅恪．金明馆丛书初编[M]．北京：三联书店，2001．

[2] 陈寅恪．陈寅恪魏晋南北朝史讲演录[M]．贵阳：贵州人民出版社，2007．

[3] 唐长孺．魏晋南北朝隋唐史三论[M]．武汉：武汉大学出版社，1992．

[4] 周一良．周一良集[M]．沈阳：辽宁教育出版社，1998．

[5] 田余庆．东晋门阀政治[M]．北京：北京大学出版社，2009．

[6] 范文澜．中国通史[M]．北京：人民出版社，1994．

[7] 吕思勉．两晋南北朝史[M]．上海：上海古籍出版社，2005．

[8] 吕思勉．读史札记（增订本）[M]．上海：上海古籍出版社，2005．

[9] 钱钟书．管锥编[M]．北京：三联书店，2001．

[10] 冯友兰．中国哲学史[M]．重庆：重庆出版社，2009．

[11] 任继愈．中国哲学发展史[M]．北京：人民出版社，1998．

[12] 任继愈．中国哲学史[M]．北京：人民出版社，2003．

[13] 钱穆．国史大纲[M]．北京：商务印书馆，2010．

[14] 钱穆．中国学术思想史论丛[M]．合肥：安徽教育出版社，2004．

[15] 余英时．士与中国文化[M]．上海：上海人民出版社，2013．

[16] 汤一介，李中华．中国儒学史[M]．北京：北京大学出版社，2011．

[17] 姜广辉．中国经学思想史[M]．北京：中国社会科学出版社，2003．

[18] 张国刚，乔治忠．中国学术史[M]．北京：东方出版社，2002．

[19] 熊铁基．中国老学史[M]．福州：福建人民出版社，1997．

[20] 熊铁基．秦汉新道家[M]．上海：上海人民出版社，2001．

[21] 王治心．中国宗教思想史大纲[M]．北京：东方出版社，1996．

[22] 汤用彤．魏晋南北朝佛教史[M]．武汉：武汉大学出版社，2008．

[23] 赵朴初．佛教常识问答[M]．赵桐，译．北京：外语教学与研究出版社，2012．

[24] 方立天．魏晋南北朝佛教论丛[M]．北京：中华书局，2002．

[25] 方立天．魏晋南北朝佛教[M]．北京：中国人民大学出版社，2006．

[26] [日] 小林正美．六朝佛教思想研究[M]．王皓月，译．济南：齐鲁书社，2013．

[27] 刘立夫. 弘道与明教——《弘明集》研究 [M]. 北京：中国社会科学出版社, 2004.
[28] 汤用彤. 魏晋玄学论稿 [M]. 北京：三联书店, 2009.
[29] 汤一介. 郭象与魏晋玄学 [M]. 北京：北京大学出版社, 2009.
[30] 容肇祖. 魏晋的自然主义 [M]. 北京：东方出版社, 1996.
[31] 牟宗三. 才性与玄理 [M]. 桂林：广西师范大学出版社, 2006.
[32] 余敦康. 魏晋玄学史 [M]. 北京：北京大学出版社, 2004.
[33] 许杭生. 魏晋玄学史 [M]. 西安：陕西师大出版社, 1991.
[34] 卞敏. 魏晋玄学 [M]. 南京：南京大学出版社, 2009.
[35] 王晓毅. 儒释道与魏晋玄学的形成 [M]. 北京：中华书局, 2003.
[36] 高晨阳. 儒道会通与正始玄学 [M]. 济南：齐鲁书社, 2000.
[37] 贺昌群. 魏晋清谈初论 [M]. 北京：商务印书馆, 2000.
[38] 汤一介. 郭象与魏晋玄学 [M]. 北京大学出版社, 2000.
[39] 孔繁. 魏晋玄谈 [M]. 辽宁教育出版社, 1995.
[40] 徐斌. 魏晋玄学新论 [M]. 上海：上海古籍出版社, 2000.
[41] 康中乾. 魏晋玄学 [M]. 北京：人民出版社, 2008.
[42] 汤一介, 胡忠平. 魏晋玄学研究 [M]. 武汉：湖北教育出版社, 2008.
[43] 罗宗强. 玄学与魏晋士人心态 [M]. 杭州：浙江人民出版社, 1991.
[44] 卢盛江. 魏晋玄学与中国文学 [M]. 南昌：百花洲文艺出版社, 2010.
[45] 卢盛江. 魏晋玄学与文学思想 [M]. 天津：南开大学出版社, 1994.
[46] 许建良. 魏晋玄学伦理思想研究 [M]. 北京：人民出版社, 2003.
[47] 李建中, 高华平. 玄学与魏晋社会 [M]. 石家庄：河北人民出版社, 2003.
[48] 田汉云. 六朝经学与玄学 [M]. 南京：南京出版社, 2003.
[49] 田汉云, 秦跃宇. 汉晋高平王氏家族文化研究 [M]. 北京：中华书局, 2013.
[50] 秦跃宇. 六朝士大夫玄儒兼治研究 [M]. 扬州：广陵书社, 2008.
[51] 洪修平, 吴永和. 禅学与玄学 [M]. 杭州：浙江人民出版社, 1992.
[52] 阎春新. 魏晋南北朝"论语学"研究 [M]. 北京：中国社会科学出版社, 2012.
[53] 王永平. 六朝江东世族之家风家学研究 [M]. 南京：江苏古籍出版社, 2003.
[54] 王永平. 六朝家族 [M]. 南京：南京大学出版社, 2008.

[55] 王永平. 汉晋间社会阶层升降与历史阶层变迁 [M]. 北京：社会科学文献出版社, 2011.

[56] [日] 吉川忠夫. 六朝精神史研究 [M]. 南京：江苏人民出版社, 2012.

[57] [日] 川胜义雄. 六朝贵族制社会研究 [M]. 上海：上海古籍出版社, 2007.

[58] 李磊. 六朝士风研究 [M]. 武汉：武汉出版社, 2008.

[59] 谭洁. 兰陵萧氏家族文化研究 [M]. 北京：中华书局, 2013.

[60] 颜尚文. 梁武帝 [M]. 香港：香港海啸出版事业有限公司, 1999.

[61] 柏俊才. 梁武帝萧衍考略 [M]. 上海：上海古籍出版社, 2008.

[62] 曹道衡, 傅刚. 萧统评传 [M]. 南京：南京大学出版社, 2011.

[63] 童强. 嵇康评传 [M]. 南京：南京大学出版社, 2006.

[64] 郭绍虞. 中国古典文学理论批评史 [M]. 北京：人民文学出版社, 1959.

[65] 罗根泽. 中国文学批评史 [M]. 上海：上海人民出版社, 2003.

[66] 朱东润. 中国文学批评史大纲 [M]. 上海：上海古籍出版社, 1983.

[67] 王运熙. 魏晋南北朝文学批评史 [M]. 上海：上海古籍出版社, 1989.

[68] 周振甫. 文心雕龙辞典 [M]. 北京：中华书局, 1996.

[69] 周振甫.《文心雕龙》二十二讲 [M]. 重庆：重庆大学出版社, 2010.

[70] 刘业超. 文心雕龙通论 [M]. 北京：人民出版社, 2012.

[71] 万志全. 汉魏六朝道家美学思想研究 [M]. 北京：中国社会科学出版社, 2012.

[72] 刘师培. 中国中古文学史 [M]. 北京：商务印书馆, 2010.

[73] 刘师培. 汉魏六朝专家文研究 [M]. 北京：商务印书馆, 2010.

[74] 王瑶. 中国文学史论 [M]. 北京：商务印书馆, 2011.

[75] 刘永济. 十四朝文学要略 [M]. 哈尔滨：黑龙江人民出版社, 1984.

[76] 罗宗强. 魏晋南北朝文学思想史 [M]. 北京：中华书局, 1996.

[77] 罗宗强. 玄学与士人心态 [M]. 天津：天津教育出版社, 2005.

[78] 曹道衡, 沈玉成. 南北朝文学史 [M]. 北京：北京人民文学出版社, 1991.

[79] 程章灿. 魏晋南北朝赋史 [M]. 南京：江苏古籍出版社, 2001.

[80] 程章灿.士族与六朝文学[M].哈尔滨:黑龙江教育出版社,1998.
[81] 刘麟生.中国骈文史[M].北京:东方出版社,1996.
[82] 刘经庵.中国纯文学史纲[M].北京:东方出版社,1996.
[83] 罗根泽.乐府文学史[M].北京:东方出版社,1996.
[84] 刘汝霖.东晋南北朝学术编年[M].上海:华东师范大学出版社,2010.
[85] 范子烨,刘跃进.六朝作家年谱辑要[M].哈尔滨:黑龙江出版社,1999.
[86] 曹道衡.兰陵萧氏与南朝文学[M].北京:中华书局,2004.
[87] 刘跃进.门阀士族与文学总集[M].北京:世界图书出版公司,2014.
[88] 蒋述卓.齐梁浮艳雕绘文风与佛教[M].南昌:江西人民出版社,1990.
[89] 张伯伟.禅与诗学[M].杭州:浙江人民出版社,1996.
[90] 惠普.南朝佛教与文学[M].北京:中华书局,2002.
[91] 田晓菲.烽火与流星——萧梁王朝的文学与文化[M].北京:中华书局,2010.
[92] 刘艳芬.佛教与六朝诗学[M].北京:中国社会科学出版社,2009.
[93] 陈顺智.东晋玄言诗研究[M].武汉:武汉大学出版社,2003.
[94] 胡大雷.玄言诗研究[M].北京:中华书局,2007.
[95] 杨合林.玄言诗研究[M].上海:上海古籍出版社,2011.
[96] 朱晓江.山水清音[M].杭州:浙江古籍出版社,2004.
[97] 于志鹏.宋前咏物诗发展史[M].济南:山东人民出版社,2013.
[98] 陈桥生.刘宋诗歌研究[M].北京:中华书局,2007.
[99] 石观海.宫体诗派研究[M].武汉:武汉大学出版社,2003.
[100] 归青.南朝宫体诗研究[M].上海:上海古籍出版社,2006.
[101] 谭蓓芳,吴冠文,章培恒.玉台新咏新论[M].上海:上海古籍出版社,2012.
[102] 胡大雷.中古赋学研究[M].桂林:广西师范大学出版社,2011.
[103] 丁红旗.魏晋南北朝骈文史论[M].成都:巴蜀书社,2012.
[104] 刘涛.南朝散文研究[M].北京:中国社会科学出版社,2012.
[105] 刘怀荣,宋亚莉.魏晋南北朝乐府制度与诗歌研究[M].北京:商务印书馆,2010.

[106] 卢萌. 萧绎文论及诗风研究[D]. 河北大学硕士论文, 2011.

[107] 邵春驹. 魏晋南北朝游集文化研究[D]. 扬州大学博士论文, 2012.

三、期刊论文

[1] 皮朝纲. 文心雕龙与老庄思想[J]. 四川师范大学学报(社会科学版), 1980（2）.

[2] 林田, 慎之助. 裴子野雕虫论考证: 关于雕虫论的写作年代及其复古文学论[J]. 古代学研究理论研究丛刊, 1982（2）.

[3] 周振甫. 什么是宫体诗[J]. 文史知识, 1984（7）.

[4] 韩湖初. 略论文心雕龙的文道自然说[J]. 华南师范大学学报(社会科学版), 1986（1）.

[5] 周勋初. 论黄侃《文心雕龙》札记的学术渊源[J]. 文学遗产, 1987（1）.

[6] 周金生. 重新评价"宫体诗"[J]. 喀什师范学院学报, 1988（5）.

[7] 周晓琳. 论宫体诗[J]. 四川师范学院学报(哲学社科版), 1989（2）.

[8] 马积高. 论宫体与佛教[J]. 求索, 1990（6）.

[9] 汪春泓. 论佛教与梁代宫体诗的产生[J]. 文学评论, 1991（5）.

[10] 孙书磊. 论宫体诗产生的原因[J]. 江西师范大学学报, 1995（2）.

[11] 马振霖. 重评南朝宫体诗[J]. 宁德师专学报(哲学社会科学版), 1996（4）.

[12] 许云和. 欲色异象与梁代宫体诗[J]. 文学评论, 1996（5）.

[13] 蒋述卓. 齐梁浮艳文风与佛教[J]. 华东师范大学学报, 1998（1）.

[14] 熊清元. 梁武帝天监三年"迓事李老道法"事证伪[J]. 黄冈师院学报, 1998（2）.

[15] 赵以武. 关于梁武帝舍佛事道的时间及其原因[J]. 嘉应大学学报, 1999（10）.

[16] 曹旭. 论萧绎的文学观[J]. 上海师范大学学报(哲学社会科学版), 1999（1）.

[17] 刘晟. 金楼子立言主旨辩证[J]. 华南师大学报, 2000（2）.

[18] 杜志强. 从《金楼子》看萧绎的文论[J]. 河西学院学报, 2006（3）.

[19] 柏俊才. 论佛教的世俗化对南朝文学的影响[J]. 广州大学学报(社会科学版), 2007（7）.

[20] 刘林魁. 佛教一谛思想与宫体文学理论 [J]. 咸阳师范学院学报, 2007（1）.

[21] 龚贤. 齐梁宫体诗与《维摩诘经》[J]. 陇东学院学报, 2008（1）.

[22] 周勋初.《文心雕龙》书名辨 [J]. 文学遗产, 2008（1）.

[23] 归青. 宫体诗的思想倾向 [J]. 学术探索, 2008（6）.

[24] 归青. 佛教与宫体诗关系新探 [J]. 学术月刊, 2008（7）.

[25] 王永平. 萧梁皇族之倡导玄学文化风尚及其原因与影响 [J]. 人文杂志, 2009（4）.

[26] 孟秋华. 佛教对南朝文学的影响 [J]. 飞天, 2010（8）.

[27] 周勋初. 刘勰是站在汉代经学"古文派"立场上的信徒么 [J]. 文学遗产, 2011（2）.

[28] 李康来. 文质彬彬——儒道杂糅 [J]. 北方文学, 2011（6）.

[29] 袁晶. 从《文心雕龙·隐秀》看中国古代文论对不可言说之物的言说 [J]. 贵州文史丛刊, 2013（4）.

致　谢

　　感谢我的导师田汉云先生在我论文撰写和修改中付出的巨大辛劳。这篇论文从题目选定到大纲构思，从资料长编的撰写到材料的分析处理，从论文结构的编排到观点的提炼，无不凝聚着先生的心血。在论文的修改过程中，先生更是不辞辛苦，每一稿都逐字批阅，严格把关，不厌其烦地引导我深入思考，嘱咐我细致修改，如果说这篇不太成熟的论文中尚有些许可观之处，那么毫无疑问它们都来自先生的启迪。先生多年来对我悉心教导，不仅在治学门径和研究方法上给我引导和启迪，更在我挫败犹疑时给予我信任和鼓励，先生治学之勤奋严谨，待人之宽厚谦和，永远是弟子们学习的榜样。同时，感谢王小盾先生在我选题过程中给予的指导，感谢先生对我的肯定和鼓励。感谢许建中先生对我的帮助，感谢董国炎先生、柳宏先生对我论文思路、结构等方面给出的宝贵意见，感谢王永平先生开题时的细致指导，他对玄学发展与南朝社会阶层变化的分析，让我受益匪浅，感谢黄强先生、周建忠先生、余杰先生对本文的指导，诸位先生严谨的治学风范，高屋建瓴的学术视野和独到的学术见解，为我的论文写作带来了诸多启发，此处一并深致谢意！

　　感谢我的硕导郝桂敏女士、王祥先生多年来对我的关心和支持；感谢我的师兄蒋鸿青先生、陶广学先生，师妹于春莉女士对我的帮助和照顾，能与他们结同门之谊，实为我人生之幸事。感谢我的同学赵晓东女士、陈安梅女士、冯小斌女士、张长斌先生、赵林平先生、王雅琴女士、骆凡女士在学习和生活中对我的照顾，感谢李现乐师兄、陈胤师兄对我论文写作的关心和指点，能在扬州大学与他们相遇，成为同学挚友，是我学习生活中非常温暖的记忆。

　　感谢我的家人！

张明花
2016 年 6 月 12 日于敬文馆